# Un nouveau droit de la formation

## Pour les entreprises et pour les salariés

site : www.librairieharmattan.com
diffusion.harmattan@wanadoo.fr
e.mail : harmattan1@wanadoo.fr


ISBN : 2-7475-9488-2
EAN : 9782747594882

André Tarby
Professeur émérite

# Un nouveau droit de la formation

## Pour les entreprises et pour les salariés

Juin 2005

L'Harmattan

**L'Harmattan**
5-7, rue de l'École-Polytechnique ; 75005 Paris
FRANCE

**L'Harmattan Hongrie**
Könyvesbolt
Kossuth L. u. 14-16
1053 Budapest

**Espace L'Harmattan Kinshasa**
Fac..des Sc. Sociales, Pol. et Adm. ; BP243, KIN XI
Université de Kinshasa – RDC

**L'Harmattan Italia**
Via Degli Artisti, 15
10124 Torino
ITALIE

**L'Harmattan Burkina Faso**
1200 logements villa 96
12B2260
Ouagadougou 12

## Logiques Juridiques

*Collection dirigée par Gérard Marcou*

Le droit n'est pas seulement un savoir, il est d'abord un ensemble de rapports et pratiques que l'on rencontre dans presque toutes les formes de sociétés. C'est pourquoi il a toujours donné lieu à la fois à une littérature de juristes professionnels, produisant le savoir juridique, et à une littérature sur le droit, produite par des philosophes, des sociologues ou des économistes notamment.

Parce que le domaine du droit s'étend sans cesse et rend de plus en plus souvent nécessaire le recours au savoir juridique spécialisé, même dans des matières où il n'avait jadis qu'une importance secondaire, les ouvrages juridiques à caractère professionnel ou pédagogique dominent l'édition, et ils tendent à réduire la recherche en droit à sa seule dimension positive. A l'inverse de cette tendance, la collection *Logiques juridiques* des Éditions L'Harmattan est ouverte à toutes les approches du droit. Tout en publiant aussi des ouvrages à vocation professionnelle ou pédagogique, elle se fixe avant tout pour but de contribuer à la publication et à la diffusion des recherches en droit, ainsi qu'au dialogue scientifique sur le droit. Comme son nom l'indique, elle se veut plurielle.

### Déjà parus

Cristel COURNIL, *Le statut interne de l'étranger et les normes supranationales,*2005.

Agnès RABAGNY, *L'homme tel qu'en lui-même. Droit et individualité*, 2005.

Guy Jean Clément MEBIAMA, *Le régime politique de la République du Congo après le Constitution du 20 janvier 2002*, 2005.

J.-Cl. BEGUIN, P. CHARLOT, Y. LAIDIÉ (textes réunis par), *La solidarité en droit public*, 2005.

Grégory BERKOVICZ, *La place de la cour pénale internationale dans la société des Etats ;* 2005.

Catherine SAMET, *Naissance de l'escroquerie moderne*, 2005.

R. ROMI, *Thomas Patafume, juriste : une vie, une oeuvre*, 2005.

Y. BAZOUNI, *Le métier de diplomate*, 2005.

A. AOUIJ-MRAD, M. H. DOUCHEZ, B. FEUILLET, *Santé, argent et éthique : une indispensable conciliation ?*, 2005.

Emilie MARCOVICI, *La gauche et la VIe République*, 2005.

Cyril BRAMI, *Des juges qui ne gouvernent pas. Retour sur les idées constitutionnelles de Roger Pinto*, 2005.

A. AOUIJ-MRAD, M.H. DOUCHEZ, B. FEUILLET, *Santé, argent et éthique : une indispensable conciliation*, 2005.

**Du même auteur**

Ouvrages en collaboration :

TARBY André, DE SAINT LOUVENT Françoise, 1984, *Les contrats de travail,* Editions Casteilla, 168 p.
TARBY André, HUSQUIN Pascale, DE SAINT LOUVENT Françoise, 1987, *Le mariage, l'union libre, les enfants,* Editions Casteilla, 190 p.

Ouvrages personnels :

TARBY André, 1990, *L'incontournable relation formation et droit,* Coéditions L'Harmattan/Contradictions, 384 p.
TARBY André, 1996, *Lectures et pratiques du droit de la formation. Sa place dans les sciences de l'Education,* Coéditions L'Harmattan / Contradictions, 305 p.

# INTRODUCTION

1. Le droit de la formation professionnelle continue est l'ensemble des normes qui régissent l'organisation et le fonctionnement de la formation des adultes en France : salariés d'entreprises, fonctionnaires, demandeurs d'emploi, artisans, commerçants, agriculteurs, professions libérales. Pour répondre à la diversité de situations et des publics, le droit s'est diversifié en plusieurs sous - ensembles que nous appelons "dispositifs généraux". Les mesures concernant les fonctionnaires sont contenues dans le code administratif. Des textes spécifiques régissent la formation des non-salariés[1]. Le livre IX du code du travail, nouvellement revisité s'intitule : "de la formation professionnelle continue dans le cadre de la formation professionnelle tout au long de la vie". Les mesures qu'il contient sont d'origine législative, et réglementaire. Ces mesures sont inséparables du droit négocié par les partenaires sociaux (accords interprofessionnels et accords de branches). L'ensemble, droit étatique, et droit conventionnel, concerne la formation des salariés d'entreprise et des demandeurs d'emploi. Son analyse laisse apparaître un système complexe, ouvert, construit sur un jeu de partage de compétences entre les acteurs publics (l'état, les Régions), et les acteurs privés (les partenaires sociaux c'est-à-dire les organisations patronales et les syndicats, l'entreprise et ses acteurs : l'employeur, les représentants de la collectivité des salariés, les salariés eux-mêmes). Les acteurs publics interviennent principalement, mais non exclusivement dans l'organisation et le financement de la formation des demandeurs d'emploi ; les seconds ont compétence principalement pour la formation des salariés. Ainsi, dans un même système nous avons deux configurations complémentaires de jeu d'acteurs intervenant dans le même champ, mais pour des publics différents[2]. Il faut ajouter, pour comprendre la cohérence du système, que l'état détient le pouvoir normatif, partagé avec les partenaires sociaux, et le pouvoir de contrôle. Il est donc le garant de la cohérence, de la cohésion du système global.

2. L'objet de cet ouvrage se limite à la présentation du droit de la formation applicable aux entreprises et aux salariés et qui organise les pouvoirs, les fonctions, les relations des acteurs privés en ce domaine.

Ce secteur du droit, au terme d'un processus de réforme difficile, et quelque peu chaotique, vient d'être remodelé par les partenaires sociaux et les

---

[1] Pour le cadre général de la formation des travailleurs non salariés (travailleurs indépendants, membres des professions libérales, commerçants,artisans,non salariés agricoles, on peut se reporter à CENTRE INFFO, *Fiches pratiques de la formation continue*, Edition 2005, Fiche 16-2 et suivantes.

[2] On trouvera en Annexe 1 la liste chronologique des principales lois et accords interprofessionnels concernant la formation des salariés d'entreprises.

pouvoirs publics. Dans ce travail de rénovation des normes, les acteurs se sont placés dans le contexte d'une baisse démographique génératrice d'une pénurie de main d'œuvre pour les années à venir, et d'une économie de plus en plus ouverte sur le monde, et confrontée au renouvellement accéléré des techniques de production et de distribution des biens et des services. La construction, l'adaptation et le développement des compétences constituent donc un enjeu central pour les entreprises et les salariés eux-mêmes. Les objectifs généraux qui ont guidé les acteurs dans leur travail normatif tiennent en quatre mots : égalité, efficacité, individualisation, formation tout au long de la vie professionnelle. Egalité d'accès des salariés à la formation, ce qui implique la lutte contre les processus d'exclusion ; efficacité du dispositif, ce qui exige certaines simplifications dans l'arsenal des mesures, et accroissement de l'effort de financement des entreprises ; individualisation renforcée des parcours de formation incluant la "responsabilisation du salarié" et son accompagnement dans l'élaboration de son projet professionnel ; enfin formation tout au long de la vie, par l'ouverture de nouvelles voies d'accès, et la recherche de nouvelles articulations entre temps de travail et temps de formation. Sans que l'on puisse parler de rupture, le dispositif mis en place en 1971, régulièrement remanié au cours des décennies, vient de connaître d'importants bouleversements. Ceci nous autorise à parler du "nouveau droit de la formation" applicable aux entreprises et aux salariés.

Le projet de réforme a été un problème récurrent depuis 1990. Sa réalisation est le résultat d'un processus de prise de décision qui s'est étalé sur 3 ans. En même temps c'est l'œuvre conjointe des partenaires sociaux (organisations professionnelles des employeurs et organisations syndicales des salariés) et des pouvoirs publics (Parlement et gouvernement). Si on prend en compte tous ces éléments réunis, on peut raisonnablement soutenir que le système juridique de formation, remodelé, vient d'atteindre un point d'équilibre et de stabilité durables. Les interventions de l'Union européenne dans ce champ n'y changeront rien de fondamental. En effet l'organisation de la formation reste de la compétence des états membres, l'Union européenne ne disposant que d'une "compétence d'appui".

La traduction de ce nouveau droit dans la réalité sociale va dépendre maintenant de sa diffusion, de son appropriation, de son utilisation réfléchie par les différents acteurs concernés, au niveau interprofessionnel, au niveau des branches et des entreprises.

L'écriture, la diffusion, la lecture de cet ouvrage pourra y contribuer... Nous l'espérons.

3. La démarche d'analyse et de présentation est double.

- Tout d'abord, à partir des sources les plus récentes, d'origine législative, réglementaire et conventionnelle, nous avons analysé, reconstruit pédagogiquement l'état du droit actuellement applicable aux entreprises et aux salariés. Nous avons tenté d'en donner une formalisation tout à la fois rigoureuse et lisible pour les acteurs engagés dans la formation des adultes et pour les étudiants qui se préparent à entrer dans les nombreux métiers qui constituent ce champ professionnel. Cette première lecture constitue LE SAVOIR JURIDIQUE DE BASE.

- Ensuite nous proposons un deuxième niveau de lecture adossé au premier. Le développement du droit de la formation au cours des décennies, a engendré, par contrecoup un développement des analyses, des recherches et études de la part de juristes spécialisés dans ce domaine. Ce patrimoine scientifique et culturel est peut être sous-évalué. Aussi avons-nous tenté, dans un deuxième temps, de présenter l'état des travaux et des recherches en lien avec chacun des thèmes traités. Cela nous a conduit à explorer un corpus de 50 articles environ, publiés dans la revue ***Droit social*** de 1971 à nos jours[3]. Nous avons présenté des synthèses de ces travaux au fil du déroulement des différents chapitres. L'intention a été de fournir aux lecteurs des repères pour saisir l'évolution des objets de recherche, des questionnements, des problématiques, faire le bilan des résultats obtenus comme aussi les questions laissées en suspens. Cet apport permet, dans une approche distanciée et critique de questionner le droit dans son évolution, ses limites, ses enjeux pour les différents acteurs concernés. Cette exploration n'est pas définitive. Nous ouvrons un chantier qui, nous l'espérons, attirera d'autres curiosités scientifiques.

4. L'organisation du jeu d'acteurs, les pouvoirs et fonctions de chacun, leurs relations mutuelles, constituent la base du questionnement.

- Quels sont la place et le rôle des partenaires sociaux dans la construction du système, et dans la gestion du financement de la formation ?
- Quels sont la place de l'entreprise, et le rôle de ses différents acteurs, l'employeur, les représentants de la collectivité de salariés ?
- Quelles sont les voix d'accès ouvertes aux salariés ? Pour l'élaboration de leur projet professionnel ? Pour la construction et le développement de leurs compétences ?
- Quels sont les outils juridiques de gestion de la formation ? Quelles sont les modalités de contrôle du financement des entreprises, par les pouvoirs

---

[3] Ce corpus est un choix. Nous n'excluons pas pour autant les études publiées dans d'autres revues : Actualité de la formation permanente, Revue pratique de Droit social, Droit ouvrier...

publics, garant de la cohérence globale du système ?

C'est ce questionnement qui nous a guidé dans l'architecture de cet ouvrage.

## PLAN DE L'OUVRAGE

CHAPITRE PRELIMINAIRE : Le "nouveau droit de la formation" : de l'accord interprofessionnel du 23 septembre 2003 à la loi du 4 mai 2004.

1ère PARTIE : LES POUVOIRS DES PARTENAIRES SOCIAUX DANS LE CHAMP DE LA FORMATION

- Chapitre 1 : Le pouvoir de négociation des partenaires sociaux
- Chapitre 2 : Le pouvoir de gestion des partenaires sociaux : les organismes paritaires de financement

2ème PARTIE : LA PLACE ET LE ROLE DE L'ENTREPRISE

- Chapitre 3 : Le financement de la formation par les entreprises
- Chapitre 4 : Le plan de formation de l'entreprise
- Chapitre 5 : L'intervention des représentants de la collectivité des salariés

3ème PARTIE : LE SALARIE ET SON PROJET PROFESSIONNEL

- Chapitre 6 : Le bilan de compétences et ses voies d'accès
- Chapitre 7 : La validation des acquis de l'expérience et ses voies d'accès

4ème PARTIE : LE SALARIE ACTEUR DE SA FORMATION

- Chapitre 8 : Le congé individuel de formation
- Chapitre 9 : "Le droit individuel à la formation" (DIF)

5ème PARTIE : LA PROFESSIONNALISATION ET SES OUTILS JURIDIQUES

- Chapitre 10 : Le contrat de professionnalisation
- Chapitre 11 : "Les périodes de professionnalisation"

6ème PARTIE : LA GESTION ET LE CONTROLE DE LA FORMATION DES SALARIES

- Chapitre 12 : Les conventions de formation
- Chapitre 13 : Le contrôle du financement de la formation par les Pouvoirs publics

## TABLE DES SIGLES

| | |
|---|---|
| AFP | Actualité de la formation permanente |
| AGECIF | Association de gestion du congé individuel de formation |
| AGEFAL | Association de gestion des fonds de l'alternance |
| AGEFOS PME | Association de gestion des fonds pour les petites et moyennes entreprises |
| ANI | Accord national interprofessionnel |
| APE | Activité principale exercée |
| APEC | Association pour l'emploi des cadres |
| ART. L | Article de loi |
| ASFO | Association de formation |
| BOT | Bulletin officiel du ministère du travail |
| CA | Cour d'appel |
| CASS.CRIM | Cour de cassation chambre criminelle |
| CASS.SOC. | Cour de cassation chambre sociale |
| CDD | Contrat à durée déterminée |
| CDI | Contrat à durée indéterminée |
| CE | Comité d'entreprise |
| CFDT | Confédération française des travailleurs |
| CFTC | Confédération française des travailleurs chrétiens |
| CGC | Confédération générale des cadres |
| CGPME | Confédération générale des petites et moyennes entreprises |
| CGT | Confédération générale des travailleurs |
| CHSCST | Comité d'hygiène, de sécurité et des conditions de travail |
| CIF | Congé individuel de formation |
| CIR | Circulaire |
| CNCP | Commission nationale des certifications professionnelles |
| COPACIF | Comité paritaire pour l'administration du congé individuel |
| COPIRE | Commission paritaire régionale pour l'emploi |
| CPE | Commission paritaire pour l'emploi |
| CPNE | Commission paritaire nationale pour l'emploi |
| CPNFP | Conseil paritaire national de la formation professionnelle |
| CQP | Certificat de qualification professionnelle |
| CRIS | Cellules régionales interservices |

| | |
|---|---|
| D | Décret |
| DARES | Direction de l'animation de la recherche des études et des statistiques |
| DDTEFP | Direction départementale du travail, de l'emploi et de la formation |
| DFP | Délégation à la formation professionnelle |
| DGEFP | Délégation générale à l'emploi et à la formation professionnelle |
| DIF | Droit individuel à la formation |
| DRTEFP | Direction régionale du travail, de l'emploi et de la formation |
| EPIC | Etablissement public à caractère industriel et commercial et des petites entreprises |
| ETT | Entreprise de travail temporaire |
| FAF | Fonds d'assurance formation |
| FFP | Fédération des organismes privés de formation professionnelle |
| FO | Force ouvrière |
| FOAD | Formation ouverte et à distance |
| FONGECIF | Fond de gestion du congé individuel de formation |
| FONGEFOR | Fonds de gestion de la formation |
| GRETA | Groupement des établissements |
| HTT | Hors temps de travail |
| JO | Journal officiel |
| MEDEF | Mouvement des entreprises françaises |
| MSB | Masse salariale brute |
| OCDE | Organisation de coopération et de développement économiques |
| OIT | Office international du travail |
| ONISEP | Office national sur les études et les professions |
| OPACIF | Organisme paritaire d'administration du CIF |
| OPCA | Organisme paritaire collecteur agréé |
| OPCAREG | Organisme paritaire collecteur agréé régional |
| PME | Petites et moyennes entreprises |
| PV | Procès verbal |
| R | Règlement |
| RJS | Revue de Jurisprudence sociale |
| RPDS | Revue pratique de droit social |
| RTT | Réduction du temps de travail |

| | |
|---|---|
| SIRET | Système informatique répertoire des entreprises |
| SIVP | Stage d'initiation à la vie professionnelle |
| UNETT | Union des entreprises de travail temporaire |
| UPA | Union professionnelle des artisans |
| VAE | Validation des acquis de l'expérience |
| VAP | Validation des acquis professionnels |

# CHAPITRE PRELIMINAIRE :
# LE NOUVEAU DROIT DE LA FORMATION : DE L'ACCORD DU 20 SEPTEMBRE 2003 A LA LOI DU 4 MAI 2004

Les partenaires sociaux ont signé un accord national interprofessionnel (A.N.I.) en date du 20 septembre 2003. C'est le résultat d'un processus de négociation exceptionnel par sa longueur, ses freins, ses avatars mais aussi ses résultats. Il s'est étalé sur près de trois ans. En effet les premières discussions ont commencé en janvier 2000, et se sont poursuivies jusqu'au 25 octobre 2001. A cette date, les acteurs font un constat d'échec de leurs travaux, tout en reportant la reprise de la négociation à une date indéterminée. Après 14 mois d'interruption, le processus reprend en janvier 2003 pour trouver un point d'aboutissement en septembre de la même année.

"Accord historique" s'est-on pressé de dire[4]. Que recouvre ce jugement ? S'agit-il de la recherche d'un effet de vitrine ou du résultat d'une analyse prospective suffisamment réaliste ?

Quelle que soit la réponse, cette qualification oriente et aiguise la curiosité en de multiples directions : le contexte singulier de la négociation **(I)**, l'ampleur des changements introduits par l'accord **(II)**, leur portée au regard des transformations des pratiques de formation des salariés **(III)**, l'état des travaux et recherches qui concernent directement l'ANI DU 20 SEPTEMBRE 2003 ou qui se situent dans son environnement immédiat **(IV)**.

## I – LA NEGOCIATION ET SON CONTEXTE

### 1 - Le contexte

Confrontée à la concurrence internationale l'économie est à la recherche de nouveaux modes d'organisation, de production, de distribution et d'échange. L'ouverture à l'innovation et à l'appropriation des nouvelles technologies en est le corollaire. Il est nécessaire d'ajouter, que le processus d'exclusion sociale, dont le chômage est la forme majeure, loin de se résorber, continue à ronger le corps social. Pour nous, ils ne sont pas sans relation avec les décisions qui gouvernent les structurations économiques. Mais ce qui est plus significatif, c'est la faiblesse de la croissance démographique, doublée de départs massifs de salariés en retraite. La conséquence est un déficit prévisible de main d'œuvre qualifiée sur le marché du travail à très court terme[5]. Dans son préambule,

---

4 *Inffo-flash* n°628,1 au 15 janvier 2004 p. I, idem n° 624,1 au 15 novembre 2003 supplément. p. I. Voir aussi J. WILLEMS, AEF (agence éduction formation), rubrique formation professionnelle, analyse, 22 09 03 p.1. V. MERLE, Un accord historique ? *Droit social, numéro spécial*, n°5, mai 2004, p. 455.

5 Voir *Le Monde Economie.* Le droit à la formation reste à négocier 02 03 04. Dès janvier 2003, les partenaires sociaux avaient mis en place un groupe de travail sur "l'évolution démographique"; fort logiquement le préambule de l'accord, du reste, fait référence à la question "démographique" *Inffo-flash* n°606 du 15 au 31 janvier 2003 p. 3. Sur l'évolution

l'A.N.I. fait référence à ces éléments de contexte qui sont à relier à l'état des pratiques de formation.

La formation des salariés a atteint globalement un haut niveau de développement, mais elle reste encombrée de deux pesanteurs : les disparités d'une branche à l'autre ou d'une entreprise à l'autre, et surtout le processus d'inégalité d'accès des salariés à la formation. Certes, elle est repérée par les acteurs économiques, sociaux et politiques comme le pôle de référence, à la fois pour le développement de la professionnalisation des salariés et la production des compétences dont les entreprises ont besoin. Cette logique est inscrite dans le préambule de l'A.N.I. Mais l'originalité n'est pas là. Le point le plus caractéristique est l'émergence et le développement, au cours de ces dernières années de la problématique de la prise de décision et de la responsabilité en matière de formation. Elle vient s'inscrire dans les relations professionnelles entre le salarié et l'employeur. Qui dans l'entreprise décide de quoi ? Pour qui ? Pour quels intérêts ? Qui, de l'employeur et du salarié est responsable de quoi ? Jusqu'où ? Avec quelle reconnaissance ? Deux questions majeures sont sous-jacentes à ces interrogations : celle de l'adaptation nécessaire des compétences des salariés, au fil des évolutions des emplois et celle du développement de l'individualisation de la formation, selon la diversité des contextes et des besoins. Ces deux questions ont un point commun : d'une part elles interrogent à la fois l'employeur et le salarié dans leurs relations mutuelles, et leur pouvoir d'initiative ; d'autre part elles ont trouvé des réponses juridiques, provisoires certes, mais suffisamment élaborées pour constituer des repères fiables. On verra de quelle manière cette problématique "de la responsabilité" est traitée dans l'A.N.I.

A ce contexte économique, démographique, et socio-pédagogique vient s'ajouter la pression de l'Union européenne pour la réalisation "d'un espace européen de l'éducation et de la formation tout au long de la vie"[6]. Dans cette configuration, le droit français de la formation antérieur à 2001 et vieux de 30 ans d'âge est vivement contesté. Les critiques portent essentiellement sur la complexité, voir l'illisibilité du système, son manque d'efficacité, et le développement de logiques inégalitaires. Différents rapports d'expertise, d'orientation juridique, économique, ou sociologique ont dénoncé les nombreux dysfonctionnements[7]. Certes dans ce genre de prise de position il conviendrait

---

prévisible du contexte économique et démographique, voir Rapport LICHTENBERGER MEHAUT, Formation professionnelle : les enjeux d'une refonte, *Liaisons sociales*, V n°18/2001 du 1er mars 2001.

6 Précisons que, conformément au principe général de subsidiarité, l'Union européenne ne dispose que d'une compétence d'orientation et d'incitation pour la mise en oeuvre d'objectifs strictement délimités en matière de formation J.M. LUTTRINGER, Formation professionnelle tout au long de la vie et négociation collective. *Droit social* n°5 mai 2004, p. 475.

7 *"La formation professionnelle : diagnostics, défis et enjeux"*, contribution de la secrétaire d'Etat aux droits des femmes et à la formation professionnelle, 17 mars 1999. G. LINDEPERG, *Les acteurs de la formation professionnelle. Pour une nouvelle donne.* Rapport au Premier Ministre, septembre 1999, 350 p. A. GAURON, *Formation tout au long*

de distinguer ce qui relève de l'état du droit positif, de l'appropriation faite ou non par les acteurs de terrain, et l'utilisation selon les jeux d'intérêts. Quoi qu'il en soit la contradiction entre ce qui est attendu du droit de la formation, et ce qui est produit, a atteint un seuil critique qui la rend politiquement insupportable. Aussi a-t-on pu observer que le dépassement de la contradiction s'est organisée progressivement autour d'une décision de "réforme du système" de la part des acteurs politiques.

L'annonce en a été faite par Martine Aubry, ministre de l'Emploi et de la formation professionnelle 23 janvier 1998[8]. Nommée secrétaire d'Etat à la formation professionnelle le 30 mars 1998[9], Nicole Péry, le 25 juin 1998[10] présentait le calendrier prévisionnel de cette vaste opération et surtout les méthodes de travail : bilan de l'existant, expertises, expérimentations en grandeur réelle. L'orientation la plus importante était sans doute de conduire la réforme, sur la base d'un partage de responsabilités entre acteurs politiques et les partenaires sociaux, selon le champ de compétences de chacun. Ces derniers étaient invités à ouvrir la négociation sur les voies d'accès des salariés à la formation et le financement[11]. Il était prévu que les résultats globaux puissent être rassemblés dans une "grande loi" fédératrice, réplique emblématique de celle de 1971. Ce projet ambitieux n'a pas abouti. Les résultats sont arrivés en ordre dispersé, en quelque sorte. Les dispositions prises par les pouvoirs publics ont trouvé une traduction dans le volet "formation" insérée dans la loi de modernisation sociale du 17 janvier 2002. Il concerne principalement mais non exclusivement la validation des acquis de l'expérience. Les partenaires sociaux ont formalisé leur décision commune beaucoup plus tard, comme on le voit dans l' A.N.I. du 20 septembre 2003.

Il convient donc de lire la négociation et ses résultats dont il est question ici, comme la participation des partenaires sociaux à la réalisation d'un projet de réforme globale du système décidé en son temps par le gouvernement[12].

---

*de la vie.* Rapport.2000, 122 p. Formation professionnelle : les enjeux d'une refonte. Rapport LICHTENBERGER-MEHAUT. *Liaisons sociales*, V n°18-2001,1 mars 2001.

8 *Actualité : La réforme de la formation professionnelle.* http://www.centre-inffo.fr 02 10 00 p. 47.

9 id., *ibid.*, p. 47.

10 id., *ibid.*, p. 23.

11 id., *ibid.*, p. 26.

12 Cependant il n'a jamais été question de "remettre à plat" tout le livre IX du code du travail ; les orientations de départ ont été les suivantes : la création d'un droit effectif à la formation pour chacun ; la validation des compétences et des qualifications acquises au cours de la vie professionnelle – donner de véritables chances d'accès à la qualification aux demandeurs d'emplois, notamment les plus vulnérables sur le marché du travail. Discours de la ministre de l'Emploi et de la Solidarité (23 janvier 1998), id. *ibid.*, p. 47-48.

## 2 – Une négociation paradoxale et sous influence

La négociation peut être qualifiée de "paradoxale". Le paradoxe consiste dans la présence et le développement d'une contradiction qui a dominé l'ensemble du processus. Celle-ci réside dans le couple : désaccord – rupture - arrêt de la négociation/reprise de la négociation, accord final - convergence totale des signatures[13]. Ainsi le processus s'est développé dans une tension exceptionnelle entre deux pôles contraires : un pôle négatif de désaccord et un pôle positif d'accord unanime.

Le premier pôle a dominé la première phase de la négociation qui a abouti à un constat d'échec. Parmi les raisons complexes qui ont été données alors, on retient un désaccord sur le déplacement de la formation du temps de travail sur le temps libre du salarié, sur le contenu exact du plan de formation et surtout sur le statut prévisible de l'accord envisagé : sera-t-il impératif ou seulement incitatif ? Derrière cette question se cache toute la problématique de la hiérarchie des normes conventionnelles, la suprématie de l'accord de branche et de l'accord interprofessionnel sur l'accord d'entreprise[14]. Autre élément du paradoxe, les partenaires sociaux ont réussi à gérer leur rupture en l'entourant d'un consensus tactique : il n'y a pas de rupture définitive, mais engagement de part et d'autre de reprendre la négociation le moment venu.

Le deuxième pôle de la contradiction a dominé la deuxième phase de la négociation. Au fil de multiples réunions plénières, précédées par des travaux préparatoires en groupes paritaires, les rapports de force se sont exprimés, ont évolué, si on se base sur un suivi chronologique des réactions exprimées par les parties en présence[15]. A la satisfaction souvent affichée par le MEDEF vient s'opposer le scepticisme, le mécontentement des syndicats, voire leur colère. De façon générale ce qui est en cause c'est le contenu des propositions qui leur sont soumises, les divers projets qui se succèdent[16], plus radicalement les méthodes de travail[17]. Il y a les objets facilement consensuels (le passeport formation, l'entretien professionnel avec le salarié, les mesures d'accompagnement à l'élaboration d'un projet professionnel, le contrat de professionnalisation) comme aussi les sujets qui fâchent (la nature des actions de formation, le statut des formations hors temps de travail, le statut du Droit individuel de formation (DIF), c'est-à-dire ses modalités de transfert d'une entreprise à l'autre et sa rémunération, le devenir du congé individuel de formation et son mode de

---

13 Comme en 1971, l'accord a été signé par toutes les organisations. Du côté du patronat : MEDEF, CGPME, UPA ; du côté des salariés : CFDT, CGC, CGT, CFTC, FO.

14 Ce que les juristes appellent traditionnellement le "principe de faveur".

15 On trouve ces réactions dans la revue *Inffo-flash* du Centre Inffo. Voir aussi les dossiers formation des syndicats, sur les différents sites internet : http://www.cfdt.fr – force ouvrière.fr – cftc.fr – cgt.fr – cgc.fr

16 Voir *Liaisons sociales* Bref social, n°13895 du 21 mai 2003. Formation : le nouveau projet patronal ; Bref social n°13935 du 22 juillet 2003 : nouveau projet d'accord sur la formation professionnelle

17 Réaction de la CFDT suite à la séance du 20 mai : communiqué du 28 mai 2003, cfdt.fr.

financement[18], ainsi que la période de professionnalisation que le patronat tend à imposer hors temps de travail[19].

Ce n'est qu'à partir de la 5ème séance, soit le 3 juillet 2003, que les syndicats font état de leur satisfaction provisoire face "à des avancées positives"[20]. Sans vouloir expliquer le dépassement des contradictions , on peut évoquer quelques facteurs qui a priori ont pu peser sur une évolution positive du jeu relationnel : la clarification réclamée par les syndicats sur le statut normatif du futur accord interprofessionnel ; l'élucidation de ce préliminaire permettait un début de sérénité dans le dialogue ; le choix de méthodes de dialogue plus adaptées : projets plus formalisés, intégrant les divers points de vue ; cette démarche a pu faire évoluer progressivement les rapports de force, par un jeu de concessions réciproques[21] jusqu'à une position d'équilibre autour des questions clés évoquées plus haut. Au-delà de ces facteurs, il y avait pour les partenaires sociaux un enjeu de légitimité à défendre face au pouvoir politique. Celui-ci sans intervenir directement dans le processus de négociation, en a joué en quelque sorte, en développant une culture de l'urgence, et de la nécessité d'aboutir à tout prix, culture du reste, que les partenaires sociaux ont intériorisé, on va le voir.

Lors de la reprise de la négociation en 2003, le gouvernement demande impérativement aux partenaires sociaux d'aboutir à un accord dans un certain délai. En cas d'échec, et sans attendre c'est le processus législatif qui se mettra en route[22]. Cette intimidation a alimenté, au moins au niveau du discours, sinon

---

18 *Inffo-flash* n° 620 du 1 au 15 septembre 2003 p. 1 suiv. *Liaisons sociales*, bref social n° 13935 du 22 juillet 2003.

19 CFDT. Communiqué du 8 juillet 2003, site internet cfdt.fr. Pour le DIF, se reporter au chapitre 10, pour les périodes de professionnalisation, voir chapitre 12.

20 Voir : http://droit de la formation.com : actualités du 4 juillet 2003 p. 1. Id., du 8 juillet 2003 p. 1. *Liaisons sociales*, bref social n° 13935, mardi 22 juillet 2003. Ces réactions positives sont surtout le fait de la CFDT et de FO. Voir cependant CGT. Communiqué du 17 juillet 2003, site internet CGT.fr.

21 Voir *Inffo-flash*. Supp. N° 624 1 au 15 Novembre 2003 p. I. Les syndicats ont accepté qu'une partie des formations se déroulent hors temps de travail, les contre parties sont la création d'un droit individuel à la formation assorti d'une allocation formation ; le montant de cette allocation elle-même a fait l'objet de concessions réciproques : fixée à l'origine à 30% du salaire de référence, certains syndicats ont proposé 50 % ou même 57 %. Le montant s'est finalement stabilisé à 50 % du salaire de référence. Il en a été de même du financement du congé individuel de formation : face à la proposition patronale de 0,15 % de la masse salariale brute, les syndicats ont proposé 0,20 % ou même 0,50 % ; le curseur s'est stabilisé à 0,20 %. *Inffo-flash* n°620 du 1 au 15 septembre 2003 p. 3. Il reste que la concession majeure des syndicats est celle du hors temps de travail.

22 Dans une déclaration au premier conseil de l'UMP (23 juin 2003) le premier ministre a prévenu que le gouvernement pourrait prendre l'initiative de légiférer sur la formation à l'automne en cas d'échec de négociation. Source : site internet. *Droitdelaformation.com.* Actualité 23 juin 2003, actualité 24 juillet 2003. Voir également la déclaration du Président de la république du 14 juillet 2003, *Le monde Initiatives*, septembre 2003.

au niveau du comportement, une "volonté d'aboutir" à tout prix chez les représentants du MEDEF[23]. On retrouve dans le discours de la CFDT des traces de cette intériorisation[24]. Il y a donc un enjeu de légitimité qui a pesé sur le cours de la négociation. Décryptée à la lumière de cette donnée que signifie le phénomène de la convergence de toutes les signatures sur cet accord ?

Tout d'abord il révèle un consensus de fond sur les axes majeurs du texte. Ensuite il cache tout à la fois certaines insatisfactions des syndicats qui affichent globalement, à la différence du patronat, un optimisme mesuré[25], mais aussi des appréciations critiques portant sur des objets relativement dispersés[26]. Enfin, la convergence des signatures, a une portée stratégique : c'est la confirmation de la capacité des partenaires sociaux à créer des normes sociales avant toute intervention de l'Etat. La politique contractuelle en est confortée. Pour le MEDEF, c'était le moyen de reprendre l'initiative dans le champ du paritarisme et du dialogue. Par ailleurs la CGT, signataire, était attendue sur sa capacité à signer, son degré de participation à l'élaboration du droit social. Démonstration a été faite à "point nommé" c'est-à-dire, à la veille de la réforme du droit de la négociation collective[27].

---

23 *"L'accord que nous essayons de faire est un accord fondamental pour l'avenir des entreprises françaises. Nous y attachons une importance extrême. C'est un domaine dans lesquels les partenaires sociaux sont totalement compétents. Nous ne souhaitons pas qu'une loi intervienne sur le sujet avant qu'ils ne trouvent un accord"*. Déclaration d'E. Seillère du 8 juillet 2003. Source : site internet. Droitdelaformation.com

24 Communiqué CFDT du 4 avril 2003, site internet.

25 Source : centre Inffo. Réforme de la formation professionnelle : les réactions des partenaires sociaux, 23 septembre 2003 http://centre-Inffo.fr, réforme p. 14 10 2003 p. 1.

26 Nous nous appuyons ici, sur une interview des syndicats du 23 septembre 2003 organisée par le centre INFFO. Pour la CFDT les points négatifs sont : la non-mise en valeur de la dimension territoriale de la formation, aucun renforcement du pouvoir d'intervention des représentants du personnel ; les limites du transfert du Droit individuel à la formation (DIF). Pour la CGC : les réserves concernent le DIF qui ne présente pas tous les critères d'un droit individuel Pour la CFTC : l'égalité des chances n'est pas encore assurée ; il y a un quasi-silence sur le cadre régional. C'est la CGT qui est le plus critique ; les points négatifs sont : l'appel au "hors temps de travail", le déséquilibre des efforts entre employeur et salariés au détriment de ces derniers ; l'exonération des cotisations sur l'allocation formation ; l'insuffisance des temps de formation dans la professionnalisation ; l'absence de la dimension territoriale et interprofessionnelle. Les organisations patronales ne relèvent aucune faiblesse particulière à l'exception de l'UPA : "hormis sa complexité, le dispositif ne présente pas de faiblesses particulières". Supplément à Inffo flash n°624/1er au 15 novembre 2003. p. X suiv.

27 Le contenu de cette réforme fait l'objet du titre II "Du dialogue social" de la loi du 4 mai 2004 relative à la "formation professionnelle tout au long de la vie et au dialogue social". J.O. n° 105 du 5 mai 2004. Sur la réforme du régime juridique de la négociation collective, se reporter à *Droit social* n°6, juin 2004, La loi du 4 mai 2004 : le nouveau droit de la négociation collective.

## II - L'AMPLEUR DES CHANGEMENTS

### 1 - De l'accord à la loi

L'accord a été signé par toutes les organisations ; on y a vu un fait "historique" très important[28]. La dialectique des "sources" selon laquelle accord et loi se complètent, et se confortent mutuellement dans l'élaboration des normes, est une tradition dans le champ de la formation. On comprend pourquoi les partenaires sociaux ont saisi eux-mêmes, les pouvoirs publics pour qu'ils donnent une traduction législative au dispositif conventionnel qu'ils venaient d'élaborer[29]. Du reste l'entrée en vigueur de l'accord était subordonnée à certains aménagements législatifs et réglementaires. La transposition législative a été l'effet de la loi du 4 mai 2004 relative à la formation professionnelle tout au long de la vie et au dialogue social, (titre I) dont l'ambition était, selon les termes du ministre du Travail de rénover "toute l'architecture de la formation professionnelle"[30]. Cette loi, fruit d'un long cheminement, transcrit pour l'essentiel, l'accord national. Il le reprend tout en introduisant certaines modifications et certains ajouts[31]. Les parties de l'accord non reprises

---

28 Pour le texte de l'ANI du 20 Septembre 2003, se reporter à *Liaisons sociales D1* n° 8415 du 9 Octobre 2003. Cet accord a fait l'objet d'un arrêté d'extension en date du 17 décembre 2004. J.O. du 24 12 04. Le texte de cet accord a été réuni avec celui de l'accord interprofessionnel du 3 juillet 1991 dans un document unique : l'accord national interprofessionnel du 5 décembre 2003. On trouve ce dernier texte dans Bulletin officiel des conventions collectives, n° 04/13 du 24/4/04 p. 35-108.

29 Lettre paritaire signée par toutes les organisations, sauf la CGT et FO., la lettre a été annexée à l'accord. Liaisons sociales D1 Législation sociale, n°8415 du 9 octobre 2003.

30 Loi du 4 mai 2004 relative à la formation professionnelle tout au long de la vie et au dialogue social. J.O. n° 105 du 5 mai 2004 p. 7983. Travaux préparatoires : Assemblée nationale : projet de loi n° 1233, rapport de M. J-P. Anciaux, au nom de la commission des affaires culturelles, n° 1273. Rapport de M. Claude Gaillard au nom de la commission mixte paritaire n° 1457 Sénat : rapport de Mme Annick Bocandé et M. Jean Chérioux au nom de la commission des affaires sociales, n° 179, rapport de M. Jean Chérioux au nom de la commission mixte paritaire n° 224. Conseil constitutionnel : décision n° 2004-494C du 29 avril 2004
Voir *Liaisons sociales* D.1. Législation sociale, n° 8415 du 9 octobre 2003. Sur le long cheminement de cette loi, voir S. ZADUNAYSKI, Préparation de la loi - un texte retouché par les députés et les sénateurs, dans l'esprit de l'accord du 20 septembre.
Supplément à *Inffo-flash* n° 636, 1er au 15 mai 2004, p. 40-41.

31 La loi institue au bénéfice des entreprises de moins de 50 salariés un nouveau soutien au remplacement des salariés en formation. Il crée un fonds national unique, en lieu et place de l'AGEFAL (association pour la gestion des fonds de l'alternance) et du COPACIF (Comité paritaire des congés individuels de formation), destiné à gérer les excédents financiers des organismes paritaires collecteurs agréés, au titre du congé individuel de formation. Le texte de loi fixe le principe du déroulement hors temps de travail du DIF, sauf précision contraire d'un accord de branche ou d'entreprise ; les partenaires sociaux avaient prévu pour leur part que les actions pouvaient être réalisées dans ou en dehors du temps de travail, conformément aux dispositions de l'accord de branche ou d'entreprise. Le texte de loi est plus précis quant à

correspondent à des questions volontairement laissées en suspens par les partenaires sociaux et renvoyées à une négociation ultérieure[32]. Depuis lors, cette négociation complémentaire a eu lieu et a abouti à deux avenants en date du 8 07 04[33].

## 2 - INNOVATIONS SANS RUPTURE

Tous les commentateurs ont souligné l'importance des changements, et les répercussions sur l'organisation générale de la formation des salariés dans l'entreprise. Pour mieux appréhender cette question, il est nécessaire de replacer les innovations dans le cadre du système global préexistant. Tout n'est pas à mettre sur le même plan. Nous proposons de distinguer ce qui est maintenu, ce qui est supprimé, ce qui est modifié, et ce qui est créé.

### *2.1 - Ce qui est maintenu*

La réforme ne remet pas en cause les principes de base, les fondements historiques sur lesquels s'appuie l'organisation générale de la formation des salariés dans l'entreprise. Au niveau macro social, le développement de la formation reste organisé selon la logique d'un marché auxquels peuvent accéder tous les organismes de formation. Les missions générales et traditionnelles des partenaires sociaux demeurent inchangées : élaboration du cadre juridique en connexion avec le pouvoirs publics, participation à des instances de concertation. Au niveau méso social, ou intermédiaire, les partenaires sociaux négocient les accords de branche définissant les politiques de formation ; d'autre part ils gèrent les organismes paritaires collecteurs et financeurs de la formation. A un niveau microsocial, les normes de base n'ont pas été transformées : toutes les entreprises sont assujetties à une obligation de financement de la formation ; dans ce cadre le jeu d'acteurs est maintenu dans ces grandes lignes : l'employeur a un pouvoir de décision en matière de formation, pour les actions contenues dans le "plan" ; les représentants du personnel, dotés d'un pouvoir consultatif en la matière, ont toujours un droit de regard sur ce plan ; enfin tout salarié bénéficiée d'un "droit à la formation".Ce droit est garanti par le préambule de la constitution ; il est sous-jacent au congé individuel de formation "qui est de droit". Par ailleurs, les dispositifs d'accès à formation, ayant la forme de "congés" sont maintenus : le congé individuel de

---

l'utilisation du DIF en cas de démission : le salarié peut demander à bénéficier de son droit individuel "sous réserve que l'action de bilan de compétences, de VAE ou de formation soit réalisée avant la fin de la période de préavis". Enfin le texte de loi précise qu'un décret déterminera les aides de l'Etat auxquelles les contrats de professionnalisation peuvent ouvrir droit.

32 Il s'agit de l'entretien annuel du salarié, du bilan de compétences, du recours à la VAE (Validation des acquis de l'expérience) et du passeport formation dont le principe est posé dans l'accord.

33 Voir *Liaisons sociales*, Bref social n° 14176 du 12 07 04.

formation, le congé de bilan de compétences, le congé de VAE (validation des acquis de l'expérience)[34].

Il ressort donc que les fondamentaux n'ont pas été bouleversés. Il s'ensuit que la réforme n'introduit pas une ligne de rupture dans le système global, mais se présente comme une "évolution dans la continuité", évolution qualifiée parfois "d'audacieuse"[35].

### *2.2 - Ce qui est supprimé*

La lecture se situe au niveau de l'accord et de la loi. Les suppressions existent. Elles concernent aussi bien le cadre institutionnel que les dispositifs d'accès à la formation.

- Au niveau national, afin de rendre plus lisible l'organisation de la concertation la loi supprime le Comité interministériel de la formation professionnelle et l'emploi, le Groupe permanent de hauts fonctionnaires, le Conseil national de la formation professionnelle, de la promotion sociale et de l'emploi, ainsi que le Comité de coordination des programmes régionaux d'apprentissage et de formation professionnelle continue. Ils sont remplacés par une structure unique : "le Conseil national de la formation professionnelle tout au long de la vie"[36]. Cette fusion de quatre institutions en une était attendue suite aux critiques et propositions de rapports d'expertise en la matière[37].
- En ce qui concerne les dispositifs, le législateur, sans doute pour éviter toutes formes de doublons, a supprimé la mesure dite "du capital temps formation" et sa contribution financière (0,10 % de la masse

---

[34] Il en est de même des autres formes de congé pour formation à disposition des salariés, par exemple le congé de formation économique et sociale, congé pour formation syndicale… Voir chapitre IX.

[35] Sur cette interprétation, voir les propos de Y. Lichtenberger recueillis par Patricia Gautrier-Moulin, supplément à *Inffo-Flash* n° 636, 1-15 mai 2004 p. 11. V. MERLE, Un accord historique ? *Droit social* n° 5 mai 2004 p. 455. "Le compromis auquel sont parvenus les partenaires sociaux… ne remet pas en cause les grandes lignes du cadre institutionnel de la formation professionnelle continue tel qu'il avait été établi par l'accord… De 1971". Cependant certains commentaires mettent en avant une ligne de rupture. Voir J-P. WILLEMS, De la professionnalisation au droit de la compétence, Droit social n° 5 mai 2004 p. 509.

[36] Art.27 de la loi ; art L.910-1 du code du travail.

[37] Voir à ce sujet G. LINDEPERG, *Les acteurs de la formation professionnelle. Pour une nouvelle donne*. Rapport au Premier Ministre septembre 1999 : *"Supprimer les instances nationales qui apparaissent redondantes ou inadaptées à l'organisation actuelle du système, ou encore certaines qui ne se sont plus réunies depuis de nombreuses années. Recomposer et renforcer les missions de celles qui sont conservées"* p. 108.

salarial brute)[38]. Ce faisant il a satisfait une demande des partenaires sociaux[39]. Il en est de même du dispositif du "co-investissement–formation" mis en place en 1991[40].

Par ailleurs, les trois types de contrats d'insertion en alternance (orientation, qualification et qualification) sont supprimés et remplacés par un contrat unique, le "contrat de professionnalisation".

### *2.3 - Ce qui est créé*

Les créations concernent aussi bien le cadre institutionnel que les voies d'accès à la formation.

Il est créé un fonds national pour gérer les excédents financiers dont peuvent disposer les organismes collecteurs paritaires qui gèrent les contributions des employeurs au financement du CIF (congé individuel de formation), au financement de l'alternance, et du droit individuel de formation[41]. Constituée sous forme d'association de type loi 1901, gérée paritairement par les partenaires sociaux cette instance exerce cette fonction au lieu et place de l'AGEFAL (Association de gestion des fonds de l'alternance) et du COPACIF (comité paritaire des congés individuels de formation) qui sont appelées à fusionner.

Par ailleurs la loi prévoit la mise en place d'un Conseil national de la formation professionnelle tout au long de la vie. C'est l'instance de concertation par excellence, dont les missions et la composition sont définies[42].

Dans le cadre de l'orientation et de l'information du salarié, les nouvelles mesures concernent la mise en place des observatoires prospectifs des métiers et des qualifications au niveau de chaque branche[43] ; l'entretien professionnel

---

38 Art.10 de la loi qui abroge l'article L. 932-2 du Code du travail. Le capital de temps de formation avait pour objet de permettre aux salariés de suivre au cours de leur vie professionnelle, et à leur demande, pendant le temps de travail, des actions de formation comprises dans le plan de formation de leur entreprise. Il a été proposé par la loi du 20 décembre 2003, et mis en place par l'avenant du 5 juillet 1994, et les accords de branche.

39 Lettre paritaire consécutive à l'accord national interprofessionnel. *Liaisons sociales* D1 Législation sociale, n° 8415 du 9 octobre 2003.

40 Art. L.932-1 du code du travail. Ce co-investissement formation a été mis en place par la loi du 31-12-91, reprenant l'accord interprofessionnel du 3 juillet 1991. Ce dispositif définissait les conditions dans lesquelles certaines formatons pouvaient être réalisées pour partie hors temps de travail, avec l'accord du salarié.

41 Art. 24 de la loi ; art.L.961-13 (modifié) du code du travail.

42 Art. 27 de la loi ; art. L.910-1 du code du travail. Le décret n° 2005-180 du 24 février 2005 (JO du 26/012/05) détermine la composition de ce conseil : des représentants des ministres concernés, des députés, des sénateurs, 25 conseillers régionaux, des représentants des organisation syndicales et patronales, des représentants des organismes consulaires et des organismes de formation, des personnes qualifiées. La durée du mandat est de trois ans (art. D.913-1).

43 Art. 4 de l'accord ; arrêté du 21 février 2005 (JO du 05/03/2005).

réalisé par l'entreprise, tous les deux ans, pour chaque salarié[44] ; le passeport formation, mesure ardemment défendue par la CFDT[45]. Il s'agit d'un outil de mémorisation des acquis du salarié au cours de sa trajectoire professionnelle et de ses différents parcours de formation. Révélateur historique des compétences acquises et de l'identité professionnelle du salarié, il peut être une sorte de catalyseur pour la définition d'une réorientation professionnelle, et la recherche d'une nouvelle identité.

Les nouvelles mesures concernent également les voies d'accès à la formation. On recense cinq innovations : la création du contrat de professionnalisation pour les jeunes et les demandeurs d'emploi, et les périodes de professionnalisation pour certains salariés de l'entreprise[46] ; la création du DIF (droit individuel à la formation) pour tout salarié, quel que soit son statut. Cette mesure a souvent été présentée comme l'innovation majeure et le dispositif-phare[47] ; le dispositif de formation différée pour les salariés qui auraient arrêté prématurément leur formation initiale[48] ; enfin la création d'une allocation spécifique pour les salariés qui suivent une formation hors temps de travail[49].

### *2.4 - Ce qui est modifié*

Les modifications concernent l'organisation politique et financière de la formation au niveau des branches et de l'entreprise.

La périodicité de la négociation obligatoire au niveau des branches et concernant les priorités de la formation est ramenée de 5 à 3 ans[50]. Au niveau de l'entreprise, le plan de formation, va prendre une nouvelle configuration. L'ANI et la loi ont créé une clé de structuration interne, en définissant les actions de formation par catégories distinctes, ayant chacune leur régime juridique et financier. C'est ce modèle que devront suivre les employeurs dans l'organisation de leur plan de formation[51]. La participation financière obligatoire des entreprises est augmentée à compter du 1.01.2004[52]. La contribution financière

---

44 Art. 1 de l'accord, non repris dans la loi.

45 Formation/dossier/ réforme (10 avril 2003, 8 juillet 2003, 24 et 26 septembre 2003).

46 Art. 10 et 11 de l'accord ; art. 12 et 14 de la loi, art. L.980-1 à L 982 du code du travail. Se reporter aux chapitres XI et XII.

47 Art. 6 de l'accord ; art. 8 de la loi, art. L.933-1 du code du travail. Se reporter au chapitre X.

48 Art. 12 de l'accord. Loi ?

49 Art. 6, 8, 11 de l'accord. Art. 8 et 10 de la loi, art. L.932-1 et L.933-4 du code du travail.

50 Art. 17 de l'accord, art. 16 de la loi, L.131-1 du code du travail. Se reporter au chapitre II.

51 Art. 8 de l'accord, art. 10 de la loi, art. L .932-2 du code du travail.

52 Art. 24 et 25 de l'accord. Art.18 et 21 de la loi (art. L.951-1 et L.952-1 du code du travail).

au congé individuel de formation est portée de 0,10 % à 0,20 % de la masse salariale brute pour toutes les entreprises[53].

**Schéma récapitulatif**

| MAINTIENS | SUPPRESSIONS | CREATIONS | MODIFICATIONS |
|---|---|---|---|
| - Les principes de base qui fondent l'organisation de la formation des salariés<br><br>- Les dispositifs de formation : plan, congé individuel, congé de bilan, congé VAE, autres congés pour formation | - **Au niveau institutionnel :**<br>Comité interministériel de la formation ;<br>Le groupe permanent des hauts fonctionnaires ;<br>Le Conseil national de la formation et de la promotion sociale.<br>Le comité de coordination des programmes régionaux<br><br>- **Au niveau des dispositifs** :<br>Le capital temps formation ;<br>le co-investissement (1991)<br>les contrats d'insertion en alternance | - **Au niveau institutionnel** :<br>- Fonds national de gestion des excédents financiers ;<br>- Conseil national de la formation professionnelle tout au long de la vie<br>- Observatoires prospectifs des métiers et des qualifications ;<br><br>- **Au niveau des outils et des dispositifs** :<br>- entretien professionnel<br>- le passeport formation ;<br>- le contrat de professionnalisation ;<br>- la période de professionnalisation ;<br>- le DIF ;<br>- le dispositif de formation différée ;<br>- l'allocation formation. | - Périodicité de la négociation de la formation dans les branches (3 ans)<br>- nouvelle structuration du plan de formation<br>- augmentation de la participation financière des entreprises ;<br>- augmentation du financement du CIF<br>- extension des dépenses imputables sur la participation financière des entreprises. |

## 3 - Les principales tendances

Au delà des changements techniques que nous venons d'analyser, on peut dégager un certain nombre de tendances lourdes : le changement de cadre de référence pour la formation des salariés ; le développement de l'individualisation ; la diversification des voies d'accès à la formation, et enfin l'affirmation du "hors temps de travail" comme norme du temps de formation.

### *3.1 - Le changement de cadre de référence*

La loi définit, sur la base de l'accord, le nouveau cadre de la formation des salariés pour les prochaines décennies. L'intitulé du livre IX du Code du travail est modifié. La formation professionnelle continue se déroule à présent dans le cadre de "la formation professionnelle tout au long de la vie", et non plus de "l'éducation permanente".

Apparue dès 1955[54] dans le champ éducatif le concept "d'éducation permanente" a émigré dans le droit en 1971 sans jamais avoir été défini. Il a été

---

[53] Art. 24 de l'accord, art. 18 de la loi (art. L.951-1 du code du travail).

[54] P. ARENTS, Exposé des motifs, document remis au Comité d'études de la réforme de l'enseignement pour la séance du 4 avril 1955, pp.1-4 Archives nationales F/17/17503, cité par Y. Palazzeschi, Introduction à une sociologie de la formation. Anthologie de textes français 1944-1994. Volume 1, Les pratiques constituantes et les modèles. Editions L'harmattan, 1998. p. 137.

employé tantôt pour désigner une conception globale de toutes les formations recouvrant tous les âges de la vie, tantôt pour signifier les différents modes d'apprentissage possibles, formels ou informels, tantôt pour renvoyer à certains types de formations d'adultes centrée sur le développement culturel, social de l'adulte, "son épanouissement total"[55].

### a. L'éducation permanente à la formation professionnelle tout au long de la vie[56]

La notion "d'éducation permanente" est concurrencée depuis plusieurs années par la formule de l'Union européenne *"éducation et formation tout au long de la vie"* largement diffusée comme le nouveau "credo". On pouvait s'attendre à un changement de cadre de référence, de la part des négociateurs et du législateur.

La nouvelle formulation européenne fait l'objet d'une définition dans la communication de la Commission européenne de novembre 2003 intitulée : "Réaliser un espace européen de l'éducation et de la formation tout au long de la vie" Elle désigne *"toute activité d'apprentissage entreprise à tout moment de la vie, dans le but d'améliorer les connaissances, les qualifications et les compétences, dans une perspective personnelle, civique, sociale et/ou liée à l'emploi"*[57]. Ce changement de notions, a sans doute ses raisons, ses implications, ses enjeux. Il y a là un objet de débat qui reste à construire. Au-delà des variantes terminologiques, de la disparité des contextes d'émergence, quelles sont les ressemblances et différences entre les deux formulations ? C'est une question plus complexe qu'il n'y parait, comme le montrent les rares essais comparatifs en ce domaine[58].

Mais remarquons bien que le nouveau concept retenu par le législateur de 2004 est *"la formation professionnelle tout au long de la vie"*. Ce nouveau concept, visiblement, est inspiré par celui de l'Union européenne[59]. Il est très proche, mais pourtant différent par la précision apportée : "formation professionnelle". Il est plus restrictif. De plus il ne correspond pas non plus à celui retenu par l'accord du 20 septembre 2003, à savoir : "la formation tout au

---

55 Vers une cité éducative, Apprendre à être, Unesco, Fayard 1972, 3ème partie, cité par J. Trautmann, Fin de l'idée d'éducation permanente ? AFP n° 159, mars-avril 1999, p. 15-25.

56 Pour cette question, se reporter à SAVOIRS, revue internationale de recherches en éducation et formation des adultes, de l'éducation permanente à la formation tout au long de la vie, n° 6, 2004, L'harmattan,130 p.

57 Commission des communautés européennes. *Réaliser un espace européen de l'éducation et de la formation tout au long de la vie.* Bruxelles, 2001, p. 11.

58 J. TRAUTMANN, loc. cit.

59 Le rapport Anciaux fait référence à cette définition. Rapport Anciaux au nom de la commission des affaires culturelles, familiales et sociales, n° 1273, assemblée nationale, 16/12/2003 p. 2 et 3.

long de la vie professionnelle". S'il ne fait l'objet d'aucune définition, le nouvel article L.900-1 du code du travail en précise le contenu. *"La formation professionnelle tout au long de la vie constitue une obligation nationale. Elle comporte une formation initiale et des formations ultérieures destinées aux adultes et aux jeunes déjà engagées dans la vie active, ou qui s'y engagent. Ces formations ultérieures constituent la formation professionnelle continue".* Formation initiale professionnelle et technologique et formation continue sont donc réunies dans la formation professionnelle tout au long de la vie. Dire qu'il s'agit simplement d'une nouvelle version de l'ancien texte qui portait "formation professionnelle permanente" serait rapide. Comme l'ont montré certaines analyses juridiques, il y aurait une volonté de recentrage de la formation continue sur le "professionnel", sur la problématique de la professionnalisation des salariés et des compétences nécessaires pour les entreprises. Ce recentrage peut s'expliquer autrement que par le poids des pressions idéologiques de l'environnement économique. Il se fonderait sur le principe des compétences des partenaires sociaux limitées aux relations professionnelles. Le droit des salariés à la négociation collective s'exerce sur l'ensemble de leurs conditions d'emploi, de formation professionnelle et de travail et de leurs garanties sociales[60]. La négociation de la formation ne peut donc traiter de la formation que dans ses rapports avec l'emploi, le travail, la qualification. Selon ces analyses, l'éducation permanente, comprise comme développement social, culturel des individus échapperait au champ de compétences des partenaires sociaux[61]. Du reste, l'épicentre de l'accord du 20 septembre 2003 est bien le salarié dans son rapport avec l'entreprise, confronté à son projet de professionnalisation, à l'adaptation et au développement de ses compétences dans un contexte de changement[62].

Dès lors la formation professionnelle continue va-t-elle s'engager dans une voie aussi étroite ? Certaines craintes se sont déjà manifestées[63]. Le développement culturel et social est- ils exclu ?

---

60 Art. L.131-1 modifié du code du travail. C'est la loi du 4 mai 2004 qui fait rentrer explicitement la formation dans cet article. L'ancienne formulation, éclairée par les débats parlementaires de l'époque incluait la formation dans les "garanties sociales".

61 J-M. LUTTRINGER, Formation professionnelle tout au long de la vie et négociation collective, *Droit social*, numéro spécial, n° 5, Mai 2004, p. 477.

62 Toutefois l'accord, reprenant des formules du Livre IX du code du travail, fait référence aux "actions d'acquisition, d'entretien ou de perfectionnement des connaissances" en lien avec le DIF (art.6.1).

63 *"Si on veut éviter que l'éducation tout au long de la vie ne devienne formation tout au long de la vie, le service public et les associations doivent saisir cette opportunité (opportunité liée à la baisse du plein emploi, au développement du hors temps de travail...) de développement d'une éducation ouverte sur la culture et la citoyenneté, dont l'ambition ne se limite pas à l'adaptation au marché de l'emploi"*, INJEP (institut national de la jeunesse et de l'éducation populaire), AEF, dépêche du 3 juillet 2003, site Internet : www.aef.com.

**b. La formation professionnelle continue dans le cadre de la formation professionnelle tout au long de la vie.**

Il est nécessaire, ici, de décentrer la démarche d'analyse pour resituer l'accord du 20 septembre 2003 et la loi du 4 mai 2004 dans la globalité du Livre IX qui constitue le cadre d'ensemble de référence, toujours en vigueur.

L'essentiel, ici, est de relire les types d'actions rentrant dans le champ de la formation continue. L'article L.900-2 en donne un énoncé quelque peu modifié : les actions de préformation et de préparation à la vie professionnelle ; les actions d'adaptation et de développement des compétences ; les actions de promotion ; les actions de prévention ; les actions de conversion. On remarque que "les actions d'acquisition, d'entretien ou de perfectionnement des connaissances" font toujours partie des types d'actions de formation que l'entreprise peut financer. *"Elles ont pour objet d'offrir aux travailleurs les moyens d'accéder à la culture, de maintenir ou de parfaire leur qualification et leur niveau culturel ainsi que d'assumer des responsabilités accrues dans la vie associative"*. C'est la reprise à peine modifiée de la formulation introduite par la loi du 17 juillet 1978. On y retrouve le culturel, et ce que l'on pourrait désigner aujourd'hui par la notion de "qualification sociale"[64]. Notons que ce ne sont pas les partenaires sociaux mais le législateur, qui a cette époque a élargi ainsi l'espace juridique de la formation continue. Tout en introduisant le concept restrictif de "formation professionnelle tout au long de la vie", le législateur de 2004 n'est pas revenu sur cet élargissement. Le fait est paradoxal. Aujourd'hui, comme hier, l'espace juridique de la formation continue est large, même si les pratiques de formation ne s'orientent pas dans cette direction[65].

Il ressort donc un point important : celui de la nécessaire complémentarité des partenaires sociaux et des pouvoirs publics dans la définition et l'organisation du champ de la formation. "Une formation qui englobe les aspirations individuelles à l'accès au savoir, à la culture, à la promotion professionnelle et sociale, ne saurait résulter du seul arbitrage entre des représentants – fussent-ils légitimes – d'intérêts privés et catégoriels, par la voie

---

64 La "qualification sociale" est une notion ambiguë. Notre conception est la suivante : la qualification sociale vise à faire acquérir la capacité de se situer clairement au sein des rapports sociaux pour tenter de susciter ensuite, chez les personnes, la détermination à s'organiser collectivement en vue de parvenir à un changement de ces rapports sociaux dans un sens qui leur serait plus favorable. Voir C. DEMUNTER, *Intérêts de classe et qualification sociale*, Contradictions/L'harmattan, 1999, 145 p.

65 Différentes enquêtes montrent que l'ouverture à la culture et à la vie sociale occupe une place très restreinte dans les utilisations du congé individuel de formation, lesquelles privilégient l'acquisition d'un nouveau diplôme.

de la négociation collective"[66]. L'intervention du législateur est nécessaire car l'enjeu est un projet de société.

### *3.2 - Le développement de l'individualisation de la formation*

Dans le langage courant, individualiser signifie rendre distinct des autres par des caractères propres ; et s'individualiser c'est se distinguer des autres en affirmant sa personnalité[67]. C'est dans le contexte des années 1980 que le terme apparaît dans le champ de la formation[68], en même temps que celui "d'auto-formation" dont il est distinct. "L'individualisation de la formation" sera l'objet d'un usage parfois inflationniste, et polysémique. Il s'agit tantôt : de l'individualisation de la construction d'un projet de formation : la personne, avec l'aide d'un accompagnateur élabore un projet personnel, en fonction de ses acquis, de ses objectifs, et de son contexte de vie. Tantôt l'individualisation s'applique au parcours de formation. La personne a non seulement le pouvoir de choisir sa formation, mais un pouvoir de décision sur son entrée en formation à un moment donné. Parfois l'individualisation se réfère aux pratiques d'apprentissage, l'adulte n'est pas "formé" mais devient apprenant, acteur singulier confronté à ses apprentissages dans un contexte adapté ; c'est là que peut prendre place l'autoformation, la diversification des modes d'apprentissage, les formations ouvertes et/ou à distance.

Le droit laisse le champ libre aux pratiques pédagogiques ; en revanche sa fonction est d'organiser des voies d'accès à la formation pour chacun quel que soit son statut. Aussi les notions de "personne", de "projet", "de parcours", de "choix", de "décision" pourraient être des clés pertinentes pour l'analyse de l'individualisation d'un point de vue juridique.

#### a. La signification juridique de l'individualisation

La notion commence a fait l'objet de rares constructions juridiques[69]. Le terme lui-même a fait une apparition encore timide dans le droit positif ; on ne le trouve pas dans le code du travail ; en revanche il y a des traces dans les accords de branche. L'accord du 20 septembre 2003 l'utilise explicitement.

---

66 J-M. LUTTRINGER, loc. cit., p. 481.

67 Dictionnaire Le petit Larousse illustré.

68 Le contexte est celui d'une transformation des organisations de travail, du développement des NTIC (nouvelles techniques d'informations et de communication) et du renouvellement de la gestion des ressources humaines dans l'entreprise. La décentralisation dans les entreprises,le développement du système "compétences", la recherche de la polyvalence du salarié et l'appel à son initiative et à sa responsabilisation en sont les tendances fortes. Voir P. CARRE, *L'autoformation dans la formation professionnelle*, La documentation française, 1992.

69 N. MAGGI GERMAIN, A propos de l'individualisation de la formation professionnelle continue. *Droit social*, n° 7/8, Juillet/Août 1999, pp. 692-699. ID., La formation professionnelle continue entre individualisation et personnalisation des droits des salariés, *Droit social*, n° 5, mai 2004, pp. 482-493. On trouvera une présentation de ces travaux plus bas.

Si, comme on l'a laissé entendre plus haut, on prend comme repère "l'individu" considéré comme personne confronté à une problématique de projet de formation, capable de choix, de prises d'initiative, et de décision, pour réaliser un projet préalablement défini, dans un espace de contraintes données et reconnues, on relève, à la lecture du code du travail, que de nombreux dispositifs juridiques sont porteurs d'individualisation.

Ces dispositifs, nés dans des contextes différents, se sont développés surtout à partir des années 1990 ; "le nouveau droit de la formation" vient les renforcer.

Le plus ancien, rappelons-le, est le congé individuel de formation. Dans le contexte des lois de 1966 et de 1971, il s'agissait de permettre au salarié de prendre des initiatives, de participer à une formation de son choix, distincte des formations prescrites dans le plan de formation de l'entreprise. Promotion sociale, développement social et culturel, perfectionnement professionnel, c'est au salarié de définir son projet, et de le mettre en œuvre, dans le cadre d'une procédure définie. Initiative, choix, garanties statutaires sont au cœur de cette forme d'individualisation : c'est "l'individualisation" décidée par le salarié. Sous cette forme, elle va se retrouver plus tard dans le congé de bilan de compétences (1991), le congé de validation des acquis de l'expérience (2003)[70]. Il y a une première ligne de continuité.

A partir de 1991, on voit fleurir une seconde forme d'individualisation : le co-investissement formation[71]. Il s'agit de la possibilité de mise en place d'une formation individuelle, partiellement hors temps de travail, orientée vers une nouvelle qualification, sous réserve du respect d'un cadre juridique. Contrairement à la première forme, celle-ci ne repose pas sur la décision unilatérale du salarié ; elle se fonde sur une négociation individuelle entre l'employeur et le salarié ; l'employeur propose, le salarié est libre de sa décision ; s'il refuse, le refus n'est pas constitutif d'un motif de licenciement. S'il s'engage dans ce processus, l'employeur s'engage à son tour, en définissant en retour des "contreparties", c'est-à-dire les modalités de prise en compte de la formation accomplie par le salarié, pour la suite de sa carrière[72]. L'individualisation est "contractualisée". S'agit-il du projet de l'entreprise ou du projet du salarié ? La contractualisation permet peut être de dire qu'il s'agit du projet du salarié qui vient s'inscrire dans le projet de l'entreprise, ou de l'appropriation par le salarié du projet de l'employeur. Sous des formes moins contraignantes que celle de 1991, la formule s'est développée 10 ans plus tard

---

70 Cette forme d'individualisation se retrouve dans d'autres congés pour formation,voir Chapitre IX.

71 Accord interprofessionnel du 3 juillet 1991 relatif à la formation professionnelle, loi du 31 décembre 1991.

72 Ces contreparties peuvent consister en l'attribution d'une prime, d'une majoration de salaire, d'une progression intermédiaire de fonction...

dans de nombreux accords de branches ou d'entreprises sur la réduction du temps de travail et comportant un volet formation[73]. Enfin elle a trouvé une nouvelle traduction législative dans la loi du 19 janvier 2000[74]. Il y a là une seconde ligne de continuité. Telle est la situation au moment de l'élaboration du "nouveau droit de la formation".

### b. Individualisation de la formation dans le "nouveau droit"

Le salarié est l'acteur central de l'accord de 2003. Nous avons plusieurs signes.

C'est l'information et l'orientation tout au long de la vie de tout salarié qui font l'objet du chapitre I. Le suivant définit les principes de mise en œuvre de la formation tout au long de la vie professionnelle pour les salariés. Les partenaires sociaux "souhaitent favoriser l'individualisation des parcours de formation...". L'enjeu pour les salariés est "une meilleure maîtrise de leur évolution professionnelle". Il s'agit d'accompagner les salariés dans l'élaboration de leurs projets professionnels ; de permettre à chacun "d'être acteur dans son évolution professionnelle" (art. 1) ; il est fait souvent référence à l'initiative du salarié, par exemple pour l'établissement d'un "passeport formation" (art. 2), à son engagement (art. 8.2.2.). L'individualisation trouve un prolongement dans la thématique de la "personnalisation des parcours" (art. 10-1, 21,11.1), deux notions distinctes mais qui se complètent[75]. Il y a là une prise de position délibérée pour le développement de l'individualisation. Comment se raccordent "l'ancien" et le "nouveau" ?

L'accord reprend à son compte la première forme d'individualisation en remettant en perspective le congé individuel de formation, mais surtout le congé de bilan de compétences, et le congé de validation des acquis de l'expérience, outils d'orientation et de définition de projet. En prévoyant la possibilité de formations dites "développement des compétences" hors temps de travail, dans un nouveau cadre juridique, il réassume également l'individualisation contractualisée tout en consolidant son statut. Il apporte aussi une nouvelle variante de l'individualisation dans la création du DIF. Tout salarié dispose d'un volume d'heures de formation qu'il peut capitaliser sur 6 ans. Il a l'initiative de l'utilisation de son capital d'heures, et donc de son départ en formation, moyennant le respect d'une procédure définie. La formation se déroule en principe hors temps de travail, sauf dispositions conventionnelles dérogatoires. Contrairement au demandeur du CIF, le salarié, ici n'a plus la maîtrise du choix de la formation. Ce choix nécessite, un accord écrit entre le salarié et l'employeur. Nous entrons donc dans le chemin d'une négociation individuelle,

---

[73] Voir S. BIONDI MANDELBAUM, Formation professionnelle et réduction du temps de travail : vers un nouvel équilibre des temps. *Droit social*, n°3, Mars 1999, pp. 239-241. J-M. LUTTRINGER, Vers de nouveaux équilibres entre temps de travail et temps de formation ? *Droit social*, N° 3, Mars 2000, pp. 277-287. Ces deux études sont présentées plus bas.

[74] Art. L.932-2 du code du travail, abrogé par la loi du 4 mai 2004.

[75] La personnalisation est le fait d'adapter à chaque situation, à chaque personne.

pouvant aboutir aussi bien à un accord, qu'à un conflit voire à un refus de l'employeur. L'éventualité d'un refus est du reste prévu dans l'accord qui propose une "sortie de crise" par le recours au congé individuel de formation. Il s'agit donc d'une "individualisation négociée", ou mieux d'une "individualisation sous contrôle" puisque le projet du salarié est soumis à l'examen et à la décision de l'employeur.

Cette diversification des formes juridiques d'individualisation qui vient d'être présentée, débouche sur une interrogation majeure : celle des composantes juridiques de l'individualisation dans le "nouveau droit de la formation".

### c. Les composantes juridiques de l'individualisation

D'un point de vue juridique, l'individualisation comprend trois composantes essentielles : l'initiative et la responsabilité du salarié en matière de formation, l'existence de régulations collectives, et l'accompagnement juridique du projet du salarié.

- Le droit conventionnel et légiféré utilise souvent la notion "d'initiative" pour désigner l'implication du salarié en formation. Plusieurs études juridiques ont montré la fragilité de cette notion, due à son imprécision et à son ambiguïté ; elle peut recouvrir une multiplicité de démarches où la part d'implication du salarié peut être très variable. De plus il conviendrait de clarifier cette notion par rapport à celle de "prise de décision"[76]. Pour cette raison, nous introduisons l'idée de "responsabilité" du salarié. Le terme est à prendre, ici, non au sens juridique du terme, mais dans son sens commun. La responsabilité est la capacité d'un individu à assumer certains risques à un moment donné, à prendre des décisions dans un contexte donné et connu, et à en assumer les conséquences. Appliquée à notre objet, la responsabilité concerne à court terme l'entretien de ses compétences, à moyen terme l'acquisition de nouvelles compétences pour faire face aux évolutions, et à long terme l'acquisition d'une nouvelle qualification pour progresser dans sa trajectoire professionnelle. L'accord de septembre 2003 rassemble tous ces éléments en des formules incisives concernant les salariés : la "maîtrise de leur évolution professionnelle", "être acteur dans son évolution professionnelle". Les implications de la responsabilité du salarié deviennent particulièrement lourdes : s'informer, s'orienter, élaborer un projet, mettre en œuvre ce projet par le choix d'une formation adaptée, négocier individuellement avec son employeur,

[76] Voir N. MAGGI GERMAIN, La formation professionnelle continue entre individualisation et personnalisation des droits des salariés, *Droit social*, n° 5, Mai 2004, p. 484.

mobiliser les ressources juridiques pour accéder à une formation, enfin décider de son entrée dans le processus de formation et aller jusqu'au bout de celui-ci. Autant de démarches qui présuppose une solide assise de départ, une construction de soi à travers l'éducation et la formation initiale, l'expérience. Tous les salariés ne sont pas sur la même ligne de départ dans le jeu de la responsabilité en formation. Que deviennent ceux qui n'ont pas les premiers appuis nécessaires ? D'un autre côté, le jeu de la responsabilité est valorisant pour l'individu, dans la mesure où de bénéficiaire de formation il devient acteur dans son "évolution professionnelle". Mais ceci ne peut cacher les risques de dérive relevés par certains. Le plus important consisterait à laisser augmenter subrepticement la part du salarié dans la charge de la formation en faisant glisser des formations d'adaptation, par exemple, directement utiles pour l'entreprise, sur le hors temps de travail du salarié. Le point maximum serait atteint si l'on en arrive à confisquer le temps libre du salarié pour l'entreprise, et à terme à faire peser sur le salarié la responsabilité de son licenciement pour défaut d'entretien et de développement de ses compétences[77]. Les garde-fous sont nécessaires. C'est la deuxième composante de l'individualisation : les régulations collectives.

– Ces régulations existent. Elles sont de deux sortes : statutaires et stratégiques. Les premières concernent autant l'employeur que le salarié. Elles portent d'abord sur l'obligation de formation qui pèse sur l'employeur en matière d'adaptation au poste de travail du salarié. Pour ce type d'action, l'art. L. 932-1 définit un régime juridique particulièrement protecteur pour le salarié[78]. Le congé individuel de formation garde son identité juridique. Les formations hors temps de travail, dans lesquelles vient s'inscrire le processus d'individualisation (DIF, développement des compétences) ont toutes un cadre juridique où sont définies les obligations et les droits de chacun, et le rapport du salarié à une rémunération et à sa protection sociale. Loin d'être une "zone de non droit". L'individualisation est donc balisée par ces premières régulations collectives. Les secondes sont stratégiques. Elles sont liées aux grandes orientations politiques que les partenaires sociaux doivent définir au niveau de chaque branche pour la mise en œuvre de l'individualisation. Par exemple, le droit individuel à la formation va-t-il s'exercer dans et/ou en dehors du temps de travail ? Quelles vont être les objectifs prioritaires de la branche en matière de la formation, objectifs vers lesquels peuvent s'orienter, par exemple, les actions de développement des compétences ? Ces régulations

[77] Voir l'approche critique de N. Maggi-Germain, A propos de l'individualisation de la formation professionnelle continue, loc. citat.

[78] Ce type d'action constitue un temps de travail effectif, et donne lieu pendant sa réalisation au maintien du salaire.

permettent à l'entreprise de définir sa politique et au salarié d'élaborer de façon réaliste son projet pour lequel le droit prévoit un accompagnement.

– L'accompagnement juridique du projet du salarié est la troisième composante de l'individualisation. Le premier axe de l'accord concerne l'information et l'orientation tout au long de la vie. Il concerne donc l'amont de la formation, la problématique de l'élaboration du projet. Les négociateurs enracinent plusieurs outils juridiques dans cette problématique. La préoccupation majeure est de créer des effets de synergie, entre l'entretien professionnel, le bilan de compétence, la validation des acquis de l'expérience, "le passeport formation" et le projet individuel de formation. Cette posture entraîne un effet de "basculement" au sein de l'orientation. Le pôle institutionnel qui a été souvent la référence dominante, dans ce domaine, laisse la place au pôle de l'acteur, principal intéressé, l'individu lui-même qui a à sa disposition un environnement accompagnateur pour sa démarche. Font partie également de cet environnement le dispositif d'information du salarié, concernant les évolutions des métiers, des qualifications, dans sa branche, mais encore les objectifs prioritaires de formation qui s'y rapportent et enfin les voies d'accès à la formation qui lui sont ouvertes à travers le jeu des dispositifs existants. L'accord organise une sorte de stratégie de préparation, d'information du salarié dans laquelle sont impliqués les FONGECIFS (fond de gestion du congé individuel de formation), l'employeur, les cadres, les représentants du personnel, et le salarié lui-même. *"C'est un changement culturel qui s'amorce : l'idée que l'accès à la formation doit être préparé et accompagné"*[79].

### *3.3 - Diversification des voies d'accès à la formation*

Depuis la mise en place du système en 1971, deux voies conduisaient à la formation : la voie royale correspondant au plan de formation de l'entreprise, une voie, restée marginale, le congé individuel de formation. Ce dispositif permet au salarié, de s'affranchir du plan de formation, et de suivre une formation de son choix, pendant le temps de travail, avec une garantie de retour à son emploi. A la décision de l'employeur répond l'initiative personnelle du salarié. Perçue comme un frein au développement de l'individualisation, et à l'inscription de la formation dans le déroulement de la vie professionnelle du salarié, cette bipolarisation a été remise en cause depuis quelque années, y compris par les partenaires sociaux. Dorénavant, le Code du travail distingue

[79] CFDT, Déclaration du Bureau national 24 septembre 2003, site Internet : cfdt.com. Formation professionnelle.

trois modes d'accès à la formation pour les salariés : soit à l'initiative de l'employeur dans le cadre du plan de formation ; soit à l'initiative du salarié dans le cadre du congé individuel de formation ; soit à l'initiative du salarié avec l'accord de l'employeur dans le cadre du "droit individuel de formation" (DIF), soit à l'initiative de l'employeur avec l'accord du salarié pour les formations visant l'acquisition d'une nouvelle qualification. Ce qui change essentiellement, c'est la place et le rôle du salarié dans le processus de décision conduisant à la formation. Dans le premier cas, il est envoyé en formation, dans le second il est acteur principal de son entrée en formation, dans le troisième cas il est co-décideur. Entre l'initiative de l'employeur et celle du salarié, le droit vient aménage un espace intermédiaire, celui de la co-décision, ou de la négociation individuelle.

Quel est le sens de cette diversification ? La préoccupation est multiple : répondre aux besoins de l'entreprise, au fil de son évolution, et des transformations de son environnement économique ; développer l'accès à la formation pour l'ensemble des salariés, quel que soit leur statut ; construire un lien fort entre l'individu et la formation. Comment ? D'une part en faisant appel à "son initiative, à sa responsabilité". D'autre part, en rapprochant l'entrée en formation des besoins et du projet de chaque salarié, confronté, au long de son parcours, au risque de carrière de plus en plus hachée, marquée par des périodes de transition où alterneront chômage, formation et reconversion. Dans cette optique, la formation tout au long de la vie, ne consiste pas à se former toute la vie, mais à pouvoir recourir à des temps de formation, à des moments-clés de son parcours professionnel, pour gérer les transitions nécessaires.

La crédibilité et l'efficacité de ces mesures, présupposent une possibilité de financement de chacune des voies d'accès qui entraîne, a priori, un surcoût pour l'entreprise. Aussi l'accord et la loi ont revu à la hausse la participation financière obligatoire de toutes les entreprises, quelle que soit leur taille. Par contrecoup, les partenaires sociaux ont tenté d'élargir la notion d'action de formation, et d'agrandir le champ des dépenses imputables sur la participation financière obligatoire des entreprises. Par un effet d'interaction, la multiplication des possibilités de formation a entraîné un nouveau coût, lequel a été répercuté sur l'augmentation de l'obligation financière, celle-ci rejaillissant sur la déductibilité des dépenses de l'entreprise.

### *3.4 - L'affirmation de la norme du hors temps de travail*

Traditionnellement, depuis 1971, le temps de formation s'inscrivait dans le temps de travail, et sa rémunération prenait la forme d'un salaire. Ce principe valait pour les actions de formation inscrites dans le plan de formation mais aussi pour les actions réalisées dans le cadre du congé individuel de formation. Travail et emploi empruntaient le même régime juridique. Depuis 1990, l'équation formation = travail se trouve ébranlée, avec l'émergence du co-investissement, et fortement remise en cause dans le contexte de la RTT (réduction du temps de travail). C'est l'heure de l'émergence de nouvelles régulations concernant le rapport entre temps de travail et temps de formation. Le temps de formation est "désinstallé" en quelque sorte. A travers différentes formules de co-investissement, développées dans les accords d'entreprises ou de branche entre 1998 et 2000, le temps de formation perd son statut unique et spécifique. Les actions de formation peuvent être réalisées pendant ou, pour tout ou partie en dehors du temps de travail du salarié. Le tabou "du hors temps de travail" se trouve brisé. L'accord de 2003 relayé par la loi s'engouffre dans cette brèche tout en l'élargissant. Il crée de nouvelles voies d'accès à la formation (DIF, périodes de professionnalisation, formation pour le développement des compétences). Ce faisant il tend à faire du hors temps de travail une nouvelle norme de la temporalité de la formation, sans abolir pour autant la référence au temps de travail. Il en résulte que le temps de formation est soumis à un phénomène d'éclatement qui aboutit à une multiplicité de cas de figure : formation obligatoirement pendant le temps de travail, formation partiellement hors temps de travail ; formation totalement hors temps de travail, chaque cas de figure appelant un régime juridique spécifique.

Cette complexité n'est pas le chaos pour autant, dans la mesure où le juriste peut dégager une sorte d'axiomatique concernant la relation du temps de formation et le temps du salarié. Elle tient en quatre postulats :

- L'expulsion totale de la formation du temps de travail vers le hors du temps de travail est insoutenable juridiquement.
- Le temps de formation s'inscrit obligatoirement dans le temps de travail, et est qualifié juridiquement "temps de travail effectif" lorsqu'il s'agit d'une formation d'adaptation des compétences au poste de travail, ou une action liée à l'évolution des emplois, de façon plus large lorsqu'il s'agit de formation dont l'employeur prend lui-même l'initiative.
- Le temps libéré par le passage à 35 heures est du temps libre appartenant à la sphère privée du salarié. L'employeur ne dispose pas de droit d'usage même partiel sur ce temps. Il ne peut donc imposer une formation au salarié dans ce cadre.
- En revanche rien n'interdit au salarié et à l'employeur de conclure un accord écrit de co-investissement formation dès lors qu'il porte en partie ou en totalité sur du temps personnel du salarié et que celui-ci donne son accord exprès. C'est l'axiomatique qui est sous jacente à l'accord du 20 septembre 2003 et de la loi qui la prolonge.

Cette problématique du "temps de formation" est ardue, comme on le voit. Elle a été l'objet de plusieurs analyses juridiques depuis 1999[80].

## III - LA PORTEE DES CHANGEMENTS

Les analyses qui précèdent montrent que la réforme de 2003-2004 apporte des modifications très importantes dans l'organisation générale de la formation des salariés. La mise en œuvre a été progressive au fil de la production des dispositifs réglementaires d'application et des accords de branche de mise en œuvre[81]. La traduction de ce nouveau droit dans les réalités sociales est conditionnée par l'appropriation effective du dispositif par les différents acteurs. Les premiers concernés sont les branches professionnelles. L'accord du 20-09-03 n'est pas une fin en soi, mais la première étape d'un processus plus large. Logiquement, le dispositif devrait jouer le rôle d'un déclencheur d'une négociation par rebondissement, tant au niveau des branches que de l'entreprise. En effet la définition des conditions de mise en œuvre des nouvelles mesures est laissée à l'initiative des branches professionnelles. La méthode de travail est de ce fait décentralisée et participative. Au-delà de la construction conventionnelle et législative, comment les branches en énonçant leur politique se sont-elles emparé du système pour le traduire dans les faits ? D'ores et déjà on constate les premières retombées à travers la conclusion d'un nombre important d'accords de branche pour la mise en œuvre contextualisée de la réforme[82].

La mise en oeuvre repose également sur les institutions paritaires qui sont dans l'environnement immédiat de l'entreprise (OPCA et FONGECIF). Leur capacité à développer au plus près des entreprises et des salariés, un service de proximité, les aidera à utiliser efficacement les nouvelles dispositions.

Le nouveau droit ouvre de nouveaux espaces de négociation aux entreprises[83]. De plus, l'employeur, les cadres, et les représentants du personnel ont un rôle stratégique à jouer, non seulement pour la diffusion, la vulgarisation

---

80 S. BIONDI MANDELBAUM, Formation professionnelle et réduction du temps de travail : vers un nouvel équilibre des temps ; *Droit social*, n° 3, mars 1999, pp. 239-241. F. FAVENNEC-HERY, Temps de formation, temps de travail : quelques observations. *Droit social*, N° 5, mai 2004, pp. 294-298. J-M. LUTTRINGER, Vers de nouveaux équilibres entre temps de travail et temps de formation ?, *Droit social*, n° 3, mars 2000, pp. 277-287. N. MAGGI GERMAIN, L'articulation temps de travail/formation professionnelle continue après la loi Aubry II, *Droit social*, n° 9-10, septembre/octobre 2000, pp. 858-864. On trouvera une présentation de ces travaux plus bas.

81 Au 31 mars 2005, on recense 8 décrets d'application de la loi, 3 arrêtés, 2 circulaires. La liste en est donnée en annexe 2.

82 A la date du 1er juin 2005, plus d'une centaine de branches ont conclu des accords sur la formation, dans le cadre de la mise en œuvre de la réforme. Un échantillon de ces accords sera analysé dans les chapitres 10, 11 et 12.

83 L'A.N.I. (accord national interprofessionnel du 20 septembre 2003) fait de nombreux renvois à la négociation d'entreprise : modalités de mise en œuvre du DIF (art. 6), modalités de l'entretien professionnel (art. 2), égalité entre les femmes et les hommes dans l'accès à la formation (art. 14).

de ce nouveau droit, mais pour le développement de "l'appétence" auprès des publics dits "fragiles", les plus éloignés de la formation pour qui les perspectives de carrière, de progression professionnelle sont parfois illisibles dans le jeu de l'entreprise.

Pris dans sa globalité, le dispositif ne manque pas d'atouts. L'augmentation des masses financières, pourrait entraîner une augmentation des entrées en formation. Par ailleurs, si on se fonde sur les résultats d'enquêtes sur les désirs et attentes des salariés en matière de formation, on peut avancer que la logique de l'individualisation construite et développée par le droit va rencontrer des points d'ancrage dans le corps de salariés[84]. La mise en oeuvre du dispositif aura des répercussions certaines sur le métier de responsable de formation. Il sera plus intégré encore à la politique globale de l'entreprise. Elle entraînera un déplacement du cœur du métier pour les organismes de formation. Logiquement, l'interlocuteur ne sera plus seulement le responsable de formation, mais aussi le salarié lui-même. D'une part l'ingénierie pédagogique aura à reconstruire ses contenus pour proposer une offre individualisée et plus modularisée. D'autre part le rôle des organismes va s'élargir vers le conseil, l'accompagnement, pour une offre de service global, avec peut-être moins de production et de face à face pédagogique et des articulations à inventer entre conseil, orientation, bilan de compétences, VAE et formation.

Le dispositif a aussi ses limites. Les critiques avancées le plus souvent concernent la complexité du système. Les quelques suppressions, allègements présentées plus haut, ne suffisent pas pour dire que l'on a avancé dans la voie d'une réelle simplification. Certaines distinctions structurantes, telle la différenciation des actions de formation contenues dans le plan de formation, manquent de clarté ; on y voit des risques préjudiciables aux salariés.

Dans cette complexité régnante, le modèle sous-jacent est celui d'une gestion prévisionnelle des emplois et des compétences articulant le niveau de la branche et celui de l'entreprise. Par là le dispositif serait plus adapté aux grandes qu'aux petites entreprises.

Enfin, la plupart des observateurs extérieurs, comme aussi les syndicats relèvent un point de fragilité : un quasi silence sur l'approche territoriale de la formation. Le centre de gravité du dispositif est la branche professionnelle. Le risque de cloisonnement est manifeste. Cette posture montre un décalage étonnant avec le mouvement irréversible de la décentralisation de la formation, dont les dernières expressions ont été formalisées dans la loi du 13-08-04 relative aux libertés et aux responsabilités locales[85]. Des rapports d'expertises, antérieurs à la réforme, avaient relevé cette culture centralisatrice des

---

[84] Sondage Sofres (septembre 2003), source : Entreprise et carrières, n° 685 du 30 septembre au 6 octobre 2003.

[85] J.O. du 17-08-04.

partenaires sociaux qui constitue, selon les auteurs, un frein au partenariat avec les Régions[86].

Enfin, la portée du dispositif est à rapprocher de la problématique de la lutte contre les inégalités d'accès à la formation. C'est un objectif annoncé dans le préambule de l'accord, et rappelé à intervalles réguliers dans le corps du texte. On connaît la tendance dominante : la formation profite aux plus formés. *"L'usage actuel de la formation continue montre qu'une meilleure formation initiale loin d'en diminuer le besoin, tend au contraire à l'accroître... Le coût d'entretien et de renouvellement de la formation paraît presque proportionnel à son niveau, sans doute à la fois parce que l'un accroît la rentabilité de l'autre et que sont confiés aux plus diplômés les emplois les plus évolutifs"*[87]. Dans cette configuration, quelles peuvent être la signification et la portée d'une lutte annoncées contre les inégalités ? L'objectif est-il d'inverser la tendance ? Ou simplement, de la rendre plus acceptable, en l'accompagnant par des mesures particulières faites d'incitations, de recommandations en direction des publics exclus de la formation. Pour l'avenir, laisse-t-on la formation suivre sa pente naturelle ? Ce genre de débat n'a pas eu lieu. Il n'est pas sûr qu'il soit ouvert au niveau des branches professionnelles.

## IV - ETUDES, RECHERCHES, REPERES

Les travaux présentés, ici, concernent directement l'A.N.I. ou se situent dans son environnement immédiat. Nous les regroupons autour de 3 axes : La portée historique de l'accord, l'individualisation de la formation, temps de travail et temps de formation.

### 1 - Portée historique de l'A.N.I. (Merle V., 2004)

L'objet est l'analyse des modifications introduites par l'accord, dans leur émergence historique, leur contenu et leur portée historique concernant l'impulsion d'une nouvelle dynamique à un système essoufflé. L'auteur choisit deux entrées : quelles sont les facteurs d'émergence du DIF (droit individuel à la formation), et ses implications politiques au sein de l'entreprise ? Quel est le nouveau rôle des partenaires sociaux dans le pilotage du système global.

#### *1.1 - Conditions d'émergences et implications politiques du DIF*

Présenté souvent comme l'élément le plus novateur de l'accord, ce dispositif a focalisé l'attention des médias. Il y a pourtant un paradoxe : Le DIF

---

86 G. LINDEPERG, *Les acteurs de la formation professionnelle.* Pour une nouvelle donne. Rapport au premier ministre, septembre 1999.

87 Rapport Lichtenberger-Méhaut, Formation professionnelle : les enjeux d'une refonte. *Liaisons sociales*, V N°18/2001 du 1er mars 2001, p. 4.

n'est pas une création radicalement nouvelle, il comporte des limite importantes dans ses conditions.

**a. Le Droit individuel à la formation a toute une histoire qui précède la création du dispositif du même nom.**

Cette histoire repose sur quatre lieux : le rapport de Virville (4 octobre 1996), la création du co-investissement par les partenaires sociaux (1991) et le Livre Blanc (1999), la première tentative de négociation (décembre 2000 à octobre 2001) et enfin la négociation réussie de 2003.

Il ressort que l'idée d'épargne ou de capitalisation automatique de temps formation est présente dans le rapport de Virville. L'idée de codécision et de partage des charges est relayée par le co-investissement dans la version de 1991. Une formulation "hard" du droit individuel à la formation fleurit dans le Livre blanc en 1999). Une version très assouplie et très émoussée figure dans le premier projet de négociation (2000) sous la forme compte épargne volontaire. La traduction juridique finale comporte trois différences importantes, par rapport au premier projet soumis à la négociation. - Le système de comptes épargnes formation a disparu au profit d'une capitalisation automatique d'heures de formation sur lesquelles s'exerce un droit de tirage (retour à Virville) ; - le congé individuel de formation retrouve son autonomie, alors qu'il risquait d'être réduit à une "caisse complémentaire" pour financer les projets individuels dans le cadre de l'épargne formation individuelle ; - le nombre d'heures de formation en dehors du temps de travail est limité (80 heures par an). Autant de dispositions qui sont plus favorables aux salariés qu'un dispositif reposant sur une épargne volontaire préalable. Mais globalement ils répondent au même type de préoccupation. Il en ressort que le DIF est un dispositif dont la nouveauté est à relativiser.

**b. Le DIF a d'importantes limites**

Le choix de la formation est soumis à l'accord de l'employeur ; le droit individuel n'est pas vraiment transférable mais consommable sur place. Mais une ambiguïté fondamentale entoure l'exercice du DIF. Elle est due à la fragilité de la distinction entre deux catégories d'action : adaptation et évolution des compétences. Elles n'ont pas le même régime juridique. Quelles sont les actions éligibles au DIF ? Normalement l'adaptation ne l'est pas. Le risque est que l'employeur réduise les actions d'adaptation au minimum et fasse glisser vers le DIF les actions habituelles du plan, dans un souci d'économie. Procédé attractif pour l'employeur : il est moins coûteux, il ne supprime pas son contrôle de l'employeur et implique davantage la responsabilité du salarié (le DIF est à l'initiative du salarié, et se déroule normalement hors temps de travail). C'est un scénario possible. Il en est d'autres.

On peut imaginer un scénario plus positif : les salariés utilisent pleinement la marge de manœuvre du DIF ; l'employeur devient contraint à continuer de financer une partie des actions au titre du plan comme avant, et en plus les actions moins directement utiles pour l'entreprise dans le cadre du DIF. On est ici dans les évaluations prospectives. Les évolutions vont varier selon le type d'entreprises, rapports de force, les stratégies des acteurs. L'intérêt de cet accord est de pousser les syndicats à élaborer des stratégies dans l'entreprise, pour la formation et les parcours professionnels.

Le DIF prend tout son intérêt si on le met en synergie avec d'autres dispositifs qui l'entourent : obligation d'un bilan après 20 ans de carrière, ou 45 ans, la diffusion des pratiques d'entretien annuel à tous les catégories, le passeport formation, VAE : autant d'incitations à utiliser le DIF et à en faire un instrument pour retrouver le chemin de la progression professionnelle dans l'entreprise. C'est autour de ces conditions de mise en œuvre concrètes que se jouerait le caractère historique de l'accord du 20-09. L'auteur ne se contente pas d'une lecture formelle, son approche est pragmatique, anticipatrice et stratégique. Elle est centrée sur la mobilisation des acteurs qui compte autant que les règles qui favorisent cette mobilisation.

### *1.2 - La responsabilité des partenaires sociaux*

Le pouvoir des partenaires sociaux, au niveau des branches, se trouve renforcé. L'auteur se situe, ici, sur le registre des politiques de financement.

La mise en œuvre de l'accord va entraîner une augmentation des masses financières. Le rôle politique des partenaires va s'en trouver accru. Ils vont devoir faire des arbitrages importants et définir trois types d'usage : le premier est l'apprentissage. Les branches deviennent acteurs majeurs du financement de l'apprentissage ; elles vont pouvoir financer leur propre appareil de formation. L'usage n'est pas nouveau. Mais le problème va être celui des synergies avec le Conseil régional, régulateur officiel de l'offre de formation professionnelle initiale de par les lois de décentralisation.

Le second usage est la mise en œuvre des contrats de professionnalisation. L'alternance, on le sait masque des tensions : tensions entre deux sources de légitimité en matière de formation, l'appareil scolaire, avec sa capacité à transmettre les savoirs de base, capacité d'autonomie, et les entreprises et partenaires sociaux. L'enjeu est le pouvoir de maîtrise de l'appareil de formation, selon un jeu d'intérêts. Mais, sur ce point, l'accord reste à mi-chemin : l'auteur estime qu'il eut fallu revisiter l'ensemble du système et revoir le rôle respectif de la formation initiale, de la formation par alternance et leurs articulations.

Enfin le dernier usage des fonds concerne les "périodes de professionnalisation". Si l'usage est inattendu, la logique de fond est claire : ne pas réserver les actions de professionnalisation aux seuls jeunes, ou adultes à la recherche d'un emploi, mais agir préventivement en faveur de certains salariés confrontés à la dernière étape de leur carrière.

Il ressort que les responsabilités politiques et financières des partenaires sociaux vont être très lourdes pour l'avenir. Il leur appartient de faire vivre l'accord selon les intentions des négociateurs.

Finalement, s'agit-il d'un accord "historique" ? Non, mais d'une histoire encore à construire.

## 2 - L'individualisation de la formation

(Maggi Germain N., 1999, Id., et Correia M., 2001, Maggi Germain N., 2004).

### *1.1 - La première analyse*

La première analyse s'inscrit dans le questionnement de l'individualisation qui affecte, depuis le milieu de la décennie 1980, les relations professionnelles dans l'entreprise et la gestion des ressources humaines, et par contrecoup l'organisation de la formation et son environnent juridique.

Le processus vient des pratiques managériales, avant d'atteindre le droit de la formation. L'auteur en dégage trois implications majeures.

#### a. Une conception nouvelle du salarié

*"C'est l'individu, dans sa singularité la plus exacerbée que sollicite aujourd'hui l'entreprise, et non plus le salarié membre d'une collectivité de travailleurs"*. Il lui faut devenir acteur de l'entreprise, adhérant pleinement à ses valeurs. Plus libre dans son travail ( ?) pourquoi le salarié ne deviendrait-il pas maître et responsable de sa formation ?

#### b. La contractualisation de la formation

Contractualisation s'entend ici, comme la négociation individuelle de dispositions, entre l'employeur et le salarié, définissant les droits et obligations de chacun en matière de formation et s'inscrivant dans le cadre individuel du contrat de travail

Ce processus se rattache à l'émergence de nouvelles normes managériales. L'émergence de la notion de compétences, tend à se substituer à celle de qualification. Le changement n'est pas anodin. En effet la notion de qualification véhicule une dimension objective ; il s'agit de reconnaître certaines qualités par référence à une ou plusieurs catégories de rattachement définies par la loi ou les conventions collectives. La notion de compétence renvoie quant à elle à la capacité personnelle, individuelle due au savoir, l'expérience. Elle s'apprécie dans la mise en œuvre d'un rapport avec une situation de travail. Au niveau de la reconnaissance, la qualification fait l'objet de négociation au niveau des branches professionnelles, la reconnaissance de la compétence apparaît circonstanciée et aléatoire. Elle est fixée par l'entreprise au terme d'un face à face entre le salarié et sa hiérarchie.

La seconde norme managériale, très dépendante de la première est, selon l'auteur "une autonomisation de la certification professionnelle". De nouvelles normes dont la légitimité reste à fonder, se construisent par référence aux besoins du marché : tels les certificats de compétences en entreprise. Le risque est de parvenir à une remise en cause des systèmes de classification existants, afin, de rendre socialement acceptables les différenciations salariales. La mise en place d'une logique de compétences, travaille pour l'extinction de l'expression et la construction de solidarités collectives. Sous couvert d'une éthique de responsabilisation, cette mécanique de rationalisation de la gestion des salariés contribue à instrumentaliser le salarié partie intégrante du capital de l'entreprise. La notion "d'employabilité" participe de cette logique, et reporte l'obligation de formation sur le salarié. Il est de sa responsabilité de se former afin de se maintenir dans un emploi. C'est sur ce processus que vient se greffer l'émergence de nouveaux outils juridiques pour la contractualisation de la formation.

Quels sont ces outils ? Le premier est le co-investissement formation (1991). Indépendamment de sa mise en oeuvre, la logique reprise dans de nombreux accords d'entreprises ou de branches, par la suite, traduit, juridiquement et développe les représentations du salarié acteur de son propre développement professionnel. Le deuxième outil juridique de cette responsabilisation, est le bilan de compétences. La finalisation de celui-ci est bien la définition d'un projet professionnel et le cas échéant un projet de formation. La démarche s'inscrit dans un cadre d'engagements réciproques formalisés dans une convention. Le troisième outil est le contrat de formation professionnelle signé entre une personne qui entreprend une formation à titre individuel et à ses frais, l et le dispensateur de formation (loi du 4 juillet 1990).

L'engagement du salarié, et donc sa responsabilisation trouve une autre forme juridique à travers le mécanisme des clauses de dédit formation que l'on voit apparaître à la fin des années 1980. Il prend la forme d'une obligation de fidélité, obligation de rester au service de l'employeur à l'issue de la formation.

En définitive, et c'est l'idée – force de cette analyse, la diffusion de la culture managériale a fait fructifier un certain nombre de concepts juridiques, véritables supports d'individualisation de la formation professionnelle. Tous aboutissent à une contractualisation individuelle de la formation.

**c. La troisième implication est la fracture entre temps de travail et temps de formation.**

La fracture consiste dans le transfert de la charge de formation du temps de travail, position traditionnelle, sur le temps libéré du salarié, en application de la RTT.

Ce phénomène s'appuie, au-delà du co-investissement, sur un nouvel outil juridique créé à cet effet, mais moins connu : le compte épargne temps, mécanisme créé par la loi du 25 juillet 1994 sur l'intéressement des salariés. Il s'agit d'accumuler des droits à congés rémunérés par la conversion de primes, le report partiel de congés, le repos compensateur pour heures supplémentaires : le compte peut servir, entre autres, à financer des congés pour formation. Le risque est le transfert de la charge de formation sur le seul salarié, ce qui pose la question des garde-fous juridiques.

### *1.2 - La deuxième étude*

La deuxième étude consacrée à l'individualisation se relie à la précédente car elle est l'approfondissement de la notion de "responsabilisation" du salarié dont l'extension incontrôlée pourrait aboutir à l'obligation de se former.

L'intérêt de la démarche, ici, est son ouverture : elle concerne aussi bien les pratiques, les discours, que le droit ; de plus il s'agit de regards croisés nourris de l'analyse sociologique et du questionnement juridique. Le corpus de données est extrêmement large : il réunit entre autres, les données du droit positif en manière de formation, les analyses de la sociologues des organisations et des modèles de management.

Existe-t-il aujourd'hui une "obligation de se former" ? Quels en sont les contours ? En réaction, ou en contrepartie, comment construire un droit à l'éducation dans lequel prendrait place la formation professionnelle continue ?

**a. L'obligation de se former**

L'analyse de l'évolution des relations de travail révèle une responsabilisation contrainte des salariés. Le discours sur la responsabilisation largement nourri par certains textes de la commission européenne joue sur deux tableaux. Faire du salarié "le principal constructeur de sa formation" est louable dès lors que l'objectif est l'amélioration des conditions de travail, et une reconnaissance sociale dans une plus grande maîtrise du travail. Mais la responsabilisation dont il est question, est très critiquable. Elle prétend mettre en place un nouveau système de relations dont les finalités apparaissent exclusivement tournées vers l'entreprise et la recherche d'une plus grande rentabilité.

L'évolution concerne également la place même du travail au sein de l'entreprise. Pour aborder cette question les auteurs mobilisent le concept de "management intégratif". On demande aux salariés de s'identifier à l'entreprise dans une logique de fusion des intérêts. Ce nouveau type de mangement est prégnant dans les entreprises de la "nouvelle économie".

Dans un tel contexte la formation devient de plus en plus "contrainte". Elle est imposée au salarié, qu'il s'agisse de la formation dans le travail ou hors temps de travail, par le jeu de normes managériales. La formation hors lieu de travail reste le modèle prédominant ; mais il y a multiplication des formations en situation de travail. Parce que le contenu du travail se modifie, lieu de travail et lieu de formation se confondent, impliquant une remise en question des connaissances et l'acquisition de nouveaux savoirs. Le salarié doit alors se former en travaillant. S'agit-il toujours de formation ? Ou le contenu du travail a évolué au point que le salarié serait, à l'instar de l'artisan dans une logique d'apprentissage permanent. Cette évolution interroge la relation hiérarchique qui unit le salarié à son employeur. Ce faisant le risque est le glissement de la responsabilisation du salarié à sa responsabilité, et au devoir personnel de se former.

Finalement, y a-t-il obligation de se former hors temps de travail ?

Oui et non. Oui, le pas est franchi dans la mesure où certains accords prévoient une obligation de se former sur son temps libre l'employeur prenant en charge les frais pédagogiques et logistiques. L'entreprise en arrive à disposer d'un droit de tirage sur les congés payés de salariés. Non, car cette manière de faire reste illégale au regard de l'ordre juridique global (la loi est supérieure à l'accord). Elle reporte sur l'individu la charge d'une formation qui aurait normalement dû être assumée par l'entreprise. Mais les pressions managériales demeurent, et abolissent deux frontières. La formation doit coller au plus près du travail, quitte à être absorbée par lui. Une première frontière est franchie. De plus la formation, parce qu'elle relève de la responsabilisation du salarié rentre dans la sphère de sa vie personnelle. Une seconde frontière est abolie. Dans ce contexte l'obligation de l'employeur se situerait a minima (l'adaptation aux évolutions constatées de l'emploi), à charge pour le salarié d'anticiper les changements, et de gérer lui-même sa progression professionnelle. Comment réagir ? Quel contre-feu ?

### b. La construction et la mise en œuvre d'un droit à l'éducation

Le droit est dans une position paradoxale : d'une part il traduit le rapport du salarié à la formation sous forme d'un droit individuel ; d'autre part, il s'installe sous la dépendance de l'entreprise, et des besoins de l'économie. Ce constat conduit les auteurs à refuser d'enfermer le droit individuel à la formation dans le cadre de l'entreprise et de ses besoins immédiats. Dire que les formations personnelles, ou culturelles, ou générales peuvent avoir des incidences sur la façon de réaliser un travail, et qu'elles font partie du droit du salarié, est juste, mais c'est encore enfermer ce droit dans les frontières de la sphère productive. Où est l'issue ? Dans l'intégration d'un droit individuel à la formation dans un droit à l'éducation : c'est la position soutenue avec des arguments d'inégale importance. Tout d'abord, reconnaître à chacun un droit à l'éducation permet de prendre en compte l'intérêt la fois de la société et de la personne. Il permet d'articuler formation professionnelle et formation personnelle, c'est-à-dire sans lien avec l'emploi, mais reliée éventuellement à une activité sociale. Ensuite, cela permet de repenser la formation, ses finalités, dans une nouvelle perspective philosophique et idéologique, ouverte, prenant en compte les intérêts de la société et de l'individu. De cette manière on se décentre d'une logique purement productiviste, on prend des distances par rapport au "tout entreprise".

Le droit à l'éducation est finalement un contenant juridique dans lequel il y a place pour la formation professionnelle, partie du processus. En conséquence si le droit individuel à la formation est indissociable de la qualité de travailleurs, le droit à l'éducation est lié à la qualité d'être humain. Il permet un accès généralisé à la connaissance source d'émancipation et d'épanouissement. Ce droit se rattacherait à la catégorie juridique des droits fondamentaux de la personne. Il s'apparente, aux droits de la personnalité, ayant pour objet la personne même du sujet, échappant ainsi à l'emprise des mécanismes économiques. Les implications de cette intégration du droit à la formation dans le droit à l'éducation restent à définir.

La portée de cette étude est tout autant juridique que politique et idéologique : c'est une remise en perspective du droit de la formation, en lien avec un projet de société dont le "droit à l'éducation", au sens entendu par l'auteur, pourrait constituer le socle de base.

### *1.3 - La dernière étude*

La dernière étude est une analyse de l' A.N.I. du 20 septembre 2003 à travers le prisme de l'individualisation de la formation et de la personnalisation des droits des salariés. La première est un mode d'organisation de la formation, à partir de l'individu, ses capacités d'initiative, de décision et de responsabilité. La seconde est une adaptation aux besoins concrets de la personne en tenant compte de sa capacité effective. Il y a passage du général au particulier. Quelles sont, au sein de l'accord, les relations de la formation avec chacun de ces deux pôles ?

#### a. Formation et individualisation.

L'auteur prend 3 angles d'observation : l'individu, les outils mis à sa disposition, et le temps individuel de formation.

- Utilisant des références au texte de l'A.N.I., l'auteur montre que ce dernier donne une place importante à l'individu mais surtout à l'initiative de l'individu. Plus que membre d'une collectivité, le salarié est individu, acteur de son évolution professionnelle et donc de sa formation grâce à sa capacité de mobiliser au bon moment les dispositifs mis à sa disposition. Cette vision n'est pas propre à l'accord ; elle se retrouve dans les textes de l'Union européenne. L'emploi pléthorique de la notion d'acteur souvent associée du reste à celle d'initiative, apparaît flou, voir suspect. Ceci explique la démarche critique de l'auteur à cet endroit.

*"L'individu, hier passif dans le système de formation "académique" serait devenu acteur de sa formation, rationnel et critique, capable de discernement par rapport aux offres de formation qui lui sont faites, à même de composer son parcours, en utilisant certes l'appareil de formation, mais en mobilisant également ses propres ressources, celles de son expérience"* (Neyrat cité par l'auteur). Autrement dit, il y aurait une part de mystification dans l'individualisation, ou de présupposés, ou de rhétorique, ne correspondant pas à la réalité concrète. Au plan juridique (droit du travail) "l'initiative" reste une notion fragile et contingente en raison du poids des contraintes. Le salarié ne maîtrise pas les finalités dont certaines le dépassent, ou il ne dispose pas des moyens permettant de lui donner corps. L'initiative s'insère dans une logique institutionnelle, une logique processuelle. L'isoler, en fait une coquille vide ; elle devient l'habillage idéologique camouflant la mise en place d'un mécanisme reproducteur d'inégalités. A trop actionner l'initiative du salarié, il y a risque de sanctionner juridiquement la carence d'initiative du salarié, comme en matière d'employabilité.

Le nouvel article L.930-1 du code du travail a érigé "la prise d'initiative" en principe directeur. La source d'initiative, employeur ou salarié, devient un critère-phare conditionnant les dispositifs juridiques mobilisés. Fort heureusement cette initiative vient s'adosser à l'obligation de formation qui pèse sur l'employeur en matière d'adaptation. Cette articulation constitue un garde-fou indispensable pour éliminer les pressions abusives sur le registre de la "responsabilisation du salarié".

- L'initiative du salarié trouve son prolongement dans la mise en place d'outils juridiques dont le principal est le DIF. La relecture de ces différents outils créés par l'accord est plus critique que technique, ce qui permet d'avoir la distanciation nécessaire pour ne pas "sacraliser" ces constructions dont certaines ont été médiatisées à outrance.
- Dans sa logique de développement de l'individualisation, l'accord consacre un temps individuel de formation, en élargissant les utilisations du hors temps de travail du salarié : la question est reprise dans d'autres analyses présentées plus bas.

**b. Formation et personnalisation.**

Pour établir cette relation l'auteur interroge l'A.N.I. à l'aide de trois indicateurs. Le premier est la thématique du parcours professionnel, emprunté aux textes d'Union européenne, en même temps que celle de la formation tout au long de la vie. Il s'agit, selon le "credo européen" *"de responsabiliser les citoyens de manière à ce qu'ils puissent passer librement d'un environnement d'apprentissage, d'un emploi, d'une région ou d'un pays à un autre afin d'utiliser au mieux leurs connaissances et leurs compétences"*.

L'accès à la formation est indissociable, selon l'accord, de la maîtrise de l'information. C'est le deuxième indicateur.

Nous avons montré plus haut que l'information et l'accompagnement du salarié sont une composante de l'individualisation. L'auteur a raison de souligner la spécificité du rôle des représentants du personnel, distinct de celui des cadres, en ce domaine. Informer, c'est lutter contre les inégalités ; donc les représentants du personnel ont un rôle primordial à jouer, d'autant qu'ils représentent les intérêts collectifs, et constitue des garde-fous face à une approche par trop individualisante de la relation de travail. C'est dire l'importance de la consultation obligatoire du comité d'entreprise sur le DIF, introduite par la loi (art. L.934-4, 3ème alinéa modifié du Code du travail). On limite, selon l'auteur, le risque de glissement, d'un droit pris en charge collectivement à un droit individuel administré individuellement, en dehors de garanties collectives fortes. Mais dommage, que l'on se cantonne au domaine de la consultation sans pouvoir de veto au sein du comité d'entreprise. Mais les syndicats le veulent-ils vraiment ? C'est nous qui posons la question.

Le troisième indicateur est la prise en compte de la capacité des personnes.

De façon fort originale, l'auteur revisite la notion de "capacité" sur la base de la théorie de SEN (économiste), théorie de la justice fondée sur la notion de capabilité (capabilities). La "capabilité" est la liberté réelle de l'individu d'accomplir diverses combinaisons possibles de fonctionnement, liberté de choisir la vie qu'il entend valoriser. Dans cette confrontation, on s'éloigne d'une approche mécanique de la capacité, pour entrer dans une démarche circonstanciée, contextualisée, comme le fait la jurisprudence en matière de droit civil et de droit du travail. Selon l'auteur, il serait possible de trouver des correspondances dans l'A.N.I., à travers l'idée de "personnalisation des parcours de formation" en fonction des connaissance et des expériences de chacun des bénéficiaires. On en arrive à une personnalisation des droits ; celle-ci n'est pas enfermement dans un statut juridique individuel dérogatoire, mais adaptation de la règle de droit aux particularités et aux besoins de la personne.

## 3 - La problématique du temps de formation

### *1.1 - Dans le cadre de la réduction du temps de travail*

Une série d'études envisagent la problématique du temps de formation dans le cadre de la réduction négociée du temps de travail.

(Biondi Mandelbaum S. (1999), Luttringer J-M. (2000), Maggi-Germain N. (2000)).

#### a. La première étude

La première étude a pour objet les relations entre le temps de formation et les temps sociaux du salarié, c'est-à-dire temps de travail et temps libéré. Les matériaux utilisés sont constitués du dispositif légal concernant l'accès des salariés à la formation, et quelques accords d'entreprise ou de branche sur la réduction du temps de travail contenant des clauses relatives à la formation : 7 accords sont recensés en date de 1998.

Quel est l'état du droit positif, actuellement (en 1999) en matière de temps de travail et temps de formation ?

L'auteur dégage trois positions différentes du droit en la matière.

- Les heures de formation effectuées dans le cadre de l'exécution du contrat de travail sont assimilées à un temps de travail effectif : sont concernées les formations réalisées dans le cadre du plan de formation, formation de courte durée en général, et centrée sur l'adaptation au poste de travail, et dans tous les cas à l'initiative de l'employeur. Elles correspondent, selon une jurisprudence bien établie, à une modalité particulière d'exécution du contrat de travail.

Les formations réalisées dans le cadre des contrats d'insertion en alternance rentrent également dans cette configuration. Le code du travail fait bien l'assimilation : formation = temps de travail (art. L.981-10). Enfin la formation à la sécurité (art. L.231-3-1) n'est pas non plus dissociée du temps de travail effectif. La raison en est qu'elle est une obligation légale mise à la charge de l'employeur.

On arrive donc à ce constat : toutes les formations obligatoires pour le salarié en vertu de son contrat de travail ou obligatoires pour l'employeur en vertu d'un texte légal s'inscrivent dans le temps de travail effectif.

- Les heures de formation effectuées dans le cadre d'un congé de formation lié à des mandats particuliers peuvent être assimilées à du temps de travail effectif. Sont visées les actions de formation économique des membres du comité d'entreprise les formations à la sécurité des membres du CHSCT (comité d'hygiène, de sécurité et des conditions de travail), le congé de formation du conseiller du salarié. En effet, le temps passé en formation, loin d'entamer la durée des congés annuels, est lui-même producteur de congés. Il en est de même du développement de l'ancienneté.

– Les actions de formation dans le cadre du co-investissement ou du congé individuel de formation ont un autre cadre juridique. Le premier cas de figure est relativement limpide : le co-investissement déclenche une action de formation dite "d'intérêt conjoint" ; il s'inscrit dans une logique de responsabilité partagée en offrant des garanties au salarié ; il s'inscrit également dans une logique de temps partagé qui traverse le temps de travail effectif et le temps libéré. La frontière entre les divers temps sociaux devient flexible, et le temps de formation commence à affirmer son indépendance.

Le deuxième cas de figure, est plus délicat. L'auteur rappelle à juste titre, que le congé individuel de formation, est suspension du contrat de travail. En soi il n'est pas un travail effectif. Mais ce congé correspond à une autorisation d'absence rémunérée. Surtout la suspension du contrat obéit à un régime juridique particulier. En effet la loi "assimile" le congé à une période travail. Le terme figure explicitement dans l'art. L.931-7 du code du travail. On peut relever 5 indicateurs de cette "assimilation" : la détermination des droits aux congés payés, les droits à l'ancienneté ; le bénéfice d'une rémunération de substitution versée par l'employeur ; l'assimilation de l'accident pendant le congé à un accident de travail ; le maintien de la qualité d'électeur ou d'éligible si elle est acquise par ailleurs. Que recouvre l'assimilation ? La formation correspond-elle ou non à un travail effectué avec toutes les conséquences juridiques ? Le temps passé en stage assimilé à un temps de travail ne serait pas un travail effectif. Telle est la position de la jurisprudence (Cass. soc. janvier 14 janvier 1982). Le temps de formation ne peut être comptabilisé systématiquement dans le temps de travail "effectué" par un salarié. Ce mode de traitement de la suspension du contrat de travail couvre d'ambiguïté la notion de "temps de travail" qui aurait un caractère dual : le temps de travail effectif correspondant à un travail exécuté, et un temps plus large de nature juridique : il englobe le précédant, tout en le débordant. Il aurait pour fondement le maintien du rattachement du salarié absent à l'effectif de l'entreprise, et sa durée serait comptabilisée seulement pour le calcul de certains droits du salarié (ancienneté, congés payés).

Quels sont les apports originaux du droit conventionnel (les accords négociés) dans le cadre de la réduction du temps de travail ? L'auteur esquisse, ici, le repérage de 4 types d'accords : les accords à valeur stratégique qui privilégient le rôle de la formation dans l'accompagnement de nouvelles formes d'organisation du travail ; les accords "opportunistes" pourrions-nous dire : ils visent à utiliser les périodes de basse activité pour la formation du personnel dans le cadre du plan de formation ; les accords orientés sur la contractualisation individuelle de la formation par le co-investissement. Enfin les accords de capitalisation de temps rémunéré pouvant être utilisé à des fins de formation dans le cadre du dispositif d'un "compte épargne temps".

L'utilité de cette brève étude est de fournir des repères indispensables dans le champ législatif comme dans le champ conventionnel pour aborder correctement la difficile problématique du temps de formation confronté au temps de travail. L'accord interprofessionnel du 20 septembre 2003, même s'il a supprimé le dispositif du "co-investissement" (version 1991) n'est pas en rupture avec le droit positif dont il développe les potentialités. Il distingue clairement les formations décidées par l'employeur, décidées par le salarié, et les formations contractualisées à décision conjointe. La problématique du temps de formation traverse cette distinction.

**b. La deuxième étude**

La deuxième étude consacrée à la question de nouveaux équilibres entre temps de travail et temps de formation prolonge la précédente en l'amplifiant et en l'approfondissant. L'analyse des relations entre la formation et le temps de travail porte sur un échantillon de 1000 accords d'entreprise et 91 accords de branche.

Le cœur du problème est la question du "temps de formation" : temps alloué ou dédié à la formation certes, mais aussi et surtout le statut du temps de la formation : temps de travail effectif ? Temps libéré par la RTT ? Ou, temps partagé entre temps de production et temps conquis ? Cette question introductive est explicitée en trois sous questions. En matière de répartition "temps de travail et temps de formation", quelles sont les nouvelles solutions avancées par la négociation d'entreprise et de branche, entre les deux lois Aubry ? Quels sont la qualification et le régime juridique de la formation à l'issue de la deuxième loi Aubry ? De façon prospective, quels sont les enjeux de la formation tout au long de la vie ?

Les résultats de la négociation montrent que les signataires ont fixé des objectifs à la formation en lien avec la nouvelle organisation du travail, induite par la réduction du temps de travail. Les thèmes majeurs sont la polyvalence, l'adaptation, la qualification. Selon la tradition, la question de la reconnaissance sociale de ces formation est souvent sinon éludée du moins effleurée. Mais surtout les accords développent fortement la logique du co-investissement. S'agit-il d'un développement maîtrisé, ou outrancier ? L'auteur montre bien que les nouvelles régulations contenues dans certains accords relèvent d'un développement inacceptable au regard du droit positif. D'une part, le co-investissement est remodelé dans des conditions dérogatoires aux conditions légales : l'accord du salarié n'est plus requis, la formation n'est pas nécessairement diplômante ; il n'y a plus d'engagement de l'entreprise sur les suites à donner à la formation. D'autre part le périmètre des formations pouvant relever du co-investissement, s'élargit singulièrement au point de coïncider avec le contenu même du plan de formation décidé par l'employeur. Derrière ces régulations, explique l'auteur, se cache le postulat suivant : le temps de formation n'est pas du temps de travail ; son régime est librement négociable ; les formations inscrites dans le plan peuvent être organisées en dehors du temps de travail. C'est la voie ouverte à de multiples dérives : sous couvert d'employabilité, il devient facile de faire glisser le plus grand nombre de formations décidées par l'employeur dans le co-investissement, c'est-à-dire sur le temps libéré du salarié, du moins en partie ; il est même tentant de faire porter au salarié une obligation de se former pour adapter ses compétences à l'évolution de son emploi. Cette position conduit à une neutralisation de la loi sur la réduction du temps de travail. Position inacceptable au regard du droit positif. De plus, une jurisprudence abondante de la cour de cassation, depuis 1992, crée à la charge de l'employeur une obligation d'adaptation des compétences, et donc une obligation de formation dont le fondement est l'exécution loyale du contrat de travail. Les formations de ce type sont "protégées" : elles s'inscrivent dans le temps de travail ; elles sont du temps de travail effectif, et de ce fait sont exclues du co-investissement. De façon plus générale, la jurisprudence, à de nombreuses reprises a opéré l'assimilation de la formation au travail subordonné, dès lors que celle-ci résulte d'une initiative de l'employeur et conditionne pour le salarié la possibilité d'exécuter son contrat de travail en rapport avec sa qualification. Plus fondamentalement, ce qui est en cause, estime l'auteur, dans cette externalisation outrancière de la formation est la nature du contrat de travail que l'on voudrait faire évoluer vers un contrat de prestations de services. Dans cette perspective, la formation hors temps de travail, tout en responsabilisant le salarié, vient s'inscrire dans l'environnement d'une prestation de services.

- La loi Aubry II véhicule, en matière de formation trois apports principaux dont certains font problèmes (voir également Maggi-Germain 2000).

D'abord elle fournit une base légale à l'utilisation du "compte épargne temps" pour la formation ; c'est la consécration de la voie choisie par de nombreux accords d'entreprise et de branche. C'est une formule de co-investissement où le salarié co-investit du temps rémunéré qu'il acquis dans l'entreprise. Ensuite elle apporte une consécration légale à la jurisprudence relative à l'obligation d'adaptation qui s'est construite au cours de deux décennies.

Enfin sans abolir le schéma construit en 1990, elle met en place une formule élargie du co-investissement. L'auteur analyse les problèmes juridiques liés à la présence de deux régimes juridiques, situation à laquelle la loi du 4 avril 2004 a mis fin.

Prenant une position prospective, l'auteur pose la question des enjeux de la formation tout au long de la vie.

- Les enjeux de la formation tout au long de la vie.

Une nouvelle architecture du système de formation est nécessaire pour développer une formation tout au long de la vie.

Pour tracer quelques orientations allant dans ce sens, l'auteur interroge trois sources différentes : J. Delors (1997), Supiot (1999), Annie Gauvin et H. Cacot (pratiques anglo-saxonnes).

Le premier modèle est celui de la "banque du temps choisi". Il consiste à attribuer un crédit temps pour chaque personne donne droit à un certain nombre d'années d'enseignement ou de formation. Le capital temps est inscrit dans une institution gestionnaire avec des moyens financiers correspondant. Chacun peut disposer de ce capital au cours de sa vie scolaire et de sa vie d'adulte. Il peut augmenter son capital en faisant des versements personnels, sous forme d'épargne ou de prévoyance.

Ce modèle prend de la distance avec le système français traditionnel, construit sur une logique de garanties collectives, avec implication des partenaires sociaux dans la collecte et la redistribution des fonds mutualisés. Est-ce à dire qu'il est en rupture totale ? Non, le dispositif récent du "compte épargne temps" appliqué à la formation va dans ce sens, et pourrait être exploité dans cette même perspective.

Le second modèle est anglo-saxon, dit "formation tout au long de la vie" se rapproche du premier en ce qu'il est centré sur la solvabilité de la demande de formation. Il s'en écarte en ce qu'il rejette tout ancrage dans un quelconque droit à la formation ; par là il est une rupture avec le modèle français. L'orientation est très pragmatique : comment organiser la solvabilité en formation ?

Le rapport Pery (1999) est resté assez imperméable à ces apports. Il continue de faire reposer la solvabilité de la demande individuelle de la formation sur un système de garanties collectives en continuité avec les principes qui régissent la formation depuis 1971. Des dispositifs qui reposent sur une logique d'épargne individuelle, ne sont pas écartés, mais ils ne sont qu'un complément au dispositif de mutualisation et de répartition.

### c. La troisième étude

La troisième étude, déjà citée, par certains côtés, prolonge la précédente puisqu'elle reprend l'analyse du lien entre réduction du temps de travail et le développement de la formation hors temps de travail, à travers les accords (1998-2000) et la loi Aubry II. Une de ses originalités est de montrer le processus de segmentation du temps social du salarié, généré par la loi, et dans lequel vient s'inscrire la formation.

La réduction du temps de travail (RTT) a entraîné un développement de certaines formations en dehors du temps de travail ; ce développement s'inscrit dans la logique du co-investissement entré dans le code du travail en 1991 par le biais de la négociation collective. Derrière ce mouvement, deux postulats servent de référence. Le premier est celui du maintien de l'effort de formation consenti jusqu'à présent par les entreprises. Il n'est pas question que la RTT vienne y porter atteinte en entamant un processus de réduction. Le deuxième postulat est celui de l'optimisation de l'effort de formation dans un contexte de réduction du temps de travail. Il en résulte que la nouvelle rationalisation financière de la formation passe par le déplacement de la formation sur le hors temps de travail, ce qui allège son coût pour l'entreprise. C'est le processus de base lisible dans les accords et également dans la loi du 19 janvier 2000 sur la réduction négociée du temps de travail (loi dite Aubry II).

Ce processus de base a de multiples ramifications dans le champ juridique, qu'il s'agisse du champ législatif ou conventionnel. Nous les exposons.

- La redéfinition juridique de la notion de temps de travail effectif.

Cette question va de soi : ce genre de préliminaire est indispensable pour construire des régulations en matière de réduction du temps de travail. La loi du 13 juin 1998 sur la réduction négociée du temps de travail (loi dite Aubry I), une définition restrictive que l'on peut critiquer. Selon le nouvel article L.212-4 du Code du travail, la durée du temps de travail effectif est réduit au temps productif stricto sensu, ce qui est préjudiciable aux relations professionnelles. De plus c'est la porte ouverte aux possibilités de report de la formation sur le temps libre du salarié.

Un processus, de décorticage, et de segmentation du temps social du salarié, pour distinguer ce qui est temps de travail effectif et ce qui ne l'est pas. Ce processus, que certains qualifie d'effet pervers de la loi du 19 janvier 2000 (loi dite Aubry II) aboutit à dégager des "temps exclus du temps de travail effectif", temps souvent passé dans l'entreprise, ou dans son environnement. Ces temps sont parfois appelés dans certains accords "temps improductifs" ou temps d'inaction. Ce temps improductif, juridiquement, n'est pas pour autant temps libre ; le salarié n'en a pas la totale maîtrise ; il n'a aucune emprise sur ce temps d'inaction passé dans l'entreprise ; ni temps libre ni temps de travail effectif, ces temps sont catégorisés comme temps "intermédiaires", intermédiaires entre travail et repos. Ce temps intermédiaire forme une catégorie fourre tout dans laquelle viennent s'entasser tous les temps exclus du temps de travail : temps pause, temps d'habillage, de déshabillage, temps de douche…

- Cette identification du temps intermédiaire, par ricochet, entraîne une incursion dans le "temps libre", comme la RTT a provoqué une incursion dans le temps de travail effectif. A lire certains accords, le temps libre serait formé de deux blocs : le repos légal, sur lequel on ne peut revenir parce qu'il permet de reconstituer la force de travail du salarié, le repos issu de la réduction du temps de temps de travail qui peut être utilisé à autre chose qu'à du repos.

Ce "temps libéré" deviendrait le réceptacle dans lequel viennent s'empiler tous les temps intermédiaires définis et désignés plus haut auxquels s'ajoute la formation dite "hors temps de travail".

Mais suite à l'A.N.I., repris dans la loi du 4 avril 2004, la problématique du temps de formation s'est encore complexifiée. Cette complexification est liée à la redéfinition des différentes catégories d'action de formation pouvant figurer dans le plan de l'entreprise, et à la création de nouveaux dispositifs (DIF, et période de professionnalisation notamment). C'est cette problématique de la temporalité de la formation à travers les nouveaux dispositifs, que reprend F. Favennec-Héry (2004).

### 1.2 - Le temps de formation dans le nouveau dispositif

Quelle est désormais la conception juridique du temps de formation ? On sait qu'il y a eu un phénomène d'éclatement d'un temps unique (le temps de travail effectif) en de multiples temps (temps de travail, temps libéré, temps partagé). Il ne suffit pas de constater le phénomène, encore faut il l'analyser. Pour cela l'auteur mobilise le nouveau concept, déjà dégagé par l'étude précédente, "celui de tiers temps de formation", catégorie hybride entre temps de travail et temps de repos. C'est une sorte de réceptacle dans lequel viennent se loger différentes temporalités de formation.

Quels sont les signes de l'émergence d'un "tiers temps de formation" ? Quel est le régime juridique de ce tiers temps formation ?

**a. Pour répondre à la première interrogation, l'auteur se réfère à l'A.N.I. et questionne le plan de formation structuré désormais en trois types d'action de formation (adaptation (type 1), évolution de l'emploi (type 2), développement des compétences (type 3)), le DIF, et les actions de professionnalisation.**

Le premier signe de cette émergence est le rattachement partiel de la formation au temps du travail effectif dans le cadre des actions de type 2. L'action est à l'initiative de l'employeur et se déroule sur le temps de travail Mais, dans ce cas, le temps de formation est seulement "assimilé à du temps de travail effectif" ; d'une part il en reproduit certains effets (la rémunération), d'autre part il est amputé des conséquences juridiques habituelles : en cas de dépassement de la durée légale du travail, il ne s'impute pas sur le contingent d'heures supplémentaires, ne donne lieu ni à repos compensateur ni à paiement majoré. C'est donc un temps différent du temps de travail effectif. Temps intermédiaire aussi entre le temps de travail effectif et le temps de repos.

Le deuxième signe est le traitement juridique des actions de type 3. Elles peuvent se développer sur le HTT avec l'accord du salarié dans certaines limites (80 heures par an et par salarié).

Le troisième signe est le DIF, à l'initiative du salarié. Il se déroule normalement en dehors du temps de travail. Ce qui est exception dans le plan devient ici la règle. A l'inverse des cas précédents, ce n'est que grâce à des dispositions conventionnelles que la formation peut avoir lieu en partie sur le temps de travail. Le choix du principe du HTT ne tient plus à la nature des actions de formation qui sont arrêtées d'un commun accord, mais au fait que le DIF repose sur l'initiative du salarié. C'est un droit du salarié qui s'autonomie du contrat de travail.

Enfin il y a les actions de professionnalisation (périodes) qui peuvent se dérouler pour tout ou partie en dehors du temps de travail.

Il en résulte cette donnée importante. Le temps de formation "adaptation" est le cas le plus simple. Il est un temps de travail effectif avec toutes les conséquences juridiques. C'est le temps classique de formation sévèrement ébranlé aujourd'hui. A côté de ce temps classique, il y a 4 exemples de temps dits "intermédiaires", temps de formation qui oscille entre temps de travail effectif (avec parfois un régime dérogatoire) et temps libéré, mais sur lequel vient s'exercer l'emprise de la formation. Ils ont parfois une limite quantitative, parfois non. Ce qui change c'est l'origine de l'initiative, l'employeur ou le salarié. Tantôt le HTT reste l'exception, tantôt devient la règle (DIF). Dans tous les cas l'accord du salarié est requis.

**b. Le régime juridique de ces temps de formation**

- Le temps de formation hors temps de travail n'est pas assimilable à du temps de travail effectif. Il n'est donc pas décompté dans le calcul des 35 h hebdomadaires ; la formation suivie est en principe le fait du salarié soit par son objet (compétences), soit par son initiative (le DIF). Dans les deux cas, il y a versement d'une allocation de formation et non paiement d'un salaire.

Comment qualifier ce temps de formation ? Temps de repos ? La période de repos est une "période durant laquelle le salarié est totalement dispensé directement ou indirectement d'accomplir par son employeur, une prestation de travail même s'il elle n'est qu'éventuelle ou occasionnelle". Les temps intermédiaires envisagés, (DIF, professionnalisation, et compétences) pourraient sembler répondre à cette exigence. La formation est éloignée du pouvoir de direction de l'employeur. Elle pourrait s'effectuer sur période de repos, qui n'est pas synonyme d'inaction. L'auteur récuse pourtant cette interprétation facile. Le temps de repos a une valeur constitutionnelle. Il est fondé sur deux exigences : la protection de la santé, et de la sécurité du salarié. Un temps de formation venant empiéter sur cet espace minimal de repos est-il conforme ? Non. L'employeur ne peut l'imposer. C'est pour cette raison qu'il nécessite l'accord du salarié, et qu'il est encadré dans son volume. On pourra se reporter à la position du juge communautaire (directive du 23-11-93) sur l'aménagement du temps de travail (Maggi Germain, 2004). Il refuse de reconnaître l'existence de "temps gris" entre temps de travail et repos. Dans ce sens les périodes de garde d'un médecin s'imputent sur son temps de travail. Quelle est dès lors la validité de cette notion de "tiers temps" au regard du droit communautaire ? L'auteur laisse la question ouverte. Quoi qu'il en soit, une formation HTT n'est pas temps de repos, elle est prise sur le temps de repos, et traité autrement qu'une période de repos puisque la personne bénéficie d'une allocation et d'un régime de protection sociale spécifique.

- Le temps de formation sur le temps de travail, constitue-t-il toujours, substantiellement, du temps de travail effectif ?

Le premier cas de figure traité par l'auteur est celui du DIF, exercé sur le temps de travail par l'effet d'un accord dérogatoire. Cette imputation sur le temps de travail implique t-elle une qualification de temps de travail effectif ? Peut-elle être prise en compte pour déclencher le régime des heures supplémentaires, ou pour calculer le nombre de jours de congés au titre de la RTT ? La position de l'auteur est prudente tout en penchant pour l'affirmative. La loi ne dit-elle pas que les heures de formation sur le temps de travail dans le cadre du DIF ouvrent droit au maintien de la rémunération ? il y a, au moins au plan de la rémunération, assimilation de ces heures à du temps de travail effectif.

Le deuxième cas de figure est celui des formations de type 2. Intrinsèquement, elles constituent un temps de travail effectif, lorsqu'il n'y a pas dépassement de la durée normale du temps de travail. Qu'en est-il dans le cas contraire ? Ces formations appartiennent à une catégorie de temps différent du temps de travail effectif. Le temps de formation est assimilé à du temps de travail effectif, seulement au regard du droit à la rémunération.

En conclusion on dégage deux phénomènes :

Le premier est celui de la complexification de la typologie des temps de formation. Du sein de cette complexification émerge une nouvelle catégorie de temps "le tiers temps" ; elle correspond à une zone grise de temps intermédiaires, ni temps de travail, ni temps de repos. Ces temps échappent en tout ou partie au régime juridique du temps de travail effectif. Ils sont soustraits du temps de repos avec un double garde-fou : le volume de temps est limité, le consentement du salarié est toujours requis. C'est le deuxième phénomène relevé par l'auteur.

Pour nous, il reste que le DIF est un paradoxe au sein de cette problématique complexe du temps de formation. Le principe de sa mise en œuvre est celui du hors temps de travail, sauf dérogation conventionnelle. Cette position de principe, au départ, exclut la question de l'accord ou non du salarié. De plus, il n'y a aucune limite dans la durée de la formation hors temps de travail, contrairement aux formations de type 3 analysées par l'auteur. Enfin le contenu même de la formation est sous contrôle de l'employeur. Comment a-t-on pu le présenter comme le dispositif phare de la réforme ?

**BIBLIOGRAPHIE**

BIONDI MANDELBAUM (S.), 1999, Formation professionnelle et réduction du temps de travail : vers un nouvel équilibre des temps. *Droit social*, n° 3, mars, p. 239-241.

CENTRE INFFO, 2000, *AFP*, Vers une réforme, n° 168, Septembre/Octobre.

DURAND-PRINBORGNE (C.), 2004, La formation tout au long de la vie entre droit de l'éducation et droit de la formation, *Droit social*, numéro spécial, n° 5, mai, p. 464-471.

ENTREPRISES ET CARRIERES, 2005, dossier. *La réforme fête son 1^er^ anniversaire,* N°767, du 7 au 13 juin 2005

FAVENNEC-HERY (F.), 2004, Temps de formation, temps de travail : quelques observations. *Droit social*, numéro spécial, n° 5, mai, p. 494-498.

GAUTIER MOULIN (P.), 2003, L'accord du 20/09/03 commenté par les partenaires sociaux, *AFP*, n° 187 novembre/décembre, p. 63-78.

KAISER-GRUBER (D.) et alii, 1999, 35 heures : une occasion de repenser la formation. Les enseignements des accords de branche et d'entreprise. Les cahiers du Groupe Bernard Brunhes. Décembre, n° 3, 70 pages.

LUTTRINGER (J-M.) et GOMEZ-MUSTEL, 2001, Temps de travail et temps de formation dans les accords de branche et d'entreprise d'aménagement et de réduction du temps de travail (année 2000), Circé Consultants. Bilan de la négociation collective en 2000, tome III, les Dossiers, éd. Législatives.

LUTTRINGER (J-M.), 2004, Formation professionnelle tout au long de la vie et négociation collective, *Droit social*, numéro spécial, n° 5, mai, p. 472-481.

LUTTRINGER (J-M.), 2000, Vers de nouveaux équilibres entre temps de travail et temps de formation ? *Droit social*, n° 3, mars, p. 277-287.

MAGGI GERMAIN (N.), 1999, A propos de l'individualisation de la formation professionnelle continue. *Droit social*, n° 7/8, juillet/août, p. 692-699.

MAGGI GERMAIN (N.), CORREIA (M.), 2001, L'évolution de la formation professionnelle continue. Regards juridique et sociologique. *Droit social*, n° 9/10, septembre/octobre, p. 830-840.

MAGGI GERMAIN (N.), 2000, L'articulation temps de travail/formation professionnelle continue après la loi Aubry II, *Droit social*, n° 9-10, septembre/octobre, p. 858-864.

MAGGI GERMAIN (N.), 2004, La formation professionnelle continue entre individualisation et personnalisation des droits des salariés, *Droit social*, numéro spécial, n° 5, mai, p. 482-493.

MERLE (V.), 2004, Un accord historique ? *Droit social*, numéro spécial, n° 5, mai, p. 455-463.

MORIN (M-L.), 2003, Compétences, mobilité et formation tout au long de la vie, repères juridiques pour une réforme. *Travail et emploi*, n° 95, juillet, La documentation française.

PELAGE (A.), 2003, dir., Evolutions de la formation professionnelle : regards croisés, Actes du séminaire de la DARES 2002 sur le droit de la formation professionnelle, ministère des Affaires sociales, du Travail et de la Solidarité. La documentation française, *Travail et emploi*, n° 302.

TRAUTMANN (J.), 1999, Fin de l'idée d'éducation permanente ? *AFP*, n° 159, mars/avril, p. 15-25.

# PREMIERE PARTIE : LES POUVOIRS DES PARTENAIRES SOCIAUX DANS LE CHAMP DE LA FORMATION

*"L'une des spécificités du droit de la formation, hier comme aujourd'hui, réside dans le rôle très actif joué par les partenaire sociaux dans sa conception même et dans sa mise en œuvre. La négociation collective et la gestion paritaire se trouve au cœur même de ce droit[88]".*

## 1 - LA NEGOCIATION

L'implication des partenaires sociaux, conjointement avec le législateur, dans l'élaboration des règles et leur mise en œuvre est constante, historiquement. La signature de l'ANI du 20 Septembre 2003 auquel la loi du 5 mai 2004 donne une base légale en est la dernière expression. Au fil des décennies la co-décision engageant les organisations professionnelles et les représentants des syndicats est intervenue à plusieurs nouveaux. D'abord au niveau interprofessionnel, mais aussi et depuis une période plus récente, au niveau des branches professionnelles et au niveau de l'entreprise. Il est évident que les acteurs concernés sont très attachés à cette forme de pouvoir qui leur permet d'intervenir dans la régulation du système de formation. (CHAPITRE I).

## 2 - LA GESTION PARITAIRE DES FINANCEMENTS DE LA FORMATION DES SALARIES

En instituant l'obligation pour les entreprises de participer financièrement au développement de la formation, le législateur a simultanément confié aux partenaires sociaux le soin d'établir le mécanisme permettant la collecte et la gestion et la mutualisation de ce financement.

Dès 1971, le dispositif attendu s'est progressivement construit autour de 3 types de structures ; les fonds d'assurance formation (FAF), les Associations patronales de formation (ASFO), et les Fonds de gestion du congé individuel de formation (FONGECIF). Ces structures pour pouvoir gérer tout ou partie de ces fonds devaient satisfaire à une double exigence : résulter d'un accord paritaire (exception faite pour les ASFO), être agréées par l'Etat[89]. Ces structures ont connu un développement rapide durant la décennie 1970[90] comme aussi une

---

88 J-M. LUTTRINGER, *Le droit de la formation continue*, Dalloz, 1986, p. 53.

89 Pour les notions de "paritarisme" et "d'agrément", voir chapitre II.

90 Voir JM LUTTRINGER, Formation professionnelle : la réforme des organismes paritaires collecteurs agréés (OPCA), Droit social, n°3 Mars 1995 p.278-286. Cet article sera présenté plus bas (chapitre III).

complexification croissante. En effet l'émergence de nouvelles mesures de formation à financer (contrats d'insertion en alternance), l'extension de l'obligation de participer au financement à de nouveaux assujettis (entreprises de moins de 10 salariés, non-salariés) a démultiplié les types de collecte. En réaction, certaines de ces structures se sont engagées dans le cumul de plusieurs agréments pour renforcer leur pouvoir financier. Ce phénomène a abouti au constat d'un manque de transparence, une certaine illisibilité du financement vivement dénoncée par certains rapports d'expertise[91]. Au début des années 1990, les pouvoirs publics ont recensé 437 agréments délivrés à 255 organismes intervenant dans la gestion de différentes collectes, certains d'entre eux étant également dispensateurs de formation (cas des ASFO).

Partant de ce constat, la loi du 20 décembre 1993 (dite loi quinquennale) a prévu l'expiration de tous ces agréments au 31 décembre 1995, et a confié aux partenaires sociaux le soin de restructurer ce dispositif. Ceux-ci concluent un accord interprofessionnel (avenant du 5 juillet 1994 à l'accord national interprofessionnel du 3 juillet 1991). Ce faisant, ils organisent une clarification et un resserrement de la collecte des fonds par la création des OPCA (organismes paritaires collecteurs agréés). De 255 organismes avant 1993, on passe à 98 organismes pour 111 agréments[92]. Dans cet objectif, la mise en place des OPCA en remplacement des anciennes structures, s'organisent autour de 4 principes :

- L'implantation des OPCA ne peut se faire qu'à deux niveaux : au niveau national, soit dans le cadre d'une seule branche professionnelle (filière verticale), soit dans le cadre "interbranches" ; au niveau d'un territoire régional (ou interprofessionnel)[93].
- Les FONGECIF ont une assise régionale et donc interprofessionnelle.
- La séparation des activités de collecteur de fonds et de dispensateur de formation[94].
- Le non cumul et la séparation des agréments de l'Etat : l'un permet de réaliser la collecte pour le financement du congé individuel de formation, l'autre concerne les contributions dues respectivement au titre du "plan de formation" et de "l'alternance" d'autre part.

Le paysage institutionnel est devenu plus lisible, ce qui n'exclut pas lourdeurs et dysfonctionnements.

Loin de remettre en cause ces lieux de décision politico financière, la réforme les accrédite à nouveau et accroît le poids des responsabilités des acteurs sociaux (CHAPITRE II).

---

91 Rapport GOASGUEN, Assemblée nationale, J.O. 1994 (documents d'informations. Assemblée nationale 1241).

92 Source : CENTRE INFFO, *Les fiches pratiques de la formation continue*, 2003, 23-9.

93 L'application de ce principe réduit considérablement le paysage institutionnel, puisqu'elle élimine, les OPCA départementaux, locaux ou d'entreprises.

94 Ce qui entraîne la disparition des ASFO dans leur forme ancienne. En fait les ASFO ont opté pour la formule "dispensateurs de formation".

# CHAPITRE I : LA FORMATION OBJET DE NEGOCIATION PAR LES PARTENAIRES SOCIAUX

Aujourd'hui comme hier, la formation est objet de négociation par les partenaires sociaux. Cette thématique de la "négociation" renvoie certes à un processus de co-décision, à une construction juridique ; mais elle est aussi un discours très chargé idéologiquement aujourd'hui. Il en est d'elle comme de la formation : les attentes sont démesurées... Acteurs politiques et sociaux font chorus pour célébrer les vertus de la négociation dans une société de conflits, tout en constatant certains échecs du dialogue social, tel celui du 25 octobre 2001 en matière de formation[95]. Le rappel de ses enjeux, de ses effets attendus se transforme parfois en propos incantatoires ou en panégyriques. Il reste que les conflits d'intérêts, les contraintes et les difficultés de la confrontation dialectique sont là. En allant plus loin, le statut même de la négociation fait problème. Aujourd'hui s'il est des questions vives c'est bien celles-ci : quels sont les critères de validité d'un accord négocié au regard de la représentativité des signataires ? La dérogation générale à la hiérarchie des normes qui exige que tout niveau de négociation (l'interprofessionnel, la branche, l'entreprise) respecte les niveaux supérieurs, est-elle possible et jusqu'où ? Ces interrogations sont d'ordre technique et politique : les réponses apportées par la loi du 4 mai 2004 relative à la formation professionnelle tout au long de la vie et au dialogue social dite loi "Fillon" réaménagé renverse des positions anciennes que l'on pouvait estimer définitives. Il en est résulté de vifs débats dans la sphère des partenaires sociaux et des observateurs avertis. En même temps, la même loi, par différentes mesures, vient stimuler le développement de la négociation dans le champ précis de la formation, avec l'intention affichée d'une démultiplication, d'une individualisation renforcée et d'une lutte contre les inégalités sociales en ce domaine.

## LE SAVOIR JURIDIQUE DE BASE

Qu'est-ce que négocier ? La question n'est pas inutile dans le contexte d'une inflation verbale. Une analyse conceptuelle conduira à définir le contenu de cette notion (I). Ce préliminaire permettra présenter ensuite l'organisation juridique de la négociation de la formation (II) puis les mécanismes de mise en œuvre aux différents niveaux (interprofessionnel, branche, entreprise) (III).

---

[95] C'est le constat d'échec et le report de la négociation initialisée en 2000 et concernant la réforme de la formation annoncée par Martine Aubry le 23 janvier 1998 et conduite par Nicole Pery secrétaire d'Etat aux droits de la femme et de la Formation professionnelle continue.

## I - La notion de negociation

Le vocabulaire de la "négociation" traverse depuis longtemps le champ lexical de base auquel les acteurs sociaux font habituellement référence. Pourtant bien des malentendus existent. Comme le fait remarquer J. Barthélemy, il arrive que l'on confonde le processus et le résultat final, c'est-à-dire la négociation et ses résultats, l'accord ou la convention collective[96]. Plus important, et ce point est relevé par L. Bellenger, l'usage pléthorique du terme conduit parfois à l'assimilation de la négociation à d'autres pratiques sociales de communication, telle la consultation ou la concertation[97].

### 1 - Qu'est-ce négocier ?

Dans le langage courant, "négocier", c'est d'abord traiter, discuter pour arriver à un accord. Mais à l'origine, et si on se réfère à l'étymologie (negotium : commerce), le terme se réfère aux activités commerciales. Négocier, c'est faire du commerce. Cette signification est toujours en vigueur. Par la suite, c'est dans le domaine de la diplomatie et des relations internationales que le terme a trouvé sa consistance. La négociation est la raison d'être de la diplomatie tout entière.

Issue du commerce, accréditée sur la scène de la grande diplomatie, la négociation est devenue une composante quasi permanente des sociétés démocratiques avec des variantes dans les pratiques et les usages. Les Etats démocratiques du XX^ème^ siècle négocient en permanence à l'intérieur de leurs frontières avec toutes les forces vives de la nation en même temps qu'ils participent à des degrés divers au jeu de la diplomatie internationale. Mais en même temps on s'aperçoit que ceux qui peuvent négocier, sont ceux qui s'organisent, pour créer des forces de pression, une forme de contre-pouvoir face à l'autorité du pouvoir central. Ceci se vérifie aussi bien dans le champ politique que dans le champ socioprofessionnel. C'est par ce canal du politique et du socioprofessionnel que la négociation est entrée dans le droit social et par son intermédiaire dans le droit de la formation

Dans une approche psychosociologique, L. Bellenger repère trois composantes spécifiques de la négociation :

- l'existence de protagonistes adversaires ou partenaires. En premier lieu, la négociation est une activité d'échange, une rencontre provoquée par des protagonistes représentant leurs intérêts propres ou défendant les intérêts d'un groupe. Dans ce cas, le négociateur est porte parole. Il agit comme un protagoniste faisant l'objet d'un mandat, et participe à la négociation en délégation.
- L'émergence de divergences. Les protagonistes dépendent d'une décision qui les implique et qui a priori n'est pas encore prise quand ils

[96] J. BARTHELEMY, Conventions et accords collectifs : pour un vrai droit de leur négociation. *Droit social*, n° 9, septembre/octobre 2003, p. 832 suiv.

[97] L. BELLENGER, *La négociation*, Que sais-je ? Edit. PUF, 1984, p. 9.

délibèrent. C'est parce qu'il y a divergence de points de vue qu'il y a discussion. Et s'il y a discussion, c'est parce qu'il y a possibilité de réduction ou de dépassement des contradictions.

– La recherche de compromis. Par ce qu'elle est ouverture sur le dépassement des conflits, la négociation est une pratique sociale productive. Négocier, c'est jouer du conflit, au sein d'un rapport de forces pour construire quelque chose. Le produit se formalise en terme de compromis ou d'accord. De ce fait la négociation est une communication toujours finalisée.

En récapitulant ces composantes, la négociation apparaît *"comme une confrontation de protagonistes étroitement interdépendants, liés par un certain rapport de forces et présentant un minimum de volonté d'aboutir à un arrangement en vue de réduire un écart, une divergence afin de construire une solution acceptable au regard de leur objectif et de la marge de manœuvre qu'ils s'étaient donnés"*[98].

Dans une approche sociologique orientée sur le champ des relations socioprofessionnelles, G. Caire propose une définition assez voisine, tout en insistant sur le fait que par la négociation les partenaires sociaux définissent de façon concertée, un accord ou un ensemble de règles qui régiront le fond et la forme de leurs rapports[99]. Là nous débouchons dans le champ juridique.

## 2 - Négociation et droit

Le droit ne donne pas de définition spécifique de la négociation. Il n'y a pas d'obstacle à une transposition des approches précédentes sur le champ juridique. Cependant si on se situe dans une conception dialectique du droit telle que l'entend, par exemple M. CHEMILLIER-GENDREAU, les notions de "compromis" et "d'accord" deviennent ambiguës et appellent donc des éclaircissements. Le compromis ou l'accord n'est pas "compromission". Plus que la suppression des divergences, ou la fusion des intérêts dans un nouvel ordre harmonieux, le compromis, issu des contradictions de départ, est tentative de dépassement provisoire des antagonismes. Ceux-ci ne sont pas supprimés pour autant, mais contenus[100]. Dans cette perspective l'accord obtenu est le résultat calculé de concessions mutuelles et de contreparties procédant d'une recherche d'équilibre entre avantages et inconvénients pour chacun des protagonistes. S'ils sont guidés par la recherche d'un certain résultat, ceux-ci gardent toujours en tête, au cours de l'évolution du rapport de forces, l'objectif

98 L. BELLENGER , op. citat., p. 24.

99 G. CAIRE, *La négociation collective*, Que sais-je ? Edit. PUF, 1992, p. 3.

100 M. CHEMILLIER-GENDREAU, *Introduction générale au droit*, Editions Eyrolles, 1990, p. 48 suiv.

minimum et la marge de manœuvre qu'ils se sont donnés. Cette précision faite, on peut se demander quelle est la spécificité de l'approche juridique.

La négociation fait l'objet du titre III du Code du travail. Elle est conçue comme "un droit des salariés" qui obéit à certaines règles et s'exerce dans le cadre des relations collectives entre employeurs et salariés. La négociation elle-même est dite "collective" par opposition à une transaction purement individuelle. Collective, elle l'est pour une double raison. D'une part, elle porte sur des enjeux qui vont concerner l'ensemble des salariés ; d'autre part, elle est animée par des acteurs qui représentent plus qu'eux-mêmes, porte parole de groupes sociaux aux intérêts distincts : les organisations syndicales de salariés reconnues représentatives au plan national d'une part[101], une ou plusieurs organisations d'employeurs ou tout autre groupement d'employeurs d'autre part[102]. C'est une première originalité. De plus, la négociation est "orientée" au départ. Le droit désigne les objets ou les contenus possibles. Ils relèvent exclusivement des relations professionnelles : l'ensemble des conditions de travail, ou les salaires, l'organisation du temps de travail... Par ailleurs, on donne un statut à la négociation. Dans l'approche psychosociologique, elle est une pratique sociale, une donnée de fait. Le droit inclut cette donnée tout en la dépassant. La négociation est un droit collectif des salariés, et donc une obligation périodique qui s'impose aux employeurs. De même les approches précédentes font l'impasse sur la problématique du résultat obtenu ou attendu. La négociation aboutit-elle nécessairement à un compromis ? Rien n'est moins sûr. La conception juridique n'inclut pas une obligation de résultat et accepte le constat d'échec ou de carence. Toutes ces caractéristiques permettent de dire que la négociation n'est ni la "consultation"[103] ni la simple "concertation". Son opposé est la décision unilatérale. Négociation ou décision unilatérale, faut-il choisir ? Les deux pratiques sont complémentaires et nécessaires. Tout naturellement, les acteurs officiels de la négociation accordent à celle-ci une primauté politique sur la décision unilatérale, comme outil de régulation. L'accord national interprofessionnel du 31 octobre 1995 est particulièrement révélateur en ce domaine : "le dispositif ainsi mis en place traduit la volonté des parties signataires de renforcer le dialogue social et la pratique contractuelle, et de se réapproprier la conduite de la politique sociale en faisant prévaloir la négociation collective sur le recours au législateur"[104].

---

[101] Les syndicats auxquels nous faisons référence sont : CGT, CFDT, FO, CFTC, CGC.

[102] Les organisations professionnelles d'employeurs auxquelles nous faisons référence sont : MEDEF, CGPME, UPA.

[103] Voir chapitre VI.

[104] Accord national interprofessionnel du 31 octobre 1995 relatif à la politique contractuelle, préambule. On trouve le texte dans *Liaisons sociales*, numéro spécial, négociation collective d'entreprise, mai 1996, p. 26.

## II - ORGANISATION JURIDIQUE DE LA NEGOCIATION DE LA FORMATION

Notre objet n'est pas de présenter les règles du droit commun qui régissent la négociation et les conditions de validité ou d'applicabilité des accords ou conventions. Cela relève du droit social[105]. Sans rentrer dans les détails techniques, relevons la nouveauté introduite par la loi du 5 mai 2004 et concernant la validité des accords signés. Auparavant, la règle était celle du "minimalisme". Selon cette règle, est valide un accord signé par une organisation patronale et par un seul syndicat représentatif, même minoritaire. Cette possibilité, stratégiquement, peut affaiblir le partenaire syndical dans la négociation et renforcer l'instance patronale. Celle-ci peut pratiquer la négociation d'accords dits "séparés" conclus avec une organisation syndicale minoritaire et refusée par les organisations majoritaires.

La loi du 4 mai 2004 vient transformer ce régime de validité, en introduisant systématiquement la règle majoritaire à tous les niveaux. Très sommairement : un accord interprofessionnel est valide en l'absence d'opposition majoritaire (en nombre d'organisations syndicales) dans les 15 jours qui suivent la notification de l'accord signé. C'est le principe d'opposition majoritaire. Pour les accords de branche : c'est aux partenaires sociaux d'établir, par un accord spécifique que nous appellerons "accord primaire" le système majoritaire positif. Ils ont le pouvoir d'établir que les accords ultérieurs devront être conclus par une ou plusieurs organisations syndicales représentant la majorité des salariés de la branche. En l'absence d'un tel accord, c'est le principe d'opposition majoritaire (en nombre) des syndicats qui va s'appliquer. Pour les accords d'entreprise, c'est à l'accord primaire désigné plus haut d'établir la règle du système majoritaire. En l'absence d'accord primaire fondant le système majoritaire, on applique la règle de l'opposition majoritaire. Un accord d'entreprise est valide – ou bien, s'il est signé par une ou des organisations syndicales représentatives et ayant recueilli au moins la moitié des suffrages exprimés au premier tour des élections des représentants du personnel – ou bien, en l'absence d'opposition d'une ou de plusieurs organisations syndicales de salariés ayant recueilli au moins la moitié des suffrages (art. L.132-2-2-1 modifié par la loi du 5 mai 2004 art. 37). Nous sommes donc en présence d'un système complexe, fondé en priorité sur le droit d'opposition.

A présent nous limitons l'analyse à l'application de la négociation au champ spécifique de la formation.

---

105 On se reportera, par exemple, à J-E. RAY. *Droit du travail. Droit vivant*, 13ème édition 2004-2005 (mise à jour septembre 2005), Editions Liaisons, p. 566 suiv.

## 1 - La formation : objet de négociation

Le droit commun du travail fournit des indications explicites sur la formation. Aux termes du nouvel article L.131-1 du Code du travail, modifié par la loi du 4 mai 2004, le droit des salariés à la négociation s'exerce sur l'ensemble de leurs conditions d'emploi, de formation et de travail et de leurs garanties sociales[106]. On a d'autres indicateurs. Tout d'abord la formation apparaît dans la liste des clauses obligatoires des conventions ou accords susceptibles d'être étendus (art. L.133-5)[107]. De plus, le même article précise que les mesures relatives à l'égalité professionnelle font partie des clauses obligatoires et que la formation est une de ces mesures de "rattrapage". Enfin l'art. L.132-17 pose le principe d'une négociation annuelle obligatoire au niveau de l'entreprise et concernant les salaires et une organisation du temps de travail, précise que "cette négociation peut porter également sur la formation ou la réduction du temps de travail".

On retiendra donc que la formation fait bien partie du champ de la négociation. Celle-ci pourra se porter sur la formation soit à titre principal, on parlera alors "d'accord sur la formation", ou à titre accessoire, on parlera alors de "clauses de formation" incluses dans une convention ou accord ayant un autre objet principal.

Le livre IX du code du travail, consacré spécifiquement à la formation fournit des indications précieuses. La négociation, en ce domaine, n'est pas une pratique sociale facultative, ni une simple opportunité à saisir. En effet, la loi du 24 février 1984 a créé une obligation de négocier au niveau de la branche. Cette obligation est spécifique à la formation, distincte donc de celle qui concerne les salaires et les conditions de travail[108]. Initialement fixée à cinq ans, la périodicité de cette négociation vient d'être ramenée à trois ans par l'accord du 20 septembre 2003 (art. 17) suivi par la loi du Mai 2004. Voilà pour le principe. On analysera plus loin le contenu de cette négociation.

Dans une autre démarche, mais toujours dans le champ de la formation, le législateur reconnaît la complémentarité des deux sources de droit : loi et accord. Il incorpore dans ses propres règles le travail accompli par la négociation. D'une part la négociation interprofessionnelle est la "nappe nourricière" du livre IX du code du travail. Nombre de dispositions législatives

---

106 C'est la loi du 13 juillet 1971 qui a introduit cette notion de "garantie sociale". Les débats parlementaires invitent à une interprétation large de cette notion. "L'important c'est que l'on veuille bien donner aux mots "garanties sociales" un contenu assez large pour inclure les problèmes de garantie d'emploi, d'indemnisation du chômage, de retraite complémentaire, de formation professionnelle et d'éducation permanente..." J .O. Débats parlementaires, A.N., 15 mai 1971, p. 1914.

107 L'extension est une procédure par la quelle le Ministère du travail, par voie d'arrêté, impose l'application d'une convention collective aux employeurs non signataires dont l'activité principale entre dans le champ d'application de cette convention.

108 Loi du 5 mai 2004 relative à la formation professionnelle tout au long de la vie et au dialogue social.

reprennent à leur compte et généralisent l'essentiel des règles négociées au plus haut niveau. D'autre part, le législateur prend parfois une posture qui donne une valeur de primauté aux contrats collectifs, les dispositions législatives n'ayant qu'une valeur supplétive. Par exemple, en matière de gestion du congé individuel de formation (art. L.931-5, L.931-8-2)[109]. Ceci illustre bien le fait que les deux sources ne s'excluent pas ; le contrat collectif est perçu comme un outil pertinent de développement de la formation.

### 2 - Les niveaux de négociation

Notre système de relations de travail consacre trois niveaux de négociation : le niveau interprofessionnel, le niveau des branches, et le niveau de l'entreprise. Cette organisation est applicable au champ qui nous intéresse.

Juridiquement, ces trois niveaux sont indépendants et alternatifs. De la sorte, une négociation sur un thème donné peut être menée à l'un ou l'autre de ces endroits, suivant le choix fait par les négociateurs ou imposé par le législateur. De plus, ces trois niveaux de négociation sont gouvernés par le "principe de faveur". Les implications de ce principe sont double. D'une part les accords collectifs ne peuvent s'écarter des dispositions législatives et réglementaires que dans un sens plus favorable aux salariés. D'autre part, si un même objet, la formation par exemple, est abordé à plusieurs niveaux de négociation, l'accord conclu dans le champ géographique ou professionnel le plus étroit, l'entreprise par exemple, ne peut comporter des dispositions moins favorables que celles qui sont contenues dans les accords au champ plus large. La loi du 4 mai 2004 dans le volet consacré au dialogue social ne revient pas fondamentalement sur ce principe[110]. En revanche, s'inspirant de la "position commune" des partenaires sociaux (16 juillet 2001) elle revient sur l'articulation des différentes catégories d'accord. Désormais un accord interprofessionnel ou de branche devra préciser s'il s'impose à l'accord de niveau inférieur. En l'absence d'une telle précision, les accords d'entreprise et de branche pourront déroger (en moins) aux accords de niveaux supérieurs, ce qui enlèvent à ceux-ci toute force contraignante. Cette dérogation généralisée est entourée de quelques verrous. La loi ne permet en aucun cas de déroger aux dispositions légales et réglementaires du code du travail. De plus, dans quatre domaines les accords de branche restent automatiquement impératifs : les salaires minima, les classifications, les garanties collectives de protection sociale complémentaire, et

[109] La loi régule la durée de la formation ainsi que la rémunération du salarié en formation. Mais les accords peuvent toujours prévoir des dispositions plus avantageuses pour le salarié.

[110] Art. 37 ; Code du travail art. L. 123-2 modifié du Code du travail.

le financement de la formation continue[111]. Ce sont des domaines "sanctuarisés" par le législateur[112].

Il reste que l'articulation entre les trois niveaux constitue un enjeu majeur. Elle exige que soient clarifiées la place et le rôle de chacune des instances dans une dynamique d'ensemble.

## III - La negociation interprofessionnelle de la formation

### 1 - Place et rôle de la négociation interprofessionnelle

Quels sont la place et le rôle de la négociation interprofessionnelle ?

L'accord interprofessionnel du 15 octobre 1995 apporte quatre éléments de réponse.

- La négociation d'accords qui mettent en œuvre des mécanismes de solidarité interentreprises, échappent par définition, à la compétence de la négociation de branche et d'entreprise. Elle relève donc de l'instance interprofessionnelle. Ce genre d'accord est fréquent dans le champ de la formation. Par exemple, les règles concernant la collecte et la mutualisation de la contribution financière des entreprises pour la formation.
- La négociation de normes à caractère général ou la mise en place de nouveaux dispositifs, ou la définition des modalités d'application de dispositions arrêtées par le législateur, fait intervenir le plus haut niveau de la négociation.
- L'instance interprofessionnelle se doit d'intervenir pour fixer les choix stratégiques, arrêter les objectifs prioritaires. En matière de congé individuel de formation, par exemple, l'art. L.931-8-1 stipule que la question des priorités d'action et de publics relève d'un accord national interprofessionnel ou éventuellement d'un accord de branche.
- Enfin la mise en cohérence des différents pôles de négociation, comme aussi l'autonomie des acteurs sociaux par rapport aux forces gouvernementales n'est possible que par l'intervention interprofessionnelle. Le dernier accord signé (20 septembre 2003) est un témoin de cette autonomie relative des acteurs sociaux dans leur champ de compétences.

Les accords de branches peuvent déroger, dans les conditions définies plus haut, à cette instance interprofessionnelle et dans un sens moins favorable aux salariés. De cette manière, le législateur (loi du 4 mai 2004) a opéré une ouverture dans le système classique de la négociation. D'une hiérarchie simple fondée sur l'ordre public social, adaptée à la croissance des trente glorieuses d'hier, on bascule actuellement vers une forme de négociation décentralisée.

---

[111] Idem.

[112] Circulaire du 22 septembre 2004, art. 1.3.2. Pour un approfondissement de cette question, se reporter à J-E. RAY, op. citat., p. 436 suiv.

## 2 - Les développements historiques

Cette forme de négociation dans le domaine de la formation, a été tout aussi bien régulière que féconde dans les trois décennies qui nous séparent de la date de départ,1970-1971.

### *2.1 - La décennie 1970-1980*

L'accord interprofessionnel de 1970 reste le texte fondateur du système[113]. Il prévoit les bases du congé individuel de formation, précise le recours à la formation pour les salariés menacés de licenciement. Enfin il définit le rôle des représentants du personnel au sein de l'entreprise en ce domaine. Ces dispositions furent intégrées dans le code du travail. En effet la loi du 16 juillet 1971 reprend le texte conventionnel, le consolide en lui donnant une base légale et de ce fait en étend le bénéfice à la globalité des salariés. Enfin elle le complète par des mesures nouvelles[114]. On voit donc que dès l'origine, accord et loi sont inséparables. Au cours de cette décennie l'accord originel a été précisé remis en chantier à l'occasion de deux avenants[115]. Ceux-ci portent sur l'aménagement du congé de formation pour le personnel d'encadrement (1971), et sur les règles de financement du congé, la procédure d'information préalable du comité d'entreprise, le rôle des commissions paritaires de l'emploi (1976). De nouveau, les résultats de la négociation ont été repris par le législateur, dans la loi du 17 juillet 1978 relative à la promotion individuelle, au congé de formation et à la rémunération des stagiaires de la formation professionnelle[116].

Durant cette décennie la négociation porte sur la problématique de la construction et la consolidation du système.

### *2.2 - La décennie 1980-1990*

Le processus de négociation s'enrichit de deux avenants au cours de cette période. L'un pose les bases d'un nouveau mode de financement du congé de formation en énonçant le principe d'une cotisation spécifique et obligatoire

---

113 Accord national interprofessionnel sur la formation et le perfectionnement professionnels du 9 juillet 1970, signé par : CNPF, CGPME d'une part, CFDT, CFTC, CGT, FO d'autre part. Etendu ?

114 Elle institue pour les employeurs l'obligation de participer au financement de la formation, elle précise le rôle des représentants du personnel en matière de formation, elle réorganise l'aide de l'État à la rémunération des stagiaires.

115 Avenant du 30 avril 1971 à l'accord interprofessionnel de juillet 1970, signé par les mêmes organisations et la CGC. Avenant du 9 juillet 1976 signé par les mêmes organisations patronales. Du côté syndical, seules, la CFTC, CGT-FO, CGC sont signataires.

116 Une nouvelle définition est donnée du congé individuel de formation qui renforce son caractère individuel de ce droit et son objectif de promotion sociale et culturelle. Elle donne une autonomie au congé de formation par rapport au plan de formation.

versée par chaque entreprise de 10 salariés et plus à un organisme paritaire créé à cet effet (1982)[117]. L'autre est relatif à l'insertion professionnelle des jeunes demandeurs d'emploi. Il définit les diverses modalités de formation en alternance dans le cadre du contrat de travail et du statut du stagiaire (1983)[118]. Ici encore le législateur a repris une large partie de ce texte dans la loi du 24 février 1984 qui réforme en profondeur le système tout en s'appuyant sur les principes fondateurs de 1971[119].

Durant cette période la négociation porte sur l'ouverture du système à la diversité des publics.

### *2.3 - La décennie 1990-2000*

Cette période est d'une richesse exceptionnelle en matière de négociation puisqu'on peut recenser près d'une vingtaine d'accords.

Tout d'abord on relève l'avenant du 21 février 1990 à l'accord interprofessionnel du 29 mai 1989 relatif au congé individuel de formation, celui du 24 mars 1990 qui pose les bases d'un droit au CIF pour les titulaires d'un CDD. Le dispositif a été repris dans la loi du 12/07/1990. On recense également l'avenant du 28 mars 1990 qui amorce la mise en œuvre du crédit formation individualisé pour les salariés dans le cadre du CIF[120]. Les dispositions de ce dernier texte sont reprises dans la loi du 4 juillet 1990 relative au crédit formation individualisé, à la qualité au contrôle de la formation professionnelle continue.

Dans cette galaxie, l'accord interprofessionnel du 3 juillet 1991 relatif à la formation et au perfectionnement professionnel occupe une place centrale. En effet il rassemble en un texte unique l'accord de départ de 1970 avec toutes les modifications ultérieures, et introduit nombre d'innovations[121].Celles-ci sont reprises encore une fois dans la loi du 31 décembre 1991 relative à la formation professionnelle et à l'emploi.

---

117 Avenant du 21 septembre 1982 signé par les mêmes organisations patronales, et les cinq centrales syndicales représentatives au niveau national.

118 Avenant du 26 octobre 1983.

119 Les principales innovations concernent la modification du mode de financement du congé individuel de formation, l'introduction de la négociation dans le formation, au niveau de la branche et de l'entreprise, la création des engagements de développement de la formation, l'introduction des dispositions concernant les formation en alternance des jeunes 18-25 ans.

120 Signataires : CNPF, CGPME, UPA, PROMATT, l'UNETT au titre des dispositions concernant le travail temporaire ; d'autre part : CFDFT, CGC, CFTC. Extension, par arrêté du 9 octobre 1990.
Pour l'accord du 28 mars 1990, les signataires sont : CNPF, CGPME, CFDT, CGC, FO.

121 Signataires : d'une part le CNPF, CGPME, UPA, d'autre part, CFDT, CGC, CFTC, FO. Extension par arrêté du 2 octobre 1992. Les innovations de l'accord : augmentation de la contribution minimale pour les entreprises de 10 salariés, contribution obligatoire pour les entreprises de moins de 10 salariés, introduction du co-investissement, élargissement de l'obligation quinquennale de négocier la formation au niveau de la branche, création d'un congé bilan de compétences pour les salariés, remplacement du SIVP par le contrat d'orientation, création d'un comité paritaire pour la formation professionnelle.

Pour autant le mouvement ne s'arrête pas là. Les résultats de juillet 1991 sont amplifiés par la suite, en une série de 16 textes conventionnels, d'importance inégale. Trois interrogations majeures constituent la problématique de fond qui sous-tend l'ensemble de ces dispositifs. Quelles voies d'accès à la formation convient-il d'aménager pour les salariés, quel soit leur statut ? Comment financer les divers dispositifs ? De quelles instituions a-t-on besoin pour définir et mettre en œuvre une politique cohérente de formation ? Telles sont les questions récurrentes auxquelles les acteurs sociaux, au coup par coup, tentent d'apporter des réponses provisoires et évolutives en fonction des contextes socio-économiques et éducatifs[122].

En même temps la méthode de la négociation interprofessionnelle fait école dans d'autres secteurs hors champ : agriculture, commerce et artisanat, économie sociale, travail temporaire. Les vertus de la négociation sont reconnues par l'Etat employeur qui signe un accord cadre et des accords d'application au niveau de chaque ministère dans le domaine même de la formation[123].

Au cours des périodes précédentes, et même durant cette décennie, mais jusqu'à 1991, on a relevé un mouvement juridique bien typé : de la négociation à la loi, de l'intervention des acteurs sociaux à la manifestation du législateur. Cet ordre de progression se vérifie jusqu'à 1991. Dernière ce phénomène binaire, il y a une philosophie : favoriser la démarche de dialogue social, d'élaboration de contrats collectifs et par là responsabiliser en matière de formation, les acteurs naturellement impliqués dans ce champ, ce qui ne signifie pas pour autant désengagement de l'Etat. Mais cet ordre d'intervention des acteurs est-il à ce point intangible qu'il ne supporterait aucune inversion ? Non la loi du 20 décembre 1993 relative à la formation et à l'emploi prouve le contraire. Elle introduit une rupture de la dialectique des sources conventionnelle et légale du droit de la formation. La méthode retenue par le

---

[122] Accord national du 15/10/91 étendu par arrêté du 23/11/92 concernant l'accès des intérimaires au congé individuel de formation. Avenant du 8 janvier 1992 sur l'apprentissage, l'accord national interprofessionnel du 22 décembre 1993 portant reconduction du dispositif de conventions de conversion, du 5 juillet 1994 qui définit notamment les modalités de mise en œuvre des OPCA et du capital temps formation, les avenants du 17 et 21 novembre 1994 concernant les OPCA, l'avenant du 23 novembre 1994 concernant les FONGECIF, l'accord interprofessionnel du 23 juin 1995 relatif aux OPCA professionnels et les OPCA interprofessionnels, l'avenant du 5 mars 1996 sur la péréquation des collectes pour le financement du CIF, l'accord du 19 novembre 1996 relatif à la création du FONGEFOR, l'accord du 29 novembre 1996 relatif aux statuts de l'association de gestion du fonds national de gestion paritaires de la FPC., l'accord du 17 décembre 1996 renforçant la coordination des OPCAREG, l'accord du 19 décembre 1996 portant reconduction du dispositif des conventions de conversion, et enfin l'avenant du 26 février 1997 portant modifications des dispositions relatives au contrat d'orientation.

[123] J-M. LUTTRINGER, Formation professionnelle tout au long de la vie et négociation collective, *Droit social*, n° 5, Mai 2004, p. 472-481. Cette étude sera présentée plus bas.

législateur est nouvelle : la loi anticipe sur la négociation. Il y a rupture d'une tradition bien établie depuis bientôt un quart de siècle. Malgré les demandes répétées des acteurs sociaux, le gouvernement a refusé d'accepter un processus de négociation préalable. Le retour à la dialectique originelle sera trouvé 10 ans plus tard, avec l'accord national interprofessionnel de 2003 qui a été analysé dans le chapitre précédent.

## IV - LA NEGOCIATION DE BRANCHE

### 1 - Place et rôle

La négociation de branche, selon les acteurs sociaux eux-mêmes, a un triple rôle. Elle peut avoir une fonction normative consistant à définir des règles générales applicables à l'ensemble des entreprises et des salariés compris dans son champ d'application. Elle a un rôle d'encadrement de la négociation d'entreprise, sous réserve des possibilités de dérogation mentionnées plus haut. Elle ne fait donc pas obstacle à celle-ci, compte tenu du besoin d'initiative des entreprises dans la conduite de leur politique sociale. Par contre il lui appartient de déterminer les limites. L'enjeu est d'éviter les disparités de situation inacceptables entre les salariés et les dispositions anormales de concurrence entre les entreprises. Enfin elle peut ouvrir des espaces d'expérimentations, mais en déterminant les conditions de leur mise en œuvre. De cette manière elle permet de développer l'innovation sociale, tout en évitant des risques de dérive. Ces fonctions concerne le secteur de la formation comme aussi d'autres domaines de la vie professionnelle : salaires, conditions de travail. Là encore, les accords de niveau inférieur (entreprise) peuvent déroger dans les conditions définies plus haut c'est la poursuite du processus de décentralisation.

### 2 - Repères historiques

Le droit collectif à la négociation est posé dans le préambule de la constitution de 1946. Il trouve sa traduction légale dans la loi du 23 juillet 1971. Mais ce droit n'avait pas la contrepartie nécessaire pour assurer son efficacité : l'existence d'une obligation de négocier s'imposant aux employeurs. De simple fait social, la négociation est devenue, pour la première fois, obligation juridique par l'effet de la loi Auroux du 13 novembre 1982. Mais la formation reste extérieure au champ d'application[124]. Ce n'est que deux ans après, par l'effet de la loi du 24 février 1984, que la formation des adultes, déjà bien structurée dans ses institutions et ses règles, monte à la vie juridique comme objet de négociation obligatoire. Ce fait juridique est important. Il constitue une sorte de levier pour la décision et l'action. L'enjeu pour les acteurs sociaux est

[124] En effet, la loi rend la négociation obligatoire : au niveau de la branche, une fois par an, sur les salaires ; tous les cinq ans sur les classifications. Au niveau de l'entreprise, tous les ans, sur les salaires et les conditions de travail.

l'anticipation, la saisie de la formation non plus comme une charge sociale, mais comme objet politique à définir à articuler aux évolutions de l'entreprise et aux aspirations sociales de salariés.

## 3 - Le cadre juridique de la négociation

### *3.1 - Le principe de base*

Le droit actuel pose le principe d'une négociation triennale (art. L.934-2 du code du travail) obligatoire. Toute infraction à cette obligation est sanctionnée pénalement (art. L.993-1 et art. L.481-2 du Code du travail)[125].

### *3.2 - La négociation triennale : son contenu*

L'art. L .934-2 précise qu'il s'agit d'une négociation sur les priorités, les objectifs et les moyens de la formation. La liste des points fournis, par la suite, est large et non exhaustive. Elle s'est enrichie au fil des années par l'apport de nouvelles lois, et notamment celle du 4 mai 2004[126]. Il n'est pas sûr que l'énumération garde sa lisibilité, compte tenu de sa longueur. On fait le choix de la restructurer autour de quatre axes logiquement interdépendants : les besoins de formation – les types d'actions – les résultats de la formation – l'environnement de la formation[127].

| | **TABLEAU RECAPITULATIF (art. L-933-2 modifié)** |
|---|---|
| 1. LES BESOINS DE FORMATION | • A partir des aménagements de l'organisation et du temps de travail ;<br>• A partir des Problèmes spécifiques des PME ;<br>• A partir des conséquences de la construction européenne ;<br>• A partir du développement des entreprises françaises à l'étranger. |
| 2. LES ACTIONS DE FORMATION | • Leur nature et ordre de priorité ;<br>• les formations en alternance : **dans le cadre de contrats ou de périodes de "professionnalisation" (loi du 4 mai 2004 art. 16)**<br>• les objectifs en matière d'apprentissage ;<br>• les actions pour les salariés faiblement qualifiés ; **en particulier ceux qui ne maîtrisent pas les compétences de base (loi du 4 mai 2004 art. 16)**<br>• les actions assurant l'égalité d'accès des hommes et des femmes à la formation : **détermination d'un objectif de progression du taux d'accès des femmes à la formation et des modalités d'atteinte de cet objectif (loi du 4 mai 2004 art. 16)**<br>• **la définition des priorités que prennent en compte les entreprises dans le cadre du plan de formation et du droit individuel à la formation (id. art.16)** |

125 Toute entrave apportée à l'exercice du droit syndical (et donc à la négociation) sera punie d'un emprisonnement d'un an et d'une amende de 3 750 Euros ou de l'une de ces deux peines seulement (art. L.481-2 du Code du travail).

126 Accord national du 3 juillet 1991, avenant du 8 janvier 1992 consacrée à l'apprentissage, loi du 31 décembre 1991, loi du 17 juillet 2002 portant diverses dispositions relatives à l'apprentissage, à la formation. Loi du 17 janvier 2002 de modernisation sociale.

127 Les parties en caractères gras sont les innovations introduites par la loi du 4 mai 2004.

| | |
|---|---|
| | • **la définition et conditions de mise en œuvre d'actions pour les travailleurs handicapés avec détermination d'un objectif de progression du taux d'accès (id. art. 16).** |
| 3. LES RESULTATS DE LA FORMATION | • La reconnaissance des qualifications acquises de fait de la formation ou de la VAE. |
| 4. L'ENVIRONNEMENT DE LA FORMATION | • Les moyens donnés aux délégués syndicaux et aux membres du CE pour l'accomplissement de leur mission ;<br>• L'organisation d'entretien annuel pour l'évolution professionnelle du salarié.<br>• **Les conditions de mise en place d'un observatoire prospectif des métiers et des qualifications (art. 16).** |

On le voit, la loi du 4 mai 2004, à la suite de l'accord du 20 septembre 2003 enrichit singulièrement les points de négociation. Le souci est double : d'abord, accompagner la mise en œuvre de nouveaux dispositifs au niveau de l'entreprise (DIF, périodes de professionnalisation) d'une négociation méthodique au niveau de la branche ; cette synergie a été voulue, du reste, par les signataires de l'accord ; puis réduire les inégalités d'accès à la formation, intention affichée dans le préambule de l'accord qui désigne "des publics prioritaires"[128].

Parce qu'elle devient pléthorique, l'énumération risque, à terme, de perdre toute sa portée...

Dans la pratique, les accords issus de cette négociation suivent cette structure globale, sous réserves des modifications récentes ; mais tous les thèmes ne sont pas nécessairement abordés : ce serait irréaliste. Une étude consacrées au bilan de la négociation, sur les années 1993-1994 et 1995-1996, montrent que celle-ci n'est pas très féconde sur certaines questions, les plus stratégiques, du reste : tels, les efforts de formation pour les salariés les moins qualifiés, la prise en compte de l'égalité entre les hommes et les femmes, ou la recherches de réponses adaptées pour les P.M.E.[129]

### *3.4 - Principaux résultats*

Chaque année, le Ministère de l'emploi rend public le bilan annuel de la négociation collective pour l'année écoulée. Ce bilan, évidemment, inclut les résultats obtenus dans le champ de la formation. Mais ce serait une erreur de limiter les résultats au seul périmètre défini par le législateur pour la négociation dite "obligatoire". La pratique déborde largement ce cadre. La négociation se porte certes, sur les thèmes définis par le législateur, mais en même temps elle se démultiplie en s'orientant sur d'autres objets, selon la libre initiative des

---

128 Certaines mentions de l'accord ne sont pas reprises dans le texte de loi, mais elles gardent leur valeur juridique : le développement de l'information des responsables de PME et des entreprises artisanales sur les dispositifs de formation (art. 17 de l'accord). En sens inverse la loi introduit des thèmes non prévus dans l'accord (art. 17) : la formation des handicapés ; la détermination d'un objectif de progression du taux d'accès de certains publics.

129 CPNFP (Comité paritaire national de la formation professionnelle) CD-Rom La négociation collective. Recherches. Accords de branche sur la formation professionnelle. 1993-1994. Publication : 1997.

acteurs sociaux, par exemple, la participation financière dans les entreprises de dix salariés, le fonctionnement des OPCA. A côté de la négociation imposée, il y a place pour une négociation libre. C'est une donnée dont il faut tenir compte dans la lecture du bilan global présenté ci-dessous[130].

| ANNEE | NOMBRE TOTAL D'ACCORDS | ACCORDS SUR LA FORMATION | % |
|---|---|---|---|
| 1990 | 906 | 20 | 2,22 |
| 1991 | 970 | 25 | 2,25 |
| 1992 | 920 | 49 | 5,32 |
| 1993 | 915 | 107 | 11,39 |
| 1994 | 934 | 169 | 18,09 |
| 1995 | 968 | 142 | 14,66 |
| 1996 | 1030 | 125 | 12,13 |
| 1997 | 877 | 102 | 11,63 |
| 1998 | 741 | 94 | 12,62 |
| Total | 8267 | 833 | 10,08 |
| | | | |
| 1999 | 679 | 123 | 18,11 |
| 2000 | 870 | 89(*) | 10,22 |
| 2001 | 897 | 108 | 12,04 |
| 2002 | 892 | 83 | 9,30 |

(*) Ce chiffre n'inclut pas les accords RTT comportant des dispositions sur la formation. En 2000, 27 accords de ce type ont été signés.

Ce bilan porte sur les accords spécifiques en matière de formation. Ne sont pas pris en compte les clauses relatives à la formation et que l'on rencontre dans de nombreux accords relatifs aux classifications, à l'emploi ou encore aux salaires.

Que dégager ?

- Durant cette décennie la négociation de branche sur la formation s'est considérablement développée. L'institution, en 1984, d'une obligation de négocier, de même que le développement de la gestion paritaire des fonds affectés au financement de la formation n'y sont pas étrangers.
- La croissance du nombre d'accords depuis 1992 est liée à certaines décisions des pouvoirs publics : la restructuration du réseau de collecte de l'argent privé, la création des OPCA par voie conventionnelle (loi du 20 décembre 1993), la mise ne place du capital temps formation, également par la voie de la négociation. Plus récemment la négociation de la réduction du temps de travail, par un effet d'aspiration a entraîné des approches négociées de la formation, par exemple en matière de co-investissement ou de compte épargne.

---

130 Source : Ministère de l'emploi et de la solidarité. Bilan annuel de la négociation collective. Editions législatives, 1991 à 2003.

• Un travail d'analyse d'un corpus de 900 accords couvrant cette décennie montre non pas une dispersion mais au contraire une polarisation de la négociation sur quelques thèmes spécifiques. Plus du tiers des accords (35,8 %) des accords portent sur la gestion paritaire et le financement de la formation. Les objectifs et les priorités de la formation ainsi que les CPNE concernent respectivement près de 10 % des accords, 9 % des textes portent par ailleurs sur la formation et le temps de travail, 8,9 % sur le capital temps formation et environ 6 % des accords concernent l'apprentissage et l'alternance. Cette polarisation peut s'expliquer par tune sorte d'exploitation des marges de manœuvre ou des espaces libres laissés au négociateur de branche suite à l'intervention de la loi et de négociation interprofessionnelle dans le champ de la formation[131]. Durant les quatre dernières années, la négociation de branche se poursuit pratiquement avec la même intensité.

Si on se réfère aux dernières données concernant l'année 2002, la négociation sur la formation reste importante, même si le nombre de textes fléchit par rapport à 2001. On retrouve les mêmes centres de polarisation. Il en est de même de l'alternance et de l'apprentissage. En revanche, ce qui émerge, c'est le pôle des certificats de qualification professionnelle (CQP) (17 accords).

En l'espace de 20 ans, c'est-à-dire à partir de 1984 "la branche est donc devenue le niveau déterminant de régulation des politiques de formation professionnelle, ainsi que de gestion des moyens d'accès, de financement ou de développement de la formation"[132].

## V - La negociation de la formation dans l'entreprise

### 1 - Rôle

La grande disparité économique des entreprises au sein d'une même branche, leur différence d'exposition à la concurrence, la diversité des marchés sur lesquels elles interviennent, la multiplicité des types d'organisation du travail qu'elles mettent en œuvre nécessite un besoin d'initiative et d'adaptation des entreprises dans l'élaboration et la mise en œuvre de leur politique sociale

La négociation d'entreprise, par son caractère microsocial, permet en principe de répondre à ce besoin. Cependant, comme le font remarquer les négociateurs eux-mêmes, si le niveau de l'entreprise peut constituer un lieu

---

131 Source : Ministère de l'emploi et de la solidarité. La négociation collective en 1999. Tome III : les dossiers (dossier n° 4). Collection Bilans et rapports. Editions législatives, 2000. Ministère des Affaires sociales, du Travail et de la Solidarité, La négociation collective. Editions législatives, 2000, 2001, 2002, 2003. Voir également : *Liaisons sociales*, C.2. n° 116 13 juillet 2000), n° 172 (13 juillet 2001), n° 210 (2 juillet 2002), n°......juillet 2003. *Inffo-flash*, n° 547, 15-08-2001, n° 574 du 16-30 septembre 2001, n° ......2002, n° ...... 2003.

132 J-M. LUTTRINGER, Formation professionnelle tout au long de la vie et négociation, *Droit social*, n° 5, mai 2004, p. 474.

d'efficacité économique et sociale de la négociation, il ne permet pas de régler pour autant toutes les questions. Ceci pour trois raisons.

D'abord, cette instance n'est pas en mesure de traiter les sujets faisant appel à des mécanismes de solidarité entre entreprises. Ce qui est du ressort de la branche. Ensuite, le nombre d'entreprises et de salariés couverts par la négociation, reste trop restreint pour que ce niveau puisse se suffire à lui seul en termes de cohésion sociale. Enfin l'addition de "microsystèmes" de régulation que constituent les accords d'entreprise n'aboutit pas à la constitution d'un système de régulation globale. Ce qui est du ressort interprofessionnel. Ceci signifie finalement que les trois niveaux de négociation, tout en étant autonomes, se complètent et peuvent s'articulent les uns aux autres.

## 2 - Le cadre juridique

### *2.1 - Une négociation facultative*

Qu'elle soit couverte ou non par un accord de branche, une entreprise peut toujours être le cadre d'une négociation sur la formation. L'art. L.132-27 du Code du travail en posant le principe d'une négociation obligatoire sur les salaires, la durée effective et l'organisation du temps de travail relie également cette négociation à l'emploi et à la formation. En effet : "*Cette négociation est l'occasion d'un examen par les parties de l'évolution de l'emploi dans l'entreprise... Cette négociation peut porter également sur la formation ou la réduction du temps de travail*". On remarquera que le législateur envisage la négociation dans une approche articulée, tenant compte de l'interdépendance et de l'interpénétration des objets sur lesquelles elle porte. "La négociation peut porter...". Cette formulation montre bien que la négociation sur la formation reste une simple possibilité. Il s'agit d'une invitation pour les parties à s'engager dans une voie prospective en matière de formation[133].

### *2.2 - Contenu*

Il n'est pas prévu de contenu spécifique pour ce niveau de négociation. Elle peut donc s'orienter sur les mêmes points que ceux prévus pour la négociation de branche. Par ailleurs, dès lors qu'il est conclu, l'accord doit respecter les règles générales du droit des conventions collectives et donc le contenu des clauses obligatoires[134].

Plus délicate est la question de la relation entre accord d'entreprise et plan de formation.

---

[133] Voir du reste la note technique DE/DRT n° 94-10 du 14 février 1994, citée par *Liaisons sociales*, numéro spécial, négociation collective d'entreprise, mai 1996, p. 35.

[134] Accord national interprofessionnel du 31 octobre 1995.

Accord sur la formation et plan de formation sont deux réalités distinctes. Tout d'abord la négociation n'est ni "consultation", ni décision unilatérale. Ensuite, le volet formation dans un accord d'entreprise est facultatif. En revanche, le plan de formation est obligatoirement soumis à la consultation du comité d'entreprise que l'entreprise soit couverte ou non par un accord de branche ou d'entreprise. Enfin la loi établit explicitement un rapport entre la négociation sur la formation et la consultation du comité sur le même thème. L'article L.934-3 al.2 indique que le projet de plan de formation sur lequel le comité d'entreprise "donne son avis" devra tenir compte "du résultats des négociations avec les organisations syndicales".

L'interaction entre ces deux réalités, accord plan est plus difficile à appréhender. D'une part les règles éventuelles de l'accord doivent être respectées par l'entreprise dans le cadre de son plan. Dans la hiérarchie des actes juridiques, la négociation l'emporte sur la consultation. Du reste, la consultation du comité a notamment pour objet de permettre aux élus de vérifier dette conformité. La question devient plus délicate au niveau du contenu de ces deux actes. L'accord d'entreprise et le plan ont-ils sur un plan pratique, des contenus différents ? Nature des actions, ordre de priorité, politique d'insertion des jeunes, moyens financiers : les mêmes thèmes risquent d'être traités aux deux endroits, avec le même souci de contextualisation. On peut supposer d'une négociation au niveau de l'entreprise, tout comme la consultation du comité, loin d'être générale, comme au niveau de la branche, est nécessairement précise, concrète et de type microsocial. De ce fait le rôle du comité ne risque-t-il pas d'être vidé d'une partie de son contenu ? Il n'aura d'autre choix que d'approuver les orientations ainsi négociées entre l'employeur et les syndicats. Autant dire que l'on serait alors face à un plan de formation négocié, rendant inutile l'intervention du comité[135].

### 3 - Les résultats

De façon générale, les rapports du ministère du travail sur le bilan annuel de la négociation collective soulignent la productivité de la négociation d'entreprise. Les trois dernières années, 1999-2001 ont constitué des années exceptionnelles avec un nombre record d'accords d'entreprise. On peut avancer que le passage des entreprises aux 35 heures est à l'origine de ce bond. Mais la RTT n'est pas sans doute pas le seul facteur de développement, dans la mesure où la négociation d'entreprise croît de façon continue depuis les années 1990. De façon particulière, en 1999, on a enregistré la signature d'environ 30000 accords d'entreprise. Dans cet ensemble la formation occupe une place réduite, loin derrière "le temps de travail (réduction ou aménagement), les salaires, l'emploi, mais devant le thème des classifications[136]. En 2000, la négociation se

---

[135] J-M. LUTTRINGER, *Le droit de la formation*, p. 176-177.

[136] 1178 textes traitent de la formation, sachant qu'un même texte peut aborder plusieurs thèmes. Ce chiffre représente, en fréquence, 3,8 % des thèmes négociés. (42) Le temps de travail

stabilise à 35146 accords. 1034 textes sont dédiés à la formation[137]. En 2001, on relève la signature de 35000 accords environ. 629 textes traitent de la formation[138].

Il ressort donc, que par contraste avec la négociation de branche, la négociation d'entreprise sur la formation a été, au cours de ces dernières années, et même de la dernière décennie relativement modeste, a tel point qu'on a pu parler "d'atonie de la négociation d'entreprise" : la raison en est peut être dans l'absence de contrainte légale ou interprofessionnelle. On peut l'expliquer aussi par la présence de pouvoirs consultatifs étendus conférés au comité d'entreprise et à sa commission de formation, même si "consultation" n'est pas "négociation"[139].

**MOTS CLES : négociation, accord, formation, partenaires sociaux, conflit, normes, obligation, contenu, périodicité, interprofessionnel, branches, entreprises.**

## ETUDES – RECHERCHES -REPERES

Les travaux repérés dans le domaine de la négociation concernent tous l'analyse des résultats. Ils ont deux orientations. Tantôt ils constituent une analyse thématique transversale d'un ensemble d'accords de branches, sur une période donnée (GUILLOUX, 1986). Tantôt ils se présentent comme des études globales de dispositifs conventionnels précis (LUTTRINGER, 1976, 1991). Enfin une étude relie cette thématique à la dernière réforme (2003-2004).

### I - BILAN DE LA NEGOCIATION COLLECTIVE ET FORMATION

L'auteur (GUILLOUX, 1986) se situe au lendemain de la loi du 24 février 1984 dont il a été question, plus haut, pour examiner le comportement des branches en la matière. L'objet est donc un bilan des accords de branches, entre les années 1984 et 1986. Le corpus est constitué de 65 accords conclus en la

représente 68,4 % dans la fréquence des thèmes traités, les salaires 13,4 %, les classifications 1,5 %.

137 Ce qui représente, en fréquence, 2,8 % des thèmes traités. Le temps de travail représente 65,7 % dans la fréquence des thèmes traités, les salaires 16 %, les classifications 1,8 %.

138 Soit, en fréquence, 2,4 % des thèmes traités. Sources de l'ensemble des données : Ministère des Affaires sociales, du Travail et de la Solidarité. Bilan de la négociation collective. Les éditions législatives, 2000, 2001, 2002. Voir également la synthèse de *Liaisons sociales*, C.2 n° 116 du 13 juillet 2000, C.2 n° 172 du 13 juillet 2001, C.2 n° 210 du 2 juillet 2002.

139 J-M LUTTRINGER, Formation professionnelle tout au long de la vie et négociation, *Droit social*, n° 5, mai 2004, p. 473-474. Pour d'autres analyses statistiques, Ministère de l'emploi et de la solidarité. Bilans. Rapports La négociation collective 1999 Tome 3. Les dossiers. Dossier 4 : 10 ans de négociation sur la formation professionnelle continue (Circé consultants), Editions législatives, 2000, p. 177-287.

matière. La démarche est essentiellement qualitative, puisqu'elle interroge le contenu dans ses apports novateurs. L'auteur confronte les accords aux catégories inscrites dans le cadre de la loi : celle-ci, en effet prévoyait une douzaine de points objets possibles de négociation. Quelles sont les tendances les plus significatives de cette négociation ? Après avoir souligné que les accords sont riches en recommandations, mais créent peu d'obligations nouvelles, l'auteur dégage une série de 3 résultats.

• La modernisation des entreprises et le maintien dans l'emploi constituent la finalité suprême de la formation. La maîtrise des mutations implique une valorisation globale des ressources humaines ; cette valorisation passe, même si elle n'en est pas la seule constituante, par un développement sans précédent de la formation. Est-ce à dire que cette finalité soit exclusive ? Nullement. La promotion sociale, l'épanouissement personnel ne sont pas écartés. On retrouve là, à treize ans de distance, la logique du compromis un peu facile, de la loi de 1971 alliant besoins de l'entreprise et aspirations des salariés. L'auteur relève un détail très intéressant : il y a changement dans la conception de la formation. Plus qu'une opération ponctuelle visant l'adéquation des compétences, au gré des circonstances, la formation prend, dans l'esprit des négociateurs, la forme d'un processus "permanent", axé sur le développement de la "capacité d'adaptation", l'autonomie, l'élargissement du savoir, d'un perfectionnement permanent des connaissances. Peut-être faut il y voir les signes annonciateurs "de la formation tout au long de la vie professionnelle ?" (Accord du 20 septembre 2003).

• La place du "culturel" et du "social" dans la formation est une question ancienne, souvent débattue en lien avec le congé individuel de formation. Les accords n'introduisent pas de hiérarchie formelle entre les formations professionnelles et les formations à caractère général. On peut interpréter ce point comme un manque d'audace, estime l'auteur ou le souci de laisser une marge de manoeuvre aux entreprises. Quoi qu'il en soit les négociateurs préfèrent énoncer les objets de formation. Une large place est faite aux formations liées à la qualité des produits, aux techniques de fabrication et de gestion, à la sécurité, aux relations humaines. Complémentairement ils insistent sur la nécessité de développer la culture générale de base, la culture technique et scientifique et la culture économique : connaissance de l'entreprise et d e son environnement, connaissance du processus de production.

• La troisième série de résultats est très stratégique pour le salarié comme pour l'employeur, puisqu'elle touche à la reconnaissance des qualifications acquise du fait de la formation. Sur ce point les négociateurs n'ont guère fait évoluer l'approche traditionnelle des rapports formation emploi. Le postulat de base est que la promotion d'un salarié demeure de la responsabilité exclusive de l'employeur. En conséquence, elle n'est pas subordonnée à la possession d'un nouveau diplôme. Sur cette base, les accords construisent une sorte de paradigme à trois dimensions : la mise en œuvre des compétences nouvelles - la problématique de la promotion - les outils de valorisation de la carrière. Tout d'abord les salariés qui ont suivi une formation seront affectés, si possible, sur un poste leur permettant de mettre en œuvre les compétences nouvellement acquises. Ils sont prioritaires. Priorité peu contraignante pour l'employeur qui reste juge de la "qualité" des salariés. Puis en matière de promotion, les règles énoncées sont strictes : la participation à un stage d'adaptation ou de perfectionnement est exclusive de toute promotion. La participation à une formation promotionnelle produit des effets différents selon que l'initiative en revient à l'entreprise ou au salarié. Dans le premier cas, le salarié doit normalement bénéficier, à l'issue de la formation de la promotion et du classement correspondant à son nouveau poste. Dans le second cas, le salarié ne peut rien exiger. Enfin pour valoriser la carrière professionnelle du salarié, en cas de changement d'entreprise, les accords posent le principe de la délivrance obligatoire d'une attestation de formation au salarié. L'objet est modeste : il ne s'agit pas d'attester des compétences acquises, mais de la participation à des formations. L'attestation n'est en rien assimilable à un diplôme ou titre homologué. On relève avec intérêt qu'elle vient de trouver une nouvelle traduction juridique plus construite, dans la création d'un "passeport formation" pour tout salarié, prévue dans l'accord interprofessionnel du 20 septembre 2003[140].

Les autres résultats concernent les moyens reconnus aux délégués syndicaux et aux membres des comité d'entreprises pour l'accomplissement de leur mission dans le domaine de la formation, et le développement des formation en alternance des jeunes dans l'entreprise (voir infra).

Le corpus utilisé est évidemment daté. On peut le rajeunir en prenant en compte les apports de l'étude plus récente du CNFP portant sur la période 1993-1996. Néanmoins l'analyse bouscule les représentations sacralisantes de la négociation. Elle permet d'éviter le risque de surdimensionner ou de sous-estimer les apports de la négociation de branches aux régulations de la formation. Elle contribue à apprécier les résultats qualitatifs à leur juste mesure et à relativiser la force normative de tels accords. De façon distanciée l'étude pose une question essentielle : dans quelle mesure les plans de formation des entreprises prennent-ils en compte ou non les acquis de ces contrats collectifs ? Question ouverte qui nécessiterait une autre étude…

---

[140] Se reporter à l'introduction de la troisième partie de cet ouvrage.

## II - ANALYSES JURIDIQUES DE DISPOSITIFS CONVENTIONNELS

### 1 - L'avenant du 9 juillet 1976 à l'accord national interprofessionnel du 9 juillet 1970 sur la formation et le perfectionnement professionnels (Luttringer, 1976)

Cette analyse est datée, comme l'est également son objet. Elle garde néanmoins son intérêt si on la met en perspective, en la situant dans l'évolution du droit conventionnel en matière de formation.

Le questionnement est juridico pratique : quelles sont les innovations contenues dans cet avenant ? Quelles sont les difficultés probables d'application dans le contexte du moment ? Quels sont les points où l'intervention de la loi est attendue ? L'auteur structure sa démarche principalement autour de deux axes : le droit au congé de formation et son financement ; d'autre part le rôle du comité d'entreprise en matière de formation. Aujourd'hui le congé individuel de formation a une identité juridique relativement lisible. Les mesures techniques que dégage l'auteur de l'avenant sont en partie, dépassées suite aux évolutions postérieures du droit. Néanmoins leur relecture nous fait percevoir l'état du droit à un moment donné face aux enjeux éducatifs. Leur compréhension permet de mesurer l'évolution du droit en la matière de 1976 à nos jours, la manière dont le CIF a conquis progressivement son autonomie par rapport au plan de formation. Sur ce dernier point l'étude prend un intérêt décuplé si on la situe dans une approche diachronique du congé individuel de formation telle que celle de P. Guilloux (1996).

Le rôle du comité d'entreprise en matière de formation est aujourd'hui bien établi ; loin d'être remis en cause, il a été étendu par l'accord du 20 septembre 2003. Si on prend ce repère de lecture, l'étude de LUTTRINGER garde tout son intérêt : elle montre les apports originaux du droit conventionnel, à un moment donné, apports qui loin d'être caducs, sont intégrés dans le droit actuellement applicable en la matière. L'accord de 1970 était très discret. Il rappelait le principe de la compétence du comité en matière de formation Cependant la loi du 16 juillet 1971, les décrets d'application qui l'ont suivi ont fait une plus large place au comité. Le relais a été pris par l'avenant du 1976 qui apporte plusieurs innovations. Elles portent sur les modalités de la consultation obligatoire du comité (l'accord utilise le terme ambigu de délibération, comme la loi de 1971 : c'est une délibération qui s'inscrit dans le domaine consultatif. Le langage ne modifie pas la portée de l'intervention du comité en matière de formation, qui reste une consultation, l'employeur n'étant pas contraint par son contenu). Le contenu de la délibération (l'avenant fournit une énumération de 5 points), le calendrier, l'information du comité sur le développement du congé individuel.

On ne mesure la portée de ces apports sur l'environnement du comité d'entreprise et de sa fonction que si on les relit en miroir avec l'état actuel du droit.

**2 - L'accord national interprofessionnel du 3 juillet 1991 relatif à la formation et au perfectionnement professionnels. Droit social, n°11, novembre 1991.**

La signature de cet accord intervient au vingtième anniversaire de la loi de 1971. Comme dans l'étude précédente, l'intention de l'auteur (LUTTRINGER, 1996) est de dégager les innovations de ce nouveau dispositif dans la construction du droit conventionnel, source d'alimentation du droit étatique depuis 1970.

Pour délimiter son objet, l'auteur construit et utilise deux repères Le premier est un inventaire des fondements du système que l'accord ne fait que valider : le principe d'un système ouvert où chaque partenaire détient sa part de pouvoir et de responsabilité : les employeurs, les salariés, les pouvoirs publics, les partenaires sociaux, les forces du marché - et la recherche de voies de co-financement pour les actions d'intérêt commun - le consensus sur la double finalité de la formation continue : développement individuel des salariés et compétitivité des entreprises. Le second réside dans la prise en compte de la position paradoxale des partenaires sociaux qui s'enferment plus ou moins volontairement dans un système de tutelle par rapport aux pouvoirs publics. Les signataires, expriment dans l'accord une philosophie, des orientations, des principes et modalités d'organisation, enfin des règles de financement. Mais en réalité la plupart des dispositions, n'ont de force juridique que si la loi la leur confère en les adoptant et en les intégrant dans l'ordre normatif légal. Aussi, les partenaires sociaux, par voie de lettre annexée font appel au législateur dans trois domaines : celui du financement de la formation, des contrats d'insertion en alternance (contrat de qualification et d'adaptation nouvellement créés), et celui des premières formations professionnelles. Tout se passe comme si les partenaires sociaux s'engouffraient dans des questions très stratégiques, en faisant semblant d'être compétents, alors qu'elles relèvent de l'instance étatique. C'est sans doute une manière de faire pression sur le législateur et d'orienter son intervention. Il reste que l'enjeu est l'élargissement de la marge d'autonomie des acteurs sociaux ; de cette marge dépend le pouvoir d'innovation des partenaires sociaux. Le premier domaine où ils pourraient renforcer leur pouvoir est bien celui du financement de la formation en transformant la contribution des entreprises en cotisations sociales.

Ces préliminaires posés, en quoi l'accès des salariés à la formation continue se trouve t-il facilité ? En quoi le remodelage de l'environnement institutionnel et financier vient-il rééquilibrer les rapports de pouvoirs entre les acteurs du système ?

### *2.1 - L'accès des salariés à la formation*

Deux nouvelles voies sont ouvertes : le congé de bilan de compétences et le co-investissement pour les formations qualifiantes.

Le premier dispositif, bien connu aujourd'hui, est lu comme la première étape sur le chemin de la co-responsabilité et du co-investissement en matière de formation. En effet il contribue à donner au salarié les moyens d'élaborer son propre projet professionnel qui selon les cas s'inscrira dans le projet de l'entreprise ou s'en écartera.

Le second, le plus controversé de l'accord, est un outil de contractualisation de la formation qualifiante, pour réduire le déficit de qualification dont souffrent les entreprises.

Inévitablement vient se poser la question de la complexification des voies d'accès à la formation pour les salariés. Mais fort curieusement la question était déjà posée en 1973, et elle est récurrente à la veille de chaque réforme… Faut-il s'y résoudre ? Oui, estime l'auteur. *"Il est illusoire, au nom de la simplification tant réclamée dans le domaine du droit de la formation, d'envisager une ou deux voies d'accès à la formation continue. Il y aura nécessairement autant de voies d'accès juridiquement différenciées que de publics concernés... et d'objectifs à atteindre"*. On peut rebondir alors en soulevant le problème de la cohérence globale. Celle-ci relève nécessairement du domaine de la loi. En effet, si les négociateurs sont en mesure d'intervenir avec pertinence dans la sphère de production (négociation, plan de formation, congé individuel de formation), leur mandat s'arrête à la périphérie…

### *2.2 - Le remodelage du cadre institutionnel et financier*

L'analyse livre deux types de résultats.

#### a. L'entreprise, lieu de formation

Le nouvel accord contient plusieurs dispositions ayant pour objet d'encadrer l'activité de formation en entreprise : le rôle de l'encadrement, la fonction du tuteur, personnage central des contrats d'insertion en alternance, mis en place en 1983-1984 (il faudrait voir ici le contenu de l'accord de 1983 sur le tuteur).. Ces dispositions montrent la détermination des partenaires sociaux à faire jouer à l'entreprise un rôle formateur. Les enjeux sont politiques, pédagogiques, mais aussi idéologiques. Un pas de plus estime l'auteur, est franchi sur le chemin de la réconciliation entre le système éducatif et le système productif. Le modèle "séparatiste" de relation entre les deux sphères qui prévaut en France, constituerait, l'une de raisons structurelles de la plus faible compétitivité de entreprises. Telle est la lecture et l'interprétation qui nous est offerte.

**b. Le financement**

Les acteurs sociaux manifestent la volonté d'appropriation du système de financement. Il s'agit d'un mécanisme de nature fiscale introduit non pas par l'accord de 1970 mais par la loi de juillet 1971. Les partenaires sociaux se comportent comme si c'était désormais "leur affaire". Un choix politique important, mais sans valeur juridique tant que la loi ne lui en aura pas conféré. L'indicateur principal de cette détermination des partenaires sociaux est la brisure ou l'éclatement d'un tabou. Celui de la participation financière des salariés au financement der leur propre formation. C'est une question ancienne. La loi de 1971 allait dans ce sens en reprenant une disposition de la loi du 31 décembre 1968 (art. 17). La question a été vivement controversée à l'époque et suivie de peu d'applications. En 1978, le législateur interdisait cette participation. Le principe d'une formation des salariés à la charge totale de l'employeur, et corrélativement sur le temps de travail, était un dogme intangible. Le co-investissement brise ce dogme. Il est une forme de participation financière du salarié à travers le partage du temps entre l'employeur et le salarié : la formule était déjà expérimentée par plusieurs accords d'entreprises. Avant lui, des mécanismes quelque peu indolores s'étaient mis en place : les contrats de qualification rémunérés en dessous du SMIC, du congé individuel de formation rémunéré à 80 % à 90 % du salarie pour les rémunérations supérieures à deux fois le SMIC... Ce débat sur la participation directe des salariés à leur formation s'inscrit dans le contexte des nouvelles organisations de travail post-tayloriennes, qui rend une place centrale à la compétence individuelle. Si on accepte ce postulat, l'un des stimulants pour le développement de la formation pourrait être l'exploitation de la demande individuelle de formation qualifiante et d e sa solvabilité. Pourquoi ne pas aller dans cette voie d'autant que, estime l'auteur, l'état de l'opinion y est favorable.

Cette deuxième étude est du plus haut intérêt si on l'a relit au regard de l'actualité juridique en matière de formation. Il y a deux raisons.

- Le dispositif qu'elle questionne a contribué à façonner le système actuel de formation, sur plusieurs points : co-investissement, congé de bilan de compétences. Les traces sont facilement lisibles. Il y a donc une continuité juridique en mouvement.
- Il y a aussi une continuité historique étonnante entre la problématique de 1991 et celle de 2003 lisible dans l'accord du 20 septembre 2003. En 1991, la nécessité d'investir en formation pour les décennies à venir repose sur trois raisons : la chute démographique, l'insuffisance des performances des systèmes de formation principalement en matière de qualification, les inégalités d'accès à la formation. Cet argumentaire issus du secrétariat d'Etat au plan, et auquel LUTTRINGER fait référence, se retrouve tel quel dans le préambule

der l'accord interprofessionnel 2003. Il y a donc un phénomène de récurrence dans les motivations. La continuité entre les deux dispositifs se vérifie encore à la lumière de 4 autres indicateurs. De même que l'accord de 1991 a bénéficié de la consécration législative, de même celui de 2003 a été absorbé dans la loi du 5 Mai 2004. Le premier accord complexifie les voies d'accès à la formation, et pose les piliers de la coresponsabilité du salarié, sur la base du co-investissement et du bilan de compétences. Le second avance dans la même voie en créant de nouveaux dispositifs (le DIF, la période de professionnalisation) visant à rendre le salarié acteur de son projet, responsable de sa formation, et de son parcours de professionnalisation. Le premier accord brise le double tabou du "hors temps de travail" et de la participation financière du salarié. Le second élargit cette brèche, tend à faire du "hors temps de travail" un principe général en matière de formation, et prévoit de nouvelles formes de participation financière du salarié à travers le "compte épargne temps". Le premier accord posait la question de l'autonomie des partenaires sociaux et de la maîtrise du financement de la formation des salariés. La négociation de 2003, pour la première fois s'empare de cette question en envisageant la transformation de l'obligation de financement de nature fiscale, en une obligation de nature sociale. Les partenaires sociaux sont entrés dans cette problématique, sans la maîtriser vraiment pour l'instant, puisque la solution du problème a été renvoyée formellement à une négociation ultérieure.

## III - FORMATION PROFESSIONNELLE TOUT AU LONG DE LA VIE ET NEGOCIATION (J-M. LUTTRINGER, 2004)

L'objet de cette dernière étude est la place et le rôle de la négociation dans la réforme.

Quelle a été l'évolution da la négociation sur la formation de 1970 jusqu'à la réforme ? Quels sont les nouveaux enjeux ?

Les matériaux exploités sont importants : travaux déjà réalisés sur la négociation de branche par des juristes (P. GUILLOUX) sur le contenu d'accords interprofessionnels antérieurs à celui de 2003, les bilans de la négociation collective publiés régulièrement par le Ministère du travail, et particulièrement l'étude du CIRCE *"dix ans de négociation sur la formation professionnelle"* 1990-2000 ; les travaux sur temps de travail et temps de formation (année 2000) (Ministère de l'emploi, Editions législatives, juillet 2001), textes de l'union européenne, rapport du commissariat au Plan 2005, rapport d'expert dans le cadre de la réforme (Lindeperg), analyse d'accords de classification des conventions collectives (282) (Circé), in La négociation collective en 2001, tome 1, ministère des affaire sociales, Editions législatives.

### 1 - Le développement de la négociation

Une première série de résultats concerne la montée en puissance de la négociation sur la formation de 1970-2003 : suprématie de la négociation interprofessionnelle, puis développement de la négociation de branche (à partir de 1984) et en contraste "atonie de la négociation d'entreprise". Ces résultats ont été utilisés, du reste, dans la présentation faite plus haut.

### 2 - La question du cadre de la négociation

- A juste titre, l'auteur rappelle que la négociation reste une "compétence normative partagée et non exclusive". L'accord interprofessionnel a besoin de la loi ou de l'accord de branche pour que l'intention politique des négociateurs pénètre dans la sphère du droit positif. Cette position est diamétralement opposée à celle des "ultras" de la refondation sociale qui voudrait une autonomie totale, la loi devenant une simple mesure technique. Ne surévaluons pas les vertus de l'ANI du 20 septembre 2003, nous explique l'auteur. Il est une force politique évidente ; sa valeur juridique est relative. Il ne lie que les signataires ; il ne comporte aucune sanction. La force de l'ANI lui vient de la loi et du règlement. Du reste pour de nombreux les négociateurs ont demandé le relais de la loi. De nombreuses dispositions échappent à l'autonomie collective : contrat de travail, exonérations de charges, définition du temps de travail, financement de la formation : La contribution des entreprises est de nature parafiscale. Donc la source est législative. Encore que le débat pour transformer ce mécanisme reste ouvert.
- La réforme inscrit la formation et le droit de la formation dans un nouveau cadre : il y a suppression de la référence à l'éducation permanente. L'auteur donne son interprétation personnelle sur ce point.

Pour lui, la formation professionnelle tout au long de la vie dont les principes et les modalités relèvent du droit des salariés à la négociation ne saurait être confondu avec l'éducation permanente, qui par ses finalités, ses publics échappent au champ de compétence des partenaires sociaux. Le recentrage sur la formation professionnelle tout au long de la vie est conforme au Code du travail, estime l'auteur. Celui-ci, par construction, ne saurait traiter de la formation que dans ses rapports avec le travail, l'emploi, la qualification. Ce recentrage serait clarificateur. D'une part il conduit les partenaires sociaux à préciser le champ de compétences de l'entreprise, des partenaires sociaux, et ses limites. D'autre part, il interpelle les pouvoirs publics sur des questions stratégiques : formation de base des adultes en difficultés, développement culturel… inscrit dans le code de l'éducation.

- La réforme confirme la priorité de la négociation de branche.

La négociation sur les priorités devient triennale ; la nouvelle génération d'accords aura une valeur plus normatives contrairement aux précédents, la branche garde l'exclusivité de la mutualisation des fonds ; aucune dérogation possible sur ce point. Sur d'autres matières, la convention d'entreprise peut comporter des dispositions dérogatoires à un accord plus large, sauf, si cet accord en dispose autrement.

## 3 - La question des enjeux de la négociation

L'auteur en repère quatre : la branche, l'entreprise, la prise en compte de la formation dans l'évolution professionnelle, le territoire.

### *3.1 - Les enjeux sont liés aux effets de la rupture démographique pour la branche*

Comment, face à cette rupture, utiliser les fonds mutualisés disponibles, et dans quelle proportion ? Il y a des calculs de répartition à faire, qui vont comporter des impacts sur le traitement de la professionnalisation des jeunes ou des adultes. Quels critères fixer pour l'usage du DIF dans l'entreprise, et quelles options prendre pour la part de formation hors temps de travail ? Convient-il de développer ou non la VAE dans la branche en lien avec les CQP ?

Pour quels publics ? Quelle stratégie pour la réduction des inégalités d'accès à la formation ?

### *3.2 - La négociation n'est pas enfermée dans le cadre de la branche*

Tout en privilégiant celle-ci, l'ANI du 20 Septembre 2003 fait de nombreux renvois à la négociation d'entreprise. Il y aurait au moins 7 renvois :

- le DIF possibilité de prévoir une durée supérieure à 20 h, et des modalités particulières de mise en œuvre (art.6)
- possibilité de déterminer les actions prioritaires dans le DIF (art.6) incitation à négocier sur la création d'un CET (compte épargne temps, surabondé par l'employeur (art. 9)
- modalités de l'entretien (art. 2) (double niveau : accord de branche, ou d'entreprise, et de façon supplétive, décision de l'employeur)
- incitation à la négociation sur l'égalité hommes et femmes dans l'accès à la formation (art. 14)
- incitation à faire un programme pluriannuel de formation - valorisation de la fonction tutorale : incitation à mettre en œuvre des mesures particulières (art.23).

Là encore les enjeux sont en fonction des effets de la rupture démographique et des pénuries de qualification qu'elle pourra générer pour chaque entreprise particulière. Pour beaucoup d'entreprises pratiquant le "jeunisme" la formation de seniors sera un enjeu et une nouveauté.

Au total : on peut prévoir un nouvel essor, de la négociation ; elle pourrait se nouer autour de la double exigence de fidélisation des plus qualifiés, et de "sécurisation des parcours" de tous, de l'équilibre entre temps de travail et temps de formation (co-investissement) et des modalités de reconnaissance des acquis de la formation et de l'expérience tout au long de la vie.

### *3.3 - La prise en compte de la formation dans l'évolution professionnelle*

Les outils juridiques conventionnels existent en ce domaine. Qui suit l'application des conventions, des accords relatifs à la formation, et la reconnaissance de la qualification ? Quelles modalités d'application ? Quelles sanctions ? Quels moyens de pression sur l'employeur ? L'existence d'un cadre juridique dédié à la reconnaissance des acquis ne suffit pas à l'effectivité de la prise en compte des nouvelles compétences. Les accords de classification et de formation ont ici toutes leurs limites. Dans ce contexte de fragilité, comment développer l'appétence pour la formation ? Celle-ci sera d'autant plus forte, plus vive, que la preuve sera faite au salarié que tout n'est pas joué par référence au diplôme initial qui détermine le seuil d'accueil dans les grilles de classification.

### *3.4 - Le territoire nouvel espace pour le dialogue social sur la formation tout au long de la vie*

Le niveau régional est devenu un niveau de référence en matière de formation. Le fait est irréversible.

Les partenaires sociaux, à la différence des pouvoirs publics ne disposent pas de cadre d'action adapté. Leur intervention, historiquement, s'est construite au niveau de l'entreprise et de la branche. Le niveau territorial et interprofessionnel est peu développé. Pourtant les lieux et occasion de concertation existent, (le comité régional de coordination de l'emploi et de la formation). Mais ce n'est pas l'espace habituel d'intervention directe des acteurs sociaux. Des initiatives émergent cependant dans le sens d'une décentralisation de la négociation : action de quelques COPIRE (commission paritaire interprofessionnelle régionale pour l'emploi) et de FONGECIF, de délégations régionales AGEFOS PME (association de gestion des fonds pour les petites et moyennes entreprises), OPCAREG (organisme paritaire collecteur agréé régional). L'accord interprofessionnel s'inscrit dans cette ligne sans innover. Il adresse de solennelles invitations pour le développement de contrats d'objectifs interrégionaux, pour la négociation au niveau local concernant les entreprises de moins de 50 salariés.

Les points de rencontre existent. La "formation qualifiante différée" prévue dans l'ANI du 20 Septembre 2004 en est un nouveau. Ce dispositif est une opportunité immédiate pour le couple partenaires sociaux et Etat, Régions. Il serait nécessaire d'élaborer des contrats d'objectifs pour l'encadrer, et mobiliser des outils comme les observatoires prospectifs des métiers et des qualifications.

Le DIF peut être un autre point de rencontre et constituer la base d'une dynamique de partenariat. Une offre de formation de proximité financée par les Conseils régionaux pourrait se développer, pour certains publics. Rien n'empêche le cofinancement. Cela pourrait cela peut passer par un OPCAREG. Un partenariat de projet est possible, Région et partenaires sociaux, chacun ayant ses compétences, ses ressources, sa capacité d'étude, ses cadres d'action. Cette rencontre doit avoir lieu même s'il faut du temps. Quelles sont les conditions ? Que les élus s'approprient l'accord et la loi sur la décentralisation ; que les partenaires sociaux dont les cultures d'organisation connaissent peu le territorial, s'adaptent pour agir au niveau régional et infra régional.

## BIBLIOGRAPHIE


CEPEDE (J-P.), 1993, Négociation de branche sur les priorités, les objectifs et les moyens de la formation professionnelles des salariés : l'évolution de la réglementation, *AFP*, n° 122, Janvier/Février, p. 42-46.

COURTY (C.), 1979, Formation continue - carrière professionnelle dans les conventions collectives et les accords d'entreprise, *AFP*, n° 42, Septembre/Octobre, p. 51-63.

CPNFP CD-ROM, 1997, Accords de branche sur la formation professionnelle 1992-1993, 1995-1996, études, 30 p., 90 p.

GUILLOUX (P.), 1992, Dans le champ des rapports de travail : reconnaissance des acquis de formation validés par les branches ou les entreprises, *AFP*, n° 121, Novembre/Décembre, p. 39-47.

GUILLOUX (P.), 1986, Premier bilan de la négociation de branche sur les objectifs et les moyens de la formation professionnelle des salariés, *Droit social*, Février, p. 151-157.

GUILLOUX (P.), 2000, La négociation collective de branche sur la formation professionnelle, rapport de synthèse, in. Ministère de la solidarité, de l'emploi. *La négociation collective en 1999*, tome III. Les dossiers. Les éditions législatives. Paris.

GUILLOUX (P.) et JUNTER-LOUSEAU (A.), 1980, Contribution de la négociation de branche à l'amélioration des relations entre la formation et l'emploi, *AFP*, n° 47Juillet-Août 1980, p. 40-51.

LUTTRINGER (J-M.), 1984, La réforme de la formation continue : mai 1981-mai 1984, *Droit social*, n° 6, Juin, p. 355-365.

LUTTRINGER (J-M.), 1976, L'avenant du 9 juillet 1976 à l'accord interprofessionnel du 9 juillet 1970, *Droit social*, n° 12, Décembre, p. 507-515.

LUTTRINGER (J-M.), 1994, "Réflexions sur les rapports entre formation

LUTTRINGER (J-M.), 1994, "Réflexions sur les rapports entre formation continue et négociation collective" in *Etudes en hommage à Madame le professeur Hélène SINAY*, Editions Peter Lang, p. 43-57.

LUTTRINGER (J-M.), 2004, Formation professionnelle tout au long de la vie et négociation. *Droit social,* n° 5, Mai, p. 472-481.

MINISTERE DE L'EMPLOI ET DE LA SOLIDARITE, 2000, Bilans rapports. La négociation collective en 1999, tome 3. Les dossiers. Dossier : *10 ans de négociation sur la formation professionnelle continue* (Circé consultants), Editions Législatives, p. 177-287.

MORIN (M-L.), 1983, Reconnaissance de la qualification acquise au cours d'un stage 16-18 ans dans les conventions collectives, *AFP*, n° 65.

NALLET (J.), 1985, Réforme de la formation professionnelle continue 1981-1985, *AFP*, n° 74, Janvier/Février, p. 19-55.

ROTSCHILD SOURIAC, 1982, Le droit à la négociation et sa sanction, *Droit social*, n° 11, Novembre, p. 729.

SANTELMAN, 1995, La reconnaissance de la qualification professionnelle, *Droit social*, p. 101.

# CHAPITRE II
# LES INSTITUTIONS FINANCIERES : LE POUVOIR DE GESTION DES PARTENAIRES SOCIAUX

Deux types d'institutions composent le système actuel de collecte des contributions financières des entreprises pour le développement de la formation : les FONGECIF et LES OPCA. Le modèle d'organisation et de fonctionnement est issu de la réforme de 1993 mentionnée plus haut. Au-delà de leurs ressemblances mais aussi de leurs différences FONGECIF ET OPCA entrent en relation avec une multiplicité acteurs : l'Etat, la Région, les dispensateurs de formation, les entreprises, les représentants du personnel, les salariés. Leurs missions sont lourdes d'enjeux : enjeux politiques pour les partenaires sociaux qui, au-delà de leurs divergences, des tensions, liées à la défense d'intérêts contradictoires orientent le développement de la formation ; enjeux financiers pour les dispensateurs de formation[141] ; enjeux stratégiques pour les entreprises et les salariés.

La collecte des OPCA pour l'année 2003 s'élève à plus de 4,14 milliards d'euros[142]. La répartition des masses financières décidée par les partenaires sociaux au sein de ces structures conditionne l'accès à la formation de plusieurs milliers de salariés, et particulièrement celui des salariés "précarisés". Le financement du CIF, du DIF, d'une partie du plan de formation[143], va dépendre du pouvoir d'intervention de ces structures.

## SAVOIR JURIDIQUE DE BASE

Le pouvoir de gestion des partenaires sociaux s'exercent dans deux types de structures, chargées de collectes financières différentes pour la formation : les OPCA (I), les FONGECIF (II). Ces instances de décision politique et de gestion financière sont encadrées par des structures de coordination et de régulation globale (III).

---

141 Pour une analyse critique des relations OPCA - dispensateurs de formation, voir FFP (fédération de la formation professionnelle), Etudes sur les relations entre OPCA et organismes de formation dans le système français de formation professionnelle, réalisée par B. Brunhes consultants. Janvier 2001.

142 Source : *Entreprise et Carrières*, n° 743-744 du 21 décembre 2004, p. 4.

143 Nous disons "une partie", car, comme on le verra, l'employeur a la possibilité de gérer une partie des sommes "au titre du plan" et donc de financer directement des actions de formation. C'est la convention d'adhésion à un OPCA qui le prévoit normalement.

## I - LES OPCA : ORGANISATION ET FONCTIONNEMENT

### 1 - Principes généraux

Les règles relatives à l'organisation et au fonctionnement des OPCA de salariés sont contenues dans les articles L.961-8 suiv. et R.964-1 suiv. du code du travail[144].

Six principes généraux structurent leur physionomie juridique. Ils font tous partie de l'héritage de l'ancien système.

- Ces organismes sont créés par voie de négociation paritaire d'un accord collectif entre les partenaires sociaux. Cet accord délimite leur champ de compétence. Mais contrairement à la situation antérieure, leur champ d'application est limité à une branche, ou à un territoire régional interprofessionnel.
- Ils sont gérés paritairement. Leur conseil d'administration qui assure le pilotage politique, le contrôle de la gestion au sein de l'institution doit être composé d'un nombre égal de représentants des employeurs et des organisations syndicales de salariés. Néanmoins ce conseil peut déléguer toutes les fonctions techniques de l'OPCA à des organismes externes non nécessairement paritaires.

Le paritarisme dans la création et dans la gestion est essentiel : il conditionne la délivrance d'un agrément de la part de l'Etat. Ce concept de paritarisme qui a pris naissance dans le champ des juridictions du travail (Conseil de Prud'hommes), au milieu du XIX$^{ème}$ siècle, inclut trois composantes : une technique de représentation - un dualisme d'intérêts (employeurs et salariés), et une égalité de représentation au sein d'une même institution. Le terme égalité prête à discussion dès l'instant qu'on le confronte aux réalités sociales de pouvoir et aux inégalités de fait entourant la position de chacun des acteurs concernés[145].

- Les OPCA ont pour mission de contribuer au développement de la formation en collectant les contributions financières des entreprises et en utilisant ces ressources à cette fin, sous forme de rémunération des stagiaires, paiement des frais de formation, des frais d'études, d'information, de sensibilisation des employeurs et des salariés. L'ANI du 20 septembre 2003 conforte ces missions avec une insistance particulière sur un travail de proximité : il est demandé "aux OPCA de développer l'intensité et la qualité de l'information des instances représentatives du personnel lorsqu'elles existent, et des responsables

---

144 L'appellation OPCA a été créée par les signataires de l'avenant du 5 juillet 1994. En revanche la loi quinquennale (20 décembre 1993) et ses textes d'application utilisent la notion d'organisme collecteur paritaire agréé, appellation générique de l'ensemble des nouveaux organismes agréés.

145 Sur l'origine du paritarisme, son développement hors et dans le champ de la formation, voir A. TARBY, paritarisme et institutions de formation professionnelle continue, *Droit social,* n° 11, novembre 1995, pp. 914-920.

des PME et des entreprises artisanales sur les dispositifs de formation dont peuvent bénéficier leurs salariés"[146].

- Ils gèrent la collecte au titre du "plan de formation", et des "formations en alternance". A cette fin ils ont pour vocation de "mutualiser" les cotisations que leur versent les entreprises adhérentes, c'est-à-dire d'affecter tout ou partie de leurs ressources indépendamment de la cotisation versée. Mutualiser les ressources, c'est les faire rentrer dans une masse commune pour faire jouer la solidarité entre membres.
- Ils jouissent de la personnalité morale (art. L.961-8). Celle-ci est l'aptitude reconnue à un groupement d'avoir une existence juridique propre et d'être sujet de droits : droit de posséder un patrimoine, de passer des contrats, d'agir en justice.
- Ils sont placés sur la tutelle des pouvoirs publics : leur création est subordonnée à un agrément de l'Etat ; leur fonctionnement et leur gestion financière sont soumises à l'autorité des services du contrôle de la formation[147]. L'agrément est un acte unilatéral par lequel les pouvoirs publics, l'Etat, en l'occurrence, dans l'exercice de sa compétence discrétionnaire, autorise la constitution d'un organisme, et permet à celui-ci, sous surveillance, d'exercer certaines activités[148].

## 2 - La création

Les modalités de création d'un OPCA sont régies par l'article R.964-1 et suivants du code du travail. Elle se déroule en deux étapes : l'acte constitutif, et l'agrément de l'Etat.

### *2.1 - L'acte constitutif*

L'acte de constitution est le document par lequel les partenaires matérialisent leur accord en vue de la mise en place de l'organisme.

L'acte constitutif comporte 4 clauses obligatoires :

---

[146] Art. 13, voir plus bas.

[147] Les travailleurs indépendants, les membres des professions libérales peuvent créer dans leur secteur des organismes collecteurs ; ils ne sont pas paritaires, et ne sont pas agréés mais habilités. Ces structures n'ont pas été concernées par la réforme de 1993. Pour plus d'information sur ces organismes, voir CENTRE INFFO, *Les fiches pratiques de la formation continue*, 2005, fiches 16-24 à 16-30.

[148] G. CORNU, *Vocabulaire juridique*, Quadrige/PUF, Edit. 2001. En matière de formation, il faut distinguer l'agrément d'organismes, accordé par l'Etat seul, de l'agrément de stages au titre de la rémunération des stagiaires, accordé par l'Etat et par les Régions. Sur cette typologie, voir J .M. LUTTRINGER, Le droit de la formation continue, Dalloz, 1986 p.41.

- le champ d'intervention géographique et professionnel ou interprofessionnel
- la composition du conseil d'administration paritaire et l'étendue de ses pouvoirs
- les règles de détermination des actions donnant lieu à l'intervention de l'organisme et les règles concernant la répartition d es ressources entre ces interventions
- le mode de désignation des organes chargés de la préparation et de l'exécution des décisions du fonds.

En effet la gestion technique de l'OPCA peut être assurée par lui-même, puisqu'il a la personnalité morale ; elle peut aussi être confiée à un organisme de gestion tiers, dans le cadre de convention. Cependant, en aucun cas, les tâches de gestion ne peuvent être confiées à un établissement de formation ou à un organisme de crédit[149].

### *2.2 - L'agrément*

Afin de pouvoir collecter les contributions des entreprises, l'organisme mentionné dans un accord paritaire doit obtenir un agrément de l'Etat[150]. Il est accordé par le ministre chargé de la formation professionnelle, après avis du "Conseil national de la formation professionnelle tout au long de la vie" nouvellement créé.

#### a. Portée

L'agrément au titre des contributions "plan de formation" et "formations en alternance" a une portée nationale, interrégionale ou régionale. Dans les deux derniers cas, il ne peut être accordé qu'à un seul organisme par région dont la compétence est obligatoirement interprofessionnelle[151]. En règle générale, l'organisme qui obtient l'agrément pour collecter la contribution "plan de formation" des entreprises de 10 salariés et plus, obtient en même temps les agréments "plan de formation pour entreprises de moins de 10 salariés" et "alternance".

---

149 On ne peut cumuler une fonction salariée dans un organisme collecteur e tune fonction salariée dans un organisme de formation ou un organisme de crédit. En revanche il est possible de cumuler les fonctions d'administrateur dans un OPCA et dans un établissement de formation ou dans un établissement de crédit ; il suffit d'en informer les instances paritaires de l 'OPCA Art. R.964-1-4 du code du travail

150 Art., R.964-1 du code du travail.

151 Précision technique : afin de pouvoir encaisser à titre libératoire les contribution "plan de formation" des entreprises de dix salariés et plus, les organismes collecteurs doivent être agréés par l'Etat en tant que fonds d'assurance formation (FAF). Pour cet agrément, l'organisme doit justifier d'une condition supplémentaire afférente à un minimum de collecte (voir infra). Les FAF (l'appellation remonte à 1970) aujourd'hui sont donc des OPCA agréés au titre du plan.

**b. Critères de l'agrément**

On a vu que l'accord négocié est l'acte de naissance de tout collecteur ; l'existence de cet accord, tout comme le paritarisme de gestion politique conditionne l'obtention de l'agrément. C'est le passage obligé auquel viennent s'ajouter d'autres critères. L'Etat accorde l'agrément en fonction des moyens financiers dont disposent les organismes collecteurs, de leur organisation territoriale et professionnelle ou interprofessionnelle, ainsi que de leurs aptitudes à assurer leurs missions compte tenu de leurs moyens. La capacité financière s'apprécie au regard de leurs possibilités de prise en charge des dépenses de formation et de leurs charges de structures et de gestion[152]. La capacité à offrir des services de proximité constitue également un critère d'appréciation pour l'octroi de l'agrément.

**c. Procédure de l'agrément**

La demande d'agrément est faite sur la base d'un dossier déposé auprès de la délégation à la Formation professionnelle. Actuellement il comprend les informations suivantes : la désignation de l'organisme collecteur, les agréments demandés, le taux de participation prévu pour chaque type de contribution ,le champ d'intervention, les modalités de reprise des biens en cas d'expiration de l'agrément. Il est accompagné de l'acte de constitution de l'organisme et de son règlement intérieur.

**d. Retrait de l'agrément**

L'agrément a une porte vitale pour l'OPCA, il conditionne son existence légale, son financement, et donc son activité. Son retrait condamne l'organisme à disparaître. L'agrément peut être retiré par le ministre chargé de la formation professionnelle, lorsque le cadre législatif et réglementaire n'est pas respecté.

L'arrêté de retrait précise la date à laquelle il prend effet ainsi que les modalités de dévolution des biens de l'organisme. Il est notifié à l'intéressé et fait l'objet d'une publication au Journal Officiel[153].

---

152 Précision technique : l'agrément des organisme collecteurs à compétence nationale n'est accordé que si le montant estimé des collectes annuelles effectuées au titre du plan et des formations en alternance est supérieur à 15 millions d'euros.

153 Art. R.964-1-5 du code du travail.

### e. Le paysage institutionnel de la collecte "plan" et "professionnalisation"

Aujourd'hui, suite aux agréments délivrés par les Pouvoirs publics, le paysage institutionnel est formé de 41 organismes nationaux de branche (ou organismes professionnels). 24 organismes interprofessionnels régionaux et 2 organismes nationaux interprofessionnels[154].

Selon le désir même des partenaires sociaux le modèle de branche est prédominant, mais non exclusif, puisqu'il existe une formule alternative représentée par des organismes interprofessionnels régionaux (un par Région). Les organismes nationaux interprofessionnels sont : AGEFOS PME (association de gestion de la formation pour les PME) ; préexistant avant la réforme cette structure a été confirmée dans ses fonctions. ; OPCIB (Organisme paritaire collecteur agréé interbranches)[155].

Désormais, la collecte des contributions est organisée dans un réseau resserré, selon un principe de base de collecte nationale professionnelle (un seul organisme par branche), ou interprofessionnelle (AGEFOS PME), et une alternative de collecte au niveau régional et interprofessionnel (OPCA régionaux).

## 3 - Fonctionnement

### *3.1 - L'origine des ressources*

On ne peut envisager cette question que si au préalable on examine les rapports des entreprises avec l'OPCA. L'entreprise peut être tenue d'adhérer à un OPCA en vertu d'un accord collectif. Elle peut aussi adhérer volontairement à l'OPCA de sa branche professionnelle ou à l'OPCA interprofessionnel national ou régional (art. L.961-9, L.961-12). Cette adhésion permet à l'entreprise de verser tout ou partie de sa contribution au financement de la formation à l'OPCA dont elle relève obligatoirement ou volontairement. En contrepartie, les employeurs vont pouvoir s'adresser à cette instance pour obtenir la prise en charge de la formation de leurs salariés ; ils vont bénéficier aussi de services proposés par la structure[156].

Les ressources des OPCA sont constituées principalement des fonds collectés auprès des entreprises. Sur la base de leur agrément, ils collectent les contributions des entreprises de 10 salariés et plus au titre du plan de formation (1 % ou 0,90 % de la masse salariale brute si l'entreprise est assujettie à la taxe d'apprentissage[157]), les contributions au titre des contrats et périodes de

---

154 On trouve la liste des organismes collecteurs dans CENTRE INFFO, *Les fiches pratiques de la formation continue*, Edit. 2005, Annexe 1.

155 Industrie des jeux, jouets, articles de fêtes... articles de puériculture...

156 Voir plus bas, chapitre III.

157 Taxe d'apprentissage est due par toutes les entreprises, quelle que soit leur taille, exerçant une activité commerciale industrielle, artisanale. En sont exonérées les entreprises qui emploient

"professionnalisation" (0,50 %)[158], et enfin les contributions des entreprises de moins de 10 salariés (0,40 % au titre du plan et 0,15 % au titre de la professionnalisation[159].

Complémentairement, les OPCA peuvent tirer une partie de leurs ressources de produits financiers réalisés dans le cadre de placement à court terme, c'est-à-dire pour une durée inférieure à un an[160], ou de dépôts à vue. Ces produits ont la même destination que les sommes dont ils sont issus. Enfin les organismes collecteurs peuvent recevoir des subventions publiques de l'Etat et des Régions.

### *3.2 - Règles de gestion*

Ces règles sont présentées dans les articles R. 964-1-4 et suivants du code du travail.

#### a. La mutualisation

Les fonds recueillis auprès des entreprises de 10 salariés et plus sont mutualisés, non pas dès leur réception, mais avant la clôture comptable qui suit les versements, et au plus tard avant le 31 décembre de chaque année. Ceci signifie, entre autres, que l'argent n'appartient plus à l'entreprise. Il est le bien commun de l'OPCA qui va prendre en charge les formations des entreprises adhérentes. Dans ce processus, il y a dissociation entre versement de l'entreprise, et prestation proposée par l'OPCA. Le droit de créance du cotisant n'est plus lié à la quantité des sommes versées. Cela pose une question éminemment politique : à qui va profiter la mutualisation ? On peut penser que les entreprises les plus actives, pourront bénéficier de remboursements supérieurs aux fonds qu'elles ont versés, au détriment éventuel des petites entreprises[161]. Quoi qu'il en soit, grâce à la mutualisation, les collecteurs jouent un rôle de redistribution de l'effort financier destiné à la formation, de définition et de mise en œuvre d'une politique dynamique de formation adaptée aux besoins des adhérents.

---

un ou plusieurs apprentis, et sous certaines conditions. Voir CENTRE INFFO, *Les fiches pratiques de la formation continue*, fiche 1-3., Edit. 2005.

158 A compter du 1er janvier 2004, art. L .951-1 du code du travail.

159 A compter du 1er janvier 2005, art.L.952-1 du code du travail. Elles doivent être mutualisées dès leur réception. Toutefois une convention de branche peut prévoir une mutualisation générale.

160 Tribunal administratif de Paris, décision du 26-05-98.

161 Pour une analyse de la "mutualisation", voir P. DEJEAN, Les problèmes juridiques posés par la mutualisation des fonds de la formation professionnelle, *Droit social*, n° 1, janvier 1996, pp. 43-48. Cette analyse est présentée plus bas.

Le financement des actions intervient en fonction de l'opportunité de la demande de l'employeur et des priorités de l'OPCA Selon les règlements de chaque organisme, l'employeur qui organise des formations pour ses salariés peut voir ses financements augmentés ou réduits par rapport au versement effectué.

**b. La gestion paritaire et le financement du paritarisme**

Le principe a été posé plus haut. L'organe de gestion est le conseil d'administration où sont représentées, en nombre égal les organisations syndicales de salariés, et les organisations professionnelles d'employeurs qui ont constitué l'OPCA.

Le temps passé par les représentants des salariés aux réunions du conseil d'administration et des commissions qui en sont issues, est rémunéré comme temps de travail. De plus, les frais de déplacement et de séjour sont pris en charge par l'organisme[162].

**c. La délégation de pouvoir**

Le conseil d'administration, pour mieux se consacrer à sa mission "politique" peut déléguer une partie de ces pouvoirs à des tierces personnes. Cette délégation concerne la mise en œuvre des décisions de gestion. Elle est organisée par voie de convention conclue avec une personne morale relevant des organisations patronales signataires de l'accord de contribution de la structure[163]. Ces personnes morales, précise le décret du 15 octobre 2004, produisent chaque année, avant le 30 avril, au conseil d'administration de l'organisme paritaire, un rapport d'activités[164].

**d. La possibilité de création de sections distinctes**

Si l'acte de création le prévoit, les fonds peuvent être gérés au sein de sections professionnelles distinctes. Les contributions des employeurs de moins de 10 salariés sont gérées séparément au sein d'une section particulière.

**e. Utilisation des ressources**

Les règles d'utilisation des ressources ont été redéfinies par le décret du 15/10/2004. Il faut distinguer les règles générales concernant le plan de formation et les règles particulières concernant la professionnalisation et le DIF.

---

162 Art. 82-6 modifié de l'accord national interprofessionnel du 3-7-91, repris dans l'accord national interprofessionnel du 5 décembre 2003.

163 Pour des aspects critiques de cette question, voir A. TARBY, Paritarisme et institutions de formation professionnelle continue, *Droit social*, n° 11, novembre 1995, pp. 914-920.

164 Art. R.964-1-4 modifié du Code du travail.

- Les conditions d'utilisation des ressources collectées sont limitées par la réglementation.

Elles ont trois emplois principaux : Les frais de formation, les frais de gestion, les frais de missions particulières.

- Les frais de formation concernent d'abord le financement des actions de formation, le paiement des salaires ; le financement d'études et de recherches intéressant la formation dans la limite d'un plafond fixé par l'arrêté ministériel du 22 février 2005[165]. L'article R. 964-1-7 modifié précise que le paiement des frais de formation s'effectue après exécution des prestation et sur production de pièces justificatives, dont les attestations de présence, ce qui n'exclut pas la possibilité d'un paiement échelonné. Par ailleurs, les OPCA établissent et rendent publiques la liste des priorités, des critères et des conditions de prise en charge des demandes présentées par les employeurs. Les décisions de rejet total ou partiel sont motivées.
- Ensuite les frais de gestions sont constitués par les dépenses de structure, de collecte, les dépenses de conseil et de services de proximité, les dépenses liées à l'information, la sensibilisation et le conseil des chefs d'entreprise et de leur personnels sur les besoins et moyens de la formation.
- Enfin l'OPCA peut utiliser une partie de ses ressources pour rémunérer des missions et services accomplis par les administrateurs dans des domaines liés à la bonne exécution de sa mission[166]. Les sommes utilisées à cet effet sont plafonnées et font l'objet d'un contrôle dans les conditions générales définies par le Code du travail[167]. C'est une forme de rémunération du paritarisme. Il résulte du reste, d'une contribution spécifique des OPCA à un fonds national spécial (FONGEFOR), chargé de répartir ensuite le montant des différents versements entre les organisations professionnelles et syndicales[168].

- Le décret du 15 Octobre 2004 redéfinit les conditions d'utilisation des ressources au titre de la professionnalisation et du DIF.

Les ressources au titre de la professionnalisation couvrent le financement des contrats et périodes de professionnalisation, le financement des actions de formation des tuteurs, dans la limite d'un plafond horaire et d'une durée

---

165 2 % du montant des collectes (arrêté du 21 février 2005 (JO du 5 mars 2005), art.1 et 2).

166 Art. R.964-1-14 du code du travail.

167 Art. L.991-1 et R.991-1.

168 Art. R.964-1-15 du code du travail. Cette cotisation ne concerne que les OPCA entrant dans le champ d'application de l'accord interprofessionnel du 3 juillet 1991 modifié. Pour plus de détails techniques, voir CENTRE INFFO, *Les fiches pratiques de la formation continue*, Fiche 23-10, édition 2005.

maximale[169], le coût de la fonction de tuteur dans la limite d'un plafond horaire et d'une durée maximale[170], le fonctionnement des observatoires prospectifs des métiers et des qualifications dans la limite du plafond fixé par l'arrêté du 21-02-2005[171], les dépenses d'information et frais de gestion.

Les ressources au titre du DIF couvrent tout ou partie des frais pédagogiques,et le cas échéant les frais de transport et d'hébergement[172].

Par ailleurs, la loi du 4 Mai 2004 réorganise la gestion de certains excédents financiers. A cette fin elle crée un fonds national spécifique habilité à gérer les excédents dont peuvent disposer les organismes collecteurs gérant les contributions des employeurs au financement du congé individuel de formation (FONGECIF) au financement des contrats ou des périodes de professionnalisation et du DIF. Il revient aux partenaires sociaux d'organiser ce fonds qui sera ensuite agréé par les Pouvoirs publics pour accomplir sa mission d'affectation des excédents[173]. Les disponibilités financières au titre du DIF et de l'alternance, précise le décret du 15/10/04, doivent être versées à ce fond avant le 30 avril de l'année suivant la clôture de l'exercice[174].

## 4 - Le contrôle

- Au terme de la loi du 4 mai 2004, les organismes collecteurs transmettent régulièrement à l'Etat un certain nombre de données : données physiques et comptables relatives aux actions qu'ils financent ; données agrégées et sexuées sur les caractéristiques des bénéficiaires[175].
- Chaque année, et avant le 31 mai suivant l'année civile considérée, l'organisme collecteur transmet au ministre chargé de la formation professionnelle ou au préfet de région si l'agrément est régional, un état statistique et financier relatif à son activité. Viennent s'y ajouter,

---

169 Ces dépenses comprennent : frais pédagogiques, rémunérations et charges sociales, frais de transport et d'hébergement. 15 eur/ Heure de formation avec un maximum de 40 heures. Code du travail, D.981-9 et 10. Se reporter au chapitre XI.

170 230 EUR par mois, par salarié bénéficiaire pour une durée de 60 heures. Code du travail, Idem.

171 Au terme de cet arrêté, les dépenses susceptibles d'êtres prises en charge concernent notamment les études, recherches, publications ou diffusion des travaux réalisés dan le cadre des orientations arrêtées par le comité de pilotage de l'observatoire. Ces dépenses ne peuvent excéder 2 % du montant de la collecte encaissée. Arrêté du 21 février 2005 (JO du 5 mars 2005) art. 1 et 2.

172 Art. R.964-16-1 modifié.

173 Art. L.961-13 du Code du travail.

174 Art. R.964-16-3 modifié. De plus, les organismes collecteurs gérant les contributions au titre de la professionnalisation et du DIF, doivent reverser, avant le 31 décembre de l'année de perception des fonds collectés, au fonds national prévu par l'art. L.961-13 du code du travail, un pourcentage fixé par arrêté ministériel et compris entre 5 % et 10 % du montant des contributions reçues.

175 Art. L.941 du Code du travail.

depuis la réforme, des informations individuelles relatives aux bénéficiaires des contrats de professionnalisation qu'ils financent en vue de la réalisation d'études statistiques[176].

- Les OPCA doivent suivre en comptabilité distincte, la gestion des collectes au titre du "plan" et des "formations en alternance". Par ailleurs ils sont soumis au contrôle administratif et financier des inspecteurs et contrôleurs de la formation continue. Ce contrôle peut s'exercer sur pièces ou sur place. Il peut aboutir, en cas d'irrégularités de gestion à des décisions motivées de reversements financiers au Trésor Public accompagnés de pénalités fiscales[177]. Toute utilisation frauduleuse des sommes collectées, expose le responsable d'un organisme collecteur à une peine d'un emprisonnement de 5 ans et d'une amende de 37 500 euros ou de l'une de ces deux peines[178].

Au terme de cette section, on constate donc que le pouvoir de création et de gestion des partenaires sociaux dans le champ de la formation n'est pas sans limites ; il est tout à la fois stimulé et encadré par l'intervention de l'Etat garant de l'intérêt général et de la cohésion du système global de formation.

## II – LES FONDS DE GESTION DU CONGE INDIVIDUEL DE FORMATION

La collecte des contributions des entreprises au titre du congé individuel de formation est confiée, dès son institution, en 1984, à des organismes paritaires agréés au titre du CIF dénommés OPACIF (organisme paritaire pour le congé individuel de formation). En principe pour pouvoir collecter, mutualiser et gérer ces contributions, les organismes doivent avoir une compétence interprofessionnelle, et une organisation territoriale régionale. Il s'agit des FONGECIF (fonds de gestion du congé individuel de formation). Rappelons qu'un seul organisme collecteur par région peut recevoir l'agrément de l'Etat. Cependant les textes ont prévu deux dérogations à ce principe : l'agrément peut être délivré à un organisme à compétence professionnelle et nationale, lorsque celui-ci ne relève pas du champ d'application de l'accord national interprofessionnel du 3 juillet 1991 ; on parle alors d'AGECIF (association de gestion du congé individuel de formation). Ce type d'institutions, très peu nombreuses, est dit "hors champ de l'accord". Une deuxième dérogation est prévue pour les organismes relevant d'un secteur faisant l'objet de dispositions législatives particulières (entreprises de travail temporaires, entreprises employant des intermittents du spectacle…). Mais, la

---

176 Décrets du 15 octobre et du 23 décembre 2004 modifiant l'article R.964-1-9 du Code du travail. Ces documents sont également transmis au fonds prévu par l'article L.961-18.

177 Art. L.991-8 du code du travail.

178 Art. L.993-3 du code du travail.

structure à compétence régionale et interprofessionnelle reste le modèle dominant (FONGECIF).

## 1 - Règles communes

Les FONGECIF partagent les règles communes aux OPCA et qui viennent d'être exposées. Elles concernent donc leur création, leur agrément par l'Etat leur gestion, leur fonctionnement, et leur contrôle.

## 2 - Règles spécifiques

### *2.1 - Les missions*

Les FONGECIF ont une mission spécifique : collecter, mutualiser, gérer les fonds de toutes les entreprises destinés au financement du congé individuel de formation (CIF). Pour collecter ces sommes, les FONGECIF reçoivent non seulement l'agrément de l'Etat mais aussi l'agrément préalable du Conseil national de la formation professionnelle tout au long de la vie, nouvellement créé.

Les FONGECIF ont une mission d'accompagnement de chaque salarié demandeur de formation. Aux termes de l'ANI du 20 septembre 2003, *"chaque salarié qui souhaite élaborer un projet professionnel individuel peut bénéficier de l'aide du FONGECIF compétent"*. Il est en droit d'attendre un accompagnement dans le choix de son orientation professionnelle, une information sur les dispositifs de formation, de VAE et de bilan de compétences, un appui à l'élaboration de son projet[179].

Outre ces responsabilités, les FONGECIF ont une mission particulière dans le cadre du bilan de compétences. La réglementation leur confère la responsabilité de sélectionner sur le marché de l'offre les prestataires habilités à accueillir des salariés en bilan, dans le cadre du congé ou du plan de formation. Cette sélection se matérialise par l'inscription de l'organisme retenu sur une liste officielle. L'employeur ou le salarié devront se référer à cette liste pour choisir un prestataire de bilans de compétences, d'établir les listes des organismes prestataires de bilan[180].

## 3 - Fonctionnement

### *3.1 - Origine et utilisation des ressources*

Les ressources sont alimentées par la contribution des entreprises de 10 salariés et plus destinée au financement du congé individuel de formation (0,20 %), la contribution des entreprises qui emploient des salariés en contrat à

---

179 Art. 7.

180 Circ. DFP 93/13 du 19-03-93. Pour les centres de bilan, se reporter au chapitre VII.

durée déterminée (CDD). Ces entreprises, quelle que soit leur taille, doivent verser 1 % des salaires des titulaires de CDD[181]. Cette contribution s'ajoute à la précédente[182].

Les versements effectués par les entreprises sont utilisées exclusivement pour financer : les dépenses d'information, les frais de gestion, les frais de formation liés au CIF, au congé de bilan de compétences et au congé VAE, les salaires des bénéficiaires et les cotisations de sécurité sociale. Les règles de prise en charge financière des formations sont d'origine légale et réglementaire[183] ; elles sont identiques pour le CIF des salariés sous contrat à durée indéterminée, pour le CIF des salariés en fin de contrat à durée déterminée, pour le congé de bilan de compétences[184].

---

181 Sont exclus de l'assiette de cette contribution les contrats de type particulier, tels que : contrats de professionnalisation, les contrats emploi solidarité.

182 Voir plus loin, chapitre IV.

183 Art. L.931-8-1, 931-17, 931-19,931-25 et R.931-21, 931-23 suiv. du code du travail.

184 Se reporter au chapitre VII et IX.

**Illustration**

| | Dans le cade du CIF | Dans le cadre du CIF des salarié en fin de CDD | Dans le cade du congé de bilan de compétences |
|---|---|---|---|
| Prise en charge des dépenses | - frais afférents à la formation<br>- rémunération du salarié<br>- cotisations de sécurité sociale | IDEM | IDEM |
| Refus de prise en charge | - si la demande du salarié est "hors normes"<br>- Impossibilité de satisfaire simultanément toutes les demandes | IDEM | IDEM |
| Détermination des priorités | - selon la nature **des** formations,la catégorie professionnelle des demandeurs, la taille de l'entreprise<br>- Répartition prévisionnelle et annuelle des crédits entre actions prioritaires (40 % au minimum) et non prioritaires<br>- satisfaction des demandes dans l'ordre de leur réception | IDEM | IDEM |

La collecte pour le CIF repose actuellement sur 26 FONGECIF, et 5 AGECIF[185]. Le modèle "régional" dans les faits est donc bien prédominant.

Au terme de cette section, il se dégage que les FONGECIF ont de nombreux points communs avec les OPCA. Ces instances sont des créations issues obligatoirement d'une négociation ; elles sont gérées paritairement ; elles ont un agrément de l'Etat leur permettant de réaliser leurs missions ; elles interviennent dans le champ de la formation ; elles collectent les contributions obligatoires des entreprises et définissent des politiques de financement. Bien des différences les séparent : le champ de compétences en matière de financement, l'assise géographique, leur nombre.

---

185 On trouvera la liste des FONGECIF dans CENTRE INFFO, Les fiches pratiques de la formation continue, Edition 2005, Annexe 2. Liste des AGECIF : salariés de la Banque de France, personnels des entreprises EDF-GDF, crédit et mutualité agricoles, salariés de la RATP, SNCF. Il faut ajouter que huit organismes nationaux de branche en plus de l'agrément "plan" et "alternance" exceptionnellement ont un agrément pour la collecte "CIF". En voici la liste : FAF des salariés du spectacle, FAF du personnel des chambres de métiers, FAF sécurité sociale, FAF des salariés des exploitations agricoles, FAF du travail temporaire, OPCA des coopératives agricoles, Promofaf (secteur sanitaire et social), Uniformation (salariés des associations, coopératives mutuelles et syndicats). C'est la mise en application de la dérogation à la règle du "régional" exposée plus haut. Notons que Promofaf est devenu "Unifaf" par arrêté du 16/12/04 (JO du 24/12/04).

**Illustration**

| | OPCA | FONGECIF |
|---|---|---|
| **STATUT** | - Création par accord négocié<br>- conseil d'administration paritaire<br>- personnalité morale<br>- agréé par l'Etat<br>- date de création : 1971 (FAF) réforme de 1993-4 | IDEM<br><br>- date de création : 1984 réforme de 1993-94 |
| **COMPETENCES** | - Nationale professionnelle ou interprofessionnelle<br>- Régionale : interprofessionnelle | - Régionale, interprofessionnelle (1 par Région).<br>- Quelques exceptions |
| **MISSIONS** | - collecte de la contribution des entreprises (plan et alternance)<br>- mutualisation des sommes<br>- financement des actions de formation des salariés | - collecte de la contribution des entreprises (congé individuel de formation, congé de bilan de compétences, congé VAE)<br>- mutualisation des sommes<br>- financement des divers congés pour les salariés |
| **NOMBRE** | 67 | 31 dont 26 FONGECIF et 5 AGECIF |
| **CONTROLE** | Contrôle administratif et financier des inspecteurs et contrôleurs de la formation. | IDEM |
| **SANCTIONS** | Sanction pénale si utilisation frauduleuse des fonds collectés | IDEM |

## III – LES INSTANCES PARITAIRES DE REGULATION ET DE CONCERTATION

Les partenaires sociaux ont créés eux-mêmes trois types d'instance de régulation de la formation. Les unes sont nationales, les autres régionales.

### 1 - Le conseil paritaire national de la formation (CPNFP)

Cette instance a été créée par l'accord du 3 juillet 1991 modifié par l'avenant du 5 juillet 1994.

#### *1.1 - Composition*

Le conseil est composé de deux représentants par organisation syndicale de salariés signataires de l'accord du 3 juillet 1991 ; d'un nombre égal de représentants des organisations d'employeurs signataires.

### *1.2 - Missions*

Ce conseil doit permettre aux partenaires sociaux de veiller au bon fonctionnement des dispositifs prévus par les accords. Il assure notamment le suivi de dispositions relatives aux formations en alternance, et l'agrément des organismes collecteurs. Il mène des travaux d'études et formule toutes propositions utiles et assure les liaisons avec les pouvoirs publics. Il établit un bilan annuel du fonctionnement des divers dispositifs de formation professionnelle sur la base des comptes rendus d'activité émanant de chacune des autres instances.

## 2 - Les commissions nationales de l'emploi (CPNE)

Ce sont des instances créées par les partenaires sociaux par l'accord national interprofessionnel du 10 février1969 sur la sécurité de l'emploi.

A l'origine, lieu de concertation entre les représentants des employeurs et des salariés sur les questions d'emploi dans leur branche, les CPNE ont vu leurs missions s'élargir aux question de formation, à l'occasion des accords interprofessionnels conclus au cours des décennies 1980 et 1990.

### *2.1 - Composition*

Chaque commission comprend au moins 1 représentant de chacune des confédérations syndicales représentatives au niveau national et un nombre de représentants patronaux égal au total de membres salariés.

### *2.2 - Missions*

- Au niveau de l'emploi : elles ont un rôle d'information et d'étude sur l'évolution de l'emploi dans leur branche ;
- au niveau des premières formations technologiques : elles constituent une sorte de "vigie" sur la mise en œuvre des orientations impulsées par les branches dans ce domaine ;
- au niveau de la formation continue : leur rôle central concerne les formations alternées. En effet, elles définissent les qualifications professionnelles. La création des certificats de qualification professionnelle (CQP) par ces commissions constitue un des principaux moyens de régulation de la politique de formation d'une branche professionnelle. Ces instances sont consultées préalablement à la conclusion des contrats d'objectifs par l'Etat, les Régions et les branches professionnelles. Leurs rapports directs avec les organismes paritaires collecteurs sont relativement limités. Elles font connaître aux FONGECIF les priorités professionnelles et géographiques

qu'elles définissent. L'ANI du 20 septembre 2003 confirme ces missions.

Dans la pratique, toutes les branches n'ont pas créé de CPNE En 1999, seule une vingtaine sont dotées d'une CPNE véritablement active. Le rapport d'expertise de G. Lindeperg souligne leur point de faiblesse : "il semble manquer aux CPNE un support de réflexion qui leur permettrait d'être de réelle instances de concertation professionnelle"[186]. Néanmoins les "Contrats d'études prospectives" (CPE) impulsés par l'Etat ont été de puissants leviers de dynamisation[187].

### 3 - Les commissions paritaires interprofessionnelles régionales

#### *3.1 - Composition*

Leur composition est identique à celle des instances examinées plus haut.

#### *3.2 - Missions*

Ces instances ont un rôle complémentaire vis-à-vis des Commission paritaires nationales pour l'emploi, dans leur champ de compétence qui est l'espace régional. Leur mission propre est de promouvoir la politique de formation dans les régions de leur ressort. Elles entrent en relation avec les OPCA pour proposer la réalisation d'études et d'enquêtes appropriées à leurs missions. Elles jouent également un rôle de "vigie" concernant la mis en œuvre du dispositif de formation en alternance, ou du congé individuel de formation. Elles reçoivent chaque année de la part des OPCA interprofessionnels régionaux, le bilan de leur activité et le rapport du commissaire aux comptes. L'ANI du 20 septembre confirme ces missions.

Dans la pratique, ces instances s'affirment difficilement comme lieu de dialogue régional efficace. Il y aurait à cela 4 raisons :

- la préférence pour le niveau infra régional de la part des grandes branches structurées, comme espace de dialogue
- l'inégal investissement des organisations professionnelles et des syndicats de salariés pour investir ces lieux de dialogue
- l'absence de sujets de négociation régionale au-delà de questions des formations en alternance

---

186 Les acteurs de la formation professionnelle. Pour une nouvelle donne. p. 98.

187 Le contrat d'études prospectives est un contrat passé entre l'Etat et les organisations professionnelles et syndicales d'un secteur d'activité déterminé et portant sur l'analyse des mutations économiques, technologiques et sociales du secteur. Pour plus de détail, se reporter à CENTRE INFFO , Les fiches pratiques de la formation continue, Edit. 2005, Fiche 20-4.

– le manque de moyens de fonctionnement[188].

Il n'en demeure pas moins que le renforcement du rôle des structures interprofessionnelles de concertation, est un enjeu majeur pour la construction de politiques territoriales de formation.

## 4 - Le problème des synergies

Au cours de cette analyse, on a relevé les rapports qui unissent ces diverses institutions paritaires. Certes, des liens existent entre le CPNFP, les CPNE et les COPIRE, comme aussi entre les CPNE et les FONGECIF, les COPIRE et les OPCA. Néanmoins, il est difficile de décrypter un jeu relationnel construit au sein de l'ensemble. En revanche, une des originalités de l'accord du 20 septembre 2003 est de créer des essais de synergie entre ces institutions autour d'objectifs communs. On relève au moins deux cas de figure. Le premier cas concerne l'information nécessaire des chefs d'entreprise et des représentants du personnel en matière de priorités de formation professionnelle compte tenu de l'évolution quantitative et qualitative des qualifications. Les acteurs concernés sont : les CPNE, les Observatoires prospectifs des métiers[189], les COPIRE et le CPNFP. Quel est le schéma d'échanges ? Les CPNE examinent périodiquement l'évolution des emplois de leur champ professionnel, en tenant compte des travaux des observatoires en ce domaine. Les résultats et leur incidence sur la formation sont transmis aux chefs d'entreprises et aux représentants du personnel comme aussi aux COPIRE. Le CPNFP exerce une fonction de "vigie" sur la fluidité de cette information politiquement indispensable[190]. Le deuxième cas de figure concerne particulièrement l'information des responsables des PME, des entreprises artisanales, et des représentants du personnel, lorsqu'ils existent, en matière de dispositifs de formation à la portée des salariés. Les instances concernées sont : Les OPCA, les CPNE, les COPIRE. Les OPCA réalisent des actions d'information et de conseil auprès des entreprises, actions pour lesquelles on prévoit un financement spécifique. Les CPNE et les COPIRE, dans leur champ de compétences respectif veillent au bon déroulement de ces opérations[191].

La traduction de ces schémas dans la réalité sociale ne sera pas facile. Comment faire de la synergie, si les dysfonctionnements de chaque institution viennent s'additionner à ceux des autres pour se répercuter sur l'ensemble du système ? L'harmonie recherchée dépendra du bon fonctionnement interne de chacune des instances mais aussi des convictions des acteurs en matière de synergie.

---

188 Rapport G. LINDEPERG, *Les acteurs de la formation professionnelle*, p. 110.
189 Sur les observatoires, voir 3ème partie, introduction.
190 Accord, art. 4.
191 Accord, art. 13.

**MOTS CLES : OPCA, FONGECIF, institutions paritaires, agrément, compétences, assise géographique, collecte, mutualisation, financement, entreprises, salariés, contrôle.**

## ETUDES RECHERCHES REPERES

Les principaux travaux concernent l'état et le fonctionnement des organismes collecteurs avant et après la réforme de 1993-1994.

### I - LES ORGANISMES COLLECTEURS AVANT LA REFORME DE 1993-1994 (BELORGEY J-M. 1973, SARS DE. R. 1979, DEJEAN P. 1977 ET 1996)

#### 1 - Quel pouvait être l'état des organismes collecteurs de l'argent des entreprises pour la formation en 1973 ?

C'est l'analyse de BELORGEY J-M. Pour lui l'institution la plus originale de la loi du 16 juillet 1971 est le Fonds d'assurance formation (FAF) (La terminologie a changé ; aujourd'hui il est question des OPCA). Historiquement la formule existait déjà dans la loi du 31 décembre 1968, mais la mise en œuvre a été différée.

Ces fonds *"peuvent se définir comme des organismes habilités à collecter des fonds et à les utiliser en vue de couvrir les besoins de formation manifestés par les entreprises adhérentes et/ou par les travailleurs de ces entreprises. Il s'agit donc de promouvoir un organisme financier permettant de gérer la formation comme un risque social parmi d'autres tels que le chômage, la santé ou la vieillesse"*. L'étude est centrée sur trois questions interdépendantes : quelles sont en 1973 les règles de constitution des fonds ? Quelles en sont les caractéristiques ? Quelles sont les précautions à prendre pour un fonctionnement optimal ?

En 1973 on recense 43 FAF : 10 au niveau de .l'entreprise, 10 départementaux, 6 régionaux, 17 nationaux.

Que peut-on dégager aujourd'hui de cette étude ancienne ?

Sans être bouleversées, les règles de constitution ont évolué depuis 1973, pour corriger les dysfonctionnements. Les caractéristiques de base sont restées identiques : origine conventionnelle, moyen d'acquittement de l'obligation de participation financière concernant les entreprises, expression d'une solidarité entre les entreprises, gestion paritaire. A trente ans de distance, les recommandations de l'auteur pour un fonctionnement optimal ne manquent par d'intérêt : que les fonds ne constituent pas un réseau trop complexe (ce qui était devenu le cas à la veille de la réforme de 1993) que les fonds ne deviennent pas des appareils bureaucratiques, mais restent proches des besoins ; que les partenaires (employeurs et syndicats)disposent de moyens égaux en hommes, en compétences, en temps libéré pour participer à la gestion des fonds ; que l'Etat assure un rôle d'orientation générale pour qu'une péréquation financière soit assurée.

Cette analyse permet de saisir la configuration juridique à un moment donné, d'une institution qui joue un rôle central dans l'ensemble du système. Confrontée à d'autres analyses, et à l'état actuel du droit en la matière, elle contribue à la compréhension d'une évolution institutionnelle qui continue à retenir l'attention des juristes.

**2 - La deuxième étude (SARS de R., 1979) vient prolonger la précédente dans son objet et sa démarche**

Il s'agit d'une étude sociopolitique du paysage institutionnel des FAF en 1979, soit six ans après l'agrément des premiers Fonds.

L'auteur, directeur départemental du travail et de l'emploi, chargé de mission au secrétariat général de la formation professionnelle, contextualise son étude en posant quelques préliminaires. L'originalité des FAF, relevée par Belorgey, traduit trois idées principales :

- il est de l'intérêt des travailleurs de se grouper pour accroître leurs moyens de développer leur formation tout au long de leur vie en réunissant des moyens financiers appropriés au volume de formation recherché. Les FAF permettent de prendre en charge les besoins liés à la vie de l'entreprise et ceux que les salariés expriment. Les salariés ont été appelés à participer à leur gestion à égalité avec les employeurs. La gestion paritaire qui donne aux salariés u n pouvoir de décision égale à celui de leurs employeurs est la principale caractéristique de ces fonds dits de "salariés". Un deuxième type de fonds dit de "non salariés" a été proposé par le décret du 10 décembre 1971. Il concerne les entreprises du secteur agricole et artisanal. Ces deux types de fonds ont rapidement connu un essor numérique important puisque 87 fonds de salariés et 63 FAF de non salariés ont été agréés.

Quel a été l'accueil des partenaires sociaux à cette institution ? Quel est l'état de développement des FAF de salariés ?

- L'attitude des partenaires sociaux à l'égard des FAF des salariés a évolué. Dans un premier temps le CNPF a manifesté une réserve. Les versements d'argent à cette institution ne seraient pas une incitation au développement de la formation. Position qui ne l'a pas empêché d'adhérer à la mise en place de l'institution dans des branches professionnelles. De leur côté les organisations syndicales ont été partagées dès l'origine : le CFTC, la CGC, FO ont toujours été favorables. De leur côté la CGT, et la CFDT ont joué la prudence en réservant leur signature à certains secteurs jugés favorables. Là encore, cette attitude a laissé le champ ouvert à la signature de bon nombre de conventions créant les FAF et signés par tous les syndicats. En 1978, l'expérience semble avoir atténué certaines critiques, les avantages l'ayant emportés sur les inconvénients dans la mesure où une véritable gestion paritaire s'est instaurée.

- En 1979 le développement des FAF est conséquent dans la mesure où il couvre un grand nombre d'entreprises et de salariés. Trois cas de figure se présentent. Tout d'abord, dans la logique des conventions collectives, plusieurs professions ont fait obligation à leurs membres de verser leur participation à un FAF créé dans la branche professionnelle (Bâtiment et travaux publics). Ensuite, le FAF, et c'est le cas le plus fréquent, trouve son origine dans une convention cadre qui créée un organisme auquel les employeurs sont incités à adhérer volontairement. Procédure plus libérale, adaptée à la diversité des situations. La formule a été retenue pour tous les FAF interprofessionnels (AFOS-PME, Uniformation). Enfin quelques FAF ont été créés par une seule entreprise : la gestion des sommes est assurée par le comité d'entreprise ou par une commission créée en son sein. Les FAF gèrent une part croissante de la participation des entreprises ; le volume a été multiplié par 5 depuis l'origine.

La question des modes de gestion est très intéressante, en raison de ces enjeux .Tantôt, les adhérents, imitant la technique bancaire, se réservent un droit exclusif de tirage sur leur apport pendant une durée déterminée, tantôt se recommandant de la technique des assurances, ils apportent d'entrée leur versement à un fonds commun. Le réalisme a conduit à un mixage des techniques permettant à la fois une mutualisation et le financement d'actions de quelque envergure.

Les FAF financent des actions de formation en nombre croissant et diversifié. Elles ont bénéficié pour les trois quarts à des ouvriers et employés ; un effort particulier est fait en faveur des salariés non qualifiés et même pour les demandeurs d'emploi.

Enfin, les FAF ont vocation à devenir des laboratoires d'une politique de développement de la formation. Dans le concret plusieurs signes vont déjà dans cette direction là : certaines institutions ont financé des recherches et travaux en liaison avec les professionnels, les entreprises, les salariés et organismes de formation. Ces études ont été prolongées par des actions de sensibilisation et d'information. D'un autre point de vue, ces institutions, en marchant ont élaboré progressivement leurs propre règles de politique de financement. Elles concernent les conditions selon lesquelles les entreprises peuvent obtenir le financement de leurs demandes au regard de leur contribution ; elles visent également le mécanisme de mutualisation des sommes non utilisées au cours de l'année par les adhérents. Enfin d'un point de vue pédagogique, certain FAF, dans une logique du développent du paritarisme, ont élaboré et mie en place des actions de formations pour les administrateurs, des stratégies de coordination, de dialogue et d'échange avec les comités d'entreprise concernés : la communication des plans de formation des entreprises concernées au FAF est, dans ce sens une démarche exemplaire. *"C'est donc par un dialogue entre les bénéficiaires de la formation au niveau de l'entreprise d'une part, et les administrateurs et personnel d'animation et de gestion de FAF d'autre part que doivent être choisies les actions financées, qu'elles résultent d'initiatives de l'entreprise ou du FAF lui-même".*

**3 - Plus technique, la troisième étude a pour objet la nature juridique des FAF dans le contexte de l'année 1977 (DEJEAN P., 1977). Quel est l'état du droit positif à ce moment là ?**

Les modalités d'organisation interne ne font l'objet d'aucune disposition législative. Il y a seulement des garde fous : refus d'organismes de formation, de crédit, nécessité d'une comptabilité distincte. Donc le principe est la liberté conventionnelle. Les acteurs peuvent dans les actes conventionnels ou actes complémentaires prévoir de structures nouvelles ou utiliser des structures existantes, situer ces structures à différents niveaux d'intervention ; prévoir des modes de gestion centralisé ou décentralisé, répartir les rôles entre organes de conception et de gestion, prévoir la composition de différents organes du FAF.

La pratique de l'époque révèle que le cas le plus répandu est le suivant : la convention initiale créée un ou plusieurs organes propres. A la tête, un conseil de gestion chargé de la conception de la politique, et pour la gestion technique, on a recours à la structure traditionnelle de l'association. Parfois il y a absorption du fonds dans une structure préexistante (comité d'entreprise). L'auteur indique, dans le contexte de l'époque les chemins pour des solutions nouvelles qui ont perdu de l'intérêt aujourd'hui, dans la mesure où la loi du 17 juillet 1978 a accordé la personnalité morale aux FAF, directement sans prendre le détour du support associatif.

Les techniques de gestion observables sont de deux sortes : la mutualisation différée, les sommes sont mises en commun si elles ne sont pas utilisées dans un certain délai ; la mutualisation directe : le conseil de gestion prélève d'office un certain pourcentage sur la contribution des entreprises, et le produit est mutualisé.

La mutualisation est créatrice de solidarité. L'auteur examine judicieusement les formes de cette solidarité : c'est une question stratégique qui garde aujourd'hui toute sa vivacité. A qui profite la mutualisation ?

L'entreprise peut obtenir des services supérieurs au montant de sa cotisation, puisqu'on n'est pas dans une logique bancaire ; on peut analyser cette solidarité comme un transfert de sommes d'entreprise à d'autres entreprises.

Cette solidarité devrait tendre vers un processus égalitaire ; créer un flux financier des grosses entreprises vers les petites. Mais dans la pratique la solidarité peut jouer dans ce sens, mais elle peut aussi développer un processus cumulatif favorisant les entreprises les plus dynamiques. Mais certaines techniques permettent cependant de contrebalancer cet effet de déséquilibre : il s'agit des "droits de tirage" exceptionnel en faveur des petites entreprises.

Les fonds communs permettent ensuite de développer des actions dites "collectives", décidées par le conseil de gestion, elles sont communes aux entreprises adhérentes. Ce pouvoir de décision des FAF est capital : il permet aux instances dirigeantes de développer une véritable politique de formation articulée aux besoins de la branches professionnelle ou du territoire, à un moment donné.

Outre son intérêt historique, cette analyse permet de repérer le jeu des "invariants" et des "variables" qui jalonne l'histoire de ces institutions financières de leur origine à nos jours : sans que l'on puisse parler de bouleversement, il y a évolution très importante, mais dans le sens de la clarification et de la simplification, ce qui est rare dans le droit de la formation.

L'auteur (1996) reprend cette problématique de la mutualisation au lendemain de la loi du 31 décembre 1991 et de la réforme 1993-1994. L'année 1991 marque un tournant fondamental. La mutualisation n'est plus différée, la garantie d'un droit de tirage est abandonnée, la mutualisation est immédiate : cela concerne le CIF, la cotisation "plan", la cotisation "alternance".

**Quels sont les effets de la mutualisation ?**

- Elle génère d'abord, entre l'entreprise et le FAF une sorte de contrat d'abonnement à un système de financement de son plan de formation. Ensuite elle fonde le droit pour le FAF de déterminer des priorités en matière de formation. Ce processus peut s'analyser comme un processus de création continue de normes négociées. Enfin elle fonde également une responsabilité du FAF qui répond de l'utilisation et des prestations face aux entreprises adhérentes.
- Elle génère de effets identiques en ce qui concerne la gestion de la formation alternée des jeunes, tout en allant encore plus loin dans la mise en commun. En effet, intervient ici un mécanisme de compensation inter OPCA qui permet de réaliser à la fin de chaque année des transferts entre collecteurs déficitaires et collecteurs excédentaires. Une association regroupant l'Etat et les partenaires sociaux (AGEFAL) gère ce mécanisme.
- Au niveau du congé individuel de formation, la mutualisation aboutit à une dissociation cotisation prestation. Mais le bénéficiaire de cette dissociation n'est pas l'employeur mais le salarié. Ce dernier a la

possibilité d'être pris en charge dans le cadre d'une solidarité qui dépasse l'entreprise, mais aussi la branche, étant donné l'assise territoriale des FONGECIF. L'enjeu pour le salarié est alors un droit à la prise en charge de sa formation conditionné par le droit de l'institution de déterminer les priorités. Il est difficile d'établir une articulation entre ces deux droits.

**Quels sont les fondements de la gestion collective ?**

L'auteur croise, ici trois concepts ou notions : la garantie sociale, la solidarité, l'idée de mutualité. On peut appliquer le concept de "garantie sociale" à la mutualisation et aux OPCA, à condition de préciser que ce dernier, dans ses fonctions, ne joue pas comme un organisme d'assurance extérieur, prestataire de services, avec lequel l'employeur n'aurait aucun lien. L'OPCA est plutôt un lieu de solidarité entre les entreprises cotisantes, qui peuvent recourir à ses prestations en fonction des règles de prise en charge. La notion de solidarité permet de comprendre le système de redistribution entre les entreprises ; elle est juridiquement personnifiée par l'OPCA. Le concept de "mutualité" apporte un nouvel éclairage : les OPCA définissent des priorités politiques de financement. Ces priorités *"ne s'imposeront aux entreprises adhérentes ou ne seront reconnues par les salariés que si les OPCA sont véritablement considérés par les utilisateurs comme des institutions dans lesquelles ils se reconnaissent comme des mutualistes peuvent se reconnaître dans une mutuelle, gérée par eux, ou leurs représentants et qui peut leur apporter les services qu'ils attendent, et qui est également juridiquement responsable des services fournis".*

## II - La reforme des organismes collecteurs (Luttringer 1995)

Le système de collecte et de distribution de l'argent des entreprises pour la formation, dans son état actuel, est issu de la réforme de 1993-1994. Cet objet retient l'attention de J-M. Luttringer. Quelles ont été les étapes de la construction du système paritaire de financement de la formation ? Quelles sont les logiques sous-jacentes au processus de restructuration ? Quelle est la nouvelle configuration des OPCA ?

Les sources juridiques exploitées sont la loi quinquennale du 20 décembre 1993, l'avenant du 5 juillet 1994, le décret du 28 octobre 1994 relatif à l'agrément des organismes collecteurs (JO du 29 octobre 1994).

### 1 - Une premier série de résultats montre que la genèse et la prolifération de ces institutions avant 1994 s'est faite en deux étapes.

Dans le contexte des années 1970, l'idée d'une gestion paritaire des fonds privés assurée par des institutions spécifiques n'est pas une invention des partenaires sociaux, mais une initiative proposée par les pouvoirs publics. L'intention est exprimée dans une disposition de la loi du 31décembre 1968, disposition reprise dans la loi de 1971. Paradoxalement, les partenaires sociaux eux-mêmes sont loin d'être unanimes sur la pertinence des FAF à composition paritaire, pour des arguments divers (voir Sars de R.1979). Ce contexte de semi résistance relance de manière plus forte la question : pourquoi cette pléthore d'organismes paritaires collecteurs dénoncée en 1994 par le rapport Goasguen qui eut son impact dans les milieux politiques ?

Après une période de semailles (première décennie), vient le temps d'une floraison luxuriante.

La deuxième décennie est caractérisée par la problématique du congé individuel de formation et son financement spécifique, mais aussi par celle de la consolidation des formations en alternance (loi de 1984) et par l'extension de l'obligation financière aux entreprises de moins de 10 salariés. Pour résoudre ces questions le législateur loin de confier la gestion financière des nouvelles collectes aux FAF préexistant, a au contraire mis en place de nouvelles structures paritaires. Différenciation des voies d'accès à la formation, affectation de masses financières spécifiques pour chacune d'entre elles, différenciation des organismes collecteurs, extension de l'obligation de financement aux entreprises de moins de 10 salariés sont donc à l'origine d'une telle prolifération d'institutions sur fonds de paritarisme imposé par le législateur aux responsables gérants de ces institutions.

**2 - Une deuxième série de résultats concerne le processus de restructuration.**

La réforme repose sur trois logiques complémentaires de réorganisation : une logique financière, une logique fonctionnelle, et une logique sociale.

Tout d'abord, l'Etat est maître de la logique financière. Cette dernière trouve son fondement dans la nature fiscale des fonds collectés. Le pouvoir de contrôle relève exclusivement de la puissance publique. Ce pouvoir de l'Etat se traduit par l'exigence légale pour les organismes de branche d'un seuil de collecte de 100 millions de francs pour prétendre à l'agrément. Son application entraîne la disparition automatique de nombres d'organismes à petite surface financière. Ensuite, la logique fonctionnelle repose sur le principe de séparation entre la fonction de collecteur et celle de dispensateur de formation ; elle entraîne la disparition des ASFO dans leur forme actuelle, et le refus d'accorder par voie d'agrément la qualité de collecteur aux organismes consulaires, également dispensateurs de formation. Enfin la logique sociale, de loin est la plus importante. Elle consiste essentiellement dans deux exigences, celle de la gestion paritaire, et la nécessité d'un accord collectif négocié entre partenaire sociaux, pour fonder les organismes collecteurs. C'est un garde fou contre le risque de prolifération sauvage. Tous les collecteurs qui ne sont pas nés d'un accord négocié disparaissent, ainsi les ASFO à un deuxième titre. Les négociateurs déterminent eux-mêmes le champ professionnel du collecteur, dans les limites fixées par la loi. Or la loi limite le champ de compétence des OPCA au niveau national régional et interrégional. Elle condamne donc tous les collecteurs infra-régionaux, tels les FAF d'entreprise ou les FAF locaux qui s'étaient créés. Il en résulte un recentrage sur la négociation et le droit des conventions collectives

Le recentrage sur l'accord négocié, acte de naissance de tout collecteur, se prolonge dans un recentrage sur la branche professionnelle. Dans l'esprit des partenaires sociaux l'OPCA de branche d'application nationale est la règle, l'OPCA interprofessionnel d'application régionale est l'exception.

Quelles sont les raisons ? D'une part, la poussée régionaliste de la décentralisation portée par la loi quinquennale comportait pour les partenaires sociaux un risque de dessaisissement au profit des régions. Par réaction, ils se seraient repliés sur le terrain favori, celui de la branche, pour faire face à une sorte d'adversité. D'autre part, la prise de conscience de l'interdépendance forte entre formation et qualification et la nécessité de traiter cette problématique par voie de négociation, dans l'espace habituel, c'est-à-dire au niveau de la branche ont pu jouer dans ce recentrage. Du reste les acteurs sociaux disposent d'un pouvoir normatif pour déterminer les règles d'accès des salariés à la formation, contrairement aux Régions. De ce fait le niveau régional se trouve relégué au second plan comme n'étant pas un espace habituel de négociation collective.

Secondaire la place de l'interprofessionnel territorial n'en est pas moins réelle, au regard de l'accord du 5 juillet 1994. On relève trois indicateurs. Tout d'abord, la collecte des fonds destinés au congé individuel de formation a pour cadre exclusif, l'espace territorial régional. Ensuite, les branches professionnelles ont besoin d'instaurer des échelons régionaux pour rentrer en communication avec les conseils régionaux qui disposent désormais d'un pouvoir de planification de financement des politiques de formation des jeunes. Tout carence à ce niveau serait synonyme de cloisonnement des politiques, et de partenariat impossible. Enfin, à défaut d'OPCA de branche, les entreprises doivent se rapprocher des OPCA interprofessionnels régionaux.

### 3 - La troisième série de résultats concerne les attributions et la nature des OPCA

- La fonction financière est la fonction à titre principal. Les OPCA peuvent assumer des fonctions complémentaires d'information, d'étude et de conseil des chefs d'entreprises et de leurs salariés sur les besoins et les moyens de la formation. Ces missions sont liées à la fonction principale. Leur exercice pose problème. Les OPCA peuvent prélever une portion de la collecte pour financer une fonction de conseil intégrée à leur structure. N'y a-t-il pas, estime l'auteur, atteinte aux principes du droit de la concurrence dans le champ de la formation comme dans celui du conseil ? Cette question ancienne a été reprise plus tard, de façon plus incisive dans une étude commanditée par la Fédération de la formation professionnelle (Etude sur les relations entre OPCA et organismes de formation dans le système français de formation professionnelle réalisée par Bernard Brunhes consultants. Janvier 2001, 79 p.).

Quelle est alors la nature des OPCA ? La loi donne aux FAF existant une personnalité juridique sui generis différente de celle de l'association 1901. Peut-on les considérer comme des institutions de "garantie sociale" au sens de l'art. L.131-1 du Code du travail, dans le champ de la formation ? Les arguments ne manquent pas d'autant que le système institutionnel paritaire mis en place est très élaboré. En effet, il est doté des fonctions et des organismes indispensables à un tout bon fonctionnement. Il lui manque pourtant la maîtrise du financement, ce qui est essentiel. Celui-ci est de nature fiscale. Or seul l'Etat dispose des ressources fiscales. Ce qui limite l'espace d'autonomie de ces structures.

Cette contribution permet de comprendre deux processus : celui de la prolifération historique des organismes collecteurs, devenue objet de vives critiques dans les années 1990 ; par réaction, celui de la restructuration du système de collecte tel qu'il existe aujourd'hui. Elle ouvre des pistes de réflexions pour qui veut aller plus loin. Nous en relevons trois : la limite du pouvoir des partenaires sociaux sur les politiques financières de formation corollaire de l'intervention de l'Etat. Cette problématique de l'autonomie se repose encore aujourd'hui à travers la transformation éventuelle de l'obligation fiscale en une obligation sociale. Question reportée à une future négociation. La seconde est l'approche de la formation comme "garantie sociale". Ce concept est original, et extrêmement fécond politiquement en ce qu'il enracine la formation dans un droit collectif de la négociation, et de ce fait révèle les dimensions collectives d'un droit individuel. Il s'agit de garantir le patrimoine immatériel le plus précieux de toute personne, sa qualification. La référence à ce concept constitue un garde-fou contre les risques de dérive vers une individualisation outrancière visant à faire de la formation une question purement personnelle ou individuelle. Lue comme une "garantie sociale" la formation constitue un enjeu de responsabilités partagées. Aujourd'hui, il est vrai, il n'est plus nécessaire de prendre le détour de la "garantie sociale" pour enraciner la formation dans un droit collectif de négociation. En effet la loi du 4 avril 2004 cite expressément la formation comme objet sur lequel s'exerce ce droit collectif, au même titre que les conditions d'emploi et de travail (art. L.131-1 modifié). La troisième piste est la mise au second plan du territoire, et de l'espace régional comme lieu de négociation. On peut se demander si le même phénomène analysé par l'auteur, n'a pas joué dans la négociation de l'ANI de 2003, les mêmes causes produisant les mêmes effets.

BELORGEY (J-M.), 1973, Les fonds d'assurance formation. *Droit social*, n° 9-10, Septembre/Octobre, p. 73-78.

DEJEAN (P.), 1980, Le problème de la personnalité morale des FAF. *AFP*, n° 44, Janvier/Février, p. 34-39.

DEJEAN (P.), 1977, Les problèmes juridiques posés par les Fonds d'assurance formation. *Droit social*, n° 2, Février, p. 33-47.

DEJEAN (P.), 1996, Les problèmes juridiques posés par la mutualisation des fonds de la formation professionnelle. *Droit social*, n° 1, janvier, p. 43-48.

FFP, 2001, Etude sur les relations entre OPCA et organismes de formation dans le système français de formation professionnelle, réalisée par B. Brunhes consultants. Janvier, 79 p.

GUILLOUX (P.), 1982, Les commissions paritaires de l'emploi, *AFP*, n°58 et 59, ???? p.

LUTTRINGER (J-M.), 1972, Introduction à l'étude des fonds d'assurance formation des travailleurs salariés. *AFP*, n° 5, Novembre/Décembre, p. 97-112.

LUTTRINGER (J-M.), 1995, Formation professionnelle : la réforme des organismes paritaires collecteurs agréés (OPCA), *Droit social*, n° 3, Mars, p. 278-286.

LUTTRINGER (J-M.), 1994, La formation professionnelle : nouveaux chantiers. *Droit social*, n° 2, Février, p. 192-1999.

NALLET (J-F.), 1979, Les fonds d'assurance formation après la loi du 17 juillet 1978. *AFP*, n° 42, Septembre/Octobre, p. 44-50.

SABATIER (A.), 1979, Les commissions paritaires de l'emploi, *Droit social*, n° 2 Février, p. ????

SARS (de) R., 1979, Les Fonds d'Assurance formation. *Droit social*, n° 2, Février, p. 68-74.

TARBY (A.), 1995, Paritarisme et institutions de formation professionnelle continue. *Droit social*, n° 11, Novembre, p. 914-920.

## DEUXIEME PARTIE : PLACE ET ROLE DE L ' ENTREPRISE

*"L'entreprise est placée au cœur du système de formation professionnelle continue.*

*Les principales finalités de la formation continue : insertion professionnelle, adaptation à l'emploi, actualisation des connaissances, promotion professionnelle y trouvent leur application.*

*Le développement de l'entreprise elle-même, l'accroissement de sa compétitivité, sont largement tributaires de la politique de formation menée par le chef d'entreprise"*[192].

La détermination des grands choix de l'entreprise en matière de formation, les modalités d'organisation et de financement qui en découlent, ainsi que la place laissée à l'initiative des salariés sont encadrées par un réseaux de règles de droit. Celles-ci, sans connaître de bouleversement radical, viennent d'être modifiées, dans un souci de développement de la formation, d'une plus grande efficacité, et d'une clarification du partage de responsabilités entre l'employeur et le salarié. Des nouvelles articulations entre temps de formation et temps sociaux des salariés ont été recherchées.

- L'entreprise est une structure plus ou moins complexe ; néanmoins elle comporte toujours cette dualité : employeur salariés et éventuellement leurs représentants légaux (délégués du personnel, délégués syndicaux, comité d'entreprise). On retrouve cette dualité dans la place et le rôle de l'entreprise en matière de politique de formation.
- L'entreprise est "financeur" de la formation des salariés. C'est une obligation légale qui concerne tout employeur (CHAPITRE III).
- L'entreprise est, elle-même, "formatrice". L'employeur, en vertu de ses prérogatives de chef d'entreprise dispose d'un large pouvoir de décision en matière de formation des salariés. Ce pouvoir s'exprime dans la l'élaboration et la mise en œuvre du "plan de formation" concernant ses salariés. Cette liberté de l'employeur n'est cependant pas sans limites. Elle s'arrête là où commence l'obligation d'adapter les compétences des salariés aux évolutions de structures de travail : posée à maintes reprises par la jurisprudence cette obligation aujourd'hui a une traduction légale (CHAPITRE IV).
- Les salariés sont au cœur des politiques de formation. Aussi, par leurs représentants, disposent-ils d'un droit de regard sur le plan de formation qui les concerne, d'un droit d'information sur ce qui est fait et ce qui se fera. Bref, la consultation des représentants du personnel

---

[192] J-M. LUTTRINGER, Le droit de la formation continue, Dalloz, 1986, p. 91.

en matière de formation est une obligation légale qui incombe à l'employeur (CHAPITRE V).

# CHAPITRE III : LE FINANCEMENT DE LA FORMATION PAR LES ENTREPRISES

Aujourd'hui les entreprises consacrent 3,02 % (2002) de leur masse salariale brute en moyenne[193] à la formation des salariés. Depuis la construction du système en 1971 et au fil des décennies, cette contribution financière a augmenté régulièrement avec des effets - paliers. De plus la réduction du temps de travail et son coût pour l'entreprise n'ont pas entamé l'effort de formation. Ce phénomène a de multiples explications. D'un point de vue juridique, l'impact des régulations mises en place dans ce domaine n'est pas étranger à ce développement financier. Il convient de faire un retour, ici, sur le dispositif "astucieux" mis en place dans la loi de 1971 : la création d'une contribution obligatoire des entreprises au financement de la formation. Surtout, le législateur a laissé aux employeurs deux options pour l'acquittement de cette obligation : soit le versement aux organismes agréés dont il a été question dans le chapitre précédent, soit le financement direct d'actions de formation pour leurs salariés. Il est évident que ce dispositif financier dans sa mise en œuvre a joué comme un levier sur le comportement de entreprises. La preuve en est que dès l'origine, et tout au cours des différentes décennies, la contribution de fait a toujours été supérieure à la contribution obligatoire.

Ce mécanisme apparemment bien huilé a deux limites. Il est freiné. La contribution est de nature fiscale. De ce fait la maîtrise du financement, c'est-à-dire la fixation du taux obligatoire, et les utilisations, échappent aux partenaires sociaux, et revient à l'Etat souverain. Pour sortir de cette tutelle, et pour élargir ainsi le pouvoir des acteurs sociaux, il conviendrait de transformer cette contribution fiscale en "contribution sociale". Cette question vive a été débattue lors de la dernière négociation de 2003 ; la solution a été renvoyée à une négociation interprofessionnelle ultérieure[194].

De plus le fonctionnement du mécanisme, est producteur d'un processus d'exclusion. Les composantes structurelles des inégalités d'accès à la formation sont bien connues. Le dispositif de formation et son financement, loin d'offrir une "seconde chance" pour les publics fragiles, profitent d'abord à ceux qui ont déjà un "capital culturel et social". Qu'en sera-t-il demain ?

---

193 Source : Ministère de l'emploi, du travail et de la cohésion sociale, Bilans Rapports. Le contrôle de la formation professionnelle en 2001-2002, p. 34.

194 Sur cette question, voir J-M. LUTTRINGER, Formation professionnelle tout au long de la vie et négociation collective, *Droit social*, n°5, mai 2004, pp. 472-481.

## SAVOIR JURIDIQUE DE BASE

Le financement de la formation par les entreprises fait l'objet de dispositions législatives et réglementaires[195]. La loi du 4 mai 2004 a repris dans l'ensemble les dispositions de l'accord du 20 septembre 2003. La réforme a modifié, sans le bouleverser, le dispositif. Mis à part l'augmentation généralisée des taux de participation au financement de la formation, les principes de base de la participation légale restent intacts (I). Il en est de même des modalités d'acquittement de l'obligation financière, comme aussi des régulations qui concernent les différents emplois ou affectations. Globalement il s'agit toujours d'alimenter le congé individuel de formation, les formations en alternance que remplace désormais le "contrat de professionnalisation", le plan de formation. En revanche, la mise en place de nouveaux dispositifs (DIF, périodes de professionnalisation, formation développement des compétences) la création d'une "allocation formation" pour les salariés suivant une formation hors temps de travail ont entraîné des nouvelles dispositions qui viennent s'intégrer dans la construction préexistante (II).

### I - LES PRINCIPES DE BASE

Les principes de base répondent à une préoccupation tout à la fois d'ordre technique et d'ordre social. En effet, il s'agit de définir des règles du jeu suffisamment précises, pour permettre à chaque entreprise de calculer le montant de sa contribution ; par ailleurs il convient de moduler ces règles selon la situation sociale de l'entreprise. Rigueur et flexibilité se rencontrent ici.

#### 1 - Une obligation générale et modulée

Toute entreprise, quelle que soit sa taille, son activité, sa nature juridique est assujettie à l'obligation de participer au financement de la formation. Il s'agit donc d'une obligation générale[196].

Le montant de la participation au développement de la formation professionnelle varie selon l'effectif de l'entreprise. Pour les entreprises d'au moins 10 salariés, le taux est fixée à 1,60 % de la masse salariale brute à compter du 1er janvier 2004 (contre 1,5 % auparavant). Pour les entreprises de moins de 10 salariés, il est de 0,40 % à compter du 1er janvier 2004 (au lieu de 0,25 %). Ce pourcentage sera porté à 0,55 % à compter du 1er janvier 2005.

---

[195] Code du travail : art. L.950-1 et suiv., art. L.952-1 et suiv., art. L.953-1., art. R.950-1, 2-3, 4, 5.

[196] Sont donc exclus : l'Etat, les collectivités territoriales, les établissements publics à caractère administratif.

Enfin les entreprises de travail temporaire (ETT) participent à hauteur de 2 % de la masse salariale brute, comme auparavant.

**MASSE SALARIALE BRUTE (MSB)**

**Il s'agit de l'ensemble des rémunérations versées aux travailleurs sur une année donnée. Elle comprend les salaires, les cotisations salariales et non patronales, les indemnités et primes. La loi prévoit plusieurs exclusions : les salaires versés aux apprentis, aux titulaires de contrat emploi solidarité (CES) et de contrat emploi consolidé (CEC), les indemnités de licenciement, le remboursement des frais professionnels. On remarquera que les salaires des jeunes liés à l'entreprise par un contrat d'alternance sont inclus alors que ces personnes ne sont pas pris en compte dans le calcul de l'effectif global.**

## 2 - L'affectation de la participation financière

La participation a obligatoirement 3 affectations distinctes : financement du CIF (contribution "CIF"), le financement de la "professionnalisation" (contribution professionnalisation) et le financement du plan de formation (contribution "plan"). Autrement dit la participation financière de l'entreprise se divise en trois contributions distinctes dont la part de chacune est prédéterminée, et varie selon le type d'entreprise :

| **Entreprises** | **Participation légale** | **Contribution CIF** | **Contribution professionnalisation et DIF** | **Contribution plan et divers** |
|---|---|---|---|---|
| 10 salariés et plus | 1,60 % de la MSB | 0,20 % | 0,50 % | 0,90 % solde |
| Moins de 10 salariés | 0,55% de la MSB (le 1-01-2005) | | 0,15 % | 0,40 % en 2005) |
| ETT de 10 salariés et plus | 2 % de la masse salariale brute | 0,30 % | 0,40 % | 1,30 % |
| ETT de moins de 10 salariés | 0,55 % de la MSB (le 1-01-2005) | | 0,15 % | 0,25 % (2004), (0,4 % en 2005). |

**Illustration**

| |
|---|
| **Soit une entreprise qui occupe 50 salariés. La masse salariale brute pour l'année 2005 s'élève à 1 053 360 euros. Le montant de sa participation obligatoire s'élève à 16 853 euros (1 053360 x 1,60 %). Sa contribution CIF sera de 2 106 euros (1 053 360 x 0,20 %) ; sa contribution "professionnalisation" s'élèvera à 5 266 euros (1 053 360 x 0,50 %) ; sa contribution "plan" sera de 9 481 euros (1 053 360 x 0,90 %).** |

## 3 - La détermination de l'effectif

Le droit prévoit, on l'a vu des systèmes de financement distincts selon la taille de l'entreprise (10 et plus, ou moins de 10 salariés). Mais alors comment faire ce calcul ? C'est un réel problème. En effet l'effectif peut varier au cours d'une année, et descendre, par exemple, en dessous de 10 salariés. L'employeur peut embaucher, licencier d'un mois à l'autre, ou au cours d'un même mois. En plus les salariés "à temps partiel" constituent une donnée supplémentaire dont on tiendra compte dans le mode de comptage.

La solution repose sur deux démarches : le calcul du nombre mensuel de salariés, pour chacun des mois de l'année, puis le calcul du nombre mensuel moyen.

– Pour la première démarche : il convient de faire un décompte mois par mois. On prend tel quel le nombre de salariés occupés à temps plein pendant la totalité du mois. Certains salariés sont exclus du calcul de l'effectif : les personnes titulaires d'un contrat de professionnalisation, les apprentis, les titulaires de contrat initiative emploi, ou d'un contrat d'accompagnement à l'emploi . Ensuite on transforme, s'il y a lieu, les temps partiels en temps plein : pour cela on additionne les heures réalisées par les salariés concernés, puis on divise par l'horaire normal et mensuel de l'entreprise. Le résultat est arrondi à l'unité inférieure. Puis on prend en compte les personnes nouvellement embauchées au cours d'un mois. Pour cela, on totalise le nombre d'heures réalisées au cours du mois concerné par ces personnes concernée puis on divise par la durée mensuelle du travail (152 h : 35x52/12). De cette manière là on arrive au nombre mensuel de salariés pour chacun des mois de l'année. En additionnant cette série de nombres et en divisant le total par 12 on parvient au nombre mensuel moyen dont on a besoin pour stabiliser l'effectif de l'entreprise ; là encore on arrondit à l'unité inférieure[197].

---

[197] Source : Circ. du 4-09-72 du Secrétariat général à la formation professionnelle (JO du 20-09-72).

**Illustration**

**Les données :**

- **une entreprise a occupé 9 salariés, à temps complet, durant toute l'année 2005. L'horaire normal de l'entreprise est 132 heures par mois.**
- **à partir d'octobre elle a embauché 3 salariés supplémentaires à mi-temps (61 heures par mois).**
- **le 10 de ce même mois elle a recruté 4 personnes à temps plein, chacune ayant effectué 70 heures au cours de ce même mois.**

**Le problème :**

**Quel va être le taux de participation obligatoire au financement de la formation pour cette entreprise ?**

**Résolution :**

**On calcule le nombre mensuel de salariés, mois après mois :**

**Janvier à septembre inclus : 9 salariés.**

**A partir d'octobre : les trois salariés à mi-temps représentent 1,3 salarié arrondi à 1 (61x3/132). Par ailleurs les 4 personnes à temps plein recrutées le 10 représentent pour ce même mois : 2,1 salarié à temps plein arrondi à 2 (70x4/132).**

**Donc en octobre : 11 salariés.**

**Novembre et décembre : 13 salariés.**

**On calcule le nombre annuel moyen de salariés : 9,8 salariés, arrondi à 9. Donc l'entreprise sera assujettie au taux de 0,55 % de la masse salariale brute.**

L'effectif habituellement employé par les ETT est calculé de cette manière : on prend en compte le nombre de salariés permanents (selon les règles énoncées plus haut).On y ajoute le nombre moyen de salariés qui ont été liés à l'entreprise par un contrat de travail temporaire. Ce nombre moyen est obtenu de cette façon : on divise le total des journées de travail effectuées par ces personnes durant l'année par le nombre de jours ouvrables de la dite année (230 jours).

## 4 - Franchissement du seuil de 10 salariés

Nous avons ici, un exemple éloquent de la flexibilité du droit en la matière. Les entreprises qui atteignent le seuil de 10 salariés ne sont pas immédiatement assujetties au taux de participation égal à 1,60 %. Elles bénéficient d'un régime progressif : leur participation est de 0,15 % de la masse salariale les 3 premières années. Puis elles bénéficient d'un abattement de 75 % la 4$^{ème}$ année, 50 % la 5$^{ème}$ année, 25 % la 6$^{ème}$ année. Ce n'est que la 7$^{ème}$ année que l'assujettissement sera complet (1,60 %).

Le sens de cette disposition est clair. Il s'agit de ne pas déstabiliser brutalement les entreprises d'un point de vue financier, et éviter les effets pervers du seuil qui pourrait freiner les recrutements complémentaires.

**Illustration**

| |
|---|
| **Une entreprise franchit le seuil de 10 salariés en 2005. Elle continuera à cotiser 0,40 % durant les années 2005, 2006, 2007. En 2008 sa contribution sera 25 % du 1,6%, en 2009 50 % du 1,6%, en 2010 75 % du 1,6%. Enfin en 2011 elle s'élèvera à 1,6 %. Pour elle, le régime d'exception aura duré 6 ans.** |

## 5 - Le recours aux contrats à durée déterminée (CDD)

Le recours aux contrats à durée déterminée donne lieu à une contribution supplémentaire (contribution CDD). Toutes les entreprises qui emploient des salariés sous cette forme de contrat, sont assujetties à une contribution spécifique pour le financement des congés individuels et le congé de bilan de compétences) de ces derniers. Le montant de celle-ci est fixé à 1 % de la masse salariale brute versée aux salariés titulaires de ce type de contrat[198]. Cette réglementation concerne aussi bien les entreprises d'au moins 10 salariés, que les entreprises de moins de 10 salariés et que les ETT.

## 6 - Règle des excédents reportables et option crédit impôt formation

Deux opportunités financières sont offertes aux entreprises qui souhaitent rationaliser leurs dépenses de formation.

### *6.1 - Les excédents reportables*

Le taux légal des contributions qui vient d'être présenté est un montant minimum de participation. C'est celui-ci qui, lors du contrôle par l'administration[199] sera comparé au montant des dépenses de formation effectivement consenties par l'entreprise et déclarées comme déductibles. Le résultat de cette comparaison peut faire apparaître un excédent. Pour les entreprises de 10 salariés et plus, cet excédent est reportable sur trois ans. L'entreprise pourra, éventuellement combler une insuffisance de contribution,

[198] Ne sont pas pris en compte les contrats d'apprentissage, d'alternance, CES, CEC. La raison en est que ces contrats à durée déterminée ne peuvent pas être pris en compte pour l'ouverture du droit au congé.

[199] Se reporter au chapitre 13.

au cours d'une année déterminée, par l'excédent constaté au cours des trois années précédentes[200].

### *6.2 - L'option crédit impôt formation*

#### a. Principes

- Le crédit d'impôt est un dispositif fiscal destiné à inciter les entreprises à développer leur investissement formation. En effet il permet aux entreprises de bénéficier d'une réduction d'impôt lorsqu'elles consentent un accroissement de dépenses de formation d'une année sur l'autre.
- Le bénéfice est désormais limité aux petites entreprises (chiffre d'affaires inférieur à 7 630 000 euros) dont le capital est détenu à 75 % au moins, par des personnes physiques.
- Pour bénéficier de ce dispositif, l'entreprise doit exercer une option triennale au début de la période concernée (2002-2004). Cette option est irrévocable. Elle et mise en œuvre par une déclaration spéciale d'option (imprimé fiscal n° 2068) que l'entreprise remplit et retourne au Centre des Impôts compétent territorialement.
- Le crédit est ouvert pour toutes les dépenses de formation imputables sur la participation[201] : dépenses directes, versements aux OPCA[202].

#### b. Calcul

- Le crédit d'impôt est égal à 35 % de l'excédent de dépenses de formation exposées au cours de l'année civile, par rapport aux dépenses exposées au cours de l'année précédente, mais revalorisées. Cette revalorisation est égale au pourcentage d'augmentation de la masse salariale dans l'année par rapport au montant de l'année précédente.
- Le crédit d'impôt est plafonné à 152 449 euros par entreprise et par an.
- Ce plafond est majoré dans la limite globale de 762 245 euros dans 2 cas : lorsqu'il s'agit de dépenses au profit des salariés occupant les emplois les moins qualifiés (ne nécessitant aucun diplôme

---

200 Art. 235 ter du Code général des impôts ; art. L.951-10 du Code du travail. Pour des exemples de calcul, se reporter à CENTRE INFFO, *Les fiches pratiques de la formation continue*, 2005, fiche 22-39.

201 Voir plus bas chapitre IV consacré au plan de formation.

202 On trouvera des exemples de calcul dans Centre Inffo, *Les fiches pratiques de la formation continue*, 2004, fiche 20-30.

professionnel général, technologique), ou de dépenses au profit de salariés âgés de 45 ans et plus.

## II - ACQUITTEMENT DE L'OBLIGATION

L'acquittement de l'obligation légale de participation financière repose sur deux principes : la séparation des trois contributions dont il a été question plus haut ; le respect des modalités de règlement liées à chacune des contributions : tantôt il s'agit de "versements" obligatoires ou facultatifs, tantôt il s'agit d'utilisation directe par l'employeur au profit de ses salariés ; parfois il est même prévu une combinaison entre les deux modalités.

### 1 - La contribution "Congé Individuel de Formation"

#### *1.1 - Les principes*

- Afin de financer les congés individuels de formation des salariés en contrat à durée indéterminée, tout employeur (entreprise de 10 salariés et plus et ETT) doit verser l'intégralité de sa contribution "CIF" au FONGECIF dont il dépend. Il ne peut donc l'utiliser directement.
- Le montant varie selon le type d'entreprise, comme il a été présenté plus haut (entreprise de 10 salariés et plus, ETT).Pour les entreprises de moins de 10 salariés, il n'est pas prévu de contribution spécifique, comme le fait apparaître le tableau ci-dessus.
- *Ce versement est utilisé principalement pour financer le congé individuel de formation, mais aussi le congé de bilan de compétences. La loi du 4 mai 2004 y a ajouté le congé pour validation des acquis de l'expérience*[203].

#### *1.2 - Les modalités d'application*

Le versement doit être effectué avant le 1er mars suivant l'année de la participation. La contribution "CIF" due au titre de l'année 2005 sera versée avant le 1er mars 2006.

Dans la pratique, les organismes agréés procèdent à un appel de cotisation suivant un modèle établi par le COPACIF et délivrent à l'entreprise un reçu libératoire. L'employeur ne peut verser sa contribution au financement du CIF qu'à un seul FONGECIF. Ce principe a un double objectif : éviter la

[203] Art. L.951-3 modifié.

dispersion du 0,20 %, permettre aux salariés de savoir précisément à quel organisme ils doivent adresser leur demande de prise en charge[204].

### *1.3 Les sanctions*

Lorsqu'un employeur n'a pas effectué le versement dans le délai fixé, ou a effectué un versement insuffisant, le montant de sa participation est majoré de l'insuffisance constatée. Il doit alors faire un versement de régularisation au Trésor en même temps que le dépôt de sa déclaration dite "2483" dont il sera question plus loin. Par ailleurs, la jurisprudence a reconnu que les organismes de collecte peuvent exercer une action en recouvrement contre les entreprises récalcitrantes (Cass. Soc. 12 décembre 1990, AFDAS c/Société des Spectacles Lumbroso, Bull. V n° 656, p. 396). Cela signifie qu'une entreprise qui n'aurait pas versé sa contribution s'exposerait à payer deux fois le montant : une fois au Trésor public et une autre fois au FONGECIF concerné si ce dernier intente contre elle une action en paiement[205].

## 2 - La contribution "professionnalisation" et "DIF"

### *2.1 - Les principes*

- Toute entreprise, quelle que soit sa taille, doit contribuer au financement des contrats de professionnalisation et des périodes de professionnalisation. En conséquence, elle est tenue de faire son versement à un OPCA agréé à ce titre. Cette contribution permettra à ces OPCA de prendre en charge les actions de formation liées aux contrats et périodes de professionnalisation, les actions de préparation à la fonction tutorale, l'exercice de la fonction tutorale, les frais de formation du DIF, ainsi que les dépenses de fonctionnement des CFA

[204] Il existe des dérogations à ce principe. Une entreprise qui comporte des établissements multiples peut fractionner sa cotisation ; dans ce cas chaque établissement cotise, pour un montant proportionnel à sa masse salariale, à l'organisme paritaire de la région où l'établissement est implanté. Une convention collective peut aussi prévoir ce fractionnement pour une entreprise à établissements multiples implantés dans plusieurs départements d'une même Région (art. R.950-16 du code du travail). Le fractionnement est également possible, lorsque les entreprises sont tenues d'appliquer pour différentes catégories du personnel, des conventions de branches distinctes.

[205] Voir également : Cour d'Appel Montpellier, 10 juin 1976, CNRO c/Sté Grands travaux du Biterrois : un adhérent à un fonds d'assurance formation (FAF), n'ayant pas payé ses cotisations au titre de la formation continue depuis 3 ans se voit condamner à payer le règlement de ses cotisations majoré d'une pénalité de retard. Source : Centre Inffo, Jurisprudence en matière de formation professionnelle, 1980, n°166. Et plus récemment, Arrêt du Conseil d'Etat du 12 décembre 1990, répertoire Dalloz 1991, Informations rapides 25 ; revue de jurisprudence sociale, 1991, 124, n° 227.

(centre de formation d'apprentis), et celles liées aux observatoires régionaux prospectifs des métiers et qualifications[206].

- En outre, désormais, la totalité de la contribution est versé à un OPCA La loi précise que les organismes anciennement agréés au titre de l'alternance sont considérés, dès sa publication au Journal officiel (donc à compter du 5 mai 2004) comme automatiquement agréés au titre de la professionnalisation et du DIF. Il sera donc impossible pour l'employeur d'engager directement de dépenses de formation en matière de professionnalisation, comme cela était possible pour les contrats d'insertion en alternance[207].

La loi ne précise pas la répartition du versement entre actions de professionnalisation et DIF. Il appartiendra donc aux partenaires sociaux de déterminer cette répartition en fonction de leurs priorités au niveau de la branche.

### *2.2 - Les applications*

Comme le précédent, ce versement libère l'entreprise de sa contribution obligatoire à hauteur des sommes versées. Il doit être effectué avant le 1er mars de l'année qui suit celle au titre de laquelle est due la participation. L'organisme délivre comme justificatif de ce versement un reçu libératoire.

## 3 - La contribution "plan de formation"

Le solde de la participation est désigné "contribution plan de formation" (0,90 %). Les actions contenues dans le plan de formation vont certes constituer le noyau dur de l'utilisation, tout en laissant la voie ouverte à de nombreux autres emplois pour certaines entreprises.

Contrairement aux situations précédentes, l'employeur (entreprises de 10 salariés et plus) dispose d'une marge de manœuvre relativement large. Il a le choix entre trois options : versement à un OPCA, utilisations directe de la contribution pour ses salariés (plan de formation et autres actions), utilisations complémentaires et secondaires.

### *3.1 - Le versement à un OPCA*

#### a. Les principes

Une entreprise peut s'acquitter de tout ou partie de sa contribution "plan" en adhérant à un organisme collecteur agréé au titre du "plan de formation" et en lui adressant des versements.

---

206 Se reporter au chapitre précédent.

207 Articles 15 et 18 de la loi. Art. L.951-1 et L.951-3 modifiés du Code du travail.

**b. Modalités d'application**

- L'employeur verse sa cotisation annuelle à l'OPCA selon le montant et l'échéancier fixé. Cette contribution peut être imposée ou négociée avec l'OPCA. Si la contribution de l'entreprise de 10 salariés et plus peut représenter tout ou seulement une partie de l'obligation légale, l'OPCA ne peut exiger la totalité de cette obligation (0,90 %) (art. R.964-13 du Code du travail). Autrement dit, il n'y a pas place pour une "collecte captive". L'employeur a toujours la possibilité d'utiliser d'autres modalités d'exécution de son obligation légale, par exemple en finançant directement des actions de formation pour ses salariés.
- *Pour être imputable sur la participation, le versement doit être fait avant le 1er mars de l'année suivante. En contrepartie, l'OPCA délivre un reçu libératoire attestant le versement et permettant à l'entreprise de déduire les sommes ainsi versées sur son obligation de participation.*

### *3.2 Utilisation directe par l'entreprise*

L'employeur peut utiliser directement sa contribution "plan de formation" en organisant différents types d'actions de formation pour ses salariés. Elles constituent le "plan de formation"[208]. La transparence des dépenses déclarées par l'entreprise, leur contrôle par l'administration[209], posent une question centrale : celle de la définition même d'une action de formation. Où commence-t-elle ? Où finit-elle ? Sans cet axe de référence la porte est ouverte aux dérives. Sur ce point le droit est confronté à la régulation d'enjeux politiques, financiers, et administratifs.

Les dépenses engagées sont libératoires, pourvu qu'elles respectent un certain nombre de critères, contenus dans la définition juridique de l'"action de formation".

**a. La définition de l'action de formation imputable**

La délimitation des actions de formation résulte d'abord de ce qu'il est convenu d'appeler la "typologie" des actions de formation (art. L.900-2 modifié du code du travail). Cette typologie comprend actuellement pas moins de 9 catégories d'action. Elle a évolué au cours des décennies, à l'occasion de la création de nouveaux dispositifs. Elle sert de référence à l'ensemble du dispositif de formation continu : la formation des jeunes, des demandeurs d'emploi et des salariés en activité. Elle délimite l'espace juridique de la

---

[208] Sur le contenu et la structuration du plan de formation, voir chapitre 3.
[209] Voir plus bas, chapitre 12.

formation, source de droits pour les salariés et d'obligations pour les entreprises. Seules les actions destinées aux salariés sont visées par l'obligation de participation des entreprises. Il s'agit des actions d'adaptation[210] et de développement des compétences, des actions de prévention, des actions d'acquisition, d'entretien ou de perfectionnement des connaissances. On y ajoute les actions de formation relative "à la radioprotection des personnes prévues dans le code de la santé publique (art. 1333-11), les actions de bilan de compétences et de validation des acquis de l'expérience. Cette typologie est quelque peu disparate. La qualification "action de formation" est faite tantôt à partir d'objectifs généraux, tantôt à partir des destinataires (radioprotection). Parfois elle est faite par un procédé d'assimilation de certaines opérations à des actions de formation (bilan de compétence et VAE). De ce fait, la notion d'action de formation recouvre des opérations diverses, toutes reliées à la formation dont le caractère commun est de générer des dépenses déductibles de la participation légale. Il résulte que le sens en est obscurci par un phénomène d'instrumentalisation. L'" action de formation" sert de label juridique pour couvrir les dépenses libératoires pour l'employeur. Comme on l'a fait remarquer, la typologie est devenue une sorte "d'inventaire à la Prévert"[211], que les partenaires sociaux n'ont pas hésité à élargir, de façon assez maladroite, du reste. En effet le texte conventionnel de 2003 associe, sous le titre "Evolution de la notion d'action de formation" des données hétéroclites, ce qui est "action de formation" proprement dit et ce qui relève des "moyens de formation", ou de son environnement. On l'aura compris, la démarche est dominée par le souci d'élargir le plus possible le périmètre des dépenses de formation déductibles de la participation légale[212].

La prise de conscience des distorsions nouées autour de cette notion centrale est partagée par quelques acteurs politiques et administratifs : elle a donné lieu à la publication d'un rapport spécifique sur "la redéfinition de l'action de formation"[213]. Quoi qu'il en soit, cette typologie reste la référence actuelle.

---

210 Adaptation est un terme ambigu. Il s'agit ici de l'adaptation des salariés à un emploi et non pas simplement adaptation à un poste de travail ou la familiarisation avec de nouvelles techniques. Il importe que les connaissances acquises puissent être utilisables par eux, et transférables dans une autre entreprise. Circ. N° 107 du 14-1-83 du Ministère de la formation professionnelle continue, BL n° 83/1. Sur la différenciation entre "poste" et emploi, voir chapitre".

211 Voir P. CAILLAUD, Action de formation et validation des acquis de l'expérience : quels contenus pour quelle reconnaissance juridique ? *Droit social*, n°5, Mai 2004, p. 515-526. Cet article est analysé et présenté plus bas.

212 Sous la rubrique "action de formation" on regroupe à la fois les actions et moyens imputables, c'est-à-dire des dépenses qui se rattachent de près ou de loin à la formation : exercice du tutorat, utilisation des technologies de l'information et de la communication, dépenses de préparation à la VAE, dépenses liée à l'individualisation et à l'évaluation (art. 22 de l'accord interprofessionnel du 20 septembre 2003.

213 Comité de coordination des programmes régionaux d'apprentissage et de formation professionnelle continue. Rapporteur Jean-Claude Tricoche, 2004, 27 p.

La condition de fond de toute action de formation imputable au titre de l'obligation financière des entreprises est son rattachement à cette typologie.

Par ailleurs les conditions de forme des actions imputables sont fixées par l'art. R.950-4 du code du travail. Il pose cinq exigences qui ont été précisées par la circulaire du 14 mars 1986.[214] Les actions de formation doivent comporter :

- des objectifs ; il s'agit des compétences à acquérir au sens large.
- Un programme, c'est-à-dire un descriptif du contenu de la formation. Il doit permettre d'atteindre les objectifs visés.
- Des moyens pédagogiques et d'encadrement. Les premiers ne visent pas les méthodes, mais les moyens matériels utilisés pendant la formation : outils, supports, documentation. L'encadrement vise la présence d'un formateur. L'intervention du formateur peut se situer pendant la formation ou avant pour les démarches formatives individuelles[215]. Cette exigence exclut toute formation qui serait purement autodidactique. L'auto apprentissage d'une langue ne pourrait être reconnu comme "action de formation" faute d'encadrement. Il en serait de même pour les formations "on line", dès lors qu'aucune personne ressource n'accompagne l'apprenant. L'objectif visé par ces dispositions est double : le formateur garantit les aspects pédagogiques et la validité du processus de formation ; d' autre part il permet un contrôle sur la réalisation effective de l'action.
- Un dispositif permettant de suivre l'exécution du programme.

On peut interpréter cette expression comme une modalité de suivi laissée au libre choix de l'organisme de formation en accord avec l'entreprise. C'est la position de la circulaire. On peut la comprendre aussi comme l'obligation de disposer d'attestations de présence et d'identifier des temps de formation. C'est la position du service de contrôle de la formation. Elle est plus contraignante. L'objectif visé est le contrôle des coûts de formation. Il s'agit de vérifier que la formation a bien eu lieu et d'apprécier quelle quantité de temps l'entreprise va pouvoir valoriser au titre de ses coûts de formation. Paradoxalement, pour l'administration, ce n'est pas en fonction d'un résultat que la dépense est validée, mais par la participation effective à une opération identifiée comme action de formation. *"Le résultat, à savoir le fait que la formation a été profitable ou pas, que les compétences visées ont été acquises ou non puis mises en œuvre, est considéré comme relevant des rapports entre l'entreprise et l'organisme de formation ou l'entreprise et le salarié"*[216].

---

214 On pourra se reporter au commentaire de J-M. LUTTRINGER, et J-P. WILLEMS, *L'enseignement et la formation à distance, approche juridique*. Circé, Avril 1998, p. 21 suiv.

215 Circulaire du 14 mars 1986.

216 J-M. LUTTRINGER, op. citat, p. 24.

– Un dispositif permettant d'apprécier les résultats Les textes légaux et réglementaires ne fournissent aucune indication sur les modalités d'appréciation des résultats de la formation. Il s'agit bien de l'évaluation de la formation, liée aux objectifs et aux moyens pédagogiques. Elle permet d'apprécier la réalité et la validité de toute formation, indépendamment des modalités d'acquisition des compétences. Les modalités concrètes sont à définir par l'organisme de formation en accord avec l'entreprise et les salariés : accès à une validation reconnue, certification des compétences, mise en œuvre des compétences acquises.

Cette analyse de la définition juridique de la notion d'action de formation appelle encore une remarque. L'énoncé a une valeur opératoire, et non seulement théorique. Il guide l'employeur et l'organisme de formation qui voudraient organiser des actions et en imputer le coût sur sa participation légale. Le contrôle par l'évaluation est au centre de leurs relations mutuelles. C'est à partir des résultats qu'est évaluée une action de formation et non à partir de son simple déroulement. Cet énoncé sert également de référence aux services de contrôle du financement, qui, on l'a dit, privilégie les notions de "temps" et de "déroulement effectif de la formation". De plus le terme "action de formation" est révélateur d'un changement introduit par le décret du 3 avril 1985. Antérieurement, la formation était référée à l'idée de stage, cadre collectif rigide, marqué par une unité de temps, de lieu et d'action. La nouvelle terminologie ouvre la formation à l'individualisation des parcours et à une diversification des modes d'apprentissage : formation en présentiel, mais aussi formations ouvertes et/ou à distance, autoformation. Loin d'être figé, le droit, dans sa fonction régulatrice, s'adapte donc au contexte socio pédagogique, lui-même changeant, et à la diversité des besoins et des pratiques.

De cette analyse, on dégage le principe suivant :

**"Toutes les actions de formation s'adressant à des salariés et remplissant les conditions de fond et de forme qui viennent d'être définies sont susceptibles d'être imputées sur l'obligation financière de entreprises assujetties"**[217].

C'est ce principe qui guide aussi bien le service de contrôle de la formation que les juges.[218]

---

[217] J-M. LUTTRINGER, *Le droit de la formation continue*, p. 100. Sont donc exclues les actions relevant d'une première formation professionnelle ou technologique, l'apprentissage, les stages en entreprises d'étudiants pour non-conformité aux conditions de fond. Les actions de simple sensibilisation ou d'information, la présentation de nouveaux matériels ou produits, pour non-conformité aux conditions de forme.

[218] Les juges refusent la prise en compte des dépenses faites par une entreprise à l'occasion d'une action de formation réalisée par un organisme extérieur. Il ne s'agissait pas de véritables actes de formation, mais de simples réunions d'information. Tribunal administratif de Rennes, 29

Par ailleurs, certaines actions sont imputables en vertu de dispositions législatives particulières : nous les avons rangées sous l'appellation "utilisations complémentaires" de la contribution.[219]

Enfin certaines actions de formation sont soumises à des règles particulières : enseignement et formation à distance, formations ouvertes et/ou à distance, stages à l'étranger, sécurité[220].

### b. Les applications fondamentales à l'entreprise

Après avoir défini juridiquement la notion d'"action de formation", nous faisons maintenant des applications à l'entreprise soucieuse d'utiliser directement sa contribution pour la formation de ses salariés.

Selon les termes même de l'art. L.951-1 modifié du Code du travail, les employeurs s'acquittent de l'obligation de contribution *"en finançant des actions... au bénéfice de leurs personnels dans le cadre d'un plan de formation... des actions menées au titre du droit individuel à la formation*

---

avril 1981, Sté des Crêperies de Loc-Maria, Source : CENTRE INFFO, Jurisprudence en matière de formation professionnelle. 1990, n° 169.

219 Voir plus bas.

220 *Enseignement à distance* : La création des organismes privés d'enseignement à distance est soumise à déclaration auprès du ministère de l'éducation nationale. L'enseignement à distance est soumis à une double réglementation : l'une relevant de la formation continue, l'autre spécifique à ce type d'enseignement. Pour être retenu au titre de la participation légale, les enseignements répondent aux conditions suivantes : ils doivent faire l'objet d'une convention entre l'entreprise et l'organisme, l'enseignement dit donner à l'envoi de corrections d'exercices, la formation doit comporter des regroupements périodiques.

Pour une approche juridique et critique de l'enseignement et de la formation à distance, voir J-M. Luttringer, J-P. Willems, L'enseignement et la formation à distance, CIRCE, (étude réalisée pour le Forum Français pour la Formation Ouverte et à Distance avec le soutien de la DGEFP), avril 1998, 51 p.

*Les formations ouvertes et/ou à distance* (FOAD). Il s'agit d'un dispositif souple de formation organisé en fonction de besoins individuels ou collectifs. Elles comportent des apprentissages individualisés et l'accès à des ressources locales ou à distance. Elles ne sont pas exécutées nécessairement sous le contrôle permanent d'un formateur. Les dépenses liées à ce type de formation sont imputables sur la participation, dès lorsqu'il s'agit d'action de formation au sens juridique du terme défini plus haut, et qu'il y a convention entre l'entreprise et l'organisme.

Formations à l'étranger : L'employeur peut envoyer ses salariés suivre une formation dans le cadre de l'Union européenne : les dépenses sont déductibles. Pour les formations hors de l'Union européenne : les frais exposés sont déductibles sous certaines conditions : un accord préalable avec le service régional de contrôle de la formation ; une vraie nécessité, c'est-à-dire l'absence d'équivalent en France.

Formation sécurité : la règle générale est celle de la non imputabilité. Il existe cependant trois exceptions : les formations à la connaissance générale de prévention des risques professionnels ; les formations spécifiques offertes aux membres du CHSCT (comité d'hygiène, de sécurité et des conditions de travail), les actions de sécurité propres à certains emplois.

*(DIF), ou des actions menées dans le cadre des congés de formation, de bilan de compétences et de validation des acquis de l'expérience".*

### c. Les actions menées dans le cadre du plan de formation

L'employeur qui veut mettre en œuvre une action de formation au bénéfice de ses salariés, peut organiser de la formation interne ou externe.

#### - Formations internes

La formation est interne lorsque l'entreprise en arrête la conception, et conserve la maîtrise directe de son organisation et de son déroulement. Elle est maître d'œuvre de l'action. La formation peut se dérouler dans ou hors l'entreprise. En général les formateurs sont des salariés de l'entreprise (personnel d'encadrement), détachés momentanément pour cette fonction[221].

L'entreprise pourra déduire alors de sa participation tous les coûts générés par le déroulement de l'action :

---

[221] Si la formation se déroule dans l'entreprise, elle a lieu dans des locaux distincts des lieux de production, hors postes de travail habituels. Ce qui n'exclut pas des séquences pratiques sur les lieux de production.

| **Rémunération du personnel enseignant ou non** | *Rémunération brute.* |
|---|---|
| **Dépenses de fonctionnement :**<br>**- frais de Fournitures et de matière d'œuvre.**<br>**- Autres dépenses : entretien des locaux, du mobilier,**<br>**- Dépenses relatives à l'achat d'outils pédagogiques**<br>**- Dépenses liées à l'organisation administrative : courrier, téléphone, et assurance** | *- A condition qu'elles servent exclusivement à la formation Art. R.950-6 du code du travail*<br><br>*- A condition qu'il y ait un lien direct avec la formation.* |
| **Dépenses d'équipement : mobiliers, bureaux, matériel pédagogique, ordinateurs... art. R.950-7 Code du travail[222].**<br>**Acquisition des locaux.** | *Un même matériel d'équipement peut être utilisé à la fois pour la production et la formation. art. R.951-2 du code du travail.*<br>*Les dépenses d'équipement viennent en déduction de la participation légale, à hauteur de l'annuité d'amortissement, calculée comme en matière fiscale (art. L.951-2)[223].* |
| **Rémunérations ou allocations de formation versées aux salariés pendant le temps de formation** | *Art. L.951-2 modifié et R.950-14 du Code du travail.[224]* |
| **Frais de transport et d'hébergement** | |

### - Les formations externes

**Il y a formation externe lorsque l'entreprise recourt à un organisme de formation. Celui-ci devient alors le maître d'œuvre de l'action. La formation donne lieu à une prestation de services au bénéfice de l'entreprise. En contrepartie l'entreprise paie le prix de la prestation.**

**Pour que les sommes dépensées soient imputables sur la participation légale, il est nécessaire que l'échange entre les deux partenaires fasse l'objet d'une convention de formation.**[225]

---

222 L'achat de matériel de formation non prévu dans le cadre d'une action de formation ne justifie pas la réalité des dépenses et encore moins leur imputabilité sur la participation. Conseil d'Etat, 23 Mars 1988, source : CENTRE INFFO, Jurisprudence en matière de formation professionnelle, n° 170.

223 Pour plus de détails techniques, voir, CENTRE INFFO, *Les fiches pratiques de la formation continue*, édit. 2004, fiche 21-12.

224 Pour le mode de calcul, voir, Id. ibid., fiche 21-26.

225 Sur les conventions de formation, voir le chapitre 12.

**- Les autres actions**

L'art. L.951-1 fait mention d'autres actions dont le financement est déductible de l'obligation légale : le DIF et la prise en charge de certains congés en rapport avec la formation.

- Le financement du DIF, est assuré par la contribution "professionnalisation". C'est le mode de financement normal, voulu du reste par les partenaires sociaux. Le financement dont il est question ici, est subsidiaire.

Nous avons vu que la contribution au titre du congé individuel de formation sert à financer d'abord le congé individuel de formation des salariés, le congé de bilan de compétences et de VAE. Ce principe n'est pas remis en cause par l'énoncé de l'art. L.951-1 rappelé plus haut. Si le texte revient ici sur le financement de ces types de congé par l'employeur c'est pour ouvrir une autre voie de financement ou une nouvelle option. Cela signifie qu'après avoir versé sa contribution obligatoire au FONGECIF, l'employeur peut prendre à sa charge le financement de ces trois types de congé, soit spontanément, soit subsidiairement, au cas où ,une demande individuelle ne serait pas satisfaite par le FONGECIF. Mais il n'y a aucune obligation en la matière[226].

### *3.3 - Les utilisations complémentaires de la contribution*

Les utilisations complémentaires sont multiples. Il s'agit tantôt de nouveaux versements facultatifs, mais prédéfinis, tantôt de la prise en charge de dépenses liées soit à des dispositifs particuliers dont peuvent bénéficier les salariés, soit à l'ingénierie de formation.

---

[226] Il importe, à cet endroit, de ne pas confondre bilan de compétences, VAE à l'initiative du salarié (sous forme de demande de congé) et à l'initiative de l'employeur avec l'accord explicite du salarié, dans le cadre du plan de formation. Voir plus bas, chapitre 6 et chapitre 7.

### a. Panorama des utilisations complémentaires

| VERSEMENTS FACULTATIFS | PRISE EN CHARGE DE DEPENSES |
|---|---|
| | Relatives à certaines mesures :<br>Maintien du salaire par l'employeur :<br>- dans le cadre du congé examen, congé de formation pour les jeunes salariés, congé d'enseignement, de recherche et d'innovation, congé de formation économique et sociale ou syndicale<br>- dans le cadre de : formation économique des administrateurs et membres des conseils de surveillance, formation des salariés actionnaires, des conseillers prud'hommes, du conseiller des salariés, des sapeurs-pompiers, formation liée à l'exercice d'un droit parental<br>- dans le cadre d'autorisation d'absence en vue de siéger dans certaines instances (commissions paritaires... jury d'examen...)[227] |
| Au titre de taxes parafiscales affectées à la formation[228] | Relatives à l'ingénierie de formation.<br>- dépenses d'évaluation des besoins de formation de l'entreprise[229]<br>- dépenses réalisées dans le cadre d'un engagement de développement de la formation professionnelle (EDDF) |
| Frais de chambres de commerce affectés à la formation[230] | |
| Pour des actions de formation au bénéfice des demandeurs d'emploi[231] | |

De ce vaste panorama, le type d'utilisation qui appelle une analyse particulière en raison de son importance est celui de l'engagement de développement de la formation (EDDF).

---

227 Réf. Art. L.931-8-3, L.931-28, L. 931-29 et L.951-7, L .451-1, L. 444-1; art. L.122-14-17 ; art. L.992-8 du code du travail. Pour les différents congés ou autorisations d'absences, voir Chapitre 8.

228 Ces taxes sont présentes dans certains secteurs : transports, bâtiments et travaux publics, réparation et entretien d'automobiles, assurances. art. L.951-11 du Code du travail.

229 Les dépenses sont imputables à condition d'avoir été suivies d'une action de formation dans la même année ou celle qui suit. Ceci vaut pour une évaluation faite par un salarié d'entreprise, ou un organisme extérieur. Dans ce dernier cas, la signature d'une convention "prestations de services" est nécessaire (Cir. Du 4-09-1972 du secrétariat à la formation professionnelle, J.O. du 20-09-72). Pour plus de détails techniques, voir Centre Inffo, *Les fiches pratiques de la formation continue*, édit. 2004, fiche 21-30.

230 Il s'agit d'une taxe additionnelle dont sont redevables toutes les entreprises assujetties à la taxe professionnelle. Le produit de cette taxe est destiné à couvrir les dépenses ordinaires des chambres. Une partie est affectée aux des dépenses de formation (art. 1600 du Code général des Impôts).

231 Art. L.951-1 du Code du travail.

## b. Engagement de développement de la formation

| | |
|---|---|
| **BASE JURIDIQUE** | Code du travail : art. L.951-5 et R.950-25 à 32. Circ. du 4 mai et du 5 juillet 1999. |
| **DEFINITION** | Dispositif contractuel visant, grâce à un système de subventions publiques, à encourager le développement des plans de formation, à partir des orientations de l'Etat. |
| **ACTEURS** | Préfet de Région ou Ministre chargé de la formation, les Régions, une organisation professionnelle de branche, ou une organisation interprofessionnelle, un groupement d'entreprises, chambres consulaires, organisations syndicales de salariés, DRTEFP et DDTEFP. |
| **PROCEDURE** | - Elaboration d'un projet de développement<br>- Consultation des organisations syndicales<br>- Consultation des comités régionaux de coordination de l'emploi et de la formation<br>- Dépôt des dossiers à la DDTEFP pour une demande d'aide financière<br>- Enquête technique sur la solidité du projet<br>- Décision d'attribution des aides par le Préfet de Région après avis du comité d'attribution des aides<br>- Attribution des aides financières<br>- Exécution de l'engagement contrôlée par les comités nationaux ou régionaux de suivi. |
| **DUREE** | Annuelle ou pluriannuelle |
| **CONDITIONS** | - respect des clauses obligatoires définies par l'art. R.950-25 du Code du travail, notamment les objectifs à atteindre et les moyens financiers nécessaires.<br>- Conformité des objectifs de formation avec les orientations définies par l'Etat : développement des ressources humaines - développement des actions de reconnaissance des compétences et de validation des acquis. |
| **NATURE DE L'AIDE DE L'ETAT** | Elle porte : sur le coût de l'ingénierie, les coûts de fonctionnement des actions de validation, de formation, de certification, parfois la rémunération des salariés. |
| **ETAT ACTUEL DES PRATIQUES** | |
| **POUR ALLER PLUS LOIN** | Voir Centre Inffo, les fiches pratiques de la formation continue, 2005. |

**MOTS CLES : obligation financière des entreprises, masse salariale brute, versement obligatoire, FONGECIF, congé individuel de formation, OPCA, professionnalisation, utilisation par l'entreprise, plan de formation, dépenses imputables ou libératoires, contrôle des Pouvoirs publics.**

## ETUDES RECHERCHES REPERES

Une analyse récente (Caillaud P., 2004) revisite judicieusement la "notion d'action de formation". L'idée centrale développée par l'auteur est celle de la difficulté de définir juridiquement l'action de formation ; c'est une notion instrumentalisée par des considérations financières.

La démarche critique concerne à la fois la typologie figurant à l'article L.900-2, et la détermination des éléments organiques de l'action de formation formulée dans l'art. R.950-4. L'une et l'autre font problème.

La typologie des actions de formation introduite par la loi de 1971 a été renouvelée et élargie par la loi de 1978. Fait important, dès l'origine elle a une visée instrumentale, analysée en son temps par R. Cros (1979). Elle est la reprise de la liste des stages bénéficiant des aides de l'Etat, préalablement établie. Elle sert à délimiter le périmètre des dépenses de formation libératoires pour l'employeur. A l'époque on donne du sens à cette typologie : elle permet de délimiter l'espace juridique de la formation ; elle élimine les risque de détournement. Il ne faut pas pour autant minorer l'importance de cette typologie, aujourd'hui. Mais du fait de la finalité financière de l'article L.900-2, "cette typologie initiale est aujourd'hui en passe de devenir un inventaire à la Prévert", parce que, selon nous, on confond action de formation et liste des dépense déductibles de la participation légale obligatoire. En effet les ajouts au donné primitif se sont multipliés : telles les actions de bilan de compétences (1991), les actions liées à la VAE (2002). Ces dispositifs, estime l'auteur, ont un lien direct avec la formation dont ils constituent le prélude. Ils ont des effets formateurs. Sont-ils pour autant des actions de formation. Au sens strict ? La question est tout à fait pertinente. Le paroxysme de la dénaturation réside dans l'insertion des "actions de formation relatives à la radioprotection des personnes prévues à l'article L.1333-11 du Code de la santé publique", en raison d'un doublon avec l'article L.231-3-1 du code du travail.

De plus la typologie, déjà perturbée, est devenue incohérente : avec loi Aubry II (art. L.932-2) concernant l'adaptation. Il y a deux types d'actions d'adaptation. L'une favorise l'accès à un premier emploi (art. L.900-2) ; l'autre se relie à l'évolution des emplois (art. L.932-1) dont l'objet est d'éviter une situation dramatique de transition professionnelle.

Mais relativisons l'importance juridique de cet énoncé. Ce qui intéresse plus les employeurs ce sont les mécanismes de mise en œuvre des différents types d'actions de formation, du fait de leurs conséquence sur la rémunération, le temps de travail.

Plus que la définition législative de l'action de formation, c'est sa version réglementaire (art. R.950-4) qui fait objet de débats, aujourd'hui. La définition proposée n'est pas une définition abstraite, théorique, mais finalisée : à quelles conditions l'action peut être financée sur les fonds de la formation. Les éléments traduisent une conception classique de l'action de formation de type "présentiel", questionnée par l'arrivée de nouvelle technologies, sans qu'elle soit incompatible pour autant avec elles (Circ. FOAD, 20 juillet 2001). La définition peut être adaptée aux évolutions techniques contemporaines. Une insatisfaction reste : elle se manifeste dans une volonté unanime de réforme de la part de partenaire sociaux. Le MEDEF (2001) proposait un élargissement de cette notion pour la prise en compte de dépenses engagées lors de différentes opérations : accompagnement en situation de travail, équipements, préparation des actions et évaluations, validation et certification de la qualification. Cette demande est reprise dans l'accord du 20 septembre 2003. L'article 22 fournit la liste de nouvelles dépenses qui pourraient rentrer dans le champ de l'imputabilité. Cette question a été évoquée au cours des débats de la loi relative à la formation tout au long de la vie et au dialogue sociale. Mais les parlementaires ont renvoyé le problème aux textes réglementaires, s'agissant de modalités de mise en œuvre des actions de formation.

Mais la liste avancée par le texte conventionnel soulève deux problèmes, estime l'auteur.

Le premier est d'ordre juridique. Comment circonscrire rigoureusement les dépenses relatives aux "activités de recherche et de développement sur l'ingénierie", et celles qui sont destinées à "faciliter l'ingénierie et évaluation" ? Selon nous, le reproche général que l'on peut faire à l'accord est d'utiliser des notions apparemment fondamentales sans jamais les définir…

Le deuxième problème est d'ordre politique. L'extension inconsidérée des dépenses imputables ne va-t-elle pas finalement nuire à l'efficacité du dispositif de formation ? Dans l'hypothèse où les entreprises gèrent la formation à volume financier constant, l'élargissement des dépenses prises en compte va entraîner mécaniquement une chute des départs en formation financés par les entreprises.

L'intérêt de cette étude est d'attirer l'attention sur une question vive aujourd'hui déjà relevée.

Si la notion d'action de formation reste une donnée centrale du système juridique de formation, sa signification et sa délimitation sont à repenser : pour cela il est nécessaire de distinguer les "actions de formation" proprement dites, et ce qui relève des moyens dont le financement rentre ou non dans la sphère des dépenses imputables sur la participation légale des entreprises.

## BIBLIOGRAPHIE

CAILLOT (P.), 2004, Action de formation et validation des acquis de l'expérience : quels contenus pour quelle reconnaissance juridique ? *Droit social*, n° 5, Mai, p. 515-526.

COLLECTIF, 1988, 15 ans de participation des entreprises au développement de la formation continue : dossier. *AFP*, n°93, Mars Avril, p. 25-84.

GROS (R.), 1979, Le caractère libératoire des dépenses de formation de l'employeur, *Droit social*, n°2, Février, p. 43-51.

LUTTRINGER (J-M.), et WILLEMS (J-P.), 1998, *L'enseignement et la formation à distance, approche juridique*, CIRCE, Etude réalisée pour le forum Français pour la Formation Ouverte et à Distance avec le soutien de la DGEFP, Avril, 51 p.

RUIZ (J.), 1990, Droit de la formation, utilisation des nouveaux outils de formation. Conséquences juridiques et fiscales dans l'entreprise. *AFP*, n° 106, Mai/Juin, p. 97-101.

XXX, 1980, Notion d'action de formation : jurisprudence. *AFP*, n° 46, mai/juin, p. 60-63.

# CHAPITRE IV :
# LE PLAN DE FORMATION DE L'ENTREPRISE

Aujourd'hui comme hier, le plan de formation de l'entreprise est pour les salariés la voie royale d'accès à la formation tout au long de leur vie professionnelle. Même si le Livre IX du code du travail reste muet en matière de définition[232], la tradition juridique considère le plan comme l'ensemble des formations prévues, décidées, formalisées et mises en œuvre par l'employeur, pour ses salariés, sur une année donnée, après consultation obligatoire du comité d'entreprise. La notion "d'ensemble des formations prévues" est centrale ici. Malgré son manque de relief, cette construction juridique semblait bien établie depuis des décennies. Devenue un des objets centraux de la négociation collective de 2003, elle a été remise en cause pour son manque de structuration, et sans doute dans un souci d'une nouvelle rationalisation des actions de formation financées par l'entreprise.

Comment organiser le contenu du plan de formation ? Quelles sont les formations dont la mise en place constitue une obligation pour l'employeur? Quelle est la mesure entre les formations sur le temps de travail et les actions hors temps de travail ? Comment les encadrer juridiquement pour éviter les dérives et mettre en balance les intérêts de l'employeur mais aussi ceux des salariés ?

Des réponses sans doute provisoires ont été produites dans l'ANI (20-9-2003) relayé par la loi du 4 avril 2004. Elles contribuent à donner une nouvelle physionomie juridique au plan de formation. Certes il devient plus complexe, mais plus accordée aux préoccupations dominantes des employeurs concernant la rationalisation financière de la formation, les nouvelles articulations entre temps de travail et temps de formation. Sa nouveauté principale est sa multidimensionnalité. Loin d'être mises sur le même niveau, comme c'était le cas auparavant, les actions de formation devront désormais rentrer dans des catégories plus ou moins bien définies. A ces catégories de référence sont liées des conséquences juridiques importantes aussi bien pour les salariés que pour l'employeur. Cette opération de structuration va être délicate et risque de générer des tensions et du contentieux, tant les enjeux sont importants.

## LE SAVOIR JURIDIQUE DE BASE

---

232 La loi ne donne aucune définition du plan de formation. Cependant cette notion est utilisée à plusieurs reprises dans le Code du travail : en matière de consultation du comité d'entreprise (art. L.432-3, L.934-4 et 5) ; dans la définition du congé individuel de formation (art. L.931-1),dans la définition des actions de formation financées par l'employeur (art. L.951-1), à propos des trois catégories d'actions de formation qui peuvent figurer dans le plan de formation de l'entreprise (art. L.932-1 modifié). Voir plus bas.

Le plan de formation a un statut juridique et des caractéristiques propres qui le différencient des autres voies d'accès à la formation pour les salariés (I). Son élaboration et sa mise en œuvre posent la question centrale du pouvoir de l'employeur, confronté aux droits et obligations des salariés (II). Mais le nouvel enjeu est au croisement du pouvoir de décision de l'employeur et du pouvoir de consultation des représentants des salariés. Il réside dans la structuration interne du plan, c'est-à-dire le choix des différentes types de formation conformément au cadre de référence posé par le nouveau droit (III). Enfin la mise en œuvre des formations décidées crée une situation juridique particulière pour les salariés concernés (IV).

Les dispositions juridiques sont d'origine conventionnelle[233], législative[234].

## I - LE PLAN DE FORMATION : STATUT ET CARACTERISTIQUES

### 1 - Définition

Le plan de formation est l'ensemble des formations décidées par l'employeur en faveur de ses salariés, pour une année donnée, en fonction des objectifs de développement de l'entreprise. Cet ensemble est structuré selon un principe de répartition et de distinction. D'une part, les actions de formation prévues sont obligatoirement réparties dans les trois catégories légales nouvellement créées : les actions d'adaptation au poste de travail, les actions liées à l'évolution des emplois ou celles qui participent au maintien dans l'emploi ; les action pour objet le développement des compétences[235]. D'autre part le plan rassemble aussi bien les actions qui se déroulent sur le temps de travail du salarié que celles qui pourront se réaliser hors temps de travail avec l'accord du salarié. Aux actions de formation proprement dites formant cet ensemble structuré, viennent s'y ajouter, de par la loi, les actions de bilan de compétences et les actions de validation des acquis de l'expérience demandées par l'employeur.

### 2 - Caractéristiques principales du plan de formation

#### *2.1 - Sa dimension collective*

Il concerne tout le personnel. Tout salarié, quelle que soit la nature de son contrat, peut suivre une formation intégrée dans le plan. A la différence du CIF[236], aucune condition d'ouverture (ancienneté, délai, de franchise) n'est requise. Le départ en formation dépend uniquement de la décision spontanée de

---

233 Article 8 de l'ANI.

234 Art. L.932-3, L.934-4, L. 934-5 du Code du travail.

235 Ces différentes catégories sont définies plus bas.

236 Voir chapitre VI.

l'employeur, ou de l'acceptation par lui d'une demande personnelle d'un des salariés[237]. Remarquons bien que lorsque une demande individuelle est acceptée par l'employeur, la formation du salarié fait partie intégrante du plan, avec toutes les conséquences qui en découlent, notamment en ce qui concerne la prise en charge par l'employeur de la rémunération et des frais de formation[238].

Le fait que l'employeur puisse intégrer dans son plan de formation des demandes individuelles des salariés, qui préfèrent ne pas utiliser leurs droits en congé individuel de formation, ainsi que des formations proposées par les représentants du personnel accentue encore la dimension collective.

### *2.2 - Sa dimension politique*

L'employeur est libre de mettre en place ou non un plan. Il n'a aucune obligation spécifique en la matière, sous réserve de l'obligation d'adaptation qui sera analysée plus loin.

Le plan de formation est décidé par l'employeur unilatéralement, en vertu de son pouvoir de direction. C'est donc un acte politique. Par son contenu il est la traduction de la politique de gestion du personnel de l'entreprise en matière de formation. Par les analyses des besoins et les prévisions politiques et financières qu'il présuppose, il est l'instrument privilégié de l'entreprise en matière d'investissement et de développement des compétences, articulé à une gestion prévisionnelle des emplois.

Pour accompagner les entreprises dans la définition de leurs politiques de formation, les parties signataires de l'ANI ont demandé à chaque branche professionnelle qui ne l'aurait pas encore fait, de définir les missions et les conditions de mise en place d'un observatoire prospectif des métiers et des qualifications à compétence nationale, régionale ou territoires. Cet observatoire devait être opérationnel à compter du 1er septembre 2004.

Ces structures préexistaient dans certaines branches[239]. Ce qui est visé, sans doute au vu des résultats positifs, c'est leur généralisation. Comment les

---

237 Cass. Soc., 23 octobre 1991, n°88-44-555, Gaude c/Air France. Source : *Liaisons sociales*, Formation professionnelle. Départ en formation des salariés, 2001, p. 10
Les travailleurs intérimaires ne peuvent partir en formation que dans le cadre du plan de l'ETT dont ils dépendent, de par leur contrat de travail.

238 Cette possibilité offerte au salarié de faire une demande individuelle ne doit pas être confondue avec le congé individuel de formation. La même remarque vaut pour les actions de bilan de compétences et de VAE.

239 Accord cadre du 1 décembre 1997 (imprimerie de labeur et des industries graphiques), accord national du 25 novembre 1997 sur la formation professionnelle (protection, amélioration et conservation de l'habitat et restauration immobilière), accord du 28 juin 1994 sur la gestion prévisionnelle des emplois et des compétences (industries pharmaceutiques).

fonctions de cet observatoire vont-elles s'articuler avec celles des CPNE dont on a relevé déjà les points de faiblesse ?[240]

### *2.3 - Sa dimension dialectique*

Même si le plan est décidé par l'employeur, les représentants du personnel interviennent dans son élaboration et dans son contrôle, pour défendre ce qu'ils considèrent relever de l'intérêt collectif des salariés à un moment donné. Cette confrontation avec l'employeur peut aboutir à l'expression de logiques convergentes, voire complémentaires, ou contradictoires, sans que le pouvoir de décision du chef d'entreprise en soit diminué pour autant[241].

## II - PLAN DE FORMATION ET POUVOIR DE L'EMPLOYEUR

Quelle est l'étendue du pouvoir de décision de l'employeur dans la construction ou non d'un plan de formation ? L'exercice de ce pouvoir conduit-il à une obligation de former les salariés ?

### 1 - Les prérogatives générales de l'employeur

Outil de rationalisation de la formation et de développement contrôlé des compétences, le plan représente pour le chef d'entreprise une opportunité financière à saisir puisque les dépenses engagées et réalisées sont fiscalement déductibles de l'obligation de financement (1,6 %). Une telle constatation induit-elle que la formation constitue une obligation générale pour l'employeur ? Le droit positif, depuis trente cinq ans, énonce une position claire. Il n'y a d'obligation que celle du financement de la formation. Or devoir de contribution n'entraîne pas prescription de formation. Du soutien financier obligatoire on ne peut déduire une quelconque obligation générale de former. Plus qu'une obligation, le rapport de l'employeur à la formation s'analyse comme un jeu de pouvoir, ramification de ses prérogatives générales de chef d'entreprise. Son pouvoir se manifeste dans la décision de construire ou non un plan de formation, d'y insérer telles ou telles actions jugées pertinentes au regard des besoins de l'entreprise et des salariés. Il s'exprime également dans le choix de former telle ou telle catégorie de salariés plutôt que d'autres. La Cour de Cassation a eu l'occasion de réaffirmer ce dernier point, dans une espèce opposant un salarié à son employeur, salarié non inclus dans l'effectif envoyé en formation. Les juges ont tranché dans ce sens : en n'incluant pas un salarié dans l'effectif envoyé en formation, ou même en refusant à un salarié le bénéfice d'un stage, l'employeur n'avait fait qu'user de ses prérogatives de chef d'entreprise, et n'avait commis aucune faute justifiant que lui soit imputée la responsabilité d'un

---

[240] Se reporter au chapitre II.

[241] Se reporter au chapitre VIII.

préjudice subi par le salarié (Cass. Soc. 23 Octobre 1991, Marcel Gaudé / Société Air France).[242]

Par ailleurs, les juges ont reconnu que l'exercice d'un tel pouvoir porteur de risques nécessitait des garde-fous contre toute forme de discrimination illicite, en matière d'accès à la formation[243]. Depuis lors les salariés disposent d'un système légal de protection contre les discriminations étendu au champ de la formation. *"Aucune personne ne peut être écartée d'une procédure de recrutement ou de l'accès à un stage ou à une période de formation en entreprise... en raison de son origine, de son sexe, de ses moeurs, de son orientation sexuelle, de son âge, de sa situation de famille, de ses caractéristiques génétiques, de son appartenance ou de sa non appartenance, vraie ou supposée, à une ethnie, une nation ou une race, de ses opinions politiques, de ses activités syndicales ou mutualistes, de ses convictions religieuses, de son apparence physique, de son patronyme ou, sauf inaptitude constatée par le médecin du travail... en raison de son état de santé ou de son handicap... Toute disposition ou tout acte contraire à l'égard d'un salarié est nul de plein droit"*[244].

De cette analyse il résulte ce point important. La formation en entreprise, est située juridiquement dans une logique de pouvoir, de décision unilatérale émanant de l'employeur, et non dans un système d'obligations, sous réserve de l'absence de toute forme de discrimination. S'il y a une quelconque obligation, son titulaire n'est pas l'employeur, mais plutôt le salarié qui ne peut se soustraire à l'injonction qui lui est faite de partir en formation.

Mais cette logique, si fondée soit-elle, reste statique, car elle se situe au niveau des principes généraux, qui transcendent le temps et l'espace. Or, dans une interprétation dialectique, l'énoncé des principes exige aussi une confrontation avec leur mise en œuvre au quotidien. Dès lors la question du pouvoir de l'employeur se transforme et devient l'objet d'une problématique : jusqu'où peut aller cette logique de pouvoir ? Compte tenu des évolutions prévisibles d'une organisation de travail, y a-t-il un seuil critique à partir duquel le pouvoir d'organiser ou non des formations se transforme en devoir ou en obligation concrète de former ? L'obligation de se former, à laquelle le salarié peut être tenu, en vertu du plan de formation, est-elle, à certains moments, contrebalancée par une obligation de former à la charge de l'employeur ?

---

242 Source : *Liaisons sociales*, Formation professionnelle. Départ en formation des salariés, 17 avril 2001, p. 10.

243 La cour d'Appel de Paris a estimé que l'ordre des départs en formation relevait du pouvoir d'organisation de l'employeur, sous réserve que le choix effectué ne constitue pas une discrimination illicite (C.A. Paris, 27 novembre 1979).

244 Art. L.122-45 du Code du travail modifié par la loi du 16 novembre 2001 et du mars 2002. Cet article s'appuie sur une jurisprudence très abondante en la matière.

## 2 - Du pouvoir de former à l'obligation de former

Le seuil critique est atteint lorsque on se situe sur le terrain de la transformation des organisation de travail, et donc de l'adaptation nécessaire des compétences aux évolutions de l'emploi. Ce pas qui conduit du pouvoir à l'obligation de former a été franchi d'abord par les juges puis par le législateur lui-même. Dans les deux cas, c'est l'adaptation nécessaire des compétences qui a été le fil conducteur pour la création d'une obligation contextualisée de formation.

Le passage a été très progressif. Durant la décennie 1980, le contentieux relatif à l'insuffisance professionnelle trouve sa clé de solution généralement dans la théorie dite de "l'employeur seul juge des compétences des salariés"[245]. Cela signifie que la jurisprudence s'en remet au pouvoir d'appréciation du chef d'entreprise. Les compétences jugées insuffisantes, et inadaptées à un moment donné, par l'employeur, peuvent être invoquées comme motif de licenciement[246].

De façon secondaire, des décisions sporadiques montrent une ouverture sur un nouveau pôle de référence : celui de l'adaptation nécessaire des compétences pour la poursuite normale du contrat de travail[247].

Durant la décennie suivante (1990), un profond changement traverse les décisions des juges. Le changement consiste dans l'abandon de la théorie mentionnée plus haut, pour la reconnaissance d'un devoir d'adaptation à la charge de l'employeur. Les juristes qui se sont penchés sur la relation "formation emploi" dans la jurisprudence de cette décennie, relèvent tous l'émergence d'une sorte de "mouvement brownien" autour du processus d'adaptation induit par la transformation des emplois. Certains posent le principe d'un devoir ou d'une obligation contractuelle d'adaptation des compétences aux évolutions des organisations de travail. Cette adaptation, entendue au sens large, trouve son fondement dans la bonne foi contractuelle, c'est-à-dire l'exécution loyale du contrat de travail dans l'espace et le temps, en tenant compte de l'évolution du contexte de l'entreprise. Il s'agit de ne pas figer le salarié dans sa situation de départ, mais au contraire de réinterpréter son contrat dans une perspective de changement, et donc de donner à la personne tous les moyens nécessaires pour continuer à exécuter sa prestation de travail en dominant les mutations qui traversent l'entreprise. Cette obligation d'adaptation va même servir de fondement à un devoir de formation et constitue une

---

245 Voir J-M. LUTTRINGER, *Le droit de la formation continue*, p. 232 suiv.

246 Cour de. Cass. Chambre Sociale., Janvier 1971. Source Bull. V, n° 54, *Droit social*, 1979, p. 162 ; Cour de Cass. Ch. Soc., 4 janvier 1979, Bull. V, n° 3, p. 4. : "*Le contrat intervenu entre les parties n'étant pas un contrat d'apprentissage, l'employeur n'avait pas d'obligation précise de formation*". Cour de Cass. Ch. Soc., 11 février 1981, Bull. V, n° 114, p. 86.

247 Cour de Cass. Ch. Soc., 7 mai 1981, Bull. Civ, n° 393, p. 293. Voir également *AFP*, n° 63, 1983, note O. Jacquet. Cour d'Appel de Paris, 22ème chambre, 14 février 1985, cité par J-M. Luttringer, op. citat, p. 233.

passerelle permettant de transiter du pouvoir de former à l'obligation formative[248].

Du nombre important d'arrêts de jurisprudence, émerge une décision-phare à laquelle on se réfère habituellement en raison de sa précision et de sa clarté, l'arrêt Société Expovit / c. Mme Dehaynaim (Cass. Soc., 25 février 1992)[249]. La règle selon la quelle l'employeur a un devoir d'adaptation est posée en ces termes : "*L'employeur tenu d'exécuter de bonne foi le contrat de travail a le devoir d'assurer l'adaptation des salariés à l'évolution de leur emploi*". La jurisprudence n'a cessé depuis, de sanctionner l'inexécution de cette obligation en refusant toute légitimité au licenciement pour insuffisance professionnelle ou pour motif économique décidé sans adaptation préalable du salarié[250].

Depuis cette date, les juges du fond sont constants : ils mettent à la charge de l'employeur, dans certaines situations de la vie contractuelle, une obligation de formation. C'est le cas en particulier, lorsque du fait d'une décision de gestion telle que l'introduction de nouvelles technologies nouvelles ou la transformation de l'organisation du travail, il est porté atteinte à l'équilibre initial du contrat fondé sur la qualification du salarié contractuellement convenue[251].

Cette obligation s'analyse comme une obligation de moyens au service du devoir d'adaptation[252].

Quant au contenu de l'obligation de former, les juges ont une position ouverte. Elle peut prendre la forme d'une action de formation spécifique, d'une durée suffisante, hors de l'espace de production. Mais elle peut consister également dans l'organisation d'un "travail formateur" générateur

---

248 Pour ces analyses, voir M. DEFOSSEZ, *Répertoire Dalloz* (1992), pp. 390-393 ; F. FAVENNEC-HERY, Le droit et la gestion des départs, *Droit social*, n° 6, 1992, p. 581-589. J-M. LUTTRINGER, L'entreprise formatrice sous le regard des juges, *Droit social*, n° 3, mars 1990, p. 283-290. J-M. LUTTRINGER et A. LYON CAEN, L'émergence d'un droit de l'adaptation professionnelle, *Liaisons sociales*, Doc. n°032/90. M. DEL SOL, Le droit des salariés à une formation professionnelle qualifiante : des aspects juridiques classiques, des interrogations renouvelées, *Droit social*, n° 4, avril 1994, p. 412-421. Et plus récemment, M-J. GOMEZ MUSTEL, Les enjeux de l'obligation d'adaptation, *Droit social*, n° 5, mai 2004, p. 499-508.

249 Cass. Soc., 25 février 1992, Bull. civ. V, n° 122, Dalloz, 1992. Somm. 294, obs. A. Lyon Caen, *Droit social*, 1992, p. 922.

250 Voir M-J. GOMEZ MUSTEL, Les enjeux de l'obligation d'adaptation, *Droit social*, n° 5, mai 2004, p. 499 suiv.

251 J-M. LUTTRINGER, "L'entreprise formatrice" sous le regard des juges. *Droit social*, n° 3, mars 1994, p. 283-290.

252 *"Lorsqu'il affecte un salarié à un nouveau poste de travail, l'employeur, tenu d'exécuter de bonne foi le contrat de travail, a l'obligation de veiller à l'adaptation de son salarié au moyen d'une formation sérieuse. L'absence d'un temps de formation suffisante, contrepartie patronale de la bonne exécution du contrat de travail, tant du point de vue technique que celui de la cadence imposée, rend le licenciement prononcé pour non respect systématique de la charge de travail, dépourvu de cause réelle et sérieuse".* Cour d'Appel de Versailles, octobre 1992, n° 1087, cité par J-M. Luttringer, art. citat., loc. citat., p. 286.

d'apprentissages sur le tas, dans un environnement aménagé, pouvant inclure une fonction tutorale diffuse[253].

Cette orientation décisive de la jurisprudence a trouvé quelques années plus tard une traduction législative. D'abord dans la loi Aubry II du 19 janvier 2000[254], puis dans la loi de modernisation sociale (loi du 17-01-2004)[255], enfin dans la loi du 4 mai 2004 : *"L'employeur a l'obligation d'assurer l'adaptation des salariés à leur poste de travail"*[256]. C'est dire que le salarié, en temps normal, a un droit de créance sur l'employeur en matière de formation. En période de crise, ce droit revient au premier plan : *"Le licenciement pour motif économique d'un salarié ne peut intervenir que lorsque tous les efforts de formation et d'adaptation ont été réalisés et que le reclassement de l'intéressé... ne peut être réalisé..."*[257]. Enfin le législateur, suivant en cela les partenaires sociaux, met la problématique de l'obligation d'adaptation au cœur du plan de formation. Les actions d'adaptation constituent l'une des catégories des formations, définies par la loi. Elles sont partie intégrante de la "colonne vertébrale" du plan de formation[258].

## III - La nouvelle structure du plan de formation

Jusqu'à la loi du 4 avril 2004, la structuration du plan était laissée à la libre décision de l'employeur. Depuis, elle est soumise à un cadre de référence basée sur une différenciation de différents types d'actions de formation ayant chacun leur régime propre entraînant d'importantes conséquences juridiques tant pour le salarié que pour l'entreprise.

### 1 - Principe de base

L'axiomatique qui fonde désormais l'organisation du plan de formation repose sur 5 principes fondamentaux, contenus dans l'ANI et repris dans la loi du 4 mai 2004.

1. Le nouveau dispositif classe les actions de formation en trois catégories : les actions d'adaptation au poste de travail, celles qui correspondent à des

---

253 Il reste que ces deux types d'exécution, formations programmées, formations informelles dans les situations de travail ont des conséquences juridiques et fiscales différentes. Les dépenses liées aux premières sont déductibles de la participation financière obligatoire, alors que les secondes ne le sont pas.

254 "L'employeur a l'obligation d'assurer l'adaptation de ses salariés à l'évolution de leurs emplois". Ancien article L.932-2 du Code du travail, abrogé par la loi du 4 mai 2004.

255 Art. L.321-1 al.3 Code du travail (en lien avec le licenciement économique et l'obligation de reclassement) et Art. L.321-4-1 : le plan de sauvegarde de l'emploi doit prévoir "des actions de formation, de validation des acquis de l'expérience ou de reconversion de nature à faciliter le reclassement interne ou externe des salariés sur des emplois équivalents".

256 Art. L.930-1 issu de la loi du 4 mai 2004. Voir M-J. Gomez-Mustel, art. citat. Loc. citat.

257 Art. L.321-1 parag.3.

258 Art. L.932-1 (Loi du 4 mai 2004).

action de formation liées à l'évolution des emplois ou au maintien dans l'emploi des salariés ; et celles qui participent au développement des compétences de salariés[259].
2. Cette classification en catégories détermine si la formation doit être impérativement suivie pendant le temps de travail ou non.
3. Chaque catégorie a un régime juridique propre qui détermine les droits et obligations de chacun des acteurs.
4. Cette classification s'impose à l'employeur. Il doit désormais opérer des distinctions de nature dans la présentation des différentes actions de formation proposées dans le cadre du plan[260].
5. Cependant, sous réserve du respect de l'obligation d'adaptation présenté plus haut, il n'est pas obligatoire que des actions de formation soient prévues pour chacune des catégories. L'employeur retrouve, ici, la marge de manœuvre dont il dispose de par son pouvoir de direction.

Cet énoncé de principes soulève deux problèmes majeurs : quel est le régime juridique des différents types d'action ? et surtout, comment les différencier ? La réponse à ces questions est d'autant plus importante que cette classification théorique peut devenir à la fois enjeu stratégique pour l'entreprise, mais aussi objet de tensions, voire de conflits avec les salariés et leurs représentants.

## 2 - Les types d'actions de formation et leur régime juridique

### *2.1 - Actions d'adaptation*

Toute formation suivie par le salarié pour assurer son adaptation au poste de travail, se déroule obligatoirement sur le temps de travail, et constitue un temps de travail effectif. Rappelons que le "temps de travail effectif", est le temps pendant lequel le salarié est à disposition de l'employeur, et doit se conformer à ses directives, sans pouvoir vaquer librement à ses occupations personnelles[261]. Les conséquences juridiques du temps de travail effectif vont donc s'appliquer à ce temps de formation : il est rémunéré, pris en compte pour l'appréciation des durées de travail (durée maximale, heures supplémentaires). De plus en cas de dépassement de l'horaire légal ou conventionnel du fait de la formation, les heures correspondant à ce dépassement donnent lieu à un

---

259 Cette distinction se trouve dans l'Art. L.930-1 du Code du travail, reprise de l'article 8 de l'ANI.

260 Le régime juridique de chaque catégorie d'action est défini dans l'article L.932-1 issu de la loi du 4 mai 2004, reprise modifiée de l'article 8.1 et 8.2 de l'ANI.

261 Art. L.212-4 du Code du travail.

paiement majoré, selon les modalités de droit commun[262] ; elles donnent également droit à un repos compensateur ; de plus elles s'imputent sur le contingent d'heures supplémentaires[263]. C'est le maintien du régime traditionnel de rémunération.

### *2.2 - Actions liées à l'évolution des emplois ou au maintien dans l'emploi*

Ces actions sont mises en œuvre pendant le temps de travail. Elles donnent lieu au maintien par l'entreprise de la rémunération. Sous réserve d'un accord d'entreprise, ou à défaut, de l'accord écrit du salarié, la formation peut dépasser la durée légale ou conventionnelle du travail. Dans ce cas les heures excédentaires sont soumises à un régime dérogatoire : régime assoupli en faveur de l'employeur. En effet dans la limite de 50 heures par an et par salarié, elles ne s'imputent pas sur le contingent d'heures supplémentaires, ne donnent lieu ni à repos compensateur ni à majoration. Ces heures de dépassement sont donc payées au taux normal et non majoré. On constate donc qu'il y a neutralisation des règles de droit commun exposées plus haut en matière de dépassement d'horaire normal. Il résulte que le temps de formation est "assimilé" à du temps de travail effectif pour le maintien de la rémunération et la protection sociale. Mais les effets attendus et normaux des heures de dépassement sont suspendus puisqu'il n'y a ni majoration, ni imputation, ni repos compensateur.

Mais le phénomène le plus important, relevé par plusieurs analyses juridiques, est la consécration législative d'un temps juridique "sui generis" : rémunéré, ce temps vient s'insérer entre temps de travail effectif auquel il déroge, et le temps de repos dont il ne fait pas partie. Pour cette raison, il est appelé "temps intermédiaire" ou "tiers temps"[264].

### *2.3 - Actions de formation pour le développement des compétences*

Seule cette catégorie de formation ouvre la possibilité d'un départ en formation en dehors du temps de travail effectif. Pour ces heures réalisées en dehors du temps de travail, l'employeur indemnise le salarié avec l'allocation de formation qui représente 50 % de la rémunération nette de référence du salarié.

---

262 La majoration de salaire est fixée normalement par un accord de branche étendu, ou un accord d'entreprise. A défaut, chacune des huit premières heures supplémentaires est majorée de 25 %, et les heures suivantes de 50 % (art. L.212-5 du code du travail).

263 Chaque employeur dispose d'un "contingent annuel d'heures supplémentaires" qu'il peut faire effectuer à chaque salarié après simple information de l'inspecteur du travail et du comité d'entreprise. Ce contingent est actuellement fixé à 180 heures par an et par salarié. Art. L.212-6 du Code du travail. Art. D.212-25 (décret du 20 mars 2003).

264 N. MAGGI-GERMAIN, La formation professionnelle continue entre individualisation et personnalisation des droits des salariés, *Droit social*, n° 5, mai 2004, p. 482 suiv. et F. FAVENNEC-HERY, Temps de formation temps de travail : quelques observations, ibid., p. 494 suiv. Voir la présentation de ces articles dans le Chapitre préliminaire

Cette indemnisation est limitée à 80 heures par an et par salarié[265]. Elle peut être mise en œuvre sous réserve que le salarié ait donné son accord par écrit à l'employeur. Cet accord peut être dénoncé dans les huit jours après sa conclusion. On peut y voir une protection du salarié contre les risques d'une décision hâtive, sous la pression de l'employeur. De plus, si le salarié refuse de donner son accord, ce refus n'est pas constitutif d'une faute ou d'un motif de licenciement. En cas d'accord, l'employeur définit avec le salarié, préalablement à son départ en formation, les engagements auxquels il souscrit, si le salarié participe avec assiduité à la formation et satisfait aux évaluations. Ces engagements portent sur les conditions d'accès du salarié aux fonctions correspondant aux nouvelles compétences acquises, et l'attribution de la classification du poste occupé ; de façon plus générale ils portent sur les modalités de prise en compte des efforts accomplis par le salarié.

Le droit positif envisage l'hypothèse où un salarié cumule un dépassement d'horaire lié aux actions de type 2 analysées plus haut, et du "hors temps de travail effectif". Dans ce cas, la règle est que pour un même salarié et par année civile, la somme des heures de formation en dépassement de l'horaire normal additionnées à celles rémunérées en allocation de formation ne peut pas être supérieure à 80 heures[266]. Ce temps de formation hors temps de travail n'est pas assimilable à du temps de travail effectif. Il n'est pas décompté donc dans le calcul des 35 heures hebdomadaire. La formation n'est pas pour autant temps de repos ; elle est prise sur le temps de repos et traité autrement qu'une période de repos puisque le salarié bénéfice d'une allocation formation. C'est une autre forme de temps "intermédiaire" ou de "tiers temps" : ni temps de repos, ni temps de travail effectif.

---

[265] Ou pour les salariés au forfait à 5 % de celui-ci.

[266] Id.

## TABLEAU RECAPITULATIF

| | ADAPTATION | EVOLUTION DES EMPLOIS OU MAINTIEN DANS L'EMPLOI | DEVELOPPEMENT DES COMPETENCES |
|---|---|---|---|
| STATUT | - sur le temps de travail<br>- temps de travail effectif | - sur le temps de travail<br>- "assimilé" à du temps de travail effectif | - sur le temps de travail<br>- ou hors temps de travail (en totalité ou partie) sous 3 conditions : - accord du salarié, - limite de 80 heures par an/salarié, - définition des engagements de l'employeur au terme de la formation. |
| REMUNERATION | - salaire maintenu | - salaire maintenu | - si pendant temps de travail : salaire maintenu<br>- si hors temps de travail : allocation de formation |
| PROTECTION SOCIALE | - régime général du salarié | - régime général du salarié | - régime général du salarié (si pendant le temps de travail)<br>- protection en matière d'accidents de travail et de maladies professionnelles (si hors temps de travail) |
| DEPASSEMENT DE LA DUREE DU TRAVAIL | - possible.<br>- conséquences : application du régime légal : paiement des heures de dépassement au taux majoré, imputation sur le contingent autorisé, repos compensateur | - possible : si accord d'entreprise, ou à défaut, accord du salarié, dans la limite de 50 heures par an/salarié.<br>- conséquences : régime dérogatoire ; neutralisation de l'imputation sur le contingent, du repos compensateur et de la majoration de salaire<br>- au-delà de 50 heures, régime légal | |

### 3 - Différenciation des actions

La distinction énoncée plus haut repose sur trois notions difficiles à circonscrire : adaptation au poste de travail "évolution des emplois ou maintien dans l'emploi", "développement des compétences". Il est regrettable qu'aucune définition ne soit donnée de ces différentes notions auxquelles vont être confrontés les responsables de formation. Les rares commentaires des négociateurs eux-mêmes ne sont pas très éclairants. La question des repères est posée.

- Tout d'abord on rappellera que le "poste de travail" est l'ensemble des fonctions exercées par le salarié dans le cadre d'une structure à un moment donné à l'aide de différents moyens, selon une procédure. "L'emploi" est l'ensemble des postes que le salarié peut occuper dans le cadre de sa qualification professionnelle. Les termes ne sont donc pas synonymes.
- Ensuite on peut retenir les deux critères de distinction dégagés par l'analyse juridique : la proximité avec l'emploi et le rapport au temps[267]. Si l'employeur est à l'origine d'une modification des conditions de réalisation du travail et non du contenu du travail, il s'agit d'une évolution de poste pour laquelle il faut adaptation. Si les évolutions sont prévisibles, mais ne s'imposent pas immédiatement, il s'agit de formation d'évolution et de maintien dans l'emploi. Enfin la volonté d'apprendre un nouveau métier, non lié aux besoins immédiats de l'entreprise, rejoindrait alors la catégorie de développement des compétences.
- Enfin on peut exploiter le contenu d'orientations gouvernementales antérieures à la réforme mais portant sur la même problématique. Elles concernent les actions d'adaptation et les actions de développement des compétences dans le cadre de la loi Aubry II (19 janvier 2000). Selon le gouvernement relèvent des actions d'adaptation, "les actions d'entretien et de perfectionnement des connaissances exigées par le poste, et de manière plus générale, les actions de formation indispensables au maintien du salarié sur poste de travail, compte tenu des modifications techniques affectant ou susceptibles d'affecter celui-ci"[268].

Selon ce même Gouvernement, les actions de formation permettant le développement des compétences des salariés ont "pour objet l'acquisition d'une nouvelle qualification ou une promotion professionnelle". Sont également

---

[267] N. MAGGI GERMAIN. La formation professionnelle continue entre individualisation et personnalisation des droits des salariés. *Droit social*, n° 5, mai 2004, p. 482-493.

[268] Observations du gouvernement en réponse aux recours tendant à faire déclarer inconstitutionnelle la seconde loi Aubry, J.O. du 20-01-2000, pp. 1010 et suiv.

concernées les "... actions de reconversion visant l'apprentissage d'un nouveau métier". C'est du reste ce que l'on trouve exprimé dans la circulaire d'application de la loi du 3 mars 2000 : *"ces actions de développement des compétences visent un objectif qui va au-delà de l'adaptation des salariés aux évolutions ; elles s'inscrivent dans la logique de parcours visant la qualification et doivent donne lieu autant que possible à certification reconnue..."*[269]. Ces formations peuvent être reportées sur le hors temps de travail. La justification qui en est donnée habituellement est le principe de l'intérêt direct du salarié dans ce genre de formation[270]. C'est la philosophie sous-jacente. Même si le terme n'est plus employé dans le nouveau dispositif, selon cette philosophie le co-investissement se justifie : le salarié est porteur des résultats de la formation, dont il bénéficie pour sa carrière, il est normal qu'il contribue à la prise en charge de sa formation. Inversement dans la mesure où l'employeur mobilise les compétences acquises à travers la formation, il est normal qu'il participe à son financement[271]. Dans cette philosophie, la progression de carrière, l'évolution dans la maîtrise du métier devient l'affaire du salarié. La décision d'évoluer dans son métier lui appartient, formellement en tout cas. Encore faut-il qu'il ait les éléments d'information et d'appréciation sur le devenir des emplois, de l'entreprise elle-même au sein des évolutions de la branche professionnelle concernée. Comment élaborer un projet qui ait du sens dans un environnement dont on ne perçoit pas toujours les composantes ?

De ce repérage, on peut dégager des tentatives de définitions :

- Les formations d'adaptation sont liées aux modifications techniques et présentes des conditions de travail, modifications nécessitant un entretien, un perfectionnement des savoirs, une acquisition de compétences complémentaires pour le maintien du salarié sur son poste de travail.
- Les formations d'évolution et de maintien dans l'emploi concernent l'acquisition de nouvelles compétences induites par les évolutions prévisibles, à court terme, ou à moyen terme d'un emploi.
- Les formations de développement des compétences vont au-delà de l'adaptation. Elle vise l'acquisition d'une nouvelle qualification, l'apprentissage d'un nouveau métier, sanctionné, si possible par un

269 Circulaire du ministère de l'Emploi et de la Solidarité relative à la réduction négociée du temps de travail, n°2000/3 du 3 mars 2000, *Liaisons sociales*, A.2. N°°8070 du 13 mars 2000, pp. 29 suiv.

270 *"... la charge de la formation rejaillit sur le salarié dès lors qu'il y possède un intérêt direct ou indirect : qu'il s'agisse pour lui de réapprendre un nouveau métier ou, plus prosaïquement, d'une espérance de gains financiers accrus par le biais d'une augmentation de salaire"*. N. MAGGI GERMAIN, L'articulation temps de travail/formation professionnelle continue après la loi Aubry II, *Droit social*, n° 9/10, septembre/octobre 2000, p. 862.

271 V. Merle, Un accord historique ? *Droit social*, mai 2004, p. 457. L'auteur traite, en cet endroit du "co-investissement" dans la version de 1991 aujourd'hui remplacée.

diplôme, et non lié aux besoins immédiats de l'entreprise. Elles s'inscrivent dans le parcours de progression professionnelle du salarié.

Si utiles soient elles ces définitions mériteraient d'être renforcées. C'est ce que l'on peut attendre de la jurisprudence à venir. Les risques de dérapage, et de conflit sont sous-jacents à cette catégorisation. Le glissement des actions d'adaptation dans une catégorie moins onéreuse pour l'employeur, celle du maintien dans l'emploi, est un scénario tout à fait envisageable. Le scénario inverse est également envisageable, mais il exigerait une forte mobilisation et une combativité certaine des représentants du personnel sur cette question, dans un rapport de force favorable. Quoi qu'il en soit, la problématique de l'adaptation des compétences confrontée à l'épreuve des faits, c'est-à-dire à la mise en œuvre des plans de formation va connaître de nouveaux développements.

## IV - LA SITUATION JURIDIQUE DU SALARIE

Qui dit accès à la formation dit processus de prise de décision concernant le départ en formation. Le plan de formation est une forme d'organisation dont l'initiative et la prise de décision de l'employeur constituent généralement le fondement. La détermination et la mise en œuvre de ce dispositif créent une situation juridique particulière pour le salarié. Elle est à analyser à deux niveaux : par rapport au processus d'entrée en formation, et par rapport à la sortie de formation et ses conséquences juridiques.

### 1 - Les salariés et le processus d'entrée en formation

#### *1.1 - Les formations hors temps de travail*

Avant tout, il est nécessaire de mettre à part les actions qui peuvent se dérouler hors temps de travail. Le salarié, comme il a été montré plus haut, dispose d'un pouvoir de décision concernant l'accès à la formation. Ce pouvoir peut se manifester d'une triple manière : l'acceptation formelle de la proposition de l'employeur ; le refus ; la dénonciation d'un accord signé. Entre le congé individuel de formation, où il est décideur et les actions dont l'employeur prend l'initiative, le salarié occupe ici un espace intermédiaire : il est co-décideur, ou négociateur individuel de son entrée en formation[272]. Le plan de formation peut donc inclure des actions que l'employeur ne peut imposer au salarié, même si elles n'en constituent pas le cœur[273].

---

[272] On a vu plus haut, qu'il s'agit d'une forme d'individualisation.

[273] Cette remarque vaut également pour les actions de bilan et de VAE que l'employeur peut proposer, et non imposer aux salariés.

Il reste que le noyau central du plan est constitué des actions décidées et mises en œuvre par l'employeur en vertu de son pouvoir de direction. C'est à présent dans ce cadre là que nous examinons la situation juridique du salarié.

### *1.2 - Les formations pendant le temps de travail*

- Vu du côté de l'employeur, le contrat de travail du salarié en formation dans le cadre du plan, n'est pas suspendu, comme c'est le cas dans le CIF. Il se poursuit sous la forme d'une mission professionnelle. Dans le cadre de son pouvoir discrétionnaire, l'employeur juge des formations à mettre en œuvre, est également juge des salariés qui y participeront. Cela signifie qu'il a un pouvoir d'appréciation sur les capacités à apprendre.

Pendant la formation une partie des prérogatives de l'employeur est exercé par l'organisme de formation : respect de la réglementation du travail, respect du règlement intérieur du lieu de formation. Si l'organisme règle les incidents de stage (art. L.920-5-1), l'employeur conserve son pouvoir disciplinaire et son pouvoir de direction. En conséquence, le non-respect du règlement intérieur par des absences injustifiées, ou l'abandon de la formation sans raison légitime, pourrait entraîner des sanctions de la part du centre de formation, par exemple exclusion de la formation, mais aussi de la part de l'employeur : avertissement, voire licenciement pour cause réelle et sérieuse[274].

Pouvant interrompre une mission professionnelle, l'employeur peut, dès qu'il estime nécessaire, interrompre la formation d'un salarié.

En fin de formation, l'employeur est juge des résultats. Les juges considèrent que des résultats insuffisants, établis objectivement à la fin de la formation, peuvent démontrer l'inaptitude du salarié, et donc justifier un licenciement[275]. Cependant, l'employeur ne peut invoquer l'insuffisance professionnelle que si tous les moyens ont été donnés au salarié pour qu'il puisse faire ses preuves[276].

- Vu du côté du salarié, l'envoi en formation constitue un changement temporaire des conditions de travail et non une modification substantielle du contrat de travail. Il en résulte que le départ en formation est une obligation. Un refus est assimilé par la

---

274 Manque d'assiduité cause de licenciement : C .A. Paris, 25 septembre 1986, Sidef Conforama / Chalon, C .A. Grenoble 23 janvier 1986, Clément c/Sion Idier. Source : Liaisons sociales, Formation professionnelle. Départ en formation des salariés, avril 2001 p.15

275 Cass. Soc. du 29-05-86, Bull. Civ. V. N° 264.

276 Cour d'appel de Paris du 18-02-86, SA Dupoint c/M Grosell. Sur le pouvoir de l'employeur dans le cadre du plan de formation, voir M-J. MUSTEL GOMEZ, formation et adaptation dans la jurisprudence sociale, *Droit social*, n°9-10, septembre/octobre 1999, p. 801-811 ; J-M. LUTTRINGER, "L'entreprise formatrice" sous le regard des juges. *Droit social*, n° 3, Mars 1994, p. 283-290 ; P. DEJEAN, Formation et pouvoirs de l'employeur. *Droit social*, n° 3, Mars 1998, p. 233-238. Ces articles sont présentés plus bas.

jurisprudence à une cause réelle et sérieuse de licenciement[277]. Plus rarement, il constitue une faute grave privative d'indemnités de rupture[278].

Ce principe n'est pas intangible. La jurisprudence considère que certains refus de partir en formation peuvent être justifiés par "un motif valable". Dans ce cas le refus ne peut entraîner des sanctions. Les juges du contrat de travail doivent examiner le motif de refus présenté par le salarié, avant de dire si le licenciement est ou n'est pas fondé. Quatre motifs de refus ont été considérés jusqu'alors, légitimes : un accord d'entreprise prévoit le départ en formation des seuls volontaires[279] ; un motif d'ordre familial, dès lors qu'il ne s'agit pas d'un refus de principe[280] ; le grand éloignement du lieu de formation tant du lieu de travail que du domicile des salariés sans prise en charge des frais de la part de l'entreprise[281], enfin la formation a pour but un changement de qualification et d'emploi contre la volonté du salarié[282]. A la lumière de ce motif de refus reconnu par la jurisprudence, on peut soutenir qu'un salarié serait bien fondé à refuser une formation de développement des compétences, prévue sur le temps de travail, orientée vers l'acquisition d'une nouvelle qualification. Le motif de fond serait l'émergence d'une modification unilatérale et substantielle du contrat de travail.

Par ailleurs, durant la période de formation. Le salarié conserve tous les droits liés à l'ancienneté (congés payés, prime d'ancienneté, etc.), continue à faire partie de l'effectif de l'entreprise pour les élections des représentants du personne, et il reste électeur. Il est également éligible, sauf si la durée et le lieu de la formation font obstacle à l'exercice de son mandat.

## 2 - Les salariés et le processus de sortie de la formation

La formation suivie dans le cadre du plan a-t-elle des incidences sur le CIF ? Entraîne-t-elle la promotion du salarié ? Implique-t-elle que le salarié reste au service de l'employeur pendant une durée minimale ?

---

[277] Cass. Soc. 3 mai 1990, n°88-41.900, Capizzi c/Sté d'exploitation des menuiseries françaises. Par un arrêt de principe, la Cour de Cassation a considéré que "le refus, sans motif valable de participer à un stage organisé par l'employeur, dans l'intérêt de l'entreprise, peut conduire au licenciement". Voir également, C.E. 2 octobre 1981, Neveu, n°30-731. C.A. Nancy, 23 mai 1979, Probst c/SA des vins de la Graffe.

[278] C.A. de Paris, du 4-11-1983, Presse c/SARL Arpel accessoires. Source : CENTRE INFFO, *Les fiches pratiques de la formation continue*, 2005, Fiche 3-10.

[279] Cass. Soc., 30 novembre 1977, Bull. Civ. V, n° 661.

[280] C.A. de Rennes, 26 octobre 1976, SA Lafayette Motors c/Volant. Source : *Liaisons sociales*, Formation professionnelle. Départ en formation des salariés. Avril 2001, p. 15.

[281] Cour d'Appel de Reims du 11-01-1995, SA Devanlay c/Mme Tanrey (source : Centre Inffo, *Les fiches pratiques de la formation continue*, 2004, p. 22).

[282] Cass. Soc., du 30-11-77, Bull. V n° 661, p. 529 ; Cour d'appel de Besançon du 6-2-1979, Keller c/Vasco. Source : idem.

### *2.1 - Pas d'incidences sur le droit au congé formation*

Les formations suivies par le salarié dans le cadre du plan de formation n'ont aucune incidence sur les autres congés de formation auxquels ils ont droit. Ainsi, à l'égard du congé individuel de formation, le délai de franchise que le salarié doit respecter entre deux stages, n'est pas repoussé pour autant[283].

### *2.2 - Les conséquences prévues par le contrat ou l'accord collectif*

Même décidée par l'employeur, la formation suivie dans le cadre du plan, n'implique pas nécessairement pour le salarié un droit à une promotion ou à une augmentation de salaire.

Toutefois, si l'accord de branche ou d'entreprise sur la formation comporte des dispositions sur la reconnaissance acquise du fait de la formation l'employeur doit en tenir compte.

Si, par exemple dans l'hypothèse des formations de développement des compétences présentées plus haut, la formation avait pour but de permettre la promotion du salarié, l'employeur doit respecter ses engagements. Si la formation a pour objet d'adapter le salarié aux transformations techniques affectant son poste, le salarié ne peut exiger une amélioration de sa classification ou de son salaire, sauf accord particulier avant le départ en formation. Il en est de même des formations liées à l'évolution de l'emploi ou au maintien dans l'emploi.

### *2.3 - Les clauses de dédit formation*

- Une clause de "dédit formation" est un accord écrit par lequel le salarié s'engage, en contrepartie de la formation assurée par l'entreprise : à rester au service de son employeur, après la formation pendant une durée minimale (délai de fidélité) ; et à verser dans le cas contraire, une somme fixée à l'avance, à titre de remboursement des frais de formation.
- La clause de dédit est licite, dès lors qu'un accord écrit a été conclu entre l'employeur et le salarié. La durée du délai de fidélité peut varier entre une durée de 18 mois pour la plus brève, à cinq ans pour la plus longue. Les durées habituelles sont de 1 à 3 ans. Une jurisprudence constante a reconnu la validité des "clauses de dédit formation", assorties de certaines conditions. Ces clauses sont licites, dans la mesure où elles constituent la contrepartie d'un engagement pris par l'employeur d'assurer une formation entraînant des frais au-delà des

283 Voir chapitre VIII.

dépenses imposées par la loi ou la convention collective[284]. Elles le sont encore, si l'engagement du salarié fait l'objet d'une convention conclue avant le début de la formation, et précise la date, la nature et la durée de la formation et son coût réel pour l'employeur, ainsi que le montant et modalités de remboursement à la charge du salarié[285]. Enfin elles le sont si elles n'ont pas pour effet de priver le salarié de la faculté de démissionner[286], et s'il y proportionnalité entre les dépenses engagées par l'entreprise et l'obligation du salarié[287].

- Selon la jurisprudence, la clause n'est pas applicable en cas de rupture par l'employeur sauf lorsque le licenciement est prononcé pour faute grave[288]. Les conditions d'application de ces clauses figurent parmi les thèmes de la négociation triennale de branche sur les objectifs et moyens de la formation. Mais le code du travail fixe trois garde-fous. Les clauses ne sont mises en œuvre que dans les entreprises consacrant à la formation un montant au moins égal à l'obligation légale. Les sommes recueillies au titre de ces clauses, en cas de démission sont réinjectées dans le financement du plan de formation[289]. Enfin les clauses sont interdites dans le cadre des contrats de professionnalisation[290].

**MOTS CLES : Plan de formation, envoi en formation, décision de l'employeur obligation de formation, adaptation, formation d'adaptation, formation d'évolution et de maintien dans l'emploi, formation de développement des compétences formation pendant le temps de travail, formation hors temps de travail, clause de dédit formation.**

## ETUDES RECHERCHES REPERES

Le plan de formation et surtout l'obligation d'adaptation ont été au centre de quelques travaux entre 1994 et 2004.

---

[284] Cass. Soc., 9 février 1994, M. Eric Pauwels c/ SARL Nord Scam. Juris. Actua. N°7030 du 2 mai 1994. Cass. Soc., 19 novembre 1997, n°94-43.195 Juris. Actua. N°7771 du 8 décembre 1997.

[285] Cass. Soc., 4 février 2004, Compagnie Flandre Air, Bull., p. 38, n°40.

[286] Cass. Soc., 5 juin 2002 ; Cass. Soc. 21 mai 2002, Régis Constant c/ Cie Flandre Air (pourvoi n° 00 44 327 et 00 42 909, source : R.P.D.S. n°712-713, Août/septembre 2004, p. 268. Cass. soc., 17 juillet 1991, n° 88-40.201, Bull. Civ. V., n° 373.

[287] Cass. Soc. , 12 mars 1987, n°84-41.056, Carrier c/Sté Fiduciaire juridique et fiscale de France. Source *Liaisons sociales*.

[288] C.A. Nancy, 25 février 1983, Portolès c/Sothef, *Droit social*, mai 1989, p. 392.

[289] Art. L.934-2-7 du Code du travail.

[290] Art. L.981-7 alinéa 4 du Code du travail.

## I - PLAN DE FORMATION

Les spécialistes de la gestion du personnel et de l'économie de l'entreprise s'intéressent depuis de nombreuses années à la décision en matière de formation. Cette question a peu retenu l'attention des juristes malgré une réglementation importante sur le plan de formation. L'analyse de P. Déjean (1998) vient combler ce vide. Cette approche juridique a pour objet la décision de l'employeur en matière de formation. Pour outiller sa démarche l'auteur fait une distinction entre pouvoir de gestion et pouvoir de direction. Le processus de décision en matière de formation se déroule sur ces deux plans. Quelles sont les modalités d'intervention du droit à ces deux niveaux ? Le corpus documentaire utilisé est formé de décisions de jurisprudence situées entre 1979 et 1994, des données du droit positif en matière de plan de formation, cette notion de "plan" faisant l'objet d'une approche sémantique et juridique.

### 1 - L'employeur dispose d'un pouvoir de gestion encadré

Dans sa phase d'élaboration, le plan de formation est l'expression du pouvoir de gestion de l'employeur (définition des besoins, arbitrage de la direction) ; le projet échappe au droit. Dans la phase de concertation, le droit intervient comme dispositif d'encadrement : il organise une consultation obligatoire du comité d'entreprise. Ce qui oblige l'employeur à se soumettre au débat, même s'il reste libre de sa décision. Son pouvoir de gestion est encadré, et cet encadrement abouti à une mise en lumière des intentions de l'employeur et de ses choix argumentés. L'enjeu va être la correspondance entre les intentions et les réalisations. Deux institutions peuvent être concernées par les écarts entre ces deux pôles : les services régionaux de contrôle dont l'intervention peut aboutir au rejet de tout ou partie des dépenses engagées au titre du plan, et surtout le comité d'entreprise. Une réunion de ce dernier est consacrée spécifiquement l'exécution du plan de formation de l'année en cours. Le rapprochement intentions réalisations est fondamental : il permet un débat de fond. Si l'écart est trop important, l'employeur devra s'expliquer. Dans cette appréciation des écarts, quel est le point critique de rupture ? Autrement dit, le délit d'entrave ne serait-il pas au bout du chemin ? C'est une possibilité, estime l'auteur, une improbabilité pour nous. En revanche, la question de l'adaptation des compétences est une question-clé qui ne peut échapper au comité. A partir de 1988, la jurisprudence dégage, des modifications de l'organisation du travail, une obligation d'adaptation et la relie à une obligation de formation. L'arrêt Expovit (cass. soc. 25 février 1992) déjà mentionné donne une base de principe. Le devoir d'adaptation au changement engendre, au sein même du contrat, des obligations, notamment de formation. Ces obligations ont des conséquences sur projet de plan soumis au comité.

### 2 - Le pouvoir de direction de l'employeur

L'employeur dispose d'un pouvoir de direction orienté, orienté signifiant, ici, soumis à des contraintes ou obligations extérieures. On entre, ici, dans la phase d'exécution du plan.

Le pouvoir de décision de l'employeur, manifestation de son pouvoir de direction, est considérable : la jurisprudence en matière d'envoi en formation est surabondante. En matière de formation, comme en d'autres domaines, l'employeur est libre de mettre en oeuvre son pouvoir de direction. Quelles sont les limites ? Le principe de non-discrimination et abus de droit. Mais il faut aller plus loin, estime l'auteur, pour poser la question des obligations. On assiste actuellement à des phénomènes d'orientation au sein même du pouvoir de direction. Ces phénomènes sont d'origines jurisprudentielle ou légale. L'auteur retourne au devoir d'adaptation qui exerce une "fonction téléologique" au sein du pouvoir de direction de l'employeur. Il aboutit à l'orienter vers un but précis.

## II - LE DEVOIR D'ADAPTATION

Cette thématique fait l'objet de trois contributions (Luttringer 1994), Gomez Mustel (1999 et 2004).

### 1 - Le contentieux

L'intention de l'auteur de la première contribution est l'analyse du contentieux lié à l'obligation d'adaptation des salariés à l'évolution de leur emploi, dans le cadre du contrat de travail de droit commun. Le corpus est formé d'un ensemble de décisions de jurisprudence, qui s'échelonnent de 1979 à 1993. Quelles sont les limites du pouvoir de l'employeur sur la formation du salarié ?

#### *1.1 - Le pouvoir de l'employeur sur la formation du salarié*

Le pouvoir de l'employeur sur la formation du salarié se manifeste dans la décision de former ou non un salarié, d'établir l'ordre des départs en formation sous réserve que le choix effectué ne constitue pas une discrimination illicite. Mais aussi par la décision de licencier un salarié jugé inapte, malgré la formation reçue, mais à condition d'apporter la preuve que celle-ci est imputable au salarié. A contrario, le salarié ne peut exiger, en principe qu'une formation lui soit donnée. En effet le contrat de travail de droit commun ne fait pas naître l'obligation de formation à la charge de l'employeur. Ce pouvoir sur la formation que l'employeur détient en vertu de son pouvoir de direction a quelques contrepoids : le congé individuel de formation, où se manifeste de la part du salarié un droit d'initiative opposable à l'employeur. Le droit collectif de la formation qui se manifeste à travers l'intervention du comité d'entreprise ou la négociation collective. Il y a un seuil critique où tout bascule. Le pouvoir de l'employeur se transforme en obligation de former lorsque les modifications de l'emploi nécessitent une adaptation des salariés.

### *1.2 - Devoir d'adaptation et obligation de formation*

Les juges considèrent "que l'employeur tenu d'exécuter de bonne foi, le contrat de travail a le devoir d'assurer l'adaptation des salariés à l'évolution de leur emploi (Cass. Soc., 25 février 1992, Société Expovit/ c. Mme Dehaynain). Cette obligation, ancrée dans la bonne foi contractuelle, trouve son prolongement naturel dans une obligation de formation, encore que l'adaptation puisse se réaliser par d'autres moyens (par exemple le travail formateur, le tutorat accompagnant un changement d'activité). Mais depuis de nombreuses années, les juges de fond mettent à la charge de l'employeur, dans certaines circonstances de la vie du contrat de travail, une obligation de formation : introduction de technologies nouvelles. De cette manière la formation devient une obligation de moyen opposable à l'employeur. Cette obligation a son contenu : la formation devra être non seulement en adéquation avec l'adaptation nécessaire, mais aussi d'une durée suffisante. Elle peut prendre la forme d'un stage ou la forme "du travail formateur" spécifique aux contrats de formation en alternance, avec les deux corollaires : une productivité moindre, et un droit à l'erreur plus large. Mais cette problématique de l'adaptation se prolonge dans une interrogation stratégique pour le salarié : quels sont ses droits et obligations ? C'est un apport original de l'analyse.

Au devoir de l'adaptation de l'employeur correspond le droit du salarié à l'adaptation. Mais au devoir de formation de l'employeur répond l'obligation de se former, de la part du salarié. Il reste que les positions des acteurs sont dissymétriques. L'employeur peut contraindre le salarié à se former, en agitant la menace de licenciement pour insuffisance professionnelle. Son pouvoir est offensif. Le salarié ne dispose pas du même pouvoir d'initiative. *"Il ne peut, comme en matière de sécurité, par exemple, par l'exercice du droit de retrait, contraindre l'employeur à prendre des mesures d'adaptation formation, dès lors que son intégrité professionnelle est mise en danger par une décision de gestion de l'employeur. Pourtant, la sauvegarde de la qualification du salarié, - bien immatériel des plus précieux - mérite autant d'attention que celle des investissements matériels".*

Ces deux études convergent sur un point important : le mode de régulation juridique du pouvoir de l'employeur sur la formation du salarié. Ce sont les angles d'observation qui changent. Si l'on prend comme point de départ l'élaboration et la mise en œuvre du plan de formation, l'analyse montre que le droit intervient discrètement soit pour encadrer le pouvoir de gestion de l'employeur, soit pour orienter son pouvoir de décision vers un but précis, l'adaptation des compétences. Si l'on prend comme repère l'entreprise, ses mutations, les modifications des emplois, le droit surgit pour transformer la problématique de la décision : il trace une ligne critique au-delà de laquelle le pouvoir souverain de l'employeur sur la formation du salarié, se transforme en obligation de formation. Cette ligne critique s'appelle "l'obligation d'adaptation".

## 2 - Les caractéristiques de l'obligation de l'employeur

Cette obligation de former est également le domaine d'investigation des deux contributions de M-J. Gomez Mustel (1999 et 2004).

- La première, qui rejoint sur plusieurs points celle de Luttringer, analyse le lien entre formation et adaptation dans la jurisprudence sociale, avant et après l'arrêt Expovit (25 février 1992). Le corpus est très important puisqu'il couvre près d'une centaine de décisions de la Cour de cassation, et de Cours d'appel, qui s'étalent de 1978 à 1999.

Les juges (avant la loi) ont créé à créer une obligation d'adaptation du salarié aux évolutions de son emploi. A défaut d'avoir anticipé les changements, l'employeur doit les accompagner, en reclassant les salariés concernés. Obligation d'adaptation et de reclassement prennent leur source dans l'exécution loyale du contrat, l'article 1134 al. 2 du code civil étant ici au service de l'emploi. Par contrecoup, cet arrêt rétablit l'équilibre entre les obligations respectives de formation de l'employeur et du salarié. Obligations réciproques ; l'employeur est tenu de former pour adapter, le salarié est tenu de se former dans le cadre du plan de formation. C'est cet équilibre apparent, déjà relevé par Luttringer qui retient toute l'attention de l'auteur. L'enjeu est la manifestation d'un déséquilibre caché entre l'employeur et le salarié.

Quels sont les caractères des obligations de formation d'un côté comme de l'autre ? Quels en sont les contenus respectifs ?

### *2.1 - L'obligation de l'employeur est ponctuelle*

La jurisprudence retient deux séries de situations où la question se pose : la modification des conditions de travail, le reclassement pour inaptitude physique et le reclassement préalable à un licenciement économique.

Dans la première hypothèse, l'employeur est tenu d'assure la formation des salariés dans de multiples situations : accès à de nouvelles fonctions dans le cadre de son emploi, mutation sur un autre poste ; application de nouvelles techniques de travail, utilisation d'un nouveau logiciel, maîtrise de nouvelles technologies. L'obligation se justifie, car lors de la conclusion du contrat, les compétences du salarié ne sont pas reconnues pour elles-mêmes, mais appréciées par rapport à l'emploi confié.

Dans la seconde hypothèse, l'obligation apparaît dans deux situations d'origine différente, mais dont le régime juridique est similaire que ce soit l'emploi qui change (inaptitude du salarié), l'employeur doit rechercher un reclassement, lequel peut induire un besoin de formation d'adaptation (Cass. Soc., 17 février 1998, S.A Eclatec c. / Porson).

Il reste que l'obligation patronale reste liée à des circonstances spécifiques. Il n'en va pas de même de l'obligation du salarié.

### *2.2 - L'obligation du salarié est permanente*

La jurisprudence la considère *"comme une obligation implicite du contrat de travail qui fait corps avec celui-ci"*. L'étendue de l'obligation est générale, dès lors que le salarié est envoyé en formation par son employeur. L'intérêt de l'entreprise justifie cette obligation. Le salarié est également tenu de se former lorsque son emploi est menacé.

Cette obligation a ses limites qui tiennent à une possibilité de refus de la part de salarié.

L'auteur extrait de la jurisprudence quatre cas de refus légitimes : abus de pouvoir de la part de l'employeur, par exemple en imposant une formation pour empêcher l'exercice du mandat de représentant du personnel, "légèreté blâmable" liée à un envoi précipité en formation, non respect des accords collectifs dans ce domaine, la proposition d'une modification de la qualification initiale du salarié. *"La proposition patronale de formation, modifiant la qualification du salarié, requiert ... impérativement son acceptation"*.

Obligation ponctuelle pour l'employeur, permanente pour le salarié, le contenu des obligations diffère également.

### *2.3 - L'obligation patronale est finalisée et circonscrite dans ses objectifs*

Le contenu de l'obligation patronale est finalisé par la mise en œuvre de moyens adéquats pour l'adaptation des salariés aux changements. La jurisprudence énonce une double exigence. L'employeur doit vérifier les capacité du salarié à assurer de nouvelles fonctions, faire preuve de diligence en proposant au salarié les moyens de formation adéquats. Le contrôle du juge est très large ; Il porte non seulement sur l'exécution de l'obligation de formation, ses conditions de mise en œuvre, l'adéquation des moyens de formation, eu égard aux capacités du salarié et aux besoins du nouvel emploi.

L'exonération de cette obligation joue dans quelques cas limités. Certains motifs tiennent à l'absence de poste disponible, dans le cadre du reclassement. Le refus de la proposition de reclassement par le salarié libère également l'employeur de son obligation. *"L'employeur peut également justifier l'absence de formation quand celle-ci s'avère inefficace au regard de la qualification du salarié"*. La jurisprudence est ici très pragmatique : si l'employeur peut, il doit.

Les moyens de formation doivent donc être proportionnés au but recherché, l'adaptation ou le reclassement préalable.

Les objectifs de l'obligation patronale sont très circonscrits selon la jurisprudence.

Il ne s'agit pas de permettre au salarié d'acquérir une qualification différente, ou d'assurer sa promotion professionnelle. La qualification contractuelle constitue, la mesure de l'obligation patronale, sauf si l'employeur s'est engagé dans la voie d'une promotion future par contrat, dans le cadre du co-investissement par exemple. L'objectif de reconversion par l'apprentissage d'un nouveau métier ne s'impose pas à l'employeur qui ne peut se voir imposer une modification de la qualification contractuelle du salarié. En définitive la jurisprudence opte pour une approche fonctionnelle du contenu de l'obligation de l'employeur.

### *2.4 - L'obligation du salarié est soumise au contrôle de l'employeur, sans être contrebalancée par de solides garanties en termes d'évolution et de maintien dans l'emploi*

Le salarié est soumis à une obligation de réussite qui se démultiplie en obligation d'assiduité, de loyauté, d'apprentissage. La jurisprudence reconnaît à l'employeur le pouvoir de constater l'insuffisance des résultats pendant la formation, à condition qu'il ne s'agisse pas d'une décision prématurée. Il a le pouvoir de tirer toutes les conséquences du suivi de la formation sous réserve de laisser un temps d'adaptation au salarié. En contre partie les garanties pour le salarié allant dans le sens de ses intérêts sont fragiles. Une formation même validée par un organisme extérieur ne confère pas de droits nouveaux au salarié, à moins d'un engagement unilatéral de l'employeur. Le suivi d'une formation ne garantit pas davantage le salarié dans son emploi. Son maintien dépend de ses capacités à s'adapter dans ses nouvelles fonctions.

- La seconde contribution de N. Gomez Mustel (2004) se situe dans le cadre de la réforme.

L'auteur reprend la problématique de l'adaptation : *"L'obligation d'adaptation à charge de l'employeur sort-elle ou non renforcée du projet de loi, (il s'agit du projet aboutissant à la loi du 4 mai 2004) et pour quels effets ?"*

*"A l'analyse du texte, on constate que le législateur affirme et élargit le principe de l'obligation d'adaptation et qu'il étend l'obligation de formation à charge de l'employeur qui en découle. Le nouveau dispositif juridique confirme ainsi la jurisprudence sociale et surtout met en place des procédures qui permettront de faire la preuve de l'exécution par l'employeur de l'obligation de formation, subséquente à celle d'adaptation. Cependant en contrepartie, hors du périmètre de la responsabilité de l'employeur en matière d'adaptation, le*

*principe de responsabilité partagée de la formation est affirmé, sous certaines conditions".*

Remarquons que l'auteur fait référence non à la loi mais au projet de loi. Entre temps la formulation de l'obligation d'adaptation a bougé. La première était la suivante : "adaptation des salariés à leur poste de travail et à l'évolution de leur emploi", ce qui était la reprise à peine modifiée du texte de la loi Aubry II (art. L.932-2 du code du travail, aujourd'hui supprimé). La deuxième version qui figure actuellement dans le code du travail (art. L .930-1) est beaucoup plus restrictive : "adaptation à leur poste de travail".

Par ailleurs, l'auteur se fondant cette fois, sur le texte de loi, donne une interprétation extensive de l'article L.930-1 nouveau du code du travail. Que dit cet article : *"L'employeur a l'obligation d'assurer l'adaptation des salariés à leur poste de travail. Il veille au maintien de leur capacité à occuper un emploi, au regard notamment de l'évolution des emplois, des technologies et des organisations".* Pour l'auteur, "l'obligation d'adaptation a non seulement pour objet le poste de travail, c'est-à-dire l'emploi occupé à un moment donné par le salarié, mais aussi l'adaptation aux évolutions des emplois". Cette interprétation, certes, est favorable aux intérêts des salariés. Mais est-elle compatible avec la distinction légale des trois catégories d'actions de formation (adaptation, évolution et maintien dans l'emploi, et développement des compétences) qui ont chacune un régime juridique différencié ? Si elle prête à discussion, elle révèle le manque de clarté de la catégorisation juridique. Sur un plan pratique, elle annonce, une probabilité de tensions et de contentieux. Autant dire que la problématique de l'adaptation reste ouverte.

## BIBLIOGRAPHIE


CEPEDE (J-P.), 2004, Réforme de la formation. La nouvelle place du plan dans la gestion de la formation. *AFP*, n° 193, novembre/décembre, p. 20-24.

COLLARD (F.), 1995, Elaboration du plan de formation : dispositions obligatoires et incitatives, *Actualité de la formation permanente*, n° 136, Mai/Juin, p. 108-112.

DEJEAN (P.), 1998, Formation et pouvoirs de l'employeur. *Droit social*, n° 3, Mars, p. 233-238.

GESBERT (M.), 2004, Réforme et plan de formation. *AFP*, n° 193, novembre/décembre, p. 11-15.

GOMEZ MUSTEL (M-J.), 1999, Formation et adaptation dans la jurisprudence sociale, *Droit social*, n° 9/10, Septembre/Octobre, p. 801-811.

GOMEZ MUSTEL (M-J.), 2004, Les enjeux de l'obligation d'adaptation, *Droit social*, n° 5, Mai, p. 499- 508.

LUTTRINGER (J-M.), 1994, "L'entreprise formatrice" sous le regard des juges. *Droit social*, n° 3, Mars, p. 283-290.

# CHAPITRE V : L'INTERVENTION DES REPRESENTANTS DES SALARIES

La politique de formation dans l'entreprise est une fonction partagée entre le chef d'entreprise et le comité d'entreprise, ou à défaut, les délégués du personnel.

Depuis l'ordonnance du 22 février 1945 instituant les comités d'entreprise, la formation professionnelle fait partie de leur champ de compétence.

"Le comité d'entreprise est obligatoirement consulté sur les problèmes généraux relatifs à la formation et au perfectionnement professionnels, ainsi qu'à leur adaptation à l'emploi compte tenu de l'évolution des techniques" (art. 2. alinéa 3). Cette disposition fondamentale traverse toute la réglementation de la formation de 1945 jusqu'à nos jours. Il n'y a aucune rupture. Elle trouve des prolongements dans le préambule de l'accord interprofessionnel sur la formation et le perfectionnement professionnel du 9 juillet 1970. La loi du 16 juillet 1971 en a précisé le contenu. Au cours des années 70, dans un contexte de développement fort de la formation un débat critique s'est ouvert dont l'enjeu était de donner un pouvoir de décision ou un droit de veto sur le plan de formation[291]. Cette poussée fut sans lendemain puisque l'avenant du 9 juillet 1976 à l'accord du 9 juillet 1970 tranchait la question en cantonnant clairement le rôle du comité dans le domaine de la consultation. Cette même orientation a été confirmée par la suite, aussi bien par la loi du 17 juillet 1978 relative au congé individuel de formation que la loi Auroux (28 octobre 1982), la loi Rigout (24 février 1984) portant réforme de la formation professionnelle. L'unicité du pouvoir de décision de l'employeur est maintenue, le pouvoir du comité dans le champ de la formation reste de nature consultative. C'est un invariant. S'il y a des variantes, elles concernent l'explicitation de la procédure, du contenu et des effets de la consultation.

Sans remettre en cause le pouvoir consultatif du comité, les signataires de l'accord du 20 septembre 2003 lui confient une mission de "veille permanente" sur les modalités du développement de la formation Il est appelé à jouer un rôle central dans l'information de salariés en matière de formation, et d'accompagnement pour l'élaboration et la réalisation de leur projet[292]. C'est une nouvelle sollicitation qui vient s'ajouter aux attributions existantes, sans reconnaissance de moyens nouveaux : une question qui continuera de relever de la compétence de chaque branche professionnelle.

---

[291] J-M. LUTTRINGER, *Le droit de la formation continue*, p. 144.

[292] Accord national interprofessionnel du 20-09-2003, préambule et art. 15.

# LE SAVOIR JURIDIQUE DE BASE

Le statut et les attributions générales du comité d'entreprise sont définis au Livre IV (titre 3) du code du travail. Ce n'est pas notre objet direct. Nous ferons seulement les rappels utiles permettant de comprendre l'intervention du comité dans le champ de la formation (I). Le concept de "consultation" est central en la matière. Or, il n'est défini nulle part. En nous appuyant sur le sens commun, et les utilisations faites dans le code du travail, on en donnera une définition acceptable d'un point de vue juridique (II). La consultation du comité d'entreprise est orientée d'abord sur un noyau central : la relation formation - emploi, les orientations générales de la formation au sein de l'entreprise et le plan de formation (III). Ce noyau n'est pas exclusif pour autant. La consultation concerne également des "problèmes satellites" liés à la formation (IV). Pour accomplir cette mission le comité dispose d'une large palette de moyens institutionnels : les uns sont prévus par les textes de loi; les autres sont précisés dans les accords de branche qui doivent notamment porter sur les moyens reconnus aux délégués syndicaux et aux membres des comités d'entreprise pour l'accomplissement de leur mission dans le domaine de la formation (code du travail art. L.932-2) (V). Pour autant, le comité d'entreprise n'a pas l'exclusivité de la représentation du personnel. Aussi, en cas de carence ou d'absence de ce comité, ce sont les délégués du personnel et les représentants syndicaux qui exercent une mission supplétive en ce domaine (VI). Obligatoire, la consultation du comité en matière de formation est garantie et protégée par un système de sanctions (VII)[293].

## I - STATUT ET ATTRIBUTIONS GENERALES DU COMITE D'ENTREPRISE

### 1 - Statut

Le comité d'entreprise est une institution représentative du personnel. Sa mise en place est obligatoire dans les entreprises employant au moins 50 salariés. Il est doté de la personnalité morale ; il peut donc posséder un patrimoine, agir en justice, employer du personnel salarié.

Il réunit le chef d'entreprise et des représentants élus pour deux ans, par l'ensemble du personnel. Les syndicats concourent à ces élections par la présentation de listes de candidats. De plus les représentants syndicaux peuvent y siéger avec voix consultative.

Le comité est présidé par le chef d'entreprise ; il désigne son secrétaire parmi les représentants élus du personnel, et adopte son règlement intérieur. Lorsqu'une entreprise est divisée en établissements distincts, chaque établissement est doté d'un comité d'établissement, et il est créé un comité

---

[293] Textes de base concernant le rôle du Comité en matière de formation : art. L.432-4-1, L.451-3, L.432-3, 434-7, 931-6, 934-4 suiv., art. D.932-1 suiv. (modifié par le décret du 27 août 2004) du Code du travail, accord interprofessionnel du 5 décembre 2003.

central d'entreprise. De même un comité de groupe doit être mis en place au niveau des groupes constitués d'une société dominante et de filiales.

## 2 - Rôle

### *2.1 - Attributions générales*

De manière générale, le CE a pour objet d'assurer une expression collective des salariés permettant la prise en compte de leurs intérêts dans les décisions relatives à l'évolution économique et financière de l'entreprise, à l'organisation du travail, et aux techniques de production. Il formule à son initiative et examine à la demande du chef d'entreprise toutes les propositions de nature à améliorer les conditions de travail et de vie dans l'entreprise.

Mais il est fondamental de distinguer "activités sociales et culturelles" et "attributions d'ordre économique ou professionnel". Pour les premières (cantines, coopératives de consommation, logement, crèches, colonies de vacances, sports, loisirs, aide aux retraités et aux salariés, etc.) le comité a un réel pouvoir de décision. Le chef d'entreprise ne participe pas au vote des résolutions dans ce domaine. En ce qui concerne les secondes le comité n'a le plus souvent qu'un rôle consultatif (conditions de travail, emploi, formation professionnelle, gestion de l'entreprise) et dans certaines situations, un véritable pouvoir de décision (horaires individualisés, désignation des représentants des salariés au CHSCT, nomination et licenciement du médecin du travail).

### *2.2 - Moyens*

Pour son fonctionnement, le CE dispose d'un budget. Il est alimenté par une subvention de fonctionnement d'un montant annuel fixé à 0,20 % de la masse salariale brute ; par une contribution patronale obligatoire pour le financement des activités sociales et culturelles ; par des contributions diverses (par exemple, subventions versées par les collectivités locales, ou les syndicats, recettes provenant de tombolas, de revenus des biens mobiliers et immobiliers).

En outre, il dispose d'autres moyens spécifiques : les élus titulaires bénéficient d'un crédit d'heures (20 heures par mois) pour préparer les réunions. Les membres disposent également d'un local équipé (téléphone, photocopieur...) et de panneaux d'affichage. Le comité peut se faire assister d'experts (experts comptables, par exemple) dans certains cas, rémunérés par l'entreprise quand l'effectif dépasse 300 salariés. Pour accomplir leur mission, les membres du comité disposent d'une possibilité de formation économique.

### *2.3 - Fonctionnement*

Il se réunit au moins une fois par mois dans les entreprises dont l'effectif est égal ou supérieur à 150 salariés (tous les deux mois dans les autres cas) sur un ordre du jour établi conjointement par le chef d'entreprise et le secrétaire (choisi parmi les membres titulaires du CE.). Un procès verbal relatant la réunion doit être établi et diffusé dans l'entreprise. Les suppléants et les représentants syndicaux qui assistent aux réunions avec voix consultative peuvent prendre la parole pour exprimer leur avis. Ont seuls le droit de vote, le président et les membres titulaires élus[294].

## II - LA NOTION DE CONSULTATION

Dans le langage commun "consulter" signifie prendre un avis, le conseil de quelqu'un. D'un point de vue psychosociologique on entend par consultation, toute réunion (ou entretien) dont le but n'est pas un simple transfert d'information (unilatéral ou réciproque). L'instrument de la consultation est le questionnement et la disposition d'esprit est l'écoute active. De la sorte, la consultation est une confrontation productive dans le sens où elle débouche sur la réalisation d'un compte-rendu écrit ou d'une synthèse orale. Elle se justifie par l'accès à de nouvelles informations pour celui qui consulte ; l'éventuelle clarification d'une situation pour celui qui est consulté. La consultation est d'autant mieux acceptée qu'elle est faite sans contrainte, qu'elle est liée à un but, un problème d'action, et qu'une confiance mutuelle commande l'échange d'information[295]. L'intérêt de cette approche est double : elle montre la différence entre "information" et "consultation" ; elle met en valeur le rapport entre "consultation" et "résolution de problème d'action". Les limites sont également doubles : l'approche ne dit rien du statut des acteurs, c'est à dire de leur position égalitaire ou inégalitaire, des intérêts qu'ils représentent. Elle est muette sur le processus de décision que prépare normalement la consultation.

Au regard du droit de la formation la consultation fait partie des droits collectifs des salariés. Le chapitre III du livre IX du code du travail est consacré précisément aux droits collectifs des salariés en matière de formation. Le terme "consultation" y revient 5 fois. "Consulter" est remplacé parfois par "saisir" ou "donner son avis". La consultation est reliée tantôt aux orientations de la formation dans l'entreprise, parfois au plan de formation, ailleurs au programme pluriannuel de formation, enfin à l'organisation des actions de formation. A la consultation, on associe facilement les idées "d'information" et de "délibération"[296]. Au-delà de cette lecture purement littéraire, l'approche

[294] Pour approfondir ces aspects, voir J-E. RAY, *Droit du travail, Droit vivant*, p. 115 suiv.

[295] L. BELLENGER, *La négociation*, Que sais-je ? Edit. PUF, 1984.

[296] L'association "consultation délibération" est ambiguë d'un point de vue juridique. Le terme de "délibération" a le sens très fort de "prise de décision". L'on songe à la délibération d'un Conseil régional. "Entre une assemblée consultative et une assemblée délibérative, il n'y a pas seulement une différence de degré mais bien de nature". Dans le cas du CE pourtant c'est

stratégique montre que la consultation, dont il est question, s'inscrit dans un jeu d'acteurs inégalitaire : d'une part l'employeur, seul décideur de la marche de l'entreprise en fonction d'intérêts économiques ; d'autre part les membres élus, représentant les intérêts collectifs des salariés, mais dépendant de l'entreprise selon la logique du lien de subordination qu'est le contrat de travail. De ce fait la confrontation est chargée d'enjeux complémentaires, voire contradictoires dont l'expression pourra déboucher naturellement sur le conflit, sans que l'on puisse assimiler "consultation" et "négociation". Ceci peut se lire dans les attributions générales du comité, mais également dans le domaine spécifique de la formation des salariés. L'approche psychosociologique connaît une autre limite. Elle ne dit rien du rattachement de la consultation à un processus de prise de décision. Au regard du droit, la consultation se justifie d'une part par la dualité d'intérêts liés au développement de l'entreprise et à l'évolution professionnelle, sociale, culturelle des salariés ; d'autre part, par l'expression légitime et organisée du point de vue ou des attentes des salariés, au cours d'un processus de décision qui va les concerner directement. Du point de vue de la sociologie politique, on définit le processus de décision comme un enchaînement d'opérations tendant progressivement vers la définition et la détermination d'une position en vue de l'action[297]. La consultation est un moment du processus ; moment lui-même complexe au regard du droit puisqu'il s'inscrit dans une temporalité rythmée par des délais à respecter, et se décompose en plusieurs opérations interdépendantes : la convocation régulière des élus, la remise des informations utiles avant toute confrontation, l'expression argumentée des points de vue, leur confrontation, la rédaction et l'approbation d'un procès verbal de réunion et sa diffusion.

Si on reste dans le champ de la formation la consultation n'est ni simple information, ni co-décision. Elle est confrontation organisée d'acteurs, d'intérêts liés à la formation, et cette confrontation s'inscrit dans un processus de prise de décision que maîtrise l'employeur. Elle constitue un pouvoir d'intervention en faveur du comité. Ce pouvoir est défini dans l'article L.431-5, selon quatre principes : le principe d'antériorité, et le principe de réalité, et le principe du contradictoire, le principe de publicité.

Le principe d'antériorité : "La décision du chef d'entreprise doit être précédée par la consultation du comité d'entreprise", cette consultation doit se dérouler au cours d'une séance officielle du comité. L'ordre du jour doit être communiqué aux membres du comité au moins trois jours avant la réunion.

---

d'une différence de degré qu'il s'agit. Le pouvoir de décision appartient à l'employeur quelle que soit l'issue de la délibération. J-M. LUTTRINGER, La formation professionnelle : comité d'entreprise et formation. *Droit social*, n°4, avril 1975, p. 250.

[297] P. BRAUD, *Sociologie politique*, Edit. LGDJ, 2004.

Le principe de réalité : "Pour lui permettre de formuler un avis motivé", le comité doit disposer d'informations précises et écrites transmises par le chef d'entreprise, d'un délai d'examen suffisant. Pour l'exercice de ses missions, le comité a accès à l'information nécessaire détenue par les administrations publiques. Il peut en outre entreprendre les études et recherches nécessaires à sa mission.

Le principe du contradictoire : "Le comité d'entreprise doit disposer... de la réponse motivée du chef d'entreprise à ses propres observations".

On le voit, la consultation donne lieu à un véritable échange de points de vue. L'employeur présente ses propositions ; le comité peut demander des compléments d'informations ; L'employeur répond aux questions et remarques du comité. Celui-ci, au terme de la procédure, émet un avis et peut formuler des propositions. L'employeur n'est pas lié par elles. Mais il fait connaître au comité ses décisions en matière de formation.

A ces trois principes vient s'en ajouter un quatrième : le principe de publicité[298].

Le contenu du débat, les avis et propositions du comité, les réponses et les décisions de l'employeur sont consignés en procès-verbal : les délibérations sont consignées dans un procès verbal établi par le secrétaire, signé par lui et communiqué au chef d'entreprise et aux membres du comité.

Ce solide encadrement montre bien que la consultation n'est ni simple information, ni co-décision. Sa pointe stratégique réside à la fois dans la production d'un avis motivé de la part des élus, et dans la réponse motivée du chef d'entreprise aux observations ou propositions des élus[299].

De cette analyse on dégage la définition suivante de la consultation :

---

[298] J-M. VERDIER, op.citat., p. 178.

[299] En ce qui concerne les entreprises du secteur public, le plan de formation doit être approuvé par la délibération du comité. A défaut d'une telle approbation, le plan est soumis à délibération du conseil d'administration (loi du 26 juillet 1983, Code du travail, art. L. 933-3).

**La consultation est une composante du processus de prise de décision en matière de formation concernant les salariés de l'entreprise. Cette composante prend la forme d'une procédure collective obligatoire. D'un côté l'employeur s'engage, à un moment déterminé, à recueillir l'avis des représentants du personnel en matière de politique de formation (principe d'antériorité) ; pour cela il fournit tous les éléments d'information utiles dans un délai raisonnable pour permettre la production et l'expression d'avis argumentés et éclairés (principe de réalité). D'un autre côté, les représentants élus expriment leurs positions de façon argumentée. Les avis des élus, les réponses de l'employeur (principe du contradictoire) et ses décisions font l'objet d'un procès verbal écrit à disposition du personnel (principe de publicité).**

## III - LES CONSULTATIONS CENTRALES DU COMITE D'ENTREPRISE EN MATIERE DE FORMATION

### 1 - Le dispositif applicable

Le livre IV titre III du code du travail, place d'entrée de jeu la formation au cœur des attributions et du pouvoir d'intervention du comité d'entreprise.

*"Le comité d'entreprise a pour objet d'assurer l'expression collective des salariés permettant la prise en compte de leurs intérêts dans les décisions relatives à la formation professionnelle...". "Il formule, à son initiative, et examine, à la demande du chef d'entreprise, toute proposition de nature à améliorer les conditions de formation professionnelle"* (art. L.431-4.).

Les articles L.432-1-1, L.432-3, et L.934-1 déterminent l'objet même de cette consultation.

Dans le cadre d'une gestion prévisionnelle des emplois, il est consulté sur l'évolution prévisible à court terme des compétences dans l'entreprise et sur les modalités d'accompagnement de ces changements par la formation, en fonction des perspectives économiques et de l'évolution de l'emploi. La démarche est donc anticipatrice. Ensuite, "il est obligatoirement consulté sur les orientations de la formation professionnelle dans l'entreprise". Enfin il "donne son avis sur le plan de formation de l'entreprise...". L'article L.934-4 précise que cet avis concerne tout aussi bien l'exécution du plan de formation du personnel de l'entreprise de l'année précédente, que le projet de plan pour l'année à venir. La démarche est donc à la fois rétrospective et prospective.

Au niveau conventionnel, l'accord interprofessionnel du 3 juillet 1991 relatif à la formation et au perfectionnement professionnels modifié par de nombreux avenants[300] et repris dans l'accord du 5 décembre 2003 est également applicable dans les entreprises qui relèvent de son champ.

Les accords de branche relatifs à la formation s'appliquent également à la consultation du comité d'entreprise. Il y a une double raison. D'une part le plan de formation doit tenir compte du résultat des négociations conduites avec les organisations syndicales. D'autre part, c'est à ce niveau que les syndicats ont la possibilité de négocier les moyens d'intervention accordés aux représentants du personnel en matière de formation dans l'entreprise.

### 2 - La consultation du comité d'entreprise sur l'évolution des qualifications et la formation

Tous les ans, dans le cadre de la réunion consacrée au rapport sur l'activité de l'entreprise, le comité est consulté sur l'évolution des emplois : prévisions annuelles ou pluriannuelles, projets d'actions de prévention et de formation accompagnant ces changements. Préalablement à la réunion, l'employeur fournit les informations utiles sur la situation de l'entreprise en ce domaine. En cours de réunion il fournit des explications éventuellement sur les écarts entre les prévisions antérieures et la réalité ; enfin un procès verbal de consultation est transmis, dans un délai de 15 jours, à l'inspection du travail (art. L.432-1-1).

### 3 - La consultation sur les orientations de la formation

Cette consultation est une obligation posée par les articles L.432-3 et 934-1. La mise en œuvre de cette obligation pose trois questions : celles du contenu, de la procédure et des sanctions.

#### *3.1 - Le contenu*

Deux principes encadrent le contenu de la consultation.
*Le principe d'une lecture stratégique de la formation.*

Les orientations de la formation dans l'entreprise sont débattues, ici, en fonction de son contexte économique, technologique. L'enjeu n'est pas l'élaboration d'un catalogue de stages proposés par l'employeur à ses salariés, mais en amont, l'inscription de la formation dans la stratégie de l'entreprise.

*Le principe d'une discrimination positive.*

Ce principe joue à la manière d'un outil de lutte contre les inégalités professionnelles concernant les femmes. En effet les orientations doivent

---

[300] Avenants du 8 nov.1991, 8 janvier 1992, 5 juillet 1994, 18 nov. 1996, 26 fév. 1997, 20 septembre 2003

prendre en compte la situation comparée des hommes et des femmes au regard de 7 paramètres : les emplois, les qualifications, les salaires payés, les horaires effectuées, l'organisation du temps de travail, la formation et la promotion professionnelle. L'enjeu, ici, est non seulement le développement de la formation des femmes, mais encore la réduction des inégalités d'accès.

### *3.2 - La procédure*

La loi fixe une double périodicité à cette consultation. Elle est obligatoirement annuelle. Dans ce cas elle doit avoir lieu au plus tard le 25 Octobre.

De plus elle est obligatoire dans deux situations précises :

- lorsqu'un changement important affecte les perspectives économiques et technologiques de l'entreprise, et par contrecoup, l'évolution de l'emploi. On verra que les modifications des conditions de travail sont génératrices d'une obligation d'adaptation des compétences et donc de formation.
- Trois mois avant la négociation d'un accord d'entreprise portant sur la formation.

Nous ferons, ici, deux remarques.

D'une part ce type de consultation doit précéder la consultation sur le plan de formation dont il sera question plus bas. L'assimilation ou la confusion n'est donc pas possible, puisque la première doit logiquement nourrir la seconde. Il ressort que les deux confrontations, loin d'être juxtaposées, sont liées entre elles par un rapport chronologique et une relation organique. D'autre part, comme toutes les consultations du comité, celle-ci implique une information préalable des acteurs salariés concernés.

### *3.3 - Sanctions*

Que risque l'employeur en cas d'inexécution de ce type d'obligation ?

Il peut encourir une sanction fiscale : l'entreprise peut être tenue de verser au Trésor une somme égale à 50 % du montant total de sa participation d'une année donnée si elle n'a pas respecté les dispositions relatives à la consultation du comité d'entreprise. Il s'expose également au délit d'entrave sanctionné pénalement à l'article L.483-1 du code du travail.

Comme la précédente, cette consultation est une opération préalable à la réunion du comité consacré au plan de formation.

## 4 - La consultation sur le plan de formation

Le droit est très prescriptif pour réguler ce type de consultation. Il prend position sur quatre types de questions : la nécessité d'une double consultation, l'encadrement du contenu de la consultation, le déroulement du processus lui-même, le cas des entreprises à établissements multiples.

### *4.1 - Le principe d'une consultation double*

Le comité d'entreprise donne son avis tous les ans sur les questions de formation, mais l'examen de la politique en ce domaine prend une double direction. Il est à la fois rétrospectif : il concerne l'exécution du plan de formation du personnel de l'entreprise de l'année précédente ; et il est prospectif : il s'attache au projet de plan pour l'année à venir.

De ce fait la consultation est duale. Pour mieux garantir cette spécificité, le droit pose le principe d'une dualité de réunion : "cette consultation se fait au cours de deux réunions spécifiques" (art. L.934-4).

### *4.2 - L'encadrement du contenu de la consultation*

L'employeur est-il libre de mener le projet de formation qui lui paraît le plus adéquat aux objectifs de l'entreprise ? Cette question ne fait pas problème. Le principe de liberté, lui, est reconnu. Il est libre également de déterminer le budget qui convient pour sa politique. Mais cette liberté est encadrée par l'obligation de dépenser, en toute hypothèse, 1,6 % de la masse des salaires, que ce soit pour son personnel ou pour d'autres salariés bénéficiaires. Elle est également encadrée par l'obligation d'élaborer un plan de formation et de le soumettre au comité d'entreprise. Le contenu de ce plan est pour partie conditionnée par la prise en compte obligatoire de trois éléments :

- Les orientations de la formation dans l'entreprise, sur lesquelles le comité a été normalement consulté ;
- les résultats de la négociation au sein de la branche en matière de formation ;
- le plan pour l'égalité professionnelle prévu à l'art. L.123-4 du code du travail[301].

### *4.3 - Le processus de consultation*

La première réunion concerne l'exécution du plan de la formation de l'année en cours ; elle doit se tenir avant le 15 novembre (art. 2-7 de l'accord national interprofessionnel du 5 décembre 2003). Ainsi trois semaines avant,

[301] Plan égalité professionnelle : Pour assurer l'égalité professionnelle des hommes et des femmes dans l'entreprise, des plans d'égalité professionnelle peuvent être négociés dans l'entreprise (art. 123-4 du Code du travail).

l'employeur communique un ensemble documents d'information de base pour permettre aux élus d'élaborer un avis et des propositions éclairés et argumentés. La liste de ces documents est fournie par l'article D.932-1 du code du travail modifié par le décret du 25 août 2004[302].

La deuxième consultation relative au nouveau plan doit avoir lieu avant le 31 décembre. En effet, bien que la loi ne le précise pas, dans la mesure où le comité est invité à donné son avis sur le projet de plan de l'année suivante, il est obligatoire qu'il soit consulté avant la fin de l'année qui précède. La Cour de cassation a rappelé que l'avis du comité sur le projet de formation doit être donné avant la fin de l'année précédant celle de l'exécution du plan, c'est-à-dire avant le 31 décembre, sous peine de délit d'entrave (Cass. Crim., 26 novembre 1991, n°90-84-546)[303]. Cependant l'employeur peut entreprendre la consultation plus tôt dans l'année civile. L'intérêt est de faire coïncider la procédure avec le calendrier réel de la mise en œuvre de la formation dans l'entreprise. Du reste, il correspond souvent à l'année scolaire.

Là encore, trois semaines avant, l'employeur communique le projet de plan pour l'année suivante. Nous avons vu, dans le chapitre précédent la nouvelle structuration du plan de formation, et le régime juridique des différents types d'actions. Aussi est-il cohérent que, lors de cette consultation sur le projet de plan, le chef d'entreprise précise dans un document d'information la nature des actions de formation proposées en distinguant :

- celles qui correspondent à des actions d'adaptation au poste de travail ;
- celles qui correspondent à des actions de formation liées à l'évolution des emplois ou au maintien dans l'emploi des salariés ;
- celles qui participent au développement des compétences des salariés[304].

Les informations à fournir sont précisées dans l'accord national du 5 décembre 2003 (art. 2-9)[305].

---

302 Voici la liste : - une note concernant le résultat de la consultation du CE sur les orientations générales de la formation - le résultat éventuel des négociations en matière de formation - une copie de la déclaration fournie par l'entreprise aux services de contrôle et les observations éventuelles, et la déclaration spécifique concernant le crédit impôt formation (bilan des actions de formation comprises dans le plan de l'année antérieure et de l'année en cours - ainsi que la liste des bilans de compétences et des VAE) - des informations relatives aux congé individuels de formation accordés et aux congés de bilan de compétences, aux congés de VAE et aux congés enseignement - une note concernant le bilan pour l'année antérieure et l'année en cours, des conditions de mise en œuvre des contrats et des périodes de professionnalisation, ainsi que de la mise en œuvre du droit individuel à la formation - enfin les conditions de mise en œuvre des contrats et des périodes de professionnalisation et du DIF. Cette liste rejoint celle de l'accord national du 5 décembre 2003, art. 2-9.

303 Source : AFP. n°122, janvier/février 1993, pp. 99 (note : V. Grasset-Morel).

304 Art. L.934-4 du Code du travail.

Le code du travail (art. L.934-5) prévoit la possibilité d'un "programme pluriannuel de formation". Le souci est évidemment celui d'un développement de la formation dans la durée. Dans cette hypothèse, le comité est obligatoirement consulté au cours du dernier trimestre précédant la période couverte par le programme. Ce dispositif, laissé à l'initiative de chaque employeur, a retenu l'attention des signataires de l'accord du 20 septembre 2003 (art. 15). D'une part ils incitent les entreprises à élaborer et à actualiser chaque année un programme pluriannuel de formation, dans une logique de gestion anticipée des compétences, et d'aménagement du temps de travail dans l'entreprise. D'autre part, ils introduisent une innovation juridique en demandant qu'un bilan de la mise en œuvre de ce programme soit présenté pour avis aux instances représentatives du personnel avant la fin du premier semestre suivant la période pluriannuelle.

#### *4.4 - Le cas des entreprises à établissements multiples*

Dans les entreprises fractionnées en unités distinctes et ayant dès lors constitué des comités d'établissement et un comité central d'entreprise, quel est le lieu de consultation en matière de plan ? L'ensemble des attributions du comité en matière de formation est dévolu expressément par la loi au comité d'établissement. La consultation sur le plan relève à la fois du comité d'établissement, puis du comité central. C'est la position adoptée par la Cour de cassation (Cour de Cassation, Chambre sociale, 4 avril 1978)[306], confirmant du reste celle de l'administration[307].

## IV - LA CONSULTATION DU COMITE SUR LES QUESTIONS SATELLITES

Historiquement, on peut observer que le rôle du comité d'entreprise s'est élargi au et à mesure de la multiplication des mesures législatives concernant le développement de la formation dans l'entreprise, ou la diversification des voies d'accès à la formation. La préoccupation du législateur a été d'accompagner la mise en œuvre des nouvelles mesures par un dispositif de contrôle du comité. En voici une vue générale :

---

[305] Liste des actions de formation proposées - documents d'information concernant les organismes formateurs - les effectifs concernés répartis par catégories professionnelles - conditions d'organisation de ces actions les conditions financières de leur exécution - les éléments constitutifs du coût des actions compte tenu de leurs caractéristiques - une note sur les demandes de congés individuels de formation, de DIF, de périodes de professionnalisation, de congés de bilan de compétences et de VAE enregistrées pour l'année suivante : nombre, nature des formation, durée, coût, et organismes formateurs.

[306] Source : CENTRE INFFO, Jurisprudence en matière de formation professionnelle, 1990, p. 71.

[307] Circulaire du 4-09-1972 du SGFP, J.O. du 20-09-1972.

| | Adhésion à un OPCA | Conclusion d'un EDDF | Formations en alternance et DIF | Congé individuel de formation | Autres absences pour formation |
|---|---|---|---|---|---|
| OBJET | Principe de l'adhésion à un OPCA, le choix fait le montant de la cotisation. | Les objectifs, le contenu, les masses financières ; la réalisation. | Conditions de mise en œuvre des contrats et des périodes de professionnali sation Conditions de mise en œuvre du DIF | Problèmes liés à la mise en œuvre : congés accordés, résultats obtenus, calcul de l'effectif absent, décision de report. | Décisions de report ou de refus de la part de l'employeur. Cela peut concerner une série de 5 types d'absences pour formation[308] |
| CIRCONSTANCES | Quand l'adhésion est libre et ne résulte pas d'une obligation conventionn elle. | Avant signature et pendant l'exécution. | Avant l'accueil et après la réalisation des stages. | | |
| MODALITES DE LA CONSULTATION | Consultatio n spécifique. | En même temps que la consultation sur le plan. | En même temps que la consultation sur le plan | En même temps que la consultation sur le plan | |
| SOURCES | art. R. 964-13 Code du travail | art. L.951-5 du code du travail | art. L.934-4 | art. R.931-5 art. L.931-6 | Art. R.931-19, R.236-17, L.451-3, R.225-5, R.931-3. |

"Partenaire incontournable dans l'élaboration du plan de formation", le comité est également "un poste d'observation permanente"[309]. Le rôle du comité, loin d'être ponctuel, centré uniquement sur le plan, est une mission de veille permanente sur les modalités concrètes du développement de la formation

## V - LES MOYENS DU COMITE D'ENTREPRISE

Normalement, les moyens d'une institution sont définis par rapport à ses besoins et à ses activités. Or dans le cas présent, il s'agit pour le comité, de

[308] Congé de formation des jeunes salariés, Formation des représentants du personnel au CHSCT, congé de formation économique sociale et syndicale, congé de formation de cadres et d'animateurs pour la jeunesse,congé de recherche.

[309] CENTRE INFFO, *Inffo-flash*, n° 44015, octobre 1995, dossier : le comité d'entreprise et la formation, p. 1-6.

donner un avis circonstancié et argumenté sur un bilan ou un projet politique de formation, et de formuler des propositions relatives à ce projet. L'exercice de cette responsabilité collective implique plusieurs opérations sociales et cognitives. Par rapport au projet lui-même, il s'agit de s'informer : s'informer pour comprendre ; comprendre pour analyser ; analyser pour évaluer, juger, et proposer. Par rapport aux salariés et à leurs attentes, il s'agit de sensibiliser ; sensibiliser pour développer l'expression collective ; développer l'expression pour repérer les besoins ; repérer les besoins pour faire des propositions constructives. Ces deux chaînes d'opérations sont lourdes d'exigences et donc de besoins. Quels sont-ils a priori ? En raison de ses multiples fonctions, le comité a besoin d'une sorte de cellule d'appui spécialisée dans la formation ; les membres de cette cellule ont besoin d'un temps de délégation pour le chantier "formation" ; une formation spécifique est également souhaitable. De plus, puisqu'il s'agit d'analyser, d'évaluer des données qui peuvent être complexes selon la taille et le contexte de l'entreprise, pourquoi ne pas recourir à des experts extérieurs ? Cette question pose immédiatement le problème de financement.

Les réponses offertes par le droit proviennent de deux sources complémentaires : la loi et les accords de branche. D'une part, le comité peut constituer une commission formation ; d'autre part, il dispose de trois autres moyens pour l'exercice de ses responsabilités : une formation spécifique, le recours à des experts, et la mobilisation d'une partie de son budget.

## 1 - La commission "formation"

Le dispositif est formulé dans les articles L.434-7 et R.432-7. La loi va du général au particulier : les comités d'entreprise peuvent constituer des commissions de travail facultatives composées de salariés de l'entreprise, membres ou non du comité. C'est le principe de base. Mais à partir d'un seuil de 200 salariés la création d'une commission formation est obligatoire. C'est l'application du principe à un contexte bien précis d'entreprise. Face à cette obligation, l'employeur est tenu de lui accorder les avantages prévus par la loi et, en particulier, le paiement du temps passé aux séances. C'est la garantie d'une possibilité de fonctionnement. A partir de là le droit prend position sur trois types de questions interdépendantes : la composition, les attributions, le fonctionnement et les moyens.

### *1.1 - La composition*

Qu'elle soit facultative ou obligatoire, la composition de la commission, dans son principe, est identique. Le comité la fixe librement au cours de l'une de ses séances. Il peut choisir soit des élus ou des suppléants, soit des salariés non membres du comité, syndiqués ou non. Les représentants syndicaux au comité sont membres de droit. Le comité dispose donc d'une marge de manœuvre très large. Contrairement au comité, la présidence est assurée par un membre du comité, et non par l'employeur. La loi ne mentionne ni les représentants de la direction, ni les représentants syndicaux. On peut induire que le comité en décide librement.

La commission peut se faire assister par des experts ou des techniciens appartenant au personnel de l'entreprise, s'il s'agit d'une commission facultative (moins de 200 salariés), et d'experts extérieurs s'il s'agit de commission obligatoire.

### *1.2 - Les attributions*

Qu'elle soit facultative ou obligatoire, la commission, en aucun cas, ne se substitue au comité pour la consultation. Il s'agit d'une commission d'études. C'est le postulat de départ. A partir de là ses attributions sont définies dans l'art. L.434-7 du code du travail : elle *"est chargée de préparer les délibérations du comité d'entreprise et en outre chargée d'étudier les moyens propres à favoriser l'expression des salariés en matière de formation et de participer à l'information de ceux-ci dans le même domaine. Elle étudie également les problèmes spécifiques concernant l'emploi, et le travail des jeunes et des handicapés"*. Elle est donc en position charnière entre le comité, dont elle prépare les prises de position, et les salariés dont elle développe à la fois l'information mais aussi l'expression en matière de formation[310]. Cette posture d'interface se reflète, du reste, dans la libre composition de la commission qui peut réunir aussi bien des membres du comité que des salariés non élus. La question stratégique est celle de l'espace de liberté dont peut disposer la commission pour jouer son rôle de catalyseur de formation auprès des salariés. Une jurisprudence, déjà ancienne, reconnaît au CE et à la commission formation un rôle actif dans la recherche d'information nécessaire auprès des salariés par voie d'enquête et par le recours à un organisme conseil spécialisé. Un employeur se rend coupable de délit d'entrave s'il refuse aux membres du CE et de sa commission l'autorisation de se déplacer sur les lieux de travail pour enquêter auprès des salariés sur leurs besoins de formation (Cass. Ch. Criminelle 7 janvier 1981)[311]. Complémentairement, le recours par le comité à des intervenants extérieurs et leur accès aux locaux du comité est légitimé par le seul fait que l'intervention demandée se situe dans le cadre de la mission de la commission formation (Cass. Ch. Criminelle 12 avril 1983)[312].

---

[310] Certains accords insistent sur la nécessité d'instaurer des relations entre la commission et le service de l'entreprise ou la personne chargée de la formation dans l'entreprise, ainsi qu'avec l'encadrement (Chaussures (industries) accord du 13-06-95 - Couture parisienne (entretien et location) accord du 27-06-95 – Textile (industries) accord du 31-03-95). Source : Comité paritaire national pour la formation professionnelle (CPNFP), *La négociation collective.* CD-Rom (1998).

[311] Source : *AFP*, n°53, juillet/août 1981, pp. 93-96.

[312] Source : CENTRE INFFO, *Jurisprudence na matière de formation professionnelle*, p. 70.

Quelles sont les obligations de l'employeur, en ce domaine ?

Les obligations de l'employeur à l'égard de la commission sont différentes selon qu'elle est obligatoire ou facultative. Dans le premier cas, selon l'article L.933-3, le chef d'entreprise est tenu de communiquer à la commission formation, en même temps qu'au comité d'entreprise tous les documents préparatoires au plan de formation. Cette obligation ne vise que les commissions obligatoires ; le non-respect de cette obligation expose l'employeur à une sanction fiscale et le cas échéant, à une sanction pénale.

### *1.3 - Fonctionnement et moyens*

Au niveau légal, le comité détermine lui-même le mode de fonctionnement et le programme d'activités de la commission. C'est une sorte de relation de "prestations de services" qui s'établit entre les deux instances. En effet, tous les travaux et rapports de la commission sont soumis à la délibération du comité. Elle se réunit sur convocation du président, obligatoirement membre du comité, ou à la demande du comité. Des crédits financiers peuvent être mis à disposition de la commission par le comité. La loi prévoit pour les membres de la commission un "temps social" spécifique, pris sur le temps de travail et payé comme tel ; mais elle l'organise différemment selon que la commission est obligatoire ou facultative.

Dans le premier cas, les membres titulaire et suppléants du comité voient leur temps passé aux réunions de la commission payé comme temps de travail. De plus, ce temps n'est pas déduit du crédit d'heures (20 heures) dont disposent par ailleurs les membres titulaires du comité. Dans le second cas, la loi n'accorde pas de crédit d'heures spécial ; à défaut d'accord plus favorable, le temps passé aux séances de ces commission devra être imputé sur leur crédit d'heures légal.

En revanche, la loi n'accorde aucun crédit d'heures aux membres non titulaires d'un mandat, quel que soit le statut de la commission. Leur participation aux réunions sur leur temps de travail présuppose donc un accord avec l'employeur.

Au niveau conventionnel la question des moyens accordés aux représentants du personnel pour intervenir dans le champ de la formation fait partie de la négociation "triennale" consacrée aux priorités de la formation. C'est donc dans ce type d'accords de branches que nous pouvons rencontrer des améliorations relatives à la commission formation.

Dans les faits, en 1993-1994, 14 accords de ce type ont été négociés dont 7 traitent explicitement de la commission. En 1995-1996, on recense 28 accords dont 9 abordent le fonctionnement de la dite commission[313].Les mesures les plus intéressantes concernent les moyens : heures de délégation et outils de communication et formation. Certains accords précisent que le temps passé en commission est considéré comme du temps de travail pour tous, et donc

---

[313] Source : CPNFP, *La négociation collective*, CD-Rom (1998).

rémunéré comme tel[314]. D'autres prévoient un crédit d'heures de délégation pour les membres non titulaires d'un mandat au comité d'entreprise[315]. En ce qui concerne la communication, des accords prévoient la mise à disposition de la commission des moyens dont disposent le comité conformément à la loi : panneaux d'affichage, et utilisation du budget de fonctionnement[316]. Quoi qu'il en soit, le développement des commissions et le renforcement de leur rôle occupent une place secondaire dans les accords de branche. Il en est de même de certains accords interprofessionnels[317].

Le dernier accord national (20-09-2003) se limite à un bref panégyrique : les parties signataires "rappellent tout l'intérêt qu'elles attachent à la mise en place des commissions de formation... et à leur contribution à la préparation des délibérations du comité d'entreprise" (art. 15).

## 2 - Les autres moyens du comité

Le comité d'entreprise, dispose, pour tous ces domaines d'activité de trois moyens : les experts, la formation des élus, et son budget. Ces outils très généraux sont applicables au champ spécifique de la formation.

### *2.1 - Le recours aux experts pour la formation*

Cette question est régie par l'art. L.434-6 du code du travail.

La loi distingue deux situations en prenant pour critères la taille de l'entreprise, et le mode de paiement de l'expert.

- Entreprises d'au moins 300 salariés. Le comité est informé et consulté avant tout projet d'introduction de technologies nouvelles, lorsque celles-ci sont susceptibles d'avoir un impact sur l'emploi, la formation (art. L.432-2). Dans ce contexte, le comité peut avoir recours à un expert librement choisi, et rémunéré par l'entreprise (art. L.434-6).
- Dans toutes les entreprises : le comité peut faire appel à tout expert, rémunéré par ses soins pour la préparation de ses travaux. La mission de cet expert peut porter exclusivement sur la formation. Il a accès à tous les documents détenus par le comité et nécessaires à l'accomplissement de sa mission.

---

314 Chaussures (industries) accord du 13-06-95 - Couture parisienne (entretien et location) - Hospitalisation privée à but lucratif, accord du 15-02-1996 - Textile (industries) - Vins-cidres, jus de fruits, Accord du 22-05-1995 - maroquinerie, accord du 31-10-1995.

315 Hospitalisation privée, transports publics accord du 19-01-1996.

316 Hospitalisation privée, Vins cidres jus de fruits.

317 P. GUILLOUX, L'avenant du 21 septembre 1982. Quel avenir pour la commission formation du comité d'entreprise ? *AFP*, n°62, Janvier/février 1983, p. 133-137.

### *2.2 - Les moyens financiers*

Le comité dispose d'un budget. Il n'y a aucun obstacle à ce qu'il utilise librement ses ressources pour le financement d'études, d'information, et de formation en matière de formation.

## 3 - La formation des élus

Analyser, évaluer, le projet politique de formation d'une entreprise et ses réalisations, faire des propositions argumentées, exige des compétences spécifiques de la part des salariés élus. Ceci pose la question de leur formation. Quelles sont les possibilités ? Nous avons trois types de réponses. D'abord, les membres titulaires du comité bénéficient du droit à une formation économique d'une durée maximale de 5 jours ouvrables pendant leur premier mandat. Cette formation est prise sur le temps de travail avec maintien du salaire. De plus il n'est pas déduit du "temps de délégation". Or, la formation fait partie des attributions économiques du comité. Les élus peuvent donc utiliser ce dispositif pour se former dans ce domaine (art. L.434-10). Mais les membres suppléants en sont exclus. En revanche, tous les salariés, élus, suppléants, membres de la commission formation n'appartenant pas au comité d'entreprises peuvent suivre une formation dans le cadre d'un autre dispositif : le congé de formation économique sociale et syndicale (art. L.451-1). Les objectifs sont larges, et n'excluent nullement la problématique de la formation. Ces deux réponses sont de type légal. La troisième est conventionnelle. De la pauvreté des accords de branche, on peut extraire cependant le dispositif original de l'accord des "industries agro-alimentaires" : chaque membre du personnel appelé à participer à la conception et au suivi des plans de formation bénéficie d'une formation appropriée de cinq jours[318]. La visée est donc large puisqu'elle dépasse le cadre de la commission formation.

# VI - Role des delegues du personnel et des representants syndicaux

## 1 - Les délégués du personnel

Il faut rappeler que les délégués du personnel ont une compétence générale pour tous les litiges individuels avec l'employeur liés à l'application de leurs droits. Ceci vaut en matière salariale, par exemple, mais également dans le domaine de formation. Les réclamations liées au non-respect du droit au congé individuel de formation relèvent donc directement de leur compétence. Par ailleurs ils ont une compétence supplétive, en matière de formation, dans deux situations : entreprise de 50 salariés dépourvue de comité ; entreprise de moins de 50 salariés.

---

[318] Accord des industries agro-alimentaires du 21-12-1993.

- Entreprise de 50 salariés sans comité : en l'absence de comité, des attributions économiques sont exercées par les délégués du personnel (art. L.431-3). Fort logiquement, toutes les consultations prévues en matière de formation, sont orientées alors vers les délégués, au lieu et place du comité. Le processus de consultation se déroule exactement dans les mêmes conditions que s'il s'agissait du comité. De plus, les délégués bénéficient d'un crédit d'heures supplémentaire de 20 heures par mois, pour exercer ces attributions supplémentaires (art. L.424-1).
- Entreprise de moins de 50 salariés. : ici la position du droit est plus restrictive. Dans ces entreprises, les délégués, certes, sont informés et consultés par l'employeur, en matière de formation (art. L.934-6). Mais ils ne disposent que du crédit mensuel de 15 heures propre aux délégués (art. L.424-1). Les attributions supplémentaires ne sont donc pas accompagnées de moyens complémentaires comme dans la situation précédente.

### 2 - Représentants syndicaux

Le droit est, ici, très bref. Son souci est simplement de les associer passivement en quelque sort, au processus de consultation. De quelle manière ? Par voie d'information. En effet, les représentants syndicaux au comité d'entreprise sont destinataires de toutes les informations relatives à la formation et remises au comité. Il en est de même des délégués syndicaux.

## VII - LES SANCTIONS

Le bon fonctionnement du comité en matière de formation est garanti d'une part, par une sanction fiscale spécifique à cette matière et, d'autre part, par le classique délit d'entrave prévu par l'article L. 483-1[319].

- L'employeur qui n'apporte par la preuve de la consultation du comité en matière de formation, ou qui ne peut fournir un procès-verbal de carence (absence de candidats aux élections) est soumis à une majoration de 50 % du montant de sa participation. Cette règle est issue des articles L.951-9 et 951-9 du code du travail. Le conseil d'Etat, dans une jurisprudence ancienne a entériné cette position (Conseil d'Etat 20-12-85, requête n°407.55 Entreprise Claisse Lefrançois)[320]. Quel est le champ d'application de cette sanction ? On vise non seulement la délibération de fin d'année, mais le processus qui a abouti à cette délibération finale tel qu'il est décrit dans l'article

[319] Sanction : Peine d'emprisonnement d'un an et amende de 3 750 euros ou l'une de ces deux peines seulement.

[320] Recueil des décisions du conseil d'Etat, 4-11 au 20-12-85, p. 388-389.

L.932-6 : avis sur l'exécution du plan antérieur, sur le projet de l'année à venir, prise en compte de la négociation avec les syndicats, du plan d'égalité professionnelle, informations préalablement transmises au CE, à la commission formation et aux délégués syndicaux. Cette position du droit est intéressante : elle discrédite une conception réductrice de la consultation. En revanche, elle accrédite une conception stratégique centrée sur l'appropriation,par les élus d'un projet politique de formation contextualisée, son analyse, son étude, finalisée par la production de remarques et de propositions argumentées prenant place dans un processus de décision maîtrisé par l'employeur et concernant les salariés.

Le procès-verbal de carence visé est celui prévu à l'article L.433-13 du Code du travail. Son intérêt est d'apporter la preuve de l'initiative prise par l'employeur, d'instituer un comité dès lors que la condition d'effectif est remplie. Il a une validité de deux ans.

- Les sanctions pénales réprimant le délit d'entrave s'appliquent en cas de non consultation ou de consultation irrégulière ou tronquée. La Cour de cassation a retenu plusieurs fois le délit d'entrave contre un employeur dans cette matière. Nous avons déjà relevé le cas où l'employeur faisait obstacle au rôle actif des élus et des membres de la commission, pour préparer la réunion de consultation. Elle a jugé qu'étaient constitutifs du délit d'entrave les faits suivants : la réunion du comité avait été fixée à une date tardive, le 30 décembre pour l'exécution du plan de formation qui devait être arrêté le 31 décembre au plus tard. Ceci sans que l'employeur se soit assuré d'un accord unanime sur cette date, et sans convocation par lettre individuelle de chaque membre du comité. La Cour de cassation estime "qu'une atteinte avait été volontairement portée par l'employeur aux droits des représentants du personnel" et que l'infraction poursuivie entrave au fonctionnement du comité "était caractérisée en tous ces éléments" (Cass. Crim. 14 février 84, n° 83-50-90997)[321]. C'est une forme de "consultation tronquée". Il en existe d'autres : un employeur a remis tardivement les documents concernant le plan de formation aux membres du CE. De plus aucun vote n'est intervenu et aucune délibération n'a été réalisée afin de connaître, de manière précise, la pensée de la majorité des membres du CE sur le problème exposé. Il y a donc manque de consultation du CE et délit d'entrave à son fonctionnement (TGI Grenoble, 11 janvier 1988 ; CE de l'Usine Redland et URCB CFDT c/Gumery et Moroz)[322]. Enfin, l'employeur doit permettre une réelle "consultation". Une simple communication

[321] Source : J-M. LUTTRINGER, op. citat., p. 165
[322] Source : CENTRE INFFO, *Jurisprudence en matière de formation*, p. 72.

d'informations au comité ne peut constituer la consultation requise (Conseil d'Etat, 3 mars 1978)[323].

**MOTS CLES : politique de formation, plan de formation, comité d'entreprise, commission formation, délégués du personnel, délégués syndicaux, information, consultation, proposition, pouvoir de décision, sanctions, délit d'entrave.**

## ETUDES RECHERCHES REPERES

### I - QUESTIONNEMENT SUR LES PRATIQUES DES COMITES EN MATIERE DE FORMATION

Nous disposons de deux enquêtes concernant les modalités pratiques d'intervention des comités d'entreprise dans le champ de la formation. La première (Luttringer J-M. 1975) exploite les résultats d'une étude du secrétariat général de la formation professionnelle. Celle-ci consiste dans l'analyse des documents relatant les délibérations des comités d'entreprise pour 1972 et 1973 dans trois Régions. L'échantillon est ainsi constitué : 2518 dossiers ont été dépouillés ; 1817 procès verbaux de délibération ont pu être analysés sur un ensemble national de 26 000 entreprises de plus de 50 salariés.

La seconde (Nallet J-F. 1979) présente les résultats d'un questionnement auprès de 60 comités par voie d'interviews approfondies, et d'un sondage comprenant 106 questions auxquels 162 comités ont apportés des réponses exploitables.

Les résultats sont convergents et relativement négatifs. Au total, le fonctionnement du CE dans le domaine de la formation n'est pas très satisfaisant. La situation est paradoxale : alors que des attributions de plus en plus nombreuses reposent sur cette institution, son pouvoir et ses moyens demeurent très limités. L'enjeu est la maîtrise des problèmes de formation ; cela suppose de la part des élus des connaissances juridiques, économiques, pédagogiques. Leur acquisition, estime Luttringer, est d'autant plus malaisée que la formation n'est pas le premier chantier de revendication porté par la collectivité des syndicats. Les élus seraient tentés d'abandonner ce terrain aux services spécialisés de l'employeur.

---

[323] Source : *Droit social*, 1978, p. 51.

## 1 - Première enquête

Dans la première enquête, sur 2518 dossiers analysés : 17 % contiennent un procès verbal de carence, l'élection d'un comité n'ayant pu avoir lieu. 11 % ont fait apparaître que l'entreprise avait acquitté la majoration de participation de 50 % pour défaut de consultation du comité ; 72 % contenaient un PV de délibération qui a pu être analysé. 63 % des entreprises ont respecté les prescriptions en ce qui concerne la date de consultation.

Les indicateurs utilisés sont liés à la mise en œuvre de la procédure, au contenu de la consultation et à la nature des propositions avancées par les élus.

Sur le premier point, il ressort que les conditions dans lesquelles s'est tenue la réunion et la taille de l'entreprise présentent des liens significatifs avec la position adoptée par les élus. Au départ, la remise de documents par l'employeur est peu fréquente (4 % des cas). Ceci dit, dans les entreprises de faible effectif, une réunion organisée sans préparation ne donne pas lieu à un véritable débat (86 % des cas) ; les élus acceptent la formation proposée par l'employeur, voire le versement de la participation au Trésor Public, ce qui signifie l'absence de formation. Si dans les petites entreprises, l'avis des élus est pratiquement toujours favorable à la positon patronale, sans réserve, il n'en est pas de même ailleurs. Plus la taille de l'entreprise s'agrandit plus les avis des élus divergent avec la position de l'employeur.

Sur le deuxième point, on repère une corrélation entre la taille de l'entreprise et l'importance des informations fournies par l'employeur au cours de la consultation. En moyenne, dans 60 % des cas l'employeur a fourni des informations, la proportion croissant avec l'effectif de l'entreprise pour atteindre 92 % dans une entreprise de plus de 2000 salariés. Concernant la nature de ces informations, l'employeur a fourni un bilan de la formation durant l'année écoulée (27 % en moyenne), le montant prévu du budget de formation (23 %), la nature des formations envisagées (32 %), les catégories professionnelles concernées (24 %), les organismes de formation choisis (27 %), législation sur la formation professionnelles (5 %). Mais toutes ces proportions s'accroissent avec la taille de l'entreprise.

Sur le troisième point, on remarque que de leur côté les représentants du personnel ont fait des propositions. Ces propositions apparaissent dans 19 % des PV analysés. Elles concernent la nature des formations dans 8 % des cas. Les représentants du personnel demandent que les formations fassent une plus large part à la culture générale, tout en restant dans une perspective professionnelle. Les PV expriment une certaine méfiance à l'égard des stages dits "d'adaptation" organisés par les entreprises. Souvent selon les élus, ils ne correspondent qu'à une adaptation des salariés à un poste de travail et ne répondant à l'objet plus large fixé par la loi de 1971. L'organisation des formations apparaît dans 6 % des consultations. Une tendance très nette se dégage pour réclamer que la formation d'une part, soit assurée par des établissements du secteur public, d'autre part soit insérée dans le temps de travail.

## 2 - Deuxième enquête

Si, quatre ans plus tard, la seconde enquête (Nallet 1979) confirme ce bilan assez négatif concernant les conditions d'intervention des comités dans la formation, elle le dépasse, par son orientation plus stratégique centrée sur les enjeux de la formation et sa charge conflictuelle pour l'employeur et le comité d'entreprise. Quels sont ces dépassements ?

- Tout d'abord le processus d'information du CE est irrégulier et surtout insuffisant de la part de l'employeur. De ce fait l'information, sous développée et pourtant attendue devient elle-même enjeu de tensions et de conflits. Connaître les choix des organismes de formation, savoir ce qui se fait dans telle action de formation et pour qui, est le premier pas d'une politique de contrôle.
- Ensuite la formation, devient, selon l'auteur, une matière conflictuelle au sein des comités.

On peut regretter que l'auteur ne tienne pas compte, ici de la "taille des entreprises", variable dont l'enquête précédente a montré l'impact sur les comportements de l'employeur et des élus. Quels sont les éléments susceptibles de nourrir le conflit ? Il y a affrontement entre deux conceptions de la formation : une conception restrictive centrée sur l'adaptation de la force de travail aux nouvelles exigences des techniques de production ; une conception progressiste dirigée vers la valorisation de la force de travail, par l'entretien le perfectionnement des connaissances, la promotion salariale et professionnelle. Le conflit s'exprime également sur les moyens (le budget), sur les destinataires (catégories bénéficiaires de la formation), sur le choix des organismes de formation. Le souci de l'auteur est de montrer l'interdépendance de ces points de conflits. Ils *"s'inscrivent dans deux axes majeurs de tension qui structurent le contenu de l'intervention du comité en matière de formation : la formation peut elle être un outil visant à rationaliser l'utilisation de la force de travail par l'employeur et permettre en même temps sa valorisation en termes de valeur d'échanges ? La capacité juridique de l'employeur à gérer la formation peut elle s'accommoder de l'aspiration des élus à définir un projet de formation dont les origines se distinguent de celle du projet de l'employeur"* ?

- Enfin c'est le plan de formation qui est investi avant tout par le comité, comme espace réel de négociation. C'est le domaine où l'essentiel se produit. Position paradoxale : les élus manifesteraient un désintérêt pour la promotion du congé individuel de formation, droit confidentiel dont on connaît les raisons de son échec relatif. En revanche ils préfèrent se battre au niveau collectif, c'est-à-dire sur le plan de formation, là où l'employeur est le plus fort. Comment s'exprime ce combat ? A travers deux stratégies contradictoires. La première consiste dans des opérations d'ajustement ou d'amendement. Modèle classique qui relève du jeu normal de la consultation et dont les résultats, estime l'auteur, sont très limités. Dans ce cas la consultation se différencie mal du simple processus d'information mené par l'employeur. La deuxième stratégie prend la forme de revendication ou de négociation. Il s'agit de mettre en avant des projets nouveaux représentant des demandes collectives. La consultation tend alors à se transformer en négociation. Dans cette situation de tension, que devient le CIF ? Conformément à ce qui a été dit plus haut, il n'est jamais mis au premier plan, du moins dans un premier temps. En cas d'échec, les élus se rabattent en quelque sorte sur la promotion de ce dispositif au sein de l'entreprise, pour pallier partiellement les insuffisances de la "négociation". Dans ce cas, la consultation tend à se confondre avec la "négociation", ce qu'elle n'est pas juridiquement.

**3 – Intérêt de ces enquêtes**

L'aspect le plus inattendu de ces enquêtes, selon nous, est la question suivante : quel est l'effet de l'intervention du comité dans le domaine de la formation sur la nature et le fonctionnement de l'institution elle-même ? Ce questionnement de type rétroactif est développé surtout dans la deuxième enquête.

Au niveau quantitatif : la loi en imposant une consultation obligatoire du comité sur le plan de formation, assortie de sanction financière, a eu un effet sur l'accroissement du nombre de CE. En 1972 le ministère du travail a enregistré la création de plus de 3 300 CE soit deux fois plus que le nombre de créations en 1970. En 1973 on recense 19 663 comités existants, et 2320 créations (Luttringer et Nallet).

Au niveau qualitatif : l'intervention du comité dans la formation a eu trois effets sur son fonctionnement.

- Elle a joué le rôle d'un mécanisme nouveau d'articulation entre les différentes attributions du comité, d'autant que la formation est vue à la charnière de l'économique et du social. Ceci est d'autant plus compréhensible que les comités sont hostiles à une parcellisation des interventions. Le technique n'est pas leur domaine de prédilection ; mais un moyen par lequel ils peuvent défendre et faire progresser les conditions de travail des salariés. La restitution à chaque événement débattu de son caractère de phénomène social devient alors l'enjeu principal.
- Elle est devenue un lieu d'expérimentation dans le domaine revendicatif. Présenter les revendications des salariés est une tâche difficile pour les élus. En matière de formation, l'opération est encore plus complexe. Ceci a conduit les comités à multiplier les outils et démarches pour s'assurer de la validité de leurs propositions. Ceci s'exprime dans un travail important de prospection, d'analyse :

enquêtes menées par le comité, conception de moyens et de méthodes pour permettre l'expression des salariés, sollicitations de la commission formation laquelle, appareil technique capable d'analyser au nom du comité le plan de l'employeur, devient l'instrument d'une politique.

- Enfin l'intervention des comités révèle au grand jour les limites du "contrôle social" de la formation continue. L'employeur est "partie" prenante du comité d'entreprise puisqu'il en est le président. Cette composition mixte de l'institution ne peut être oubliée dans le jeu de pouvoirs. Par ailleurs le comité appartient à un système plus large. Avec les délégués du personnel et la section syndicale il constitue les institutions représentatives du personnel. Cet ensemble correspond à une complémentarité de mission. Il reste qu'en matière de formation l'acteur principal est le comité. L'intervention syndicale pourrait s'exprimer dans la négociation d'accords d'entreprise. Concrètement elle se réduit, elle se limite à celles des représentants syndicaux au comité. Enfin l'intervention spécifique des délégués du personnel ne pourrait concerner que la mise en œuvre du congé individuel de formation. L'articulation entre les instances est donc faible. On fait le même constat, si maintenant on regarde dans un cadre plus large pour interroger les instances paritaires extérieures à l'entreprise. Le bilan, estime l'auteur, est franchement négatif. Pratiquement aucun rapport de travail entre le comité, l'instance paritaire de gestion financière (Fonds d'assurance formation) à laquelle adhère l'entreprise, les commissions paritaires de l'emploi. L'isolement est le trait propre aux élus des comités d'entreprise, dans le cadre du travail qu'ils accomplissent. L'articulation entre les instances, ici, est non seulement faible mais inexistante.

## 4 - De notre point de vue

Ces enquêtes sur le fonctionnement du CE ont une valeur historique certaine. A trente ans de distance, le dispositif de formation a évolué, comme aussi le nombre de comités, leur champ de compétences et leurs moyens d'intervention. Aussi il serait malvenu de transposer les résultats des enquêtes, tels quels, sur les pratiques actuelles Mais la problématique reste la même. Quelles sont les conditions d'intervention des comités d'entreprise dans le champ de la formation ? De 1975-1979 à nos jours, y a-t-il eu évolution et dans quel sens? Aucune étude, à notre connaissance, n'a repris ce genre de question. Au-delà des résultats très contextualisés, les présentes enquêtes, par leur structuration et leur questionnement fournissent des outils pertinents pour fonder une nouvelle investigation dans ce domaine : ce chantier reste à exploiter.

## II - Les formes de controle social de la formation par les representants des interesses (Nallet 1977)

Il n'existe pas de contrôle de la formation exercé directement par les intéressés. Le contrôle est indirect par des institutions qui les représentent, dans l'entreprise et hors de l'entreprise.

A partir de ce constat l'auteur pose deux questions centrales : quel est le champ d'intervention des représentants des intéressés ? Quelles sont les limites de leur intervention ? L'analyse porte sur le droit positif existant en la matière en 1977, d'origine légale et conventionnelle. L'avenant du 9 juillet 1976 à l'accord du 9 juillet 1970 y occupe une place particulière. Le concept central est celui de "contrôle". Aussi on peut regretter qu'il ne soit pas défini car sa portée est variable selon qu'il s'applique à un comité d'entreprise ou à l'administration et son corps de contrôleurs. Ici, le terme est toujours associé aux représentants des "usagers" de la formation.

De cette étude on dégage une série de 3 résultats.

### 1 - La demande individuelle de formation

La demande est objet de contrôle par les représentants des salariés. On peut le vérifier pour le congé individuel de formation : le comité d'entreprise est informé chaque année sur les conditions d'application de ce droit, et tout report de demande est soumis à la consultation d'entreprise. Ces dispositions sont toujours en vigueur. Les délégués du personnel interviennent dans le même sens puisqu'ils veillent à l'application individuelle de la réglementation, et peuvent être saisis à cet effet par tout salarié. L'objet du contrôle est donc limité à l'exercice d'un droit.

On peut le vérifier également pour la demande de formation émanant de l'entreprise. De façon générale le comité est consulté sur le contenu et l'exécution du plan de formation. Il l'est également pour les actions de formation qui se déroulent sur les lieux de travail. Ceci pour éviter que de simples actions d'adaptation à des machines ou que de simple production soient présentées comme actions de formation. Dans ce cas le comité pourrait exercer un recours auprès du corps de contrôle.

### 2 - L'offre de formation

L'offre de formation est également objet de contrôle par les représentants des salariés. Les instances qui interviennent alors sont extérieures à l'entreprise.

Les commissions paritaires de l'emploi ont été créées par l'accord interprofessionnel sur la sécurité de l'emploi (10 février 1969). L'accord du 9 juillet 1970 leur a donné des attributions dans le champ de la formation. Elle délivre des "agréments" aux offres de formation au titre du congé individuel de formation, en fonction des intérêts reconnus pour la profession ou par les salariés de la profession. L'agrément paritaire est un mécanisme non négligeable du contrôle opéré par les représentants des salariés sur l'offre. Cet instrument fonctionne a priori, par l'octroi d'un label à tel type de stage, a "posteriori" par le retrait éventuel de l'agrément.

Les FAF interviennent à leur tour sur le contrôle de l'offre. L'acte de constitution d'un FAF doit fixer les règles selon lesquelles sont choisis les stages donnant lieu à des interventions du fonds, la nature de ces interventions et la répartition des ressources financières entre ces interventions. Ce mécanisme aboutit, là encore, à un mécanisme d'agrément. Il est comparable au précédent : ils sont tous deux de nature paritaire, il concernent l'offre de formation, il fonctionne a priori et a "posteriori". Plus qu'un organisme payeur intermédiaire entre les entreprises adhérentes et les organismes de formation, le FAF est acteur politique de formation.

### 3 - Les limites

Les limites de l'intervention des représentants des intéressés sont de plusieurs ordres. Tout d'abord le système est incomplet. Les demandeurs d'emploi sont exclus de ce système de représentation et donc de cette forme de contrôle. Ensuite les modalités d'intervention des instances recensées sont hétérogènes : procédure d'information, de consultation, procédure de décision paritaire dans les CPE et les FAF. Il y a deux logiques de contrôle social de la formation selon que l'on est à l'extérieur ou à l'intérieur de l'entreprise.

### 4 - De notre point de vue

Le contexte socio-économique et éducatif a changé depuis 1973, et avec lui l'environnement juridique de la formation (affirmation de l'autonomie juridique du CIF par rapport au plan de formation (1978) création des FONGECIF dont la mission est de gérer le financement du CIF (1984) réorganisation des instances paritaires de gestion financière de la formation des salariés 1993). Il reste que les formes de contrôle interne et externe de la formation analysées par l'auteur demeurent aujourd'hui un processus bien établi. Le contrôle par les représentants des "usagers" a même pris une nouvelle forme, à travers la création obligatoire, au sein des organismes de formation des "conseils de perfectionnement" (loi du 4 juillet 1990) instance consultative. De cette manière là, les demandeurs d'emploi ne sont plus exclus de l'intervention des représentants des intéressés eux-mêmes.

De cette analyse on dégage deux interrogations essentielles, que l'on peut projeter sur le système actuel.

- Convient-il de renforcer le rôle du comité ? Les syndicats, estime l'auteur, n'ont jamais souhaité globalement le renforcement du pouvoir général du comité. La co-gestion n'est pas au centre de préoccupations du mouvement syndical français, pas plus qu'elle ne fait partie de son histoire revendicative. Cette appréciation reste valable aujourd'hui, si on se reporte au contenu du dernier accord interprofessionnel signé le 20 septembre 2003. Dans cette espace de négociation, il y a trace d'une extension du champ d'intervention du CE. En revanche on ne trouve aucune revendication spécifique pour un supplément de pouvoir en faveur du comité.
- Ensuite l'articulation des compétences et des interventions entre les différentes instances, au sein de l'entreprise comme à l'extérieur reste problématique. Plus que la multiplication, la coordination des lieux de contrôle de la formation est une urgence. Comment les interventions du comité d'entreprise se mettent elles ou non en synergie non seulement avec les lignes politiques définies au niveau des branches professionnelles, mais aussi avec les orientations des CPE et des instances paritaires de financement (FONGECIF et OPCA) ? (Voir, plus haut, le bilan très négatif établi par Nallet, 1979).
- Enfin, sans dénaturer la pensée de l'auteur, il est possible de lire, derrière ces formes de contrôle qui ont été exposées, l'élaboration de divers projets politiques dans lesquels le salarié tente d'inscrire son "micro projet". Le rôle des différents acteurs, et la place laissée à l'usager constituent un enjeu essentiel, dans une telle logique. Or le dernier accord interprofessionnel, dans une philosophie d'individualisation, présente le salarié comme l'acteur de sa formation et de son projet de professionnalisation. Mais les choix du salarié sont largement conditionnées par une série de décisions prises en dehors de lui par les instances paritaires, ou les partenaires sociaux à la tête des branches, ou même par l'entreprise. Il y a là un paradoxe. Le projet de professionnalisation est d'abord le projet d'acteurs extérieurs avant d'être celui du salarié. Serait-ce au principal intéressé, le salarié, de s'adapter à une logique de projets élaborés pour lui, mais sans sa participation directe ? Cette question vive peut être utilisée comme une entrée de lecture distanciée de l'accord du 20 septembre 2003.

## BIBLIOGRAPHIE


BLONDEL (C.), 1979, L'information du comité d'entreprise en matière de formation professionnelle, *Droit social*, n°4, Avril, p. 58 suiv.

COLLARD (F.), 1995, Elaboration du plan de formation. Dispositions obligatoires et incitatives, *AFP*, Mai/Juin.

GUILLOUX (P.), 1983, L'avenant du 21 septembre 1982. Quel avenir pour la commission formation du comité d'entreprise ? *AFP*, n° 62, Janvier/Février.

GUILLOUX (P.), 1986, Premier bilan de la négociation de branche sur les objectifs et les moyens de la formation professionnelle des salariés. *Droit social*, Février, p.

LEROY (J-P.), 1990, La formation professionnelle et le rôle du comité d'entreprise. *RPDS*, n° 548, Décembre.

LUTTRINGER (J-M.), 1975, La formation professionnelle : comité d'entreprise et formation. *Droit social*, n°4, Avril, p. 245-250.

NALLET (J-F.), 1976, Consultation du comité d'entreprise sur le droit au congé. *AFP*, n° 21, p. 14-20.

NALLET (J-F.), 1977, Formation professionnelle continue et représentation des intéressés. *Droit social*, n°2, Février, p. 25-32.

NALLET (J-F.), 1979, Les comités d'entreprise face à la formation professionnelle. *Droit social*, n° 2, Février, p. 75-83.

NALLET (J-F.), 1978, Plan de formation et intervention du comité d'entreprise dans la loi du 17 juillet 1978, *AFP*, n° 35, Juillet/Août, p. 55-60.

NALLET (J-F.), 1979, Les comités d'entreprise et la formation, *AFP*, n° 39, mars/avril, p. 64-82.

# TROISIEME PARTIE :
# LE SALARIE ET SON PROJET PROFESSIONNEL

Le rapport du salarié à la formation ne se limite pas à une simple obligation ou prescription émanant de l'employeur dans le cadre du plan de formation analysé plus haut.

On a vu que "l'individualisation de la formation" est une tendance lourde inscrite dans le nouveau droit de la formation issu de la réforme (2003-2004). On la définit ici comme un mode d'organisation de formation construit sur trois composantes : le pouvoir d'initiative du salarié et sa responsabilisation dans l'accès à la formation, l'accompagnement juridique du projet du salarié, l'encadrement de la démarche par des régulations collectives[324]. On change de paradigme. Dans cette problématique de l'individualisation, le rapport du salarié à sa formation et à son évolution professionnelle se définit, selon les termes de l'ANI comme un parcours individualisé, ou personnalisé, reposant sur un projet dont le salarié peut avoir une relative maîtrise.

Mais le parcours de formation comporte bien deux moments distincts : le temps du projet, et le temps de l'engagement dans la formation par une décision volontaire et une démarche personnelle. Nous traitons ici uniquement le "temps du projet", le deuxième aspect sera analysé dans la partie suivante.

Comment créer un environnement favorable pour que le salarié quel que soit son statut, parvienne à élaborer un projet personnel de formation ou de professionnalisation ? Les signataires de l'ANI du 20 septembre 2003 ont répondu à cette question en trois propositions offertes au salarié : un réseau actif d'informateurs - l'entretien professionnel - la création d'un "passeport – formation".

## I - UN RESEAU D'INFORMATEURS AU SERVICE DU SALARIE

L'ANI, on l'a déjà noté[325], entend bien mettre sur pied un dispositif d'information dont le salarié, principal intéressé, serait le centre.

- Informer sur quoi ? L'information, jugée utile pour les salariés, concerne les évolutions des métiers, des qualifications dans l'entreprise, mais aussi dans la branche professionnelle d'appartenance. Elle vise aussi les objectifs de formation déclarés prioritaires, mais aussi les dispositifs juridiques, c'est-à-dire les voies d'accès à la formation offertes au salarié à un moment donné de sa trajectoire. Ces

---
324 Voir plus haut, chapitre préliminaire.
325 Idem.

informations croisées vont conditionner le caractère réaliste du projet de la personne.

– Qui informe ? Les acteurs concernés sont multiples : l'employeur, les représentants du personnel, les cadres, les FONGECIF, les OPCA Au delà, ce sont les "observatoires prospectifs des emplois et des qualifications", implantés dans chaque branche professionnelle[326] comme aussi les Commissions paritaires nationales pour l'emploi devraient constituer la tête de réseau de ce processus d'information. Mais tout ce schéma reste en partie théorique. L'essentiel reste à faire. Trop d'informateurs peuvent tuer l'information en l'opacifiant.

Que savons nous du fonctionnement de l'information du salarié en matière de formation actuellement ? A l'avenir, comment tous les acteurs, compte tenu de leur fonction, vont-ils travailler ensemble pour répondre à la diversité des besoins des salariés ? C'est à ce niveau que l'efficacité du dispositif pourra être évalué par la suite.

## II - L'ENTRETIEN PROFESSIONNEL

Selon les termes de l'ANI : "Pour lui permettre d'être acteur dans son évolution professionnelle, tout salarié ayant au moins deux années d'activité dans une même entreprise bénéficie au minimum tous les deux ans, d'un entretien professionnel réalisé par l'entreprise..."[327]. La démarche n'est pas nouvelle. Depuis plusieurs années elle était déjà inscrite dans certains accords de branches. Son objet est de permettre une rencontre de chaque salarié avec l'employeur ou un représentant de la hiérarchie pour faire le point sur l'exercice des responsabilités des salariés, les compétences acquises, les perspectives d'évolution de carrière, et éventuellement sur les propositions de formation. En faisant de cet entretien une possibilité pour tout salarié remplissant certaines conditions, l'accord, au vue des expériences déjà faites, entend généraliser cette démarche et lui donner un rythme régulier. L'avenant n° 1 du 8 juillet 2004 à l'ANI va plus loin puisqu'il définit les principes de base et les modalités de mise en œuvre de cet entretien. Il a pour finalité de permettre à chaque salarié d'élaborer son projet professionnel, il a lieu à l'initiative du salarié, de l'employeur et éventuellement avec un concours technique extérieur ; les moyens d'accès à l'information sur les dispositifs, l'identification des objectifs de professionnalisation envisageables, les conditions de réalisation de la formation sont les principaux points à traiter. Il revient aux branches professionnels de définir les modalités pratiques : la préparation la mise en œuvre de l'entretien ; l'information des représentants du personnel sur cette question ; la formalisation des conclusion de l'entretien ; les suites à réserver à un éventuel désaccord sur les conclusions ; la prise en charge de la formation

[326] Voir chapitre V consacré au plan de formation.
[327] ANI du 20 septembre 2003, art. 1.

des personnes chargées d'assurer la mise en œuvre de l'entretiens[328]. Dans les faits, la plupart des accords de branche signés pour la mise en œuvre de la réforme abordent cette question de la mise en œuvre de l'entretien professionnel.

## III - LE "PASSEPORT FORMATION"

Le passeport formation a été une revendication centrale de la CFDT tout au cours de la négociation. C'est une création des signataires de l'ANI du 20 septembre 2003. Il est conçu comme un outil d'identification et de mémorisation des diplômes ou titres obtenus au cours du cursus de formation initiale ; des certifications délivrées dans le cadre de la formation continue ou de la VAE ; des actions de formations suivies, des activités tutorales exercées ; les emplois tenus dans une même entreprise. C'est également un lieu d'enregistrement des décisions en matière de formation qui seraient prises lors d'entretiens professionnels ou de bilans de compétences. Comme le relève l'avenant n°1 du 8 juillet 2004, cet instrument de suivi qui accompagne le salarié tout au long de sa vie professionnelle prend tout son sens dans une perspective de mobilité interne ou externe : il permet au salarié d'identifier et de faire certifier ses connaissances, ses compétences acquises tout au long de sa trajectoire[329]. Cet outil est au croisement de l'entretien professionnel, du bilan de compétences, et de la VAE. Il prend place dans une synergie d'ensemble.

Au niveau de la mise en œuvre, le passeport n'est pas obligatoire, ce qui limite son intérêt. Chaque salarié peut à son initiative établir ce passeport. Il reste sa propriété ; il en garde la responsabilité d'utilisation.

Ces mesures dans leur complémentarité visent à favoriser de près ou de loin un travail du salarié sur son projet personnel ; encore faut-il qu'il parvienne à maturité. Le "laboratoire de projets" se trouve ailleurs. Il est au croisement de deux démarches complémentaires et interdépendantes, encadrées par des constructions juridiques spécifiques : celle du bilan de compétences (CHAPITRE VI) et celle de la VAE (CHAPITRE VII). Ces démarches ont au moins trois points communs : elles s'insèrent toutes les deux dans une problématique de projet, projet professionnel, projet de formation, de reconnaissance sociale, de progression salariale ou professionnelle. Elles prennent en compte le "déjà là", c'est-à-dire les acquis de l'expérience, soit en les révélant, soit en les validant dans le cadre de diplôme. Elles sont ouvertes à chaque salarié selon deux modalités différentes : soit sur proposition de l'employeur à laquelle le salarié a le pouvoir de souscrire ou non, en dehors de toute sanction ; soit sur l'exercice d'un droit personnel du salarié opposable à

---

328 Avenant n°1 du 8 juillet 2004, art. 1-1.
329 Article n°1-2.

l'employeur. Dans ce dernier cas, les démarches sont l'expression d'une individualisation plénière d'un parcours dont le salarié a une certaine maîtrise, mais à l'intérieur d'un système de contraintes données.

En revanche les dispositifs ont une portée différente : alors que le premier a une orientation pratique, sans aucune portée juridique, le second aboutit à un acte décisionnel, institutionnel qui permet d'accéder à l'obtention d'un diplôme soit en totalité, soit en partie, par validation des acquis de l'expérience. Entre les deux il y a une synergie forte et il est heureux que des salariés passent habilement de l'un à l'autre pour réorienter leur trajectoire professionnelle. "Mieux se connaître, pour mieux se faire reconnaître" tel est l'enjeu.

# CHAPITRE VI :
# LE SALARIE ET LE BILAN DE COMPETENCES

Avant de monter à la vie juridique en 1991, le bilan de compétences a connu une préhistoire qui remonte aux années 1980. La transformation des organisations de travail est un des phénomènes majeurs de cette décennie. Elle consiste dans le passage de l'entreprise centralisée et fortement hiérarchisée à l'entreprise dite "post-taylorienne". Décentralisation des structures, glissement des relations de type hiérarchique vers des rapports de proximité, mobilité des salariés avec, comme corollaire développement de leur polyvalence, sollicitation de leurs motivations et de leur responsabilité justifiée par une forme d'autonomie qui reste encadrée sont quelques unes des lignes de changement. Evidemment ces mutations retentissent sur la gestion des ressources humaines. Le cadre de référence bouge. La référence classique aux catégorisations d'emplois et aux qualifications définies par les conventions collectives est perturbée. Le nouveau repère devient "la compétence du salarié" entendu généralement comme ensemble de savoirs, savoirs faire, savoirs être mobilisables par le salarié dans une situation professionnelle. L'usage inflationniste d'expressions comme "le système compétences" ou "l'approche compétences" traduit bien cette nouvelle polarisation. Celle-ci du reste envahit aussi bien la sphère économique que la sphère éducative. Dans cette économie des compétences, émergent non seulement des stratégies de formation individualisée, mais également des nouveaux besoins : comment maîtriser les ressources humaines ? Comment évaluer les compétences et leur évolution ? Sous la pression du monde économique mais aussi éducatif, la délégation à la formation professionnelle du ministère du travail créé à titre expérimental les dispositif dits de Centres interinstitutionnels de bilan de compétences, précurseurs des centres de bilan de compétences. Ils existent toujours. La circulaire du 17 mars 1986 parle de bilan d'expériences personnelles et professionnelles, mais le terme compétences apparaît dans la note technique de juin 1986 qui la commente[330].

Par ailleurs les travaux, les pratiques, les recherches d'organisations telles que l'ANPE, l'APEC, l'AFPA, l'Education Nationale permirent aux acteurs sociaux, syndicats patronaux, syndicats de salariés, sous l'impulsion de la DFP, de construire par la suit un dispositif cohérent, adopté dans l'accord interprofessionnel du 3 juillet 1991, dont l'économie générale avait été préfigurée dans les circulaires n°1052 du 12 avril 1988 et n°1994 du 14 juin 1989[331].

---

[330] DFP circulaire n°36 du 17 mars 1986, et note technique du 30 juin 1986.

[331] Par ailleurs, les universitaires, les chercheurs en sciences sociales, commencèrent à élaborer un corpus de concepts, des méthodes, d'outils d'évaluation autour d'une notion complexe qu'est la compétence. G. LE BOTERF (1994), L. TANGUY (1994).

C'est ainsi qu'est né juridiquement le "bilan de compétences"[332].

Le bilan de compétences concerne aussi bien l'adulte demandeur d'emploi que le salarié. Ici on n'analysera que le cas du salarié.

Chaque année des milliers de salariés réalisent un "bilan de compétences" soit à leur initiative, soit sur proposition de leur employeur[333].

Ce phénomène social, qu'il ne faut pas surdimensionner, manifeste le vif intérêt de l'individu pour lui-même, son identité et sans doute sa progression professionnelle. Le bilan de compétences est tout à la fois un droit pour le salarié, un outil à la disposition de l'employeur, un espace de communication où le salarié accepte de s'exposer, de se dévoiler, en quelque sorte, devant des professionnels du bilan dont l'intervention nécessite un encadrement minimum. Les enjeux sont à la fois d'ordre personnel, professionnel, déontologique, institutionnel. Le "droit du bilan de compétences" est au carrefour de ces divers enjeux.

## LE SAVOIR JURIDIQUE DE BASE

La compréhension du bilan de compétences pose des questions à deux niveaux. Quel est le cadre juridique du bilan de compétences ? (I) Quelles sont les voies d'accès à la disposition du salarié ? (II).

### I - LE CADRE JURIDIQUE DU BILAN DE COMPETENCES

Le dispositif a une double source : l'accord national interprofessionnel du 03-07-91, complété par un avenant du 8 novembre 1991, et partiellement étendu par arrêté du 2 octobre 1992[334].

Cet accord a inspiré la loi du 31 décembre 1991. Le dispositif trouve aujourd'hui sa place dans le code du travail, art. L.931-21 à 27, art. R.900-1 à R.900-8 (décret du 2 octobre 1992).

La réforme récente ne concerne pas directement ce dispositif. Elle ne comporte que des mesures incitatives en faveur de son développement,

---

332 M. JORAS., *Le bilan de compétences*, Que sais-je ? n°2979, PUF, 2ème édition, 2001.

333 L'utilisation de ce dispositif a connu récemment une croissance significative. Entre 2000 et 2001, le bilan à l'initiative du salarié, sous contrat à durée indéterminée a augmenté de 19 % pour atteindre le chiffre de 18 530. Le même développement, bien qu'à un degré moindre, concerne également le recours au bilan de la part des salariés en fin de contrat à durée déterminée (+11 % : 4866), Source : *Inffo-flash,* numéro spécial : les chiffres de la formation professionnelle, mai 2003. p. Pour l'état des pratiques en matière de bilans de compétences, on se reportera utilement aux études de la DARES, Premières synthèses n° 20, 2 mai 2001 ; Voir également, Ministère de l'emploi, du travail et de la cohésion sociale. Bilans et rapports. *Le contrôle de la formation professionnelle en 2001 et 2002*, p. 67.

334 Les avenants du 5 juillet 1994 et du 17 novembre 1994 ont étendu l'accession au bilan de compétences dans le dispositif "capital temps formation" (aujourd'hui supprimé), ainsi que pour certains contrats de formation en alternance.

particulièrement en direction des salariés confrontés à la dernière étape de leur carrière (les seniors)[335].

On déterminera la nature du bilan de compétence à partir de sa définition juridique, son mode de déroulement prévu par les textes réglementaires, ses implications déontologiques.

## 1 - Définition

Le bilan de compétences a pour objet de permettre au salarié d'analyser ses compétences professionnelles et personnelles, ainsi que ses aptitudes et ses motivations pour définir un projet professionnel et éventuellement un projet de formation. "Compétences" et "projet" sont les éléments centraux de cette démarche d'évaluation qui a une orientation à la fois rétrospective et prospective. C'est une de ses originalités. Le bilan ne prend du sens que s'il débouche sur un projet de formation, un projet professionnel, et logiquement, pourquoi pas sur une validation des acquis de l'expérience. Ce serait donc une erreur de réduire le bilan à un simple constat de réalisations, d'expériences, de performances passées. Remarquons bien l'outillage notionnel qui est utilisé. La loi différencie trois notions sans toutefois les définir, ni en préciser les interfaces, les relations : "compétences professionnelles et personnelles", "aptitudes", "motivations".

La circulaire précise que sont visées les compétences susceptibles d'être investies dans des situations professionnelles déterminées. La loi lie les compétences personnelles aux compétences professionnelles. L'interprétation que l'on peut donner est qu'elle étend aux capacités du savoir-faire en situation de travail, les capacités du savoir être, c'est-à-dire les capacités de comportement social. L'embarras provient de l'absence de définition juridique de la notion de compétence[336].

Les aptitudes désignent habituellement les dispositions naturelles d'un individu comprenant aussi bien des capacités physiques, mentales, psychiques que comportementales. Pour Lucie Tanguy, la capacité est la manifestation d'aptitudes acquises dans un ou plusieurs domaines. Elle n'est pas mesurable en tant que telle, mais induit des compétences qui, elles, sont évaluables[337].

---

335 Après vingt ans d'activité professionnelle et, en tout état de cause, à compter de son quarante-cinquième anniversaire, tout salarié bénéficie d'un bilan de compétences mis en œuvre en, dehors du temps de travail… art. 1. de l'ANI du 20 septembre 2003. Voir également l'avenant n°1 du 8 juillet 2004 art. 1-1-3.

336 Pour une approche synthétique, M. JORAS, op. cit., p.17 suiv. La frontière entre "compétences" et "qualification professionnelle" est-elle définitivement tracée ? Rien n'est moins sûr. Le débat sur les relations entre les deux notions reste ouvert. Pour une approche juridique des "compétences", voir J-P. WILLEMS (1996) et A. LYON CAEN (1992).

337 F. ROPE, L. TANGUY, *Savoirs et compétences*, Paris, L'harmattan, 1994, p. 11.

Quant aux motivations, dans le langage courant elles sont les forces, les pouvoirs conscients ou inconscients qui précèdent l'acte, l'action. Seules ne sont prises en compte ici que les motivations liées à la définition d'un projet et l'engagement correspondant.

Mais ces approches ne suffisent pas à dissiper tout risque d'amalgame avec des formes voisines d'évaluation. Toutes les formes d'évaluation des compétences professionnelles des salariés (bilans de fin d'année, de positionnement) effectuées en interne ou par un organisme spécialisé ne peuvent être assimilées à des bilans de compétences au sens juridique. Pourquoi ? Ces évaluations ont en effet un caractère strictement professionnel, tandis que le bilan de compétences permet d'analyser aussi bien les aptitudes professionnelles que les compétences personnelles. De plus le salarié ne peut refuser ces formes d'évaluations décidées par l'employeur, alors qu'il peut refuser, comme on le verra, un bilan de compétences. Pour être qualifiée de bilan de compétences, une action doit remplir trois conditions : être précédée d'une convention entre les acteurs concernés et précisant les droits et obligations de chacun ; être réalisée par un organisme extérieur figurant sur une liste spécifique, être constituée de trois phases définies réglementairement. Si le bilan répond à ces exigences, il est "action de formation" dont le coût est déductible du montant de l'obligation de financement de l'entreprise[338].

## 2 - Déroulement réglementaire

Le déroulement du bilan est prévu par le décret du 2 octobre 1992 (art. R.900-1 suiv.).

D'un point de vue chronologique, il est organisé en trois phases qui se déroulent en principe de façon individuelle :

- phase préliminaire : il s'agit d'informer sur le déroulement et les méthodes, et de définir et d'analyser les besoins propres du salarié ; moment stratégique qui permet à l'adulte de se situer dans un environnement relationnel nouveau et face à une démarche impliquante.
- Phase d'investigation : l'objectif recherché est tout à la fois l'identification des compétences acquises, l'évaluation des connaissances, l'analyse des motivations, la détermination des possibilités d'évolution professionnelle. Certaines de ces actions peuvent être conduites de façon collective, sous réserve du respect de la vie privée de chacun.
- Phase de conclusion : par voie d'entretien personnalisé, le sujet prend connaissance des résultats de l'investigation, analyse la faisabilité d'un projet professionnel, ou d'un projet de formation, prévoit les principales étapes de la mise en œuvre du projet. Cette phase s'achève

338 Le coût moyen est estimé actuellement à 1098 euros ; source : *Inffo-flash*, spécial chiffres, mai 2003.

par la remise au bénéficiaire d'un document de synthèse. La loi définit ce document. Il ne peut comporter d'autres indications que celles-ci : les circonstances du bilan (origine la demande, les conditions de réalisation), les compétences et aptitudes du bénéficiaire au regard des perspectives d'évolution envisagées, les éléments constitutifs du projet, et les principales étapes prévues pour sa réalisation.

La note technique de la DFP (délégation à la formation professionnelle) précise que le rapport n'exprime pas de jugements de valeur, ni des informations à caractère personnel (secret professionnel) et ce d'autant plus qu'éventuellement avec l'accord de l'intéressé, le rapport peut être remis à son employeur ou à un tiers recruteur (ANPE).

A l'issue du bilan, le salarié normalement a clairement identifié ses compétences professionnelles et personnelles susceptibles d'être investies dans des situations professionnelles. En conséquence il est en mesure de définir ou de confirmer son projet.

D'un point de vue stratégique, ou déontologique, le bilan est encadré dans un triangle formé de trois principes de base : la fiabilité, la confidentialité, la liberté du salarié.

## 3 - Le triangle déontologique : fiabilité – confidentialité – liberté

### *3.1 - La fiabilité*

L'obligation de fiabilité a pour objet d'éviter le recours à des méthodes et techniques présentant une marge d'erreur significative. Aussi doivent-elles avoir fait la preuve de leur pertinence parce qu élaborées à partir de théories validées par des pratiques professionnelles ou par l'intermédiaire de méthodes scientifiques d'étalonnage[339].

Les techniques et méthodes doivent être utilisées par des personnes qualifiées, et être fiables, et pertinentes au regard de la finalité poursuivie. Ici, la finalité est uniquement l'appréciation des aptitudes professionnelles et personnelles. La "fiabilité" des méthodes est une question qui reste totalement ouverte, mais qui discrédite les pratiques dites "obscurantistes"[340].

### *3.2 - La confidentialité*

Les informations demandées au sujet doivent présenter un lien direct et nécessaire avec l'objet du bilan, et le bénéficiaire répond de bonne foi. Ces dispositions sont inspirées de la jurisprudence concernant les entretiens

---

[339] Circ. DFP, n°93-13 du 19-03-93 (BOT. 93/9).

[340] Convient-il d'y inclure l'astrologie, la numérologie ?

d'embauche, et qui exclut les considérations extérieures, telles que la vie privée du salarié, ses mœurs, ses options, ses activités syndicales[341]. La question du lien direct avec l'objet du bilan ne poserait pas de problèmes majeurs, s'il ne s'agissait que des compétences professionnelles ; or sont visées également les "compétences personnelles". Malgré les précisions apportées plus haut, il reste que l'expression est délicate, et difficile à circonscrire. Cette notion n'est-elle pas dangereuse en ce qu'elle introduit un élément de subjectivité ? On s'oriente vers l'analyse de la personnalité du salarié. Que devient l'intimité de sa personne ? Des questions touchant aux comportements du salarié, à certains aspects de sa vie privée, risquent fort de sembler présenter un lien direct et nécessaire avec l'analyse des compétences dites personnelles. Il appartiendra, éventuellement, au juge de remédier à ce défaut des textes, en considérant par exemple que les "compétences personnelles" ne signifient pas "compétences mettant en jeu les sphères d'intimité de la personne". En restant dans le cadre de l'entreprise, le salarié met à la disposition de l'employeur sa force de travail mais non sa personne.

De plus, lors des travaux de la commission des affaires sociales du Sénat, l'amendement suivant fut proposé : *"Les actions permettant de réaliser un bilan de compétences ne peuvent avoir pour objet d'analyser le comportement social ou personnel du salarié"*. Cet amendement a finalement été retiré[342]. On peut le regretter.

Par ailleurs, les acteurs du bilan sont tenus au secret professionnel dont la violation est sanctionnée par le code pénal (art. 378).

### *3.3 - La liberté du salarié*

Le principe de la liberté du salarié est au centre de la démarche de bilan. Soit le salarié prend lui-même l'initiative du bilan, il est donc libre. Soit le bilan lui est proposé par l'employeur. Mais proposition n'est pas imposition. Le salarié est libre de donner ou non son adhésion à cette proposition, après un délai de réflexion. Tout refus n'est pas constitutif d'une faute professionnelle, et ne peut donc être sanctionné par une mesure de licenciement.

Le salarié, dans tous les cas de figure est le seul propriétaire des résultats du bilan. Il est le seul destinataire du document de synthèse des résultats dont on a délimité le contenu plus haut. Juridiquement, il n'est donc pas tenu de transmettre les résultats à son employeur. Mais s'il veut se prévaloir de son document de synthèse, par exemple pour une avancée professionnelle ou un projet de formation, il peut avoir intérêt à la communiquer. Ce document, établi par l'organisme prestataire et sous sa seule responsabilité, est soumis au bénéficiaire pour d'éventuelles observations. Ceci inclut à notre avis un droit

---

341 Sur ce point voir J-M. VERDIER, *Droit du travail*, p. 290-291.

342 Travaux préparatoires à la loi de 1991 sur la formation professionnelle et l'emploi. Cité par Sellami H., Congé de bilan de compétences, *RPDS* (revue pratique de droit social), n° 576, Avril 1993, pp. 115-127.

éventuel pour le salarié de contester le contenu .Ces documents sont aussitôt détruits par l'organisme, sauf demande écrite du bénéficiaire fondée sur la nécessité d'un suivi de la situation.

**Le triangle déontologique**

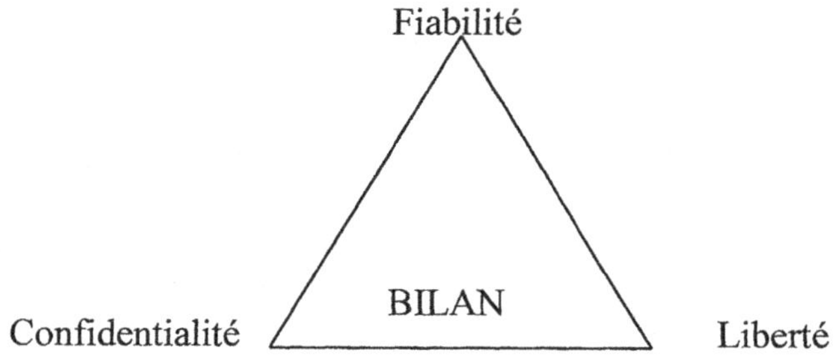


## 4 - Les prestataires de bilan

En vue d'assurer un minimum d'objectivité et de confidentialité au bilan, l'organisme prestataire ne peut en aucun cas être l'employeur lui-même. Il doit être fait par un organisme extérieur à l'entreprise. Le marché du bilan de compétences est ouvert. Il n'existe pas de structures juridiques imposées, ni de condition de diplôme. Ce qui ne signifie pas pour autant absence totale de contrôle.

Le prestataire est spécialisé dans les bilans ; s'il exerce d'autres activités de formation, il dispose d'une structure spécifique exclusivement consacrée aux bilans, et l'activité de bilan doit faire l'objet d'une comptabilité distincte (art. R.900-5).

Quelles sont les formes de contrôle ?

Les organismes prestataires doivent au préalable recevoir un agrément des FONGECIFS.

Ceux-ci en effet ont pour mission de sélectionner sur le marché de l'offre les prestataires susceptibles d'accueillir des salariés en bilan de compétences. Cette sélection se matérialise par la délivrance d'un agrément, et par l'inscription de l'organisme retenu sur une liste qui va servir de référence officielle. Cette liste est communiquée chaque année au préfet de Région[343]. De plus, un contrôle est exercé sur les prestataires dans le cadre général du contrôle de la Formation Professionnelle Continue. En effet, chaque année, ils doivent communiquer au préfet de région un compte rendu statistique et financier de

343 S'ils ne figurent pas sur la liste mentionnée ci-dessus, les prestataires doivent être agréés par le préfet de région : cette disposition s'applique au cas où l'employeur demande lui-même un bilan de compétences dans le cadre du plan de formation.

leurs activités. Enfin si le préfet de région ou l'OPACIF le demande, les prestataires doivent leur communiquer le descriptif des méthodes, techniques et moyens d'intervention, et la justification des compétences de toute personne intervenant lors des bilans (art. R.900-7). Le préfet peut demander à l'OPACIF d'exclure de la liste des organismes de bilan qui ne respecteraient pas leurs obligations et qui ne présenteraient pas de garanties suffisantes.

On voit donc que la "profession" est relativement bien encadrée juridiquement. De plus certains FONGECIF proposent aux centres habilités une charte qualité, à laquelle ils adhérent librement. C'est la traduction d'une volonté politique d'une progression qualitative des prestations de bilan de compétences.

## II - LES VOIES D'ACCES AU BILAN DE COMPETENCES

Le salarié peut accéder au bilan de compétences par deux voies : le congé dit "congé de bilan de compétences", le plan de formation de l'entreprise.

### 1 - Le congé de bilan de compétences

Après voir défini ce type de congé, on précisera, d'un point de vue juridique, les conditions d'accès, la mise en œuvre, et la situation du salarié en congé de bilan.

#### *1.1 - Définition*

Le congé de bilan de compétences est la possibilité offerte à tout salarié, quel que soit son statut, de demander une autorisation d'absence pour suivre, à sa demande, et sur son temps de travail, un bilan de compétences. Le congé est de droit. Il ne peut excéder 24 heures. Pour des raisons pratiques, il peut être pris en plusieurs fois. Par exemple, un congé de 15 heures peut être étalé sur trois journées de cinq heures.

Pendant la durée de ce congé le contrat de travail est suspendu, mais continue de produire certains effets, tout comme dans l'hypothèse du congé individuel de formation[344].

#### *1.2 - Conditions d'accès*

Il s'agit des conditions d'ancienneté du salarié. Elles varient selon que le salarié est titulaire d'un contrat à durée indéterminée, à durée déterminée, ou est "travailleur temporaire".

---

[344] Le salarié peut également, de sa propre initiative, réaliser un bilan de compétences hors temps de travail avec prise en charge financière par le FONGECIF, si sa demande est acceptée. Cette mesure, prévue par l'avenant du 5 juillet 1994 à l'accord du 3 juillet 1991 vise, sans doute, à lever le frein que pourrait constituer pour certains salariés le fait d'être obligé de demander une autorisation d'absence à l'employeur.

**Illustration**

| SALARIES /STATUT | SOUS CDI | SOUS CDD | INTERIMAIRES |
|---|---|---|---|
| Ancienneté requise | •5 ans, consécutifs ou non en qualité de salarié dont 12 mois dans l'entreprise. | •24 mois, consécutifs ou non en qualité de salarié au cours des 5 dernières années, dont 4 mois consécutifs ou non sous CDD au cours des 12 derniers mois. | •3 ans dans la profession dont 12 mois dans l'entreprise dans laquelle il demande à bénéficier du congé. (accord du 15 octobre 1991 et accord du 20 octobre 2000). |

### *1.3 - La mise en œuvre*

La mise en œuvre est régie par les articles R.931-27 et suiv. du code du travail. Elle reproduit dans ses grandes lignes le modèle du congé individuel de formation. On distingue trois étapes : les démarches de préparation à l'entrée dans le dispositif - l'établissement d'une convention entre les acteurs concernés, la réalisation du bilan.

#### a. Démarches préparatoires

- Le salarié cherche et choisit au préalable un organisme prestataire agréé par le FONGECIF dont dépend son entreprise.
- Il adresse une demande d'autorisation d'absence à son employeur 60 jours avant le début du bilan. Celle-ci indique les dates, la durée du bilan, ainsi que la dénomination de l'organisme prestataire choisi.
- Dans les 30 jours, l'employeur fait connaître sa réponse par écrit. Si le congé est de droit, son exercice est encadré par certaines limites. Pour des raisons de services explicitées dans sa réponse écrite, l'employeur peut reporter l'autorisation d'absence au maximum de 6 mois[345].
- Dès lors que l'employeur a accordé l'autorisation d'absence, le salarié adresse une demande de prise en charge financière au FONGECIF. Le refus de prise en charge peut intervenir dans trois cas :
  - organisme effectuant le bilan non inscrit sur la liste du FONGECIF.

[345] Les règles relatives aux pourcentages d'absences simultanées définies pour le congé individuel de formation ne s'appliquent pas ici, et l'employeur ne peut les invoquer. Voir chapitre VII.

– demande non rattachable à la définition juridique du bilan. Ces deux premières possibilités montrent le rôle central du FONGECIF dans la détermination de ce qui est et de ce qui n'est pas un bilan, et dans la sélection des organismes.
– impossibilité de satisfaire simultanément toutes les demandes. Face à cette éventualité,

L'OPACIF peut élaborer une série de critères en fonction desquels peut s'opérer un classement des demandes. Tout refus est motivé et notifié à l'intéressé. Ce dernier peut exercer un recours gracieux auprès du FONGECIF, dans les deux mois suivant la notification du refus.

**b. Etablissement d'une convention entre les acteurs concernés**

Le bilan ne peut être réalisé dans le cadre du congé qu'après signature d'une convention tripartite entre le salarié bénéficiaire, l'organisme prestataire et l'organisme paritaire agréé au titre du congé individuel de formation. L'établissement de ce contrat de droit privé conditionne la validité du bilan. Elle a pour objet la définition des droits et obligations qui lient les acteurs entre eux. Dans un souci de rigueur, elle est établie conformément à la convention type définie par arrêté ministériel[346]. Cette convention, outre la désignation des parties, mentionne son objet, les conditions de réalisation du bilan, c'est-à-dire l'engagement de chacune des parties (le salarié atteste du caractère volontaire de sa démarche), le coût de la prestation, les conditions d'intervention du financeur et les modalité de règlement au prestataire.

A la lecture de cette convention-type quels sont les droits et obligations des acteurs ?

**Illustration**

| DROITS | ORGANISME PARITAIRE | PRESTATAIRE | SALARIE |
|---|---|---|---|
| | - droit d'exiger une attestation d'assiduité | - paiement de la prestation | - libre initiative<br>- propriétaire des résultats ;<br>- droit de communication ou non des résultats ; |
| **OBLIGATIONS** | - prise en charge financière<br>- interdiction d'exiger la communication des résultats ;<br>- secret professionnel | - information du salarié concernant les moyens utilisés<br>- prestation conforme<br>- suivi du bénéficiaire | - obligation de fournir les informations nécessaires pour le bilan |

346 Arrêté du min. chargé de la Formation professionnelle du 27-12-92 (JO du 28-11-92). On trouvera un exemplaire de ce formulaire dans CENTRE INFFO, *Les fiches pratiques de la formation continue*. Annexes.

### c. Le bilan

Ces démarches accomplies, le salarié entre dans la démarche du bilan, dont les étapes réglementaires ont été présentées plus haut. A l'issue de ce congé, il transmet à l'employeur et au FONGECIF l'attestation de participation effective que lui a délivrée l'organisme prestataire.

**Illustration globale**

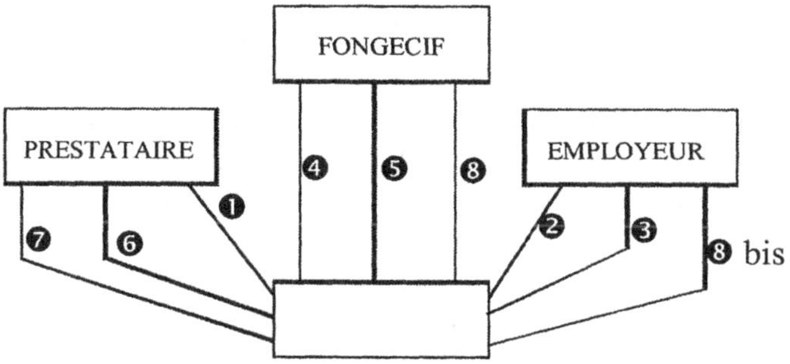


Commentaires :

❶ Le salarié choisit son organisme de bilan
❷ Il adresse une demande d'autorisation d'absence à son employeur
❸ L'employeur répond
❹ Le salarié sollicite une prise en charge financière
❺ Le FONGECIF répond à cette demande
❻ Le salarié fait son bilan de compétences
❼ L'organisme prestataire remet les résultats du bilan au salarié
❽ et ❽ bis : le salarié remet l'attestation d'assiduité au FONGECIF et à son employeur

### *1.4 - Situation du salarié*

Deux questions se posent : quel est le statut du salarié ? Quelles sont les conséquences du bilan ?

### a. Statut du salarié

Le congé est assimilé à une période de travail effectif pour la détermination des droits de salarié (congés payés, ancienneté). La protection sociale est maintenue de même pour la rémunération, avancée par l'employeur, lequel est ensuite remboursé par l 'OPACIF.

Les textes préviennent que si le salarié, sans motif valable, n'a pas suivi l'ensemble du bilan, il perd le bénéfice du congé. Ce qui semble indiquer qu'un bilan effectué, même partiellement, autorise l'employeur à ne pas payer du tout le salarié.

**b. Conséquences**

Elles sont à analyser à deux niveaux : du côté du salarié et du côté de l'employeur.

**Du côté du salarié :**

Le bilan ne donne pas délivrance d'un diplôme. Mais un salarié peut prendre appui sur les lois organisant la validation des acquis de l'expérience pour la délivrance d'un diplôme. Il doit pour cela constituer un dossier, au vu duquel se prononce un jury. Le salarié pourrait alors inclure dans ce dossier des résultats ou des synthèses de bilans.

Un délai de franchise de 5 ans au moins est prévu entre deux autorisations d'absence pour bilan, lorsque ces autorisations sont demandées dans la même entreprise. D'un autre côté l'autorisation d'absence pour bilan peut être accordée sans avoir à tenir compte d'autres absences pour formation (congé individuel de formation, par exemple). Inversement, un congé bilan ne vient pas interrompre le délai à respecter entre deux congés identiques : par exemple si le délai de franchise entre deux congés individuels de formation est de 9 mois, un salarié ayant achevé un congé individuel en septembre pourra en entamer un nouveau en juin, même si entre temps il a eu droit à un congé de bilan.

De cette manière, un salarié peut, dans son parcours, enchaîner un bilan de compétences, une validation des acquis de l'expérience et un congé individuel de formation. Une synergie que peu de salariés parviennent à réaliser !

**Du côté de l'employeur :**

Nous supposons, ici que l'employeur a connaissance des résultats du bilan. Cette connaissance n'est constitutive d'aucune obligation spécifique. Il n'est pas tenu à inclure le salarié dans le prochain plan de formation, ni à lui reconnaître une qualification supérieure, ni à augmenter son salaire.

Inversement, il n'est pas légal que l'employeur prenne prétexte d'un bilan peu satisfaisant pour déclasser un salarié ou baisser sa rémunération. On peut craindre qu'en cas de licenciement économique, l'employeur n'incorpore les bilans dans les critères retenus pour fixer l'ordre des licenciements. L'employeur pourrait préférer évincer un salarié dont le bilan serait peu satisfaisant, à condition qu'il ait eu connaissance du bilan de façon licite et avec l'accord du salarié. Sinon, sa décision pourrait, à notre avis, être annulée. De façon globale, la jurisprudence serait bien inspirée d'affirmer clairement le principe suivant :

serait nulle et de nul effet toute décision de l'employeur, en matière de promotion, de mutation, de rétrogradation, de licenciement, prise en tenant compte d'un bilan de compétences dont l'employeur aurait eu connaissance de façon illicite, frauduleuse ou déloyale[347].

## 2 - Le bilan de compétences dans le cadre du plan de formation

Le bilan de compétences peut se réaliser également dans le cadre du plan de formation, à l'initiative de l'employeur. Dans ce cas le consentement du salarié est indispensable. Il s'agit donc d'un processus non de décision unilatérale mais de co-décision (art. L.900-4-1 du code du travail).

### *2.1 - L'initiative de l'employeur*

L'employeur peut proposer pour chacun de ses salariés la réalisation d'un bilan. Il peut choisir, lui-même, l'organisme prestataire, sous certaines réserves. Elle ne peut réaliser en interne les bilans inscrits au plan de formation. Elle doit nécessairement faire appel à un prestataire extérieur. Figurant sur la liste arrêté par le Fongecif dont il dépend. Peut-il recourir à un organisme non inscrit sur cette liste ? Oui, pourvu que l'organisme choisi présente des garanties suffisantes. Celles-ci sont appréciées par le préfet de région à qui l'employeur est tenu de communiquer préalablement les informations contenues dans la convention tripartite. L'accord du préfet de région est réputé acquis à défaut de décision de refus notifié à l'employeur dans le mois qui suit la réception du dossier (Art. R.950-13-1 du code du travail).

Comme dans le cas du congé, une convention tripartite doit être établie, au préalable, entre les acteurs concernés, c'est-à-dire entre le prestataire, l'entreprise et le salarié[348].

### *2.2 - L'accord du salarié*

Lorsqu'il demande le consentement du salarié à la réalisation du bilan, l'employeur lui présente la convention tripartie dûment remplie. Le salarié dispose d'un délai de 10 jours pour signifier son acceptation en restituant à l'employeur la convention sur laquelle il aura apposé sa signature. S'il le souhaite, le salarié peut s'informer dans ce délai auprès de l'organisme prestataire retenu par l'employeur, des conditions de déroulement du bilan[349].

---

347 H. SELLAMI., Congé de bilan de compétences, *RPDS*, n° 576, avril 1993, pp. 115-127.

348 On trouve ce formulaire dans CENTRE INFFO, *Les fiches pratiques de la formation continue*, 2005. Annexes 27.

349 Circulaire DFP n° 93-13 du min. du travail, de l'emploi et de la formation professionnelle.

L'absence de réponse du salarié dans ce délai vaut refus de sa part (Code du travail art. R.950-13-2).

Les règles déontologiques énoncées plus haut s'appliquent aussi bien au bilan demandé par le salarié qu'au bilan proposé par l'employeur. De même d'un côté comme de l'autre, le salarié est seul destinataire des résultats détaillés et d'un document de synthèse. Ils ne peuvent être communiqués à un tiers notamment à son employeur, qu'avec son accord, c'est le principe de liberté et de propriété. Le cas échéant, les modalités de communication des résultats d'un bilan d'un salarié à son employeur sont abordées dans la convention tripartite.

### *2.3 - Imputation des dépenses*

Les dépenses engagées pour la réalisation du bilan sont imputables sur les dépenses obligatoires de l'entreprise en matière de formation. Elles comprennent le coût de la prestation et la rémunération maintenue des bénéficiaires.

**MOTS CLES : bilan de compétences, congé, projet, organisme dispensateur, salarié, résultats, confidentialité, convention préalable, financement.**

## ETUDES RECHERCHES REPERES

Bilan de compétences et orientation professionnelle des adultes ne se confondent pas, mais ils sont complémentaires et liés l'un à l'autre à travers la logique du "projet". Deux études déjà anciennes, mais dont on verra l'intérêt pour réactiver la réflexion d'aujourd'hui, ont analysé la problématique de l'orientation des adultes (PASQUIER 1973 et MURCIER 1980).

L'accord du 20-9-2003 en développant la logique du "salarié acteur de sa formation et de sa professionnalisation" pose la question du rapport du salarié à l'information nécessaire. Qui informe qui ? Sur quoi ? Comment ? Plus précisément, quel est le rôle de l'entreprise, des représentants du personnel, des cadres, dans cette fonction ? Comment coordonner le rôle de ces acteurs avec les instances extérieures à l'entreprise ? Plus qu'une nouveauté, c'est la résurgence d'une question ancienne. On en trouve les traces dès l'application de la loi de 1971. A partir du constat du peu d'intérêt des salariés pour la formation, particulièrement des "non cadres", Pasquier B. pose trois questions étonnamment actuelles : quel rôle attribuer à l'information des travailleurs ? Qui informe qui, et sur quoi ? Avec quels résultats ? Les données institutionnelles du moment, confrontées aux pratiques des acteurs constituent le matériau d'analyse.

D'un point de vue conceptuel, l'auteur refuse une approche atomisante L'information appartient à un processus, à un continuum qui de l'information se développe vers le conseil professionnel et l'orientation. L'information individuelle ou collective est "une réponse à une question". Ceux à qui elle est destinée ne peuvent l'entendre que si elle est en relation avec leur action. Dès lors deux conditions sont requises pour que l'information sur la formation soit utilisable : elle doit être immergée dans la vie quotidienne et non séparée de l'ensemble de la vie sociale. De plus, elle devient crédible si elle est centrée sur les personnes à informer, sur les décisions. Or, estime l'auteur, elle est centrée sur les institutions qui l'émettent : l'entreprise, par exemple, informe davantage sur ce qu'elle fait, le plan de formation que sur le congé formation. De son côté le "conseil professionnel" va dans le sens d'une personnalisation. Le besoin de la personne peut être de trois ordres : une information objective sur les métiers, et les moyens d'y parvenir ; un conseil, c'est-à-dire une adaptation à son propre cas de l'information objective ; enfin une aide dans la recherche d'un emploi ou d'une formation adaptée au projet de la personne. Le conseil débouche sur l'orientation. "Le conseil individuel c'est la situation privilégiée pour l'orientation proprement dite. Et il est difficile de séparer information sur la formation et orientation professionnelle. L'une et l'autre semblent devoir être menées de façon conjointe".

Au-delà des données factuelles, on dégage d'abord ce point important : le paysage institutionnel qui se consacre actuellement à l'information des salariés mais aussi des demandeurs d'emploi, avait déjà trouvé sa structuration de base, il y a trente ans, ce qui n'exclut pas des enrichissements en cours de route. On avait déjà fait un partage plus ou moins clair des responsabilités entre acteurs publics (Ministères, ONISEP (Office national d'information sur les études et les professions) et centres d'information et d'orientation, ANPE), et acteurs privés : d'une part, l'entreprise, les organisations syndicales et comité d'entreprise, d'autre part les organisations paritaires du moment : ASSEDIC, APEC (association pour l'emploi des cadres). Dès 1973, on peut parler de "la multiplicité des émetteurs actuels ou possibles d'information". Ce foisonnement est une richesse, encore convient il de savoir exploiter sa force productive.

Sur ce terrain l'auteur devient très critique. Il part d'un postulat : on attend de l'information qu'elle développe l'intérêt des travailleurs pour la formation, permette la mise en œuvre du droit au congé formation, comme expression du droit à l'emploi et du droit à la culture. Dans les faits du moment, l'information est peu efficace. Elle se heurte à trois problèmes : l'information est une activité seconde pour les institutions qui l'assument ; elle est dispersée, inégalement répartie, sans coordination entre les émetteurs ; enfin la formation dans ce contexte, est une notion vague et suspectée sur laquelle il est difficile d'informer. Suspectée pourquoi ? Pour trois raisons. D'abord elle reste associée à l'idée de situation de crise, de reconversion, ou de promotion ; ensuite elle est dominée par la logique de l'entreprise, organisée dans son intérêt et non dans celui du salarié. Enfin elle évoque l'école, c'est-à-dire la régression, la négation de ce qui a été appris avec les autres, par les autres tout au long d'une vie.

Le contexte socio éducatif a changé, comme aussi les pratiques pédagogiques, les conceptions et les discours qui les sous-tendent. Cependant les éléments critiques produits par l'auteur ne peuvent être balayés d'un revers de main. En effet, à trente ans de distance, le système d'information et d'orientation dans son état actuel et revisité par le rapport Lindeperg (Les acteurs de la formation professionnelle. Pour une nouvelle donne, 1999) est l'objet de vives critiques en raison de sa complexité, sa lourdeur, son cloisonnement, son éloignement des besoins de l'usager. La réforme ne l'a pas amélioré.

Murcier reprend cette problématique de l'orientation des adultes avec de nouveaux matériaux et selon une préoccupation dialectique confrontant acteur (l'usager) et système.

Cette contribution est issue d'un rapport du Conseil économique et social (1980) dédié à l'orientation et la conversion des adultes.

L'analyse est à la fois socio-historique et juridique. Son objet est l'orientation des adultes considéré à la fois comme champ de pratiques, lieu d'implication des services publics (ANPE) mais aussi d'autres acteurs institutionnels (APEC), espace de développement de l'autonomie et de la responsabilité de l'adulte lui-même, terrain d'émergence d'un nouveau droit.

L'ambiguïté de la notion "d'orientation" et le caractère dialectique de la réalité désignée se reflètent dans le questionnement de l'auteur. L'orientation professionnelle est-elle un instrument d'une politique active de l'emploi ou le fondement d'un droit individuel ? Quelles pourraient être les finalités et le contenu du droit à l'orientation professionnelle continue ? Les matériaux exploités sont essentiellement les recommandations de l'OIT (Office international du travail) (1949 et 1975). Les travaux de l'OCDE (1971 et 1979) les travaux de la commission de l'emploi et des relations du travail du IV$^{ème}$ Plan (1962-65), du V$^{ème}$ Plan (1966-1970), du VIII$^{ème}$ Plan (1981-1985) et les investigations et propositions de la section du travail et des relations professionnelles du Conseil économique et social (1980).

## I - Au plan historique

L'orientation professionnelle des adultes constitue une préoccupation ancienne de pouvoirs publics (1919) et devient un objet d'étude autour des années 1960. L'orientation est alors au service du plein emploi dans une économie caractérisée par une croissance forte et continue. A partir de 1974, dans un contexte de crise, la finalité change : il s'agit d'améliorer le placement des demandeurs d'emploi. L'orientation est définie alors comme "un processus qui aide un demandeur d'emploi à s'évaluer, à se situer par rapport aux emplois existants ou potentiels et à apprécier les diverses possibilités qui lui sont offertes pour accéder à un emploi acceptable pour lui" (création de l'ANPE en

1967). D'autres réalisations surgissent et se développent dans le champ de la formation. L'objectif est la clarification des besoins de formation de l'adulte et le soutien à l'élaboration d'un projet. L'Education, les Universités, et différentes associations privées se mobilisent dans cette direction. Il y a donc élargissement du champ de l'orientation, tant du point de vue des acteurs que des finalités.

## II - AU PLAN EPISTEMOLOGIQUE

L'apport de l'étude est extrêmement intéressant, en ce qu'elle montre la tension dialectique qui traverse l'orientation selon que l'on se situe du côté des acteurs institutionnels et surtout des Pouvoirs publics, ou du côté de l'adulte lui-même et de ses intérêts. "Dans quelle optique faut-il aborder l'orientation professionnelle : celle d'une politique active de l'emploi, position qui a été celle des pouvoirs publics jusqu'ici, ou du point de vue des travailleurs et des travailleuses eux-mêmes, de leurs besoins en matière de placement et de formation ?" Il y a là un choix politique et idéologique que l'auteur ne fuit pas. Sa posture est claire : "Il a cependant paru nécessaire au Conseil économique et social de se placer du point de vue des besoins de travailleurs". Le "cependant" est riche de signification. Replacé dans son contexte, il signifie que le pôle privilégié va être celui des travailleurs, tout en tenant compte du pôle "acteurs et institutions de l'orientation". Il n'y a pas exclusion, ni écrasement d'un pôle par l'autre, mais mise en tension dialectique, selon la différenciation des intérêts et des enjeux stratégiques.

Trois principes structurent l'orientation : la primauté de l'individu sur le système - le principe de réalité du marché - le compromis source de garanties des droits de la personne.

De ces principes l'auteur tire une relecture dialectique de l'orientation en tension entre deux préoccupations complémentaires voire parfois contradictoires : une politique active et volontariste de l'emploi, et la reconnaissance des droits du citoyen. Ne voir que le premier pôle risque de conduire à une orientation dirigiste, prescriptive conforme aux intérêts de l'Etat, et de sa politique. Même si tel n'est pas le cas, cette orientation est insuffisante. *"On ne peut donc se contenter d'une action en matière d'orientation qui soit globalement satisfaisante du point de vue d'une politique active des l'emploi. Il faut que tous les travailleurs... puissent opposer à l'Etat des droits personnels dans le domaine du travail et de l'emploi et en particulier de l'orientation professionnelle"*. Cependant ne voir que le deuxième pôle conduirait à une forme de "spontanéisme" ou d'utopie, sans prise sur la réalité sociale, et ses contraintes historiques.

## III - AU PLAN JURIDIQUE

Au plan juridique, c'est la notion de droit à l'orientation continue qui est intéressante. Normalement ce droit est antérieur au droit au travail et au droit à la formation. Quel est son fondement ? L'auteur recourt implicitement à la notion de citoyenneté. Ce droit personnel fait partie du droit des citoyens. L'auteur, compte tenu de sa posture, est plus sensible à la dimension stratégique de ce droit : instrument de lutte contre l'inégalité, contre la fatalité, le hasard, l'ignorance dans le choix de l'emploi ou de la formation. C'est un outil au service d'une démarche plus rationnelle, basée pour chacun sur la connaissance de ses capacités, de ses aspirations, de l'état du marché, dans lequel l'homme prend en charge lui-même de façon autonome son destin professionnel.

Quelles sont les finalités de ce droit ? Elles peuvent être représentée sous la forme d'un triangle : l'un des sommets est l'égalité des chances dans l'accès à l'emploi ; ceci implique le renversement des distributions automatiques et stéréotypées, des rôles, des fonctions. Le deuxième sommet est formé du libre choix de l'activité professionnelle, et de la formation. Ce qui implique la prise en compte de la trajectoire de la personne, et le respect des deux principes évoqué plus haut la primauté, le principe de réalité. Clarification du projet de la personne et confrontation aux possibilités de l'emploi sont indissociables dans l'intérêt de l'individu comme dans celui de l'entreprise. Le troisième sommet est l'orientation professionnelle continue. L'auteur insiste sur le caractère continu de l'orientation. Ce n'est pas une démarche ponctuelle, mais un processus qui traverse la vie professionnelle.

A vingt ans de distance, conclure à l'obsolescence de cette étude, serait malencontreux. Quel est son intérêt ?

Il est d'abord d'ordre historique puisqu'en raccourci, il retrace l'évolution de l'orientation de 1919 à 1980. La démarche de lecture est de type dialectique et stratégique. A ce titre elle démasque les enjeux liés à la position des acteurs dans ce champ, les risques de conflits. De plus elle pose le problème et ouvre la perspective de la constitution d'un "droit à l'orientation", en amont du droit au travail et à la formation. Evidemment l'étude demande à être enrichie et confrontée par des apports plus récents. Ils existent, en dehors de la revue "droit social" : Willems J-P. (1990), Cépède J-P. (1996).

## BIBLIOGRAPHIE


ACTUALITE DE LA FORMATION PERMANENTE, Les observatoires prospectifs des métiers et des qualifications, n°192, 2005

CEPEDE (J-P.), 1992, Bilan de compétences : aspects juridiques, *AFP*, n° 121, Novembre/Décembre, p. 50-55.

CEPEDE (J-P.), 1996, L'orientation professionnelle des adultes dans le code du travail, *AFP*, n° 140, Janvier/Février, p. 44-48.

JORAS (M.), 1995, *Le bilan de compétences*, Editions PUF, Que sais-je, 128 p.

LE BOTERF (G.), 1994, *De la compétence, essai sur un attracteur étrange.* Paris, Les éditions d'organisation.
LINDEPERG (G.), 1999, *Les acteurs de la formation professionnelle. Pour une nouvelle donne.* Rapport au Premier Ministre. Septembre, 348 p.
LYON-CAEN (A.), 1992, Le droit et la gestion des compétences, *Droit social*, n° 6, juin, p. 573-580.
MURCIER (J-P.), 1980, Emergence d'un nouveau droit : le droit à l'orientation professionnelle continue, *Droit social*, n° 2, Février, p. 179-184.
PASQUIER (B.), 1973, L'information des travailleurs sur la formation. *Droit social*, n° 9-10, Septembre Octobre, p. 39-48.
RAPPORT J.P. VERMES 2005 *L'orientation tout au long de la vie.* CCIP (chambre de commerce et d'industrie de Paris, 62p. En ligne : www.ccip.fr
ROPE (F.), TANGUY (L.), 1994, *Compétences et savoirs*, Paris, l'Harmattan.
SELLAMI (H.), 1993, Congé de bilan de compétences, *RPDS*, n° 576, Avril, p. 115-127.
TANGUY (L.) (sous la dir.), *L'introuvable relation formation/emploi*, La documentation française.
WILLEMS (J-P.), 1996, Le droit du travail à l'épreuve de la compétence, *AFP,* n° 145, Novembre/Décembre, p. 30-35.
WILLEMS (J-P.), 1990, Orientation, de quel droit ? *AFP*, n° 105, mars/avril, p. 54-58.

# CHAPITRE VII : LA VALIDATION DES ACQUIS DE L'EXPERIENCE

*"L'école délivre un savoir, ce savoir est sanctionné par un diplôme, ce diplôme donne un métier... Il est temps de reconnaître que les métiers peuvent également produire des savoirs qu'un diplôme peut sanctionner".*

La construction des savoirs emprunte de multiples chemins. Elle s'inscrit dans les formations institutionnalisées, certes. Complémentairement et dialectiquement elle s'enracine dans l'activité professionnelle, l'expérience singulière, les responsabilités de chaque adulte. En organisant des dispositifs de validation de ces acquis "venus d'ailleurs", le droit montre que le développement des apprentissages est irréductible à la seule voie académique et peut donc passer par d'autres chemins.

De 1985 à 2002, la logique de validation des savoirs conquis "hors formation institutionnalisée" s'est manifestée dans trois constructions différentes : le dispositif de 1984-85 ; celui de 1992-93 dit "validation d'acquis professionnels" (VAP) et enfin celui de 2002 contenu dans la loi de modernisation sociale et concernant la "validation des acquis de l'expérience" (VAE)[350].

Quel est le sens de cette évolution ? Quelles sont aujourd'hui les possibilités juridiques offertes à tout adulte pour faire reconnaître ses compétences ?

## LE SAVOIR JURIDIQUE DE BASE

Le terme "validation des acquis" est utilisé parfois de manière inflationniste. La signification de cette notion sera l'objet d'une approche conceptuelle (I). Aujourd'hui, le dispositif de 1984-1985 reste en vigueur, ainsi que la loi du 20-07-92. En revanche les décrets d'application de cette dernière loi ont été, ou bien abrogés (décret du 27-03-93 pour l'enseignement supérieur) ou profondément modifiés (décret du 26-03-93 pour l'enseignement technologique). On considère donc que le dispositif de 1992-1993 est remplacé par la VAE. Néanmoins il garde sa valeur historique, et constitue un repère utile pour analyser l'évolution au fil des décennies. On analysera le dispositif de 1985 (II) celui de 1992-1993 (III), et enfin celui de 2002 (IV) sur la base de quatre préoccupations majeures : le repérage du public concerné, le périmètre des formations visées, le contour des acquis pris en compte, et enfin la procédure de

---

[350] Loi du 28 janvier 1984 sur l'enseignement supérieur (art. 5, 14, 15) et son décret d'application du 23-08-85 fixant les conditions de validation des études, expériences professionnelles ou acquis personnels en vue de l'accès aux différents niveaux de l'enseignement supérieur. Loi du 20 juillet 1992 relative à la validation d'acquis professionnels pour la délivrance des diplômes... Loi du 17 janvier 2002 de modernisation sociale (J.O. du 18-01-02).

mise en œuvre. La loi du 17 janvier 2002 dépasse ces questions transversales. D'une part elle prend en compte les enjeux liés à l'information et à l'accompagnement de l'adulte dans l'itinéraire de validation (V) ; d'autre part à un niveau macro social, elle fait intervenir une instance spécifique, la commission nationale de la certification, pour gérer le développement et la lisibilité des multiples certifications professionnelles (VI). Enfin, en se plaçant cette fois à un niveau microsocial, on examinera les conditions d'utilisation de la VAE par les adultes en général, et les voies d'accès ouvertes au salarié (VII).

## I - LA VALIDATION DES ACQUIS : APPROCHE CONCEPTUELLE

"Validation des acquis" est une notion-clé à laquelle on fait souvent référence, mais dans des contextes pédagogiques différents. On peut dire, par exemple, que tel diplôme "valide les acquis" d'un étudiant en droit. Dans ce cas le diplôme valide ce que l'étudiant a acquis au travers de sa formation, et des différents stades qu'elle comporte. Mais il ne valide pas une expérience, ou des acquis professionnels qui, par définition, font défaut à l'intéressé à cette période de sa vie. C'est la logique ancienne.

Quand on parle de "validation des acquis", ici, en formation d'adultes, on désigne plutôt des procédures différentes, mais qui ont en commun de prendre en compte l'expérience du candidat, ou "les savoirs venus d'ailleurs". Une nouvelle logique a conduit à considérer que l'acquisition de "savoirs" généraux ou professionnels pouvait s'effectuer dans d'autres lieux que les centres de formation. Cette évolution s'est réalisée progressivement d'abord pour s'adapter à des demandes de financeurs soucieux d'optimiser les dépenses de formation. Plus tard, au cours de la décennie 1980 s'est imposée l'idée que les situations de travail permettraient des apprentissages que l'on pouvait estimer comme suffisamment structurés pour être pris en compte par le monde de la formation. Dans ce contexte, la validation des acquis consiste à faire reconnaître officiellement, par une autorité compétente, les connaissances et les compétences que chacun a pu acquérir, durant sa vie professionnelle ou non. L'objectif visé par la démarche est l'acquisition d'une certification, et éventuellement l'accès à une formation s'inscrivant dans une logique de parcours professionnel, social et personnel.

Ainsi conçue, la validation des acquis est tout à la fois l'exercice d'un droit personnel, un acte institutionnel portant des effets juridiques mais aussi socioprofessionnels, une action de formation au sens du code du travail.

### 1 - Un droit de l'adulte

L'apport de la loi de modernisation sociale est, ici, décisif par rapport aux textes antérieurs. La "validation des acquis" est le droit pour toute personne engagée dans la vie active de faire reconnaître, sous certaines conditions, ses compétences.

*"Toute personne engagée dans la vie active est en droit de faire valider les acquis de son expérience, notamment professionnelle, en vue de l'acquisition d'un diplôme..."* (Art. L.900-1 code du travail)[351]. Ce nouveau droit participe au droit de l'éducation, au droit de la formation et au travail. Il est articulé à la personne inaliénable. Il transcende son statut. On peut dire qu'il est la réponse juridique à la singularité, à la valorisation de la personne, dans le champ des savoirs.

De plus, ce nouveau droit modifie le rapport à la connaissance. Le savoir de l'expérience ou le savoir d'action a la même valeur que le savoir académique.

Enfin, il introduit un nouveau rapport juridique à l'évaluation. Chaque expérience singulière est évaluée pour elle-même. C'est une rupture avec le principe classique de la gestion des connaissances, qui consiste à juger tous les candidats en même temps et de la même manière. Le sujet adulte est sollicité pour devenir acteur d'une démarche de reconnaissance officielle de son savoir. La charge de la preuve nécessaire pour la certification va reposer sur lui, en grande partie.

Ce droit à la validation est accompagné pour les salariés d'un congé spécifique dit "congé pour validation des acquis de l'expérience". Cet apport original de la loi de modernisation sociale fournit aux salariés un outil précieux pour réaliser ce type de démarche pendant leur temps de travail s'ils le désirent.

Si elle est un droit, la validation, en aucun cas, ne peut devenir une obligation pour le salarié. Chaque salarié est donc libre de faire valider ou non ses acquis. Il ne peut être contraint par son employeur. On raisonne ici, comme dans le cadre du bilan de compétences. Si l'employeur peut proposer une démarche de validation, celle-ci ne peut être réalisée qu'avec le consentement du salarié. Ainsi, le refus du salarié ne constitue ni une faute, ni un motif de licenciement (Code du travail, art. L.900-4-2 modifié par la loi de modernisation sociale, art. 141.).

Enfin, le droit va encore plus loin dans la défense des prérogatives de l'adulte et la protection de sa vie personnelle. En effet, les informations, demandées dans le cadre d'une validation des acquis, ont un lien direct et nécessaire avec l'objet ; de plus les personnes dépositaires de ces informations, dans ce cadre, sont tenues à une obligation de non divulgation sanctionnée pénalement (art. L.900-4-2 code du travail).

Expression d'un droit individuel, la validation est, inséparablement, une décision officielle émanant d'une autorité indépendante.

---

[351] Disposition introduite par la loi de modernisation sociale (art. 133) ; les textes antérieurs parlent de possibilités ouvertes aux adultes et non de "droit".

## 2 - Un acte institutionnel

L'institution compétente ou certificatrice intervient pour vérifier, évaluer, attester et valider ou non les compétences du candidat, sur la base des moyens de preuve dont elle dispose, et en suivant une procédure déterminée. On verra comment entre la demande du candidat et la décision officielle de l'organisme certificateur, interviennent, les acteurs de l'information, du conseil et de l'orientation qui accompagnent la démarche du candidat. C'est un des apports originaux de la loi de modernisation sociale, en ce domaine.

Quels sont les effets de l'acte officiel ? Ceux-ci varient selon les cas de figure, et les dispositifs en vigueur. La validation permet de justifier des compétences exigées :

- pour accéder directement, sans justifier du niveau d'études ou de diplômes et des titres normalement requis, à une formation universitaire, technologique. C'est l'effet minimal (dispositif de 1984-1985) ;
- pour obtenir quelques unités d'un diplôme, en cas de validation partielle, et bénéficier d'un complément de formation nécessaire à l'obtention de la certification visée. C'est l'effet moyen (dispositif de 1992 et éventuellement celui de 2002) ;
- pour obtenir une certification complète, en cas de validation totale des acquis. C'est l'effet maximal (dispositif de 2002).

Ces effets sont strictement juridiques. Mais ils ne prennent du sens que si l'on replace le processus de validation dans le cadre de l'évolution professionnelle du salarié : parcours et projet sont ici des notions centrales. La notion de parcours renvoie à l'idée de progression personnelle et professionnelle, d'accroissement de la qualification traduite éventuellement par des reconnaissances formelles en terme de classification. Elle est liée d'autre part à l'idée de projet personnel. La trajectoire sera d'autant plus positive et "fluide" si elle s'appuie sur un projet réaliste que l'individu s'est approprié. L'ensemble constitue un "pari" sur la responsabilisation de l'individu, sa capacité à intégrer les changements, à saisir les opportunités qui se présentent à lui. Cette prise de risque ne signifie pas pour autant, le désengagement des acteurs politiques, financiers et institutionnels. Tout simplement elle s'inscrit dans un jeu d'acteurs dont le champ d'action est défini dans un système institutionnel donné.

## 3 - Une action de formation

Au terme de la loi de modernisation sociale (art. 140), le processus de validation des acquis est "action". Action non seulement au sens d'enchaînement de démarches, mais "action de formation", tout comme les actions de préformation, d'adaptation, de promotion, de prévention, de conversion, de perfectionnement, de bilan de compétences. Désormais la validation fait partie des "types d'action de formation qui entrent dans le champ d'application des dispositions relatives à la formation professionnelle continue" (code du travail art. L.900-2.). Rappelons qu'une action de formation est toute opération formative finalisée par des objectifs, se déroulant selon un programme, selon des moyens pédagogiques (méthodes) et un encadrement (formateurs ou accompagnant) et accompagné d'un suivi, c'est-à-dire d'une procédure d'évaluation. La transposition est-elle possible[352] ?

La validation des acquis, a des objectifs éducatifs, un contenu, elle met en œuvre des moyens adaptés (travail sur dossier, entretien avec le jury) ; elle s'inscrit dans une logique de conseil, d'orientation et d'accompagnement et suivi et aboutit à une décision évaluative[353].

La conséquence est importante pour l'entreprise : si elle propose ce type d'action et si elle le finance dans le cadre du plan de formation, elle peut en imputer le montant sur sa participation financière obligatoire.

D'un point de vue socio pédagogique, la validation des acquis peut être vue comme "action de formation" non seulement parce qu'elle fait intervenir une multiplicité d'acteurs dans un cadre organisé, mais encore parce qu'elle inclut un travail de type pédagogique de la part du sujet. Le matériau sur lequel travaille le sujet est son expérience porteuse de savoirs : comment identifier les savoirs ? Comment les mettre en forme pour les confronter avec un référentiel de diplôme ? Comment organiser la preuve des acquis ? Comment argumenter ? Si l'action pédagogique est un processus de transformation des représentations du réel, la validation l'est bien : elle implique tout à la fois une transformation des représentations que l'on a de soi, de sa trajectoire, de son avenir et une démarche de construction de projet. Le projet peut consister certes dans l'obtention du diplôme, mais il peut aller plus loin qu'une simple récompense. Les formes de dépassement sont multiples : réorientation, recherche d'une

---

[352] Se reporter au chapitre IV. Voir à ce sujet la position critique de P. CAILLAUD, Action de formation et validation des acquis de l'expérience : quels contenus pour quelle reconnaissance juridique ? *Droit social*, n° 5, Mai 2004, p. 515-526. Cet article est présenté plus bas.

[353] La validation des acquis est finalisée par l'obtention d'une certification. Rappelons qu'il existe 3 systèmes de certification : les diplômes de l'Education nationale - les diplômes et titres homologués (autres ministères, chambres consulaires, organismes privés de formation) - les certificats de qualification professionnelle élaborés par les partenaires sociaux au niveau des branches professionnelles. Sur un plan pratique le poids des types de certification est très variable dans l'ensemble des diplômes délivrés en un an : emploi : 5,6 %, Santé : 4,9 % ; affaires sociales : 1,6 %, agriculture : 7,4 % ; autres ministères : 3,9 %, Education nationale : 70,8 %, organismes consulaires et privés :4,9 %, Commission nationale pour l'emploi (certificats de qualification professionnelle) : 0,9 %. Source : Secrétariat d'Etat aux droits des femmes et à la formation professionnelle. N. PERY, *La formation professionnelle, Diagnostics, défis et enjeux,* 1999, p. 228.

promotion sociale, acquisition d'une nouvelle qualification sociale ou professionnelle.

En définitive la validation des acquis, du moins dans sa dernière formalisation s'inscrit dans un triangle dont les trois sommets sont : le droit personnel de l'individu, la décision officielle d'une institution, l'action de formation.

## II - Le dispositif de 1984-1985

### 1 - Orientations générales

La loi du 27 janvier 1984 relative à la validation des études, expériences ou acquis dans l'enseignement supérieur, complétée par le décret du 23 août 1985 organise pour la première fois la validation des compétences professionnelles[354]. Elle concerne uniquement l'enseignement supérieur. De plus elle ne permet que d'accéder directement, sans justifier du niveau d'étude ou de diplômes et des titres normalement requis, à une formation universitaire et à un diplôme dont l'obtention est réglementée par l'Etat. Complémentairement elle permet de faire acte de candidature, sans justifier du niveau d'études ou du titre normalement requis, à un concours d'entrée dans un établissement de l'enseignement supérieur relevant du ministère de l'Education nationale.

Voici son champ d'application et la procédure de mise en œuvre.

[354] Rappelons que la vénérable loi du 10 juillet 1934 fixait déjà les conditions de délivrance et d'usage du titre d'ingénieur, en permettant de délivrer ce titre à ceux qui ont exercé ce type de fonctions pendant une durée de cinq ans.

## 2. CHAMP D 'APPLICATION VAP Dispositif de 1984-1985

| Publics visés | Le périmètre des formations concernées | le périmètre des acquis pris en compte |
|---|---|---|
| Tout adulte (non titulaire du baccalauréat) justifiant des conditions suivantes :<br>▪ Être âgé de 20 ans au moins<br>▪ Avoir interrompu les études initiales depuis 2 ans au moins et depuis 3 ans en cas d'échec (art. 3 du décret) | ▪ Accès aux formations conduisant à la délivrance d'un diplôme au titre de l'enseignement supérieur.<br>▪ Acte de candidature au concours d'entrée dans un établissement de l'enseignement supérieur (art. 3) | ▪ L'expérience professionnelle acquise au cours d'une activité salariée ou d'un stage.<br>▪ Toute formation institutionnelle<br>▪ Connaissances et aptitudes acquises hors de tout système de formation (art. 5). |

## PROCEDURE DE VALIDATION

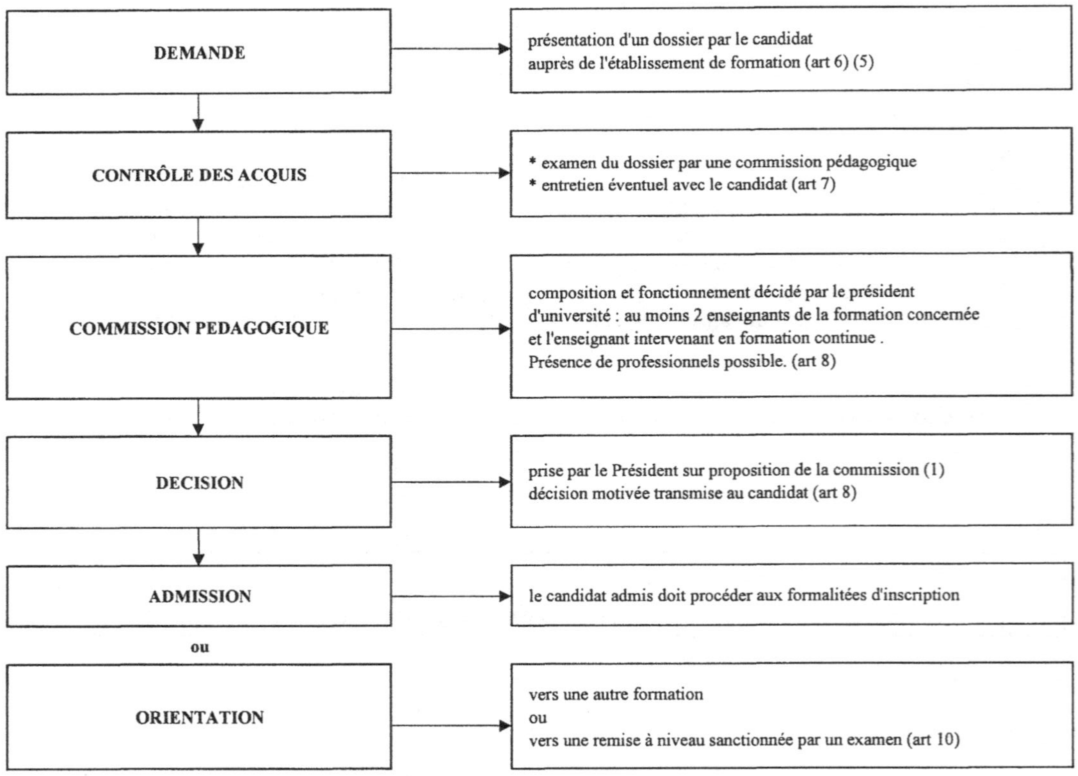

## III - LE DISPOSITIF DE 1992-1993

Ce dispositif est organisé par la loi du 20 juillet 1992 relative à la validation des acquis professionnels pour la délivrance des diplômes et portant diverses dispositions relatives à l'Education nationale. La loi introduit la notion de "validation des acquis professionnels" (VAP). Elle étend le processus de validation des acquis aux diplômes et titres de l'enseignement technologique.

Le public visé est constitué par les personnes qui peuvent justifier de 5 années d'une activité professionnelle, en continu ou non, en rapport avec l'objet de la demande. Ne sont pas pris en compte les stages intégrés à la formation initiale (art. 1 de la loi).

- Le périmètre des certifications concernées est formé des diplômes et titres professionnels de l'enseignement supérieur et de l'enseignement technologique (délivrés sous la tutelle des ministères de l'Education nationale, de l'Agriculture et de la Pêche, et de la Jeunesse et sports (art. 1 et 2 de la loi). La VAP permet de dispenser le candidat d'une ou de plusieurs épreuves en vue de l'obtention d'un diplôme ou d'un titre de l'enseignement supérieur et technologique (art. 1 et 2 de la loi).
- Les acquis pris en compte concernent uniquement les études et les expériences professionnelles.
- La procédure est organisée par les textes réglementaires. Les candidats adressent leur demande au recteur de l'académie, ou au directeur régional de l'Agriculture, ou au directeur de la Jeunesse et sports, selon les champs de compétence de chacun, s'il s'agit de diplômes technologiques (décret du 26-3-93 art. 3 et 4). Le candidat constitue un dossier rassemblant les éléments suivants : une demande de validation précisant le diplôme demandé une lettre de motivations, un curriculum vitae. L'ensemble des pièces justifiant des formations, des stages et diplômes déjà obtenus ; un descriptif des fonctions exercées ; les renseignements sur les divers employeurs.(arrêté du 27-03-93) . Le décret impose le dépôt d'une seule demande par an pour un diplôme donné et dans un seul établissement. Un jury procède à l'examen du dossier et peut demander l'audition du candidat. Les membres de ce jury sont désignés par le chef d'établissement (recteur, directeur régional de l'Agriculture ou de Jeunesse et sports). Il comprend des enseignants et des professionnels compétents dans les activités concernées (loi du 10-7-92 art. 1.et 2).

Le jury est souverain : il peut accorder ou refuser des dispenses d'unités. En cas de réponse positive il détermine les unités pour lesquelles la dispense est accordée sans que celle-ci puisse porter sur la totalité des unités. Il fait connaître sa décision au chef d'établissement qui la notifie par écrit à l'intéressé.

Ce dispositif ne peut plus s'appliquer à l'enseignement supérieur du fait de l'abrogation du décret d'application. En conséquence, deux dispositifs cohabitent actuellement dans ce champ institutionnel : celui de 1984-1985 et celui de 2002 qui va être présenté.

## IV - Le dispositif de 2002 – La VAE

La création du nouveau dispositif dit "VAE" inscrit dans la loi de modernisation sociale s'insère dans un large processus historique de questionnements, d'expertises, de propositions et d'expérimentations centré sur la réforme du système de formation. L'annonce de celle-ci a été faite dès le 23 janvier 1998. D'après le Livre blanc de Nicole Pery, alors secrétaire d'Etat à la formation, l'objectif central de la réforme consistait à construire une nouvelle architecture de notre système formation fondée sur un droit à se former tout au long de la vie. Comment ? Face aux enjeux de qualification, d'égalité des chances, de lutte contre la précarité sociale, deux fils conducteurs étaient déployés : l'accès individuel à la formation garanti collectivement ; la prise en compte généralisé des acquis professionnels, permettant aux adultes, quel que soit leur statut, l'accès à l'ensemble des certifications relevant de tous les départements ministériels, comme aussi aux certifications privées, dans un esprit d'articulation, et de complémentarité[355]. C'est la philosophie de ce qui allait devenir "validation des acquis de l'expérience". Cette philosophie a été l'objet d'expérimentations significatives formalisées avant de devenir dispositif juridique inséré dans le volet formation de la loi de modernisation sociale.

### 1 - Orientations générales

Les textes régissant ce dispositif sont répartis, en partie dans le code du travail[356], en partie dans le code de l'éducation[357]. Une série de décrets d'application ont été pris pour sa mise en œuvre[358].

---

[355] Secrétariat d'Etat aux droits des femmes et à la formation professionnelle. N. PERY, *La formation professionnelle. Diagnostics, défis et enjeux*, 1999, p. 44 suiv.

[356] Code du travail : art. L.900-1 complété, 900-2 complété, L.124-21 modifié, L.90O-4-2 nouveau, R.950-13-3 suiv.

[357] Code de l'éducation : Pour l'enseignement supérieur : art. 613-1 modifié à 613-6 modifié. Pour l'enseignement supérieur technologique, L.641-2 modifié. Pour l'enseignement secondaire technologique et professionnel : L.335-5-1 complété et L .335-6 complété.

[358] Décret du 26-4-02 relatif à la validation pour la délivrance d'une certification professionnelle (JO du 28-04-02) ; décret du 3-05-02 relatif au congé pour validation (JO du 5-05-02) ; décret du 26-04-02 relatif au répertoire national des certifications professionnelles (JO du 28-04-02) ; décret du 26-04-02 relatif à la commission nationale de la certification professionnelle (JO du 28-04-02) ; vient s'y ajouter la circulaire DGEFP du 23-04-02 relative à l'information et au conseil sur la VAE. Dans l'enseignement supérieur : décret du 24-04-02 (JO du 26-04-02) ; décret du 16-04-02 (JO du 18-04-02). S'y ajoute l'arrêté du 11 mars 2005 (JO du 15-03-05) portant enregistrement au répertoire national des certifications professionnelles.

Droit institué au profit de toute personne engagée dans la vie active, la VAE est, aux termes du code de l'éducation (art. L.335-5), une voie d'acquisition d'une certification au même titre que les voies scolaires et universitaires ou encore l'apprentissage, et la formation professionnelle continue C est une quatrième voie qui produit les mêmes effets que les autres modes de contrôle des connaissances et aptitudes.

On examinera le champ d'application et la procédure.

## 2 - Champ d'application

| VAE Dispositif de 2002 | | |
|---|---|---|
| **Tous publics adultes sous conditions** | **Périmètre des diplômes** | **Périmètre des acquis pris en compte** |
| - Tous publics : salarié, artisan, travailleur indépendant, demandeur d'emploi, agent public (titulaire ou non), mère de famille ayant élevé un ou plusieurs enfants, bénévole dans une association ou un syndicat.<br>- Conditions :<br>- 3 ans d'expérience<br>- en continu ou discontinu<br>- dans une activité salariée, non salariée ou bénévole justifiée<br>- en rapport direct avec le diplôme visé | Ensemble des certifications enregistrées dans le répertoire national des certifications professionnelles<br>1. Diplômes de l'État<br>- les diplômes de l'enseignement supérieur dont les diplômes d'ingénieur<br>- les diplômes technologiques de l'Éducation nationale (CAP, BEP, etc.)<br>- les diplômes du ministère chargé de la Jeunesse et des Sports (BEATEP…)<br>- les diplômes du ministère de la santé, de la famille et des personnes handicapées - les titres professionnels du ministère de l'emploi<br>- les diplômes du ministère de l'agriculture<br>2. Les certificats de qualification des branches professionnelles (CQP)<br>3. Les autres certifications privées (chambres consulaires). | Ensemble des compétences issues :<br>- d'une activité salariée<br>- d'une activité non-salariée<br>- d'une activité bénévole.<br>L'activité doit être exercée de façon continue ou non<br>pendant une durée totale cumulée d'au moins 3 ans<br>(décret du 26-04-02 art. 2)[359] |

359 Dans l'enseignement supérieur, les études supérieures accomplies en France ou à l'étranger, les stages, sont pris en compte quelles qu'en soient les modalités. Décret du 16-04-02.

### 3 - La mise en œuvre

Nous nous limitons à présenter ici la procédure générale organisée par le décret du 26-04-02 en sachant que les différents ministères concernés ont pris des instructions pour la mise en œuvre de la VAE dans leur secteur respectif[360].

---

[360] Dans l'enseignement supérieur, deux décrets ont été pris pour cette mise en œuvre (décret du 24-04-02 (JO du 26-04-02), décret du 16-04-02 (JO du 18-04-02). Pour la mise en œuvre de la VAE au sein des différents ministères, on se reportera au Centre Inffo, *Les fiches pratiques de la formation continue*, 2004, p. 924 suiv.
Les modalités de la demande sont fixées par arrêté ministériel, ou par décision de l'organisme qui délivre la certification.
Dans l'enseignement supérieur la demande de validation est adressée au chef d'établissement en même temps que la demande d'inscription pour le diplôme concerné.

## Procédure de validation

| | |
|---|---|
| Demande de validation | Présentation d'un dossier par le candidat à l'organisme certificateur (décrets 26-4-02, art. 3)<br>Pour le même diplôme une seule demande pendant la même année civile. (décrets 24-4-02, art. 3)<br>Pour les diplômes différents = 3 demandes au maximum, pendant la même année civile (décret buts 16-4-02, art. 3)<br>Contenu du dossier : documents rendant compte des expériences acquises, leur durée, attestation des formations et diplômes obtenus (décret du 26-4-02, art. 3)[361] |
| Contrôle des acquis | Examen du dossier par le jury de validation<br>Entretien avec le jury : Obligatoire dans l'enseignement supérieur, facultatif ailleurs. A l'initiative soit du jury, soit du candidat.<br>Observation en situation professionnelle réelle ou recomposée (si prévue par l'établissement) (art L 335-5 du code de l'Éducation et décret du 24-4-02 art. 6) |
| Jury de validation | Règles générales concernant la composition : Représentants des professions (1/4) pour moitié employeurs, pour moitié salariés (parité hommes/femmes) (décret du 26-4-02, art. 5)[362]<br>*Dans l'enseignement supérieur la composition est la suivante : Enseignants/chercheurs (majorité), professionnels qualifiés (parité hommes/femmes membres désignés par le président de l'université)* |
| Décision | Prise par le Jury et son président :<br>Soit validation totale et attribution du diplôme (décret du 26-4-02, art. 5), du 24-4-02, art. 6, du 16-4-02, art. 6) (20)<br>Soit validation partielle et prescription d'une formation complémentaire pour l'obtention du diplôme visé (décret du 26-4-02, art. 5)[363]<br>La décision est notifiée au candidat par le chef d'établissement d'enseignement supérieur ou par l'autorité qui délivre la certification (art. 6 des 3 décrets susmentionnés) |

361 Les modalités de la demande sont fixées par arrêté ministériel, ou par décision de l'organisme qui délivre la certification. Dans l'enseignement supérieur, la demande est adressée au chef d'établissement en même temps que la demande d'inscription pour le diplôme concerné.

362 Lorsque les personnes appartenant à l'entreprise ou à l'organisme où le candidat exerce son activité, ou ayant accompagné le candidat dans sa démarche sont membres du Jury, ils ne peuvent participer aux délibérations concernant le candidat. Nul ne peut être juge et partie (décret du 26-4-02).

363 En cas de validation partielle, pour les certifications autres que les diplômes délivrés au nom de l'État, le candidat doit dans les 5 ans obtenir le diplôme, à compter de la certification (décret du 26 04 02).

De la lecture comparée des dispositifs on dégage cette donnée importante. La loi de modernisation sociale élargit singulièrement le champ d'application de la validation des acquis. Elle le fait de six manières :

- Alors que le premier dispositif ne concerne que l'enseignement supérieur, le second l'enseignement supérieur, l'éducation, jeunesse et sports, l'agriculture, le dernier vise tous les diplômes et titres délivrés au nom de l'Etat, les Certificats de qualification délivrés par les branches, et les autres diplômes à finalité professionnelle dès lors qu'ils sont inscrits dans le répertoire national. En conséquence, outre les quelques 1700 diplômes d'Etat, sont aussi visés les 900 titres délivrés par les chambres consulaires et les centaines de certifications accordées par les branches professionnelles[364]. La VAE a donc une vocation généraliste ouverte sur la totalité du processus de certification.
- Alors que les dispositions antérieures ne concernaient que quelques institutions, la loi de modernisation sociale élargit considérablement le champ des institutions susceptibles de mettre en œuvre la validation. En effet, tout organisme habilité à délivrer un diplôme ou titre homologué pourra mettre en œuvre la validation des acquis.
- De plus, la mesure fait référence aux acquis de l'expérience et non plus seulement aux acquis professionnels.
- La durée de l'expérience requise est ramenée de cinq ans (dispositif de 1992-1993) à trois ans
- Pour la première fois, la validation peut concerner la totalité d'un diplôme, et non plus quelques unités.
- Enfin le rôle du jury est élargi. Valideur et orienteur, il l'est. Mais surtout, en cas de validation partielle, il devient prescripteur des éléments complémentaires que le candidat devrait réunir pour obtenir la totalité des unités d'un diplôme ou certificat. Cette prescription doit elle prendre la forme d'une formation formalisée, de modules ? Cette interprétation est trop restrictive. Il est possible, par exemple pour le jury de demander aux candidats des travaux complémentaires pour formaliser ses acquis, une évolution des missions qui sont demandées au candidat dans une structure donnée. Il est également possible pour le jury, de construire un cahier des charges avec le candidat, les responsables de formation, ou d'entreprise, précisant la nature des "épreuves" supplémentaires à réunir et les modalités de leur évaluation.

[364] Gendron B., La validation des acquis, de la loi de 1971 à la VAE : les textes juridiques. Dossier 1. "AECSE", p. 4. http://www.campusvirtuel.net. Porte Association, rubrique "AECSE".

Pour l'année 2000 et uniquement dans le secteur de l'enseignement supérieur, 11 684 personnes ont bénéficié de dispenses de diplômes pour accéder à une formation (décret 1985) et seulement 1727 ont eu des dispenses d'unités pour obtenir un diplôme (décret 1993). Plus de deux bénéficiaires sur trois sont des actifs en emploi[365]. Quels sont les enjeux pour l'avenir ?

On peut attendre de la mise en place de la VAE une nouvelle dynamique dans le champ de la certification. Il s'agit d'un enjeu de société. On peut le lire comme le développement d'un processus de qualification sociale et professionnelle au profit de tous et particulièrement de ceux qui en sont les plus éloignés. C'est la première garantie, et non la seule, d'une insertion sociale durable, d'un accès à l'emploi et d'une évolution dans les responsabilités. Cet enjeu constitue un lieu d'intérêts complémentaires pour les entreprises, les salariés et demandeurs d'emploi.

Pour ces acteurs, la VAE valorise les situations de travail comme lieu de construction de savoirs en dehors de tout système de formation. Les analyses des sociologues, des psychologues du travail convergent pour souligner le caractère de lus en plus "formateur" du travail et de l'ensemble des activités professionnelles. Celles-ci incorporent aujourd'hui des savoirs de plus en plus complexes, et constituent plus que jamais de réelles opportunités d'apprentissages. Les nouvelles organisations du travail relativisent la part du "prescrit" pour imposer à la fois la maîtrise d'une plus grande complexité la possession de capacités de réactivité, d'initiative.

En valorisant des compétences acquises et en les complétant pour obtenir un diplôme ou un titre le dispositif; constitue pour le salarié comme pour le demandeur d'emploi une aide à la conduite du parcours professionnel (promotion, réorientation, revendication salariale). La validation est, certes, un droit individuel. Mais celui-ci est tout autant une prise de responsabilité personnelle qu'une prérogative. La conduite d'un parcours implique un travail du sujet social sur lui-même, pour lui-même dans un environnement donné. Ce qui est attendu de l'individu c'est une meilleure vision de ce qu'il sait, de ce qu'il sait faire, de ce qu'il peut faire et de ce qu'il veut faire. Il s'agit finalement de "mieux se connaître pour mieux se faire reconnaître". Pour les publics fragiles, peu qualifiés, l'enjeu principal est une sorte de recomposition identitaire, par la connaissance de ses points forts et de ses points faibles, la reprise de confiance et l'affirmation sociale de soi, recomposition pouvant générer une "appétence" pour la formation. Mais cet enjeu est subordonné à deux questions de taille : celle de la divulgation des dispositifs existant, de leur mode d'utilisation et celle d'un accompagnement de proximité adapté aux plus éloignés de la formation.

## V - Le dispositif d'information et de conseil en VAE

Le droit individuel à la VAE, en amont de la procédure de validation, implique le développement d'une fonction d'information, de conseil et

---

365 B. GENDRON, *La validation des acquis : quelques données de cadrage.* Dossier, p. 1, ibid.

d'orientation vers la validation. La mise en œuvre de celle-ci est un enjeu stratégique considérable particulièrement pour les publics défavorisés, peu qualifiés, en rupture avec la formation, pour qui "mieux se connaître pour mieux se faire reconnaître" représente une démarche difficilement franchissable.

Un dispositif d'information et de conseil en VAE a donc été institué pour apporter une réponse structurée. Il consiste dans la mise en place d'un cadre institutionnelle formé de deux types de structures : au niveau régional les cellules régionales interservices (CRIS), au niveau local : les points relais conseil en VAE. Si les missions sont différentes, les principes fondateurs sont communs aux deux types de structure.

## 1 - Les principes fondateurs

Ils sont contenus dans la circulaire du 23-04-02 (DGEFP, n° 2002/24).

- Le principe de "l'adossement". Le paysage institutionnel de l'information et de l'orientation en formation d'adulte est déjà complexe. Son opacité, et son improductivité relative font l'objet de vives critiques[366]. Le problème de simplification n'est toujours pas résolu. Mais pour éviter d'ajouter de la complexité en créant de nouvelles structures, le parti pris a été d'adosser les institutions nouvelles à des structures supports existantes.
- Le principe de la co-décision Etat/Régions. La circulaire est sensible aux résultats des expérimentations lancées par N. PERY en matière de mise en réseau des lieux d'information et d'accueil dans l'espace régional. La recherche de synergie est du reste, inscrite dans les missions des institutions. Le préfet et le président du Conseil régional sont chargés de mettre en place ces institutions, au deux niveaux régional et local. Ce sont eux également qui désignent les structures supports, en association avec le préfet de département, le directeur de l'ANPE, le président du comité de coordination des programmes régionaux d'apprentissage et de formation continue, le directeur de l'AFPA, après avis du Comité de coordination régionale de l'emploi et de la formation.
- Pour le CRIS, les structures d'accueil sont choisies parmi les organismes chargés d'informer les publics sur la formation professionnelle.
- Pour les points relais, on pense aux agences locales pour l'emploi, aux missions locales, PAIO, MIFE, CIO, SCUIO, CRIJ, FONGECIF,

---

366 G. LINDEPERG, *Les acteurs de la formation professionnelle. Pour une nouvelle donne.* Septembre 1999.

OPCA, CIDF[367]. Dans tous les cas la désignation se fait sur la base du volontariat.

- Le principe d'une charte de fonctionnement. Cette charte est élaborée par la DGEFP Elle rappelle les responsabilités et obligations de chacune des structures. Au niveau local, elle énonce des principes d'opérationnalisation inspirés de la logique de territoire et d'individualisation : proximité, personnalisation du service, lisibilité, accessibilité, confidentialité, qualité de l'information, objectivité et évaluation du service rendu.
- Le principe d'une convention de fonctionnement.

La convention est un protocole d'accord entre la DGEFP, le conseil régional, et la structure support des institutions concernées. Elle définit les engagements réciproques de chacun des acteurs, détermine la double responsabilité de financement et de contrôle de conformité de l'Etat et des Régions. Ces conventions sont conclues pour un an renouvelable[368].

## 2 - Les missions des institutions : comparaison

[367] Sigles : PAIO : permanence d'accueil d'information et d'orientation ; CIO : centre d'information et d'orientation ; MIFE : maison d'information sur la formation et l'emploi ; SCUIO : service commun universitaire d'information et d'orientation ; FONGECIF : fonds de gestion du congé individuel de formation ; OPCA : organisme paritaire collecteur agréé ; CIDSF : centre d'information des droits de la femme. Sur le statut et les missions de ces structures, voir Centre Inffo. *Les fiches pratiques de la formation continue*, 2004.

[368] Pour le financement des points relais, la circulaire fait état de crédits ciblés dans le contrat de plan. La répartition des crédits s'effectuera en deux dotations : la première prendra en compte le nombre de demandeurs d'emploi de plus de 6 mois d'ancienneté, le nombre d'actif de plus de 16 ans sans diplôme. La seconde dotation prendra en comte les projets et actions de chaque Région.

| MISSION DES CELLULES RÉGIONALES INTERSERVICES (CRIS) | MISSION DES POINTS RELAIS CONSEIL EN VAE |
|---|---|
| (1) Production d'une information adaptée sur les systèmes de validation et de certification | (1) Information, conseil de toute personne en vue d'une VAE |
| (2) Diffusion de cette information à un réseau de "points relais conseil" et aux structures d'accueil des publics préexistantes (Agence locale pour l'emploi, Missions Locales…) | (2) Aide des candidats à choisir une certification en fonction :<br>- de la qualification visée<br>- des caractéristiques des systèmes de validation (types de certifications, référentiels utilisés, modalités de validation…) |
| (3) Professionnalisation, coordination et animation du réseau des points relais : réunion, formation des acteurs du réseau… | |

## VI - LE SYSTEME DE REGULATION GLOBALE DES CERTIFICATIONS

La multiplicité des lieux de certification, la diversité des certifications posent non seulement la question des structures d'information pertinentes pour l'usager, mais aussi, à un niveau macro social, celle d'un système global de régulation, pour éviter dispersion, éclatement et donc illisibilité. Ce système prend la forme d'un répertoire général et unique géré par une commission spéciale. L'existence et le bon fonctionnement de ce système sont déterminants pour l'efficacité du dispositif d'information et de conseil qui vient d'être présenté. Comment diffuser une information transparente si la réalité elle-même est confuse ? Tel est l'enjeu.

### 1 - Le répertoire national des certifications professionnelles (RNCP) : présentation générale

Créé par la loi de modernisation sociale, et le décret du 26 avril 2002, le RNCP a pour objectif de tenir à la disposition des personnes et des entreprises une information régulièrement mis à jour sur les diplômes titres, et certificats de qualification émanant des branches professionnelles.

Il vise à faciliter l'accès à l'emploi, la gestion des ressources humaines, et la mobilité professionnelle. A travers un système de fiches descriptives des certifications, toute personne est en mesure d'identifier le type de compétences certifiées par l'organisme qui délivre le certificat, titre ou diplôme. Pour la première fois, toutes les certifications reconnues par l'Etat, quelle que soit leur origine, sont réunies dans un même espace. Tous les diplômes et titres à finalité professionnelle délivrés au nom de l'Etat sont enregistrés de droit dans le répertoire. Les autres certifications sont soumises à une procédure particulière d'enregistrement qui prévoit : les modalités de demande, la composition du dossier, les modalités de dépôt, d'instruction et de décision.

La consultation permettra :

- De savoir si une certification est reconnue par l'Etat.
- De connaître le niveau de qualification certifié.
- D'obtenir des informations sur les secteurs d'activités, les types d'emplois accessibles, les modalités d'accès à la certification, les possibilités d'accès à d'autres certifications.

Une vision d'un référentiel de compétences ou d'emploi articulé avec un référentiel de formation et de certification devient alors possible.

Les diplômes et titres sont classés par domaine d'activité et par niveau. Les CQP sont répertoriés séparément par domaine d'activité seulement[369]. Mais le Répertoire mentionne également les correspondances entre les certifications,

[369] Voir à ce sujet les remarques critiques de J-P. Willems. Se reporter au chapitre XI, Etudes, recherches, repères.

ainsi que les reconnaissances mutuelles, partielles ou totales, lorsqu'elles sont prévues par les autorités qui les délivrent[370].

## 2 - La commission nationale de la certification professionnelle

La Commission a été créée officiellement par la loi de modernisation sociale (17 janvier 2002).

### *2.1 - Rôle*

La commission est chargée :

- D'élaborer et d'actualiser le répertoire des certifications,
- De veiller au renouvellement et à l'adaptation des diplômes et titres, en lien avec l'évolution des qualifications et de l'organisation du travail. Ceci implique qu'elle établisse des relations avec les observatoires de l'emploi et des qualifications et des professions,
- Complémentairement d'adresser des recommandations aux différentes institutions qui délivrent les certifications. A l'intention des particuliers et des entreprises elle montre les correspondances entre les certifications enregistrées dans le répertoire mais aussi avec les certifications de type européen. De cette manière elle contribue à la transparence des qualifications, et, sur la base d'informations adaptées aux opérateurs de terrain, peut favoriser l'individualisation des parcours de qualification à travers les jeux de passerelles envisageables.

L'existence d'un tel espace de communication et d'échange est indispensable pour établir des cohérences interinstitutionnelles sur un même champ d'une part, et pour construire l'information nécessaire à la compréhension générale des systèmes.

### *2.2 - La composition*

La commission est placée sous l'autorité du premier ministre. Outre son président, et son rapporteur général, elle est composée de seize représentants ministériels, de dix partenaires sociaux, de trois représentants élus des chambres consulaires, de trois représentants élus des régions dont le président du comité de coordination des programmes régionaux de formation professionnelle et d'apprentissage, les deux autres étant désignés sur proposition de l'Association des régions de France. Participent également aux travaux de la commission douze personnalités qualifiées avec voix consultative. Ces commissaires sont

[370] La version du Répertoire est mise en ligne sur le site de la CNCP : http://cncp.gouv.fr.

nommés par arrêté du Premier ministre et pour une durée de cinq ans renouvelable.

La Commission délibère à la majorité des membres présents. En cas de partage de voix, le président a voix prépondérante. Pour l'instruction des demandes d'enregistrement dans le répertoire, et afin de préparer ses avis, la Commission s'appuie sur les travaux d'une commission spécialisée composée de dix représentants ministériels et de dix partenaires sociaux. Enfin la Commission est dotée d'une structure permanente, un secrétariat national, comprenant des chargés de mission ainsi qu'un réseau de correspondants régionaux. Ceux-ci sont nommés par le préfet de région, parmi les agents des services déconcentrés de l'Etat. Pour la durée de leur mission ils sont placés sous l'autorité du Préfet.

## VII - APPROPRIATION ET UTILISATION DU DISPOSITIF PAR L'USAGER

Dans les sections qui précédent on a présenté l'organisation juridique du dispositif VAE. Ce faisant on s'est placé principalement du côté du "système" en lui-même. Ce niveau de lecture, sous peine de réductionnisme juridique, en appelle un second centré sur l'acteur, c'est à dire l'adulte usager. D'un point de vue pratique, comment tout adulte, dans le cadre de sa vie quotidienne, peut-il s'approprier ce dispositif ? D'un point de vue juridico pratique, comment tout salarié, dans le cadre de sa vie professionnelle peut-il l'utiliser ?

### 1 - L'appropriation du dispositif par l'usager

La démarche, ici, est purement empirique. L'appropriation du dispositif peut se faire en 6 étapes interdépendantes.

- Etape 1 : Elaboration d'un projet de demande. Il s'agit de repérer les certifications possibles et de vérifier la pertinence du projet. Pour cela il convient de s'adresser, dans chaque bassin d'emploi aux "points relais conseils".
- Etape 2 : Vérification. Il s'agit de vérifier que la certification envisagée correspond au mieux aux compétences acquises. Cette opération implique une comparaison des compétences acquises avec les référentiels du diplôme envisagé. Pour cela il faut s'adresser aux organismes valideurs délivrant le diplôme ou titre de certification envisagée.
- Etape 3 : L'expression de la demande de VAE. Elle se fait sur la base d'un dossier à remplir. Il convient de s'adresser à l'organisme valideur délivrant le diplôme : il remet le dossier et indique la procédure.
- Etape 4 : constitution du dossier VAE. Le contenu du dossier est fixé par l'organisme certificateur[371]. Remplir le dossier nécessite un travail

[371] Pour l'enseignement supérieur, la référence de base est le décret du 24 avril 2002 (art. 4). Le dossier présenté par le candidat doit expliciter par référence au diplôme postulé, les

d'explicitation sur les compétences acquises en rapport avec la certification, et un argumentaire. Le candidat peut se faire aider par une "personne-ressource", accompagnateur ou "méthodologue". L'accompagnateur aide le candidat à décrire les activités qu'il a exercées et à mettre en relation ses compétences avec celles exigées par le référentiel de la certification. Il s'agit donc d'apporter au candidat une méthode d'analyse et de formalisation de son expérience. La liste des accompagnateurs est fournie normalement par l'organisme certificateur. Dépôt du dossier auprès de l'organisme certificateur.

- Etape 5 : la validation. Le jury VAE évalue les compétences sur la base du dossier par comparaison avec un référentiel. Rappelons que les modes d'évaluation sont différents selon les organismes valideurs : mise en situation professionnelle réelle ou reconstitué (ministère de l'emploi). Entretien facultatif ou obligatoire selon les ministères[372].
- Etape 6 : Décision et notification. Le jury peut : - accorder la validation totale et attribuer le diplôme, - accorder une validation partielle ; dans ce cas il précise la nature des compétences faisant l'objet d'un contrôle complémentaire, - refuser la validation. La notification est écrite et faite par le chef d'établissement après transmission d'un rapport par le Président du Jury.

## 2 - Les voies d'accès à la VAE pour les salariés

Le salarié peut accéder à la VAE soit à l'initiative de l'employeur, soit de sa propre initiative dans le cadre du "congé pour VAE".

### *2.1 - La VAE à l'initiative de l'employeur*

Comme pour le bilan de compétences, l'employeur peut proposer une action de VAE à chacun de ses salariés. La mise en oeuvre nécessite leur accord express. Dans ce cas les actions sont financées par l'employeur. Elles sont réalisées en application d'une convention conclue entre l'entreprise, le salarié, et l'organisme certificateur. Tout en étant conforme aux dispositions qui régissent les conventions de formation professionnelle[373], la convention précise le diplôme ou titre visé, la période de réalisation, et les conditions de prise en charge financière.

---

connaissances, compétences et aptitudes acquises. Il comprend les documents rendant compte de cette expérience et de la durée des différentes activités invoquées, les attestations correspondant aux formations suivies et aux diplômes antérieurs.

372 Pour l'enseignement supérieur : entretien obligatoire sur la base du dossier. Une mise en situation professionnelle réelle ou reconstituée peut être organisée. C'est à l'établissement de le prévoir. Décret du 24 avril 2002, art. 6.

373 Voir infra chapitre XIII.

### *2.2 - Le congé pour VAE*

Le dispositif est régi par la loi de modernisation sociale du 17-01-2002, et le décret du 3-05-2002.

(Art. L.900-1, L.931-21 suiv., art. R.931-34 suiv. du code du travail). Son architecture reprend le modèle du congé de bilan de compétences.

#### a. Objectifs

Ce congé a pour but de permettre au salarié d'obtenir une autorisation d'absence de la part de son employeur. Celle-ci a un objectif précis : d'une part, l'accomplissement de démarches nécessaires pour la préparation de cette procédure, d'autre part la participation aux épreuves de validation organisées par l'organisme habilité à délivrer une certification inscrite au répertoire national.

#### b. Public visé

Le congé est un droit pour tout salarié, quelle que soit son ancienneté dans l'entreprise. Comme pour le congé de bilan, la durée du congé est limitée à 24 heures de temps de travail consécutives ou non. Ce congé est ouvert aux titulaires de CDD, mais sous réserve de conditions d'ancienneté. Elles sont les mêmes que pour le congé individuel de formation et le congé de bilan : 24 mois consécutifs au cours des 5 dernières années, dont 4 mois au cours des 12 derniers mois.

Pour les intérimaires, le temps passé en action de validation des acquis de l'expérience est considéré comme temps de mission. (art. L.12'-21 du code du travail). Les conditions dans lesquelles le congé peut être pris ne sont pas précisées à ce jour.

#### c. Mise en oeuvre

La procédure est calquée sur celle du congé de bilan de compétences.

1. Le salarié adresse à son employeur une demande d'autorisation d'absence. Elle précise le diplôme, le titre ou le certificat de qualification demandé et indique les dates, la nature et la durée des actions de validation, la dénomination de l'organisme qui délivre la certification. Cette demande parvient à l'employeur au plus tard 60 jours avant le début des actions de validation.
2. Dans les 30 jours, l'employeur fait connaître sa réponse. S'il ne peut refuser, il peut reporter l'autorisation d'absence de six mois au maximum à compter de la demande. Un report motivé par des raisons de service explicitées dans la réponse.

3. Suite à l'autorisation d'absence, le salarié demande au FONGECIF dont dépend l'entreprise la prise en charge des dépenses afférentes à ce congé[374].

4. Le FONGECIF fait connaître sa décision au salarié.

5. Le salarié fait les démarches nécessaires auprès de l'organisme certificateur.

6. Celui-ci notifie sa décision.

7. Au terme de son congé, le salarié présente à son employeur une attestation de fréquentation effective fournie par l'organisme de certification.

**Illustration**

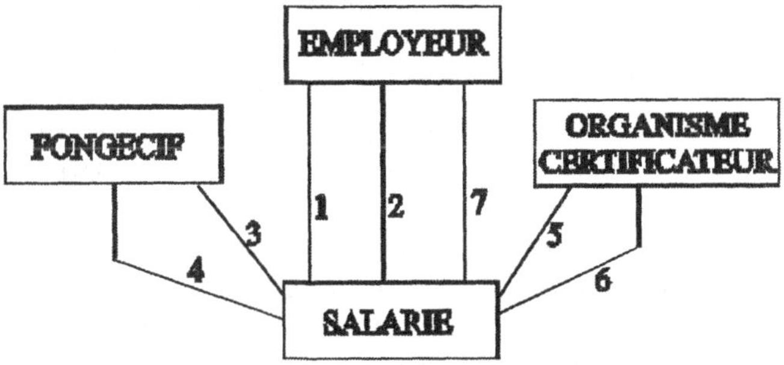


**d. Situation du salarié**

Le salarié qui a obtenu une prise en charge financière, a droit au maintien de sa rémunération pendant la période d'absence. L'employeur verse le salaire qui lui est par la suite remboursé par le FONGECIF Ce congé est assimilé à une période de travail effectif pour la détermination des droits en matière de congés annuels et d'ancienneté.

Le bénéfice de ce congé entraîne un délai de franchise d'un an avant une nouvelle demande identique dans la même entreprise. Par exemple, un salarié qui a obtenu un congé pour validation des acquis de l'expérience à partir du 1er juin 2004 devra attendre juin 2005 pour un deuxième congé du même type et dans la même entreprise.

En revanche l'obtention de ce congé est sans incidence sur les autres congés au titre de la formation (congé individuel de formation, congé de bilan).

---

[374] Pour les salariés, la VAE peut être financé par le FONGECIF dans le cadre du congé ; par l'employeur dans le cadre du plan de formation. Pour les agents publics par l'administration ou l'établissement employeur dans le cadre du plan de formation. Pour les non salariés : par les organismes collecteurs ; pour les demandeurs d'emploi : Assedic, Etat, Conseils régionaux, dans le cadre du Pare (plan d'aide au retour à l'emploi) ; pour une personne à titre individuel : par l'intéressé lui-même, avec l'aide de l'Etat ou de la Région dans certaines conditions en tant que stagiaire de la formation professionnelle.

Ceci signifie qu'un salarié bénéficiaire du congé pour validation pourra effectuer une demande de congé individuel de formation ou de congé bilan. Les dispositifs ne se perturbent pas mutuellement, mais se complètent en une synergie vertueuse. On retrouve, ici, l'enchaînement possible : bilan de compétences, validation des acquis de l'expérience, congé individuel de formation.

### 3 - Dispositions conventionnelles

Dans l'accord national interprofessionnel du 20 septembre 2003 (art. 3), les signataires entendent stimuler le développement de cette validation. Mais ils se limitent à définir un chantier pour l'avenir. On prévoit la négociation d'un nouvel accord interprofessionnel portant sur deux objets généraux : les modalités d'accès aux CQP de branche par la VAE ; la définition du rôle des branches professionnelles dans l'information des salariés sur la VAE, dans les conditions à favoriser l'accès des salariés dans un cadre individuel ou collectif, à des actions de VAE, dans les modalités de prise en charge des frais des membres qui participent à un jury de validation, dans la mise en oeuvre des modalités de validation et de certification. Cette négociation annoncée a eu lieu ; elle a abouti à l'avenant n°2 du 8 juillet 2004. Les signataires considèrent que l'information des salariés en ce domaine est fondamentale. L'information régulière des entreprises et des salariés concernant le paysage existant des certificats de qualification professionnelle est confiée à une institution précise : le fonds national créé par l'article L.961-13 du code du travail et destiné à gérer les excédents financiers des organismes collecteurs. Les salariés auront normalement accès à la liste des CQP existant. Pour ce qui est de l'information de proximité sur la VAE elle-même, et la création des conditions favorables pour l'engagement des salariés dans cette démarche, la question, comme tant d'autres (DIF, contrats de professionnalisation, périodes de professionnalisation) est renvoyée aux accords de branches ayant pour objet la mise en œuvre de la réforme[375].

Dans les faits, il est trop tôt pour apprécier les effets de ce dispositif sur les salariés même si on a quelques données. Entre 1994 et 2002 : 26 318 personnes ont obtenu une validation[376]. En 2002, près de 150 000 personnes ont été candidates à l'obtention d'une certification professionnelle par le biais de la VAE. 60 000 personnes ont sollicité le dispositif de l'Education nationale, et 46 800 celui mis en place par le ministère du Travail. Le nombre des candidats à des CQP est estimé à 9000. Les dispositifs relevant de l'initiative privée chambres de commerce, grandes écoles auraient attiré près de 36 000 personnes. Le niveau III (bac+2) est, le plus souvent demandé à l'Education nationale et le niveau V (CAP et BEP) réunit près des trois quarts des certifications délivrées

---

375 Avenant n° 2 du 8 juillet 2004, art. 1-3.

376 Source : P. CAILLAUD, art. cité, p. 520.

par le ministère du Travail. Dans le secteur privé, 75 % des certifications intéressent le niveau IV (baccalauréat)[377].

Concernant les salariés et pour l'année 2002, date de la création du nouveau dispositif : 151 congés pour VAE tous contrats confondus ont été obtenus ; 47 salariés ont bénéficié d'une VAE dans le cadre du plan de formation[378]. Au-delà de ces chiffres, la question la plus importante est d'ordre qualitatif : quels sont les effets de la VAE sur les personnes faiblement qualifiées, en situation d'illettrisme, constituant le "non public" de la formation ?[379]

**MOTS-CLES : validation, acquis, expérience, jury, parcours, projet, certification, commission nationale de la certification professionnelle.**

## ETUDES RECHERCHES REPERES

### I - APPROCHES CRITIQUES DE LA VAE

La démarche de P. Caillaud (2004) est une approche critique et distanciée de la VAE.

La question centrale est celle de la difficile recherche d'une articulation entre les savoirs et l'expérience professionnelle. L'auteur relève deux types de problèmes : celui de la nature des certifications professionnelles auxquelles il est possible d'accéder par la VAE, et les incertitudes liées à la procédure, quant à la façon dont vont être appréciés les acquis de l'expérience.

### 1 - Le nouveau dispositif

Le nouveau dispositif, certes vient établir une passerelle entre code du travail et code de l'éducation ; elle rapproche les deux systèmes juridiques que la loi de 1971 avait séparés. Il élargit considérablement le périmètre des certifications, ce qui est une bonne cause. Mais l'enjeu est la complémentarité entre certifications publiques et certifications privées. Celle-ci exige une possibilité de comparaison des certifications en termes de niveaux. Or, estime l'auteur, sur ce point il y a disparité de traitement selon la nature des

---

377 Entreprise et Carrières, n° 683 du 30 septembre 2003.

378 Pour un inventaire des pratiques à la fin 2003 en matière de VAE réalisé par l'AFREF (association française pour la réflexion et l'échange sur la formation) *Inffo-flash* n° 625, 15-30 novembre 2003, p. 3. Voir également P. GRANDIN, Le Haut Comité Education-Economie-Emploi dresse un état des lieux du dispositif, *Inffo-flash* n° 635, 16-30 avril 2004, p. 4. S. ZADUNAYSKI, Validation des acquis de l'expérience : Plus de 44 000 personnes informées par les "points relais conseil en 2003", *Inffo-flash*, n° 623, 16-31 mars 2004, p. 24.

379 Voir B. KNOCK, Comment valider les acquis des personnes en situations d'illettrisme ? Questions à Hugues Lenoir. *Inffo-flash* n° 629, 15-31 janvier 2004, p. 16.

certifications, au détriment des certificats de qualification professionnelle. Au regard du répertoire, les certifications sont classées par domaine et par "NIVEAUX". Il y a exception : les CQP sont classés seulement par domaine d'activité et non par niveaux. C'est une question délicate dans les relations des acteurs concernés. Historiquement, selon les appréciations de l'auteur la création des CQP s'inscrit parfois dans une logique critique du système de formation initiale ou dans une logique de construction d'un système de certification parallèle à celui de l'Etat. Il y plus ; l'auteur relève une sorte de brouillage dans les dispositions de mise en œuvre de la VAE , comme si acteurs publics et acteurs privés travaillaient en ordre dispersé : décret général du 26 avril 2002 d'un côté, et ANI du 20septembre 2003 de l'autre. Celui demande que les partenaires sociaux définissent les modalités de mis en place d'un dispositif d'accès au CQP dans les branches, (ce qui a été fait par l'avenant n°2 du 8 juillet 2004) ; or il existe déjà le congé spécifique de VAE, et les modalités d'insertion dans le plan de formation sont définies par la loi. Comment vont s'organiser les articulations, les passerelles ou équivalences entre les deux types de certification ?

## 2 - Les incertitudes pèsent sur la procédure

Dans le cadre de la VAE, le rôle du jury est central et plus complexe qu'avant : déceler les connaissances, idoines, dispenser, ou accorder, prescrire… Les outils doivent évoluer pour prendre en compte l'aspect éventuellement partiel de la validation, et l'appréciation des connaissances acquises par le travail. C'est au jury d'instruire le dossier, de rencontrer le candidat. Sa décision est susceptible de recours devant les tribunaux administratifs qui va se limiter à contrôler les erreurs de droit, la violation de la loi, ou d'un principe général, le détournement de pouvoir, l'inexactitude matérielle des faits, sans jamais sanctionner l'appréciation du jury elle-même, qui reste souveraine. L'incertitude provient surtout de la détermination des mécanismes de correspondance et d'articulation entre des savoirs dits académiques et savoirs pratiques. Et citant M. Feutrie, l'auteur estime que ces derniers présentent certains caractères qui les différencient : absence de formalisation, difficile identification liée à leur aspect fréquemment inconscient, et à leur attachement à la structure organisationnelle dans laquelle ils sont mis en œuvre. Ils se construisent dans le temps par une pratique, et ne se repèrent qu'en situation de travail. De plus, il peut être difficile de déterminer ce qui dépend de l'individu et ce qui résulte de l'équipe de travail. Quels outils collectifs pour le jury ? Les référentiels d'activité et de formation, certes. Mais cela ne suffit pas. Il faut créer de nouveaux outils permettant une relecture de ces référentiels conformément à la logique de la VAE. Le jury a besoin de cet outillage pour l'établissement de la preuve. Se pose alors le rapport du candidat à ces outils. L'accès ne sera pas toujours aisé. En conclusion : *"La validation des acquis de l'expérience présente donc pour un candidat un caractère très subjectif, notamment dans les modes de traduction de sa propre expérience en savoirs puis en partie de diplômes. Pour ces raisons, l'orientation, l'information et l'accompagnement des candidats seront sans doute déterminants pour assurer la légitimité du système auprès des individus et ne pas leur laisser un sentiment d'arbitraire".*

Au delà de ces incertitudes, quelle peut être la portée de la VAE dans une problématique de promotion professionnelle ? Peu de branches ont valorisé la formation même suivie dans un but promotionnel. La grande majorité des accords signés portent des dispositions non contraignantes pour l'employeur. Il y a cependant quelques aménagements depuis un certain nombre d'années. Quelques mécanismes plus ou moins forts viennent lier formation et promotion et se traduisent à deux niveaux : celui de l'emploi et celui de la rémunération. Mais globalement, au-delà des incertitudes juridiques pesant sur le contenu d'expérience professionnelle validée, demeure une grande faiblesse des mécanismes permettant de les reconnaître au cours d'une relation contractuelle de travail. *"Cependant, lorsque le salarié se trouve en situation de mobilité externe... il peut alors bénéficier de mécanismes particuliers de reconnaissance des actions de formation ou des diplômes acquis avant son entrée dans la nouvelle entreprise... Aussi peut-être est ce justement seulement en situation de mobilité professionnelle qu'apparaît le véritable intérêt juridique de la validation des acquis de l'expérience pour un salarié" ?*

# BIBLIOGRAPHIE


CAILLAUD (P.), 2004, Action de formation et validation des acquis de l'expérience : quels contenus pour quelle reconnaissance juridique ? *Droit social*, n° 5, Mai, p. 515-526.

CENTRE INFFO, 2004, *La validation des acquis de l'expérience*. Coll. Le point sur, 236 p.

CHARRAUD (A-M.), 1999, Les processus d'évaluation et de validation des acquis : l'établissement de la preuve de leur possession. *Céreq*, Janvier.

CHARRAUD (A-M.), 2003, CNCP et RNCP, les piliers de développement de la validation des acquis, *AFP,* n° 182, janvier février, p. 39-41.

EDUCATION PERMANENTE, 2004, Les acquis de l'expérience (sous la direction de P. Astier), première partie n° 158, mars, 2ème partie n° 159, juin.

FEUTRIE (M.), 1997, *Reconnaître et valider les acquis personnels et professionnels*, 5ème journée d'études du Clerse "Certification, validation, diplômes : nouveaux enjeux", 30 Mai.

FEUTRIE (M.), 2003, La mise en oeuvre de la VAE : vers un débat de société, *AFP,* n° 182, janvier février, p. 24-32.

GAZAVE (M.) et HENNETIER (N.), 2003, *La VAE. Valoriser son expérience par un diplôme*. Edit. Vuibert, 169 p.

LEPLATRE (F.), 2003, La validation des acquis de l'expérience en pratique. *AFP*, n° 182, janvier/février, p. 17-23.

RAVAT, 1998, Validation des acquis professionnels, *AFP*, Mars/avril, p. 49 suiv.

# QUATRIEME PARTIE : LE SALARIE ACTEUR DE SA FORMATION

Le rapport du salarié à la formation ne se limite pas à une simple obligation ou prescription émanant de l'employeur dans le cadre du plan de formation analysé plus haut.

On a vu que "l'individualisation de la formation" est une tendance lourde inscrite dans le nouveau droit de la formation issue de la réforme (2003-2004). On la définit ici comme un mode d'organisation de formation construit sur trois composantes : le pouvoir d'initiative du salarié et sa responsabilisation dans l'accès à la formation, l'accompagnement juridique du projet du salarié, l'encadrement de la démarche par des régulations collectives[380]. On change de paradigme. Dans cette problématique de l'individualisation, le rapport du salarié à sa formation et à son évolution professionnelle se définit, selon les termes de l'ANI comme un parcours individualisé, ou personnalisé, reposant sur un projet dont le salarié a plus ou moins la maîtrise. Le salarié est appelé à devenir "acteur de sa formation", en ce sens que son initiative et sa responsabilité vont constituer un des ressorts de l'entretien de l'évolution de ses compétences sociales, culturelles et professionnelles, dans un cadre institutionnel donné. Cette démarche de responsabilisation trouve sa traduction dans deux constructions juridiques : le congé individuel de formation, dispositif fort ancien, (CHAPITRE VIII) et le Droit individuel de formation, nouveau dispositif (CHAPITRE IX). La référence forte à l'individu, à la personne, a son projet, à son initiative personnelle est l'élément central qui rapproche les deux constructions. Les différences qui les séparent sont très importantes : les contextes de création, les degrés d'autonomie du salarié, sa situation dans le dispositif, la finalisation de la formation, le poids des contraintes limitant la marge de manœuvre de l'individu… Bref dans le premier cas, il s'agit d'une prérogative personnelle qui affranchit le salarié de la dépendance de l'employeur, d'un droit individuel dont bénéficie tout salarié, droit directement opposable à l'employeur comme l'atteste l'importante jurisprudence qui sera analysée plus loin. Ce droit fondamental se décompose ainsi : droit d'initiative, droit de choisir sa formation, droit de retour dans l'entreprise. Le projet du salarié est souverain. Dans l'autre cas, il s'agit d'un droit de tirage sur un capital d'heures de formation financées par l'entreprise pour un projet dont le salarié n'a pas la maîtrise puisqu'il exige l'accord de l'employeur lequel dispose d'un pouvoir d'opposition. Il y a inversion du droit d'opposition. Ces deux dispositifs correspondent à deux formes différentes d'individualisation de l'accès à la formation : individualisation plénière, d'un côté, décidée par le salarié, individualisation négociée, ou sous le contrôle de l'employeur de l'autre. Droit

---

[380] Voir plus haut, chapitre préliminaire.

réel et droit virtuel ou potentiel, autonomie et subordination définissent exactement la distance qui séparent ces deux dispositifs. En conséquence la formule : "Le salarié acteur de sa formation" exige une certaine approche critique.

# CHAPITRE VIII :
# LE CONGE INDIVIDUEL DE FORMATION

Le congé individuel de formation, créé par la loi du 3 décembre 1966 mise en œuvre par celle du 16-07-71, figure parmi les dispositifs les plus anciens mis à disposition des salariés. Au fil des décennies, pas moins de 14 lois et 15 textes conventionnels sont venus le remodeler et l'adapter à l'évolution des contextes socio-économiques. C'est le chemin juridique le plus connu, le plus populaire. Pourtant son utilisation, d'un point de vue quantitatif, reste modeste : en effet, elle représente, annuellement, environ 35 000 usagers sur 4 millions de salariés bénéficiaires d'une formation[381]. Cette popularité tient peut-être à l'originalité du dispositif : l'adulte, décideur de son entrée en formation occupe une place centrale au sein du jeu d'acteurs institutionnels qui gouvernent la mise en œuvre de ce dispositif.

## SAVOIR JURIDIQUE DE BASE

Les textes applicables sont d'origine législative, réglementaire et conventionnelle : art. L.931-1 à L.931-20-2, Art. R.931-1 à R.931-26 du code du travail. Accord interprofessionnel du 3-7-91. La réforme récente (2003-2004) n'a pas remis en cause fondamentalement l'architecture du dispositif.

Quelle est l'architecture du dispositif ? (I) Quelles sont les modalités de mise en œuvre ? (II) Quels sont les droits et obligations des acteurs concernés ? (III) Face aux conflits, quelles sont les décisions des juges ? (IV)

### I - ARCHITECTURE DU DISPOSITIF

### 1 - Définition

Le congé individuel de formation est une autorisation d'absence, rémunérée sous certaines conditions, qui a pour but de permettre à un travailleur de participer à une action de formation de son choix pendant le temps de travail (Art. L.931-1 du code du travail). La notion de "choix" est centrale dans cette définition. Elle met le salarié dans un rapport particulier à la formation : il n'est pas simple bénéficiaire, mais acteur, c'est-à-dire décideur : décideur de son projet personnel, décideur de son départ en formation, sous certaines conditions. A la notion de choix vient donc s'associer celle "d'initiative" et "de décision". Cette position est diamétralement opposée à celle qu'il occupe dans le cadre du

[381] En 2002 ont bénéficié d'un CIF : 29 840 salariés en CDI, 7 449 salariés en CDD. Pour la même année le nombre total de stagiaires, salariés d'entreprise, s'est élevé à 3 914 529. Source : Ministère de l'emploi, du travail et de la cohésion sociale. Bilan et rapports. Le contrôle de la formation professionnelle en 2001 et 2002, p. 38, 65 et 71.

plan de formation. En effet dans ce dispositif, le décideur est l'employeur ; le salarié est "envoyé en formation" dans la dynamique de l'exécution de son contrat de travail. Entre les deux, la confusion n'est pas possible, comme le montre l'art. L.931-1 du code du travail :

*"Le congé de formation a pour objet de permettre à tout travailleur, au cours de sa vie professionnelle, de suivre à son initiative, et à titre individuel, des actions de formation, indépendamment de sa participation aux stages compris dans le plan de formation de l'entreprise dans laquelle il exerce son activité".*

Le droit va encore plus loin dans la définition du dispositif. "Choisir", "décider" sont, certes, des "opérations" mentales et comportementales. Mais elles sont qualifiées juridiquement : elles sont l'exercice d'un droit personnel : *"le bénéfice du congé demandé est de droit"* art. L.931-6. On peut y voir une opportunité à saisir au bon moment, mais à condition de la fonder sur une prérogative du salarié génératrice d'obligations pour l'employeur à qui elle est opposable.

## 2 - Les objectifs

La notion "d'action de formation" est la référence de base pour appréhender les objectifs possibles du congé. En effet, le départ en congé individuel de formation ne peut se faire qui si la formation choisie par le salarié correspond à la définition de "l'action" et aux conditions de forme et de fond élaborés par le droit et qui ont été présentées plus haut. L'action de formation choisie par le salarié peut avoir ou non un caractère professionnel. Le droit prend une position très ouverte : *"Ces actions de formation doivent permettre aux travailleurs d'accéder à un niveau supérieur de qualification, de changer d'activité ou de profession et d'ouvrir plus largement à la culture, à la vie sociale, et à l'exercice d es responsabilités associatives bénévoles"* (Art. L.931-1). Le sujet adulte est donc considéré comme une sorte de "totalité sociale". Il est non seulement un travailleur, mais aussi un acteur social, un citoyen.

A tout moment de sa trajectoire, il peut disposer d'un outil de développement de sa qualification professionnelle et sociale[382].

Par ailleurs, l'action de formation se développe dans la durée. Aussi le droit donne-t-il des repères pour l'inscription de l'action de formation dans les diverses formes de temps qui rythment la vie du salarié. La loi définit le congé comme permettant à des salariés de participer à une action de formation se déroulant en totalité ou en partie sur le temps de travail (Art. L.931-1 du code du travail).

---

[382] Par qualification professionnelle on entend l'acquisition de nouveaux savoirs généraux et professionnels sanctionnés par un diplôme, un titre ou reconnus dans une convention collective. Par qualification sociale on entend l'acquisition des compétences requises pour se situer, comprendre son environnement, et y assumer des responsabilités, par exemple dans le cadre de la vie associative ou la vie syndicale.

Trois axes de référence délimitent donc l'espace juridique des objectifs de formation lié au congé : la définition formelle de l'action de formation, la typologie des actions envisageables, le rapport au temps.

A la lumière de système de références, quelles pourraient être les cas d'exclusion ?

En voici quelques exemples : des actions de simple information prenant la forme de participation à des symposium ou conférences. La raison en est le non-respect des critères formels rappelés plus haut[383]. Enfin des actions de formation se déroulant totalement en dehors du temps de travail, comme étant contraires aux exigences de l'art. L.931-1. du code du travail.

## 3 - Le public concerné

Le droit propose deux repères : le statut de salarié et les conditions d'ouverture du droit.

### *3.1 - Le statut de salarié*

Ce droit n'est pas lié à la personne, comme le droit à la validation des acquis de l'expérience (VAE)[384], mais au statut de la personne. Il ne concerne que les travailleurs liés par un contrat de travail à un employeur. Ici, nous n'envisageons que le cas des salariés du secteur privé[385]. Tous les salariés des entreprises des secteurs industriel, commercial, artisanal, agricole, et associatif ont droit à ce congé. La taille de l'entreprise, sa forme juridique, la forme du contrat de travail n'ont aucune incidence sur l'application de ce droit.

### *3.2 - Les conditions d'ouverture*

Les conditions d'ouverture du droit font toutes références au facteur "temps", qu'il s'agisse de l'ancienneté du salarié ou de délais à respecter. Elles sont cumulatives. L'inscription dans la trajectoire personnelle du salarié s'en trouve renforcée.

#### a. L'ancienneté requise

Le salarié justifie d'une ancienneté de 24 mois consécutifs ou non en qualité de salarié, quelle qu'ait été la nature des contrats de travail successifs, dont 12 mois dans l'entreprise (Art. L.931-2 du code du travail). C'est la règle générale. Elle est adaptée pour deux situations particulières :

---

383 Se reporter au chapitre III.
384 Voir chapitre VI.
385 Les agents de la fonction publique ont des dispositions spécifiques pour ce congé.

- dans les entreprises de moins de 10 salariés, le salarié justifie d'une ancienneté d'au moins 36 mois, consécutifs ou non, quelle qu'ait été la nature des contrats successif, dont 12 mois dans l'entreprise ;
- En cas de licenciement économique, aucune condition d'ancienneté n'est à remplir pour le salarié nouvellement embauché.

La référence à l'entreprise et non à l'établissement est centrale pour le mode de calcul. Un salarié d'une entreprise qui a changé d'établissement tient compte, pour le calcul, de la totalité de ses mois de présence tous établissements confondus. Un exemple : *un salarié a travaillé 9 mois dans une entreprise durant l'année 2004 (contrat à durée déterminée). Il travaille de nouveau dans cette même entreprise, mais dans un autre établissement, depuis 4 mois en contrat à durée indéterminée : il a l'ancienneté requise dans l'entreprise.*

#### b. Délai de franchise

Un délai dit "délai de franchise" doit s'écouler entre deux congés individuels de formation demandés par un salarié dans la même entreprise. La durée de ce délai varie en fonction de la durée du précédent congé. Il est défini par un minimum (6 mois) et par un maximum (6 ans). Il se calcule à partir du dernier jour du précédent congé de la façon suivante : délai de franchise (en mois) = durée du précédent congé de formation (en heures/12. art. R.931-7).

Exemple : *Le précédent CIF a duré 960 heures. Calcul du délai de franchise : 960/12 = 80 mois soit, 6 ans et 8 mois. Le délai est ramené à 6 mois.*

Quel pourrait être le public exclus du CIF ? Voici quelques exemples : le travailleur non lié à l'entreprise par un contrat de travail (travailleur indépendant ou stagiaire), le salarié bénéficiant déjà d'une formation, par exemple le titulaire d'un contrat de qualification, le salarié n'ayant pas l'ancienneté requise, ou n'ayant pas encore accompli le délai de franchise.

### 4 - La durée de la formation

Le droit fait souvent référence au facteur "temps" pour organiser ce dispositif. Tantôt il s'agit d'une catégorie de "temps social" espace de déroulement de la formation, tantôt il s'agit du temps écoulé dans la vie du salarié, condition d'accès à la formation, ou d'un délai à respecter entre 2 congés. Le temps est encore mobilisé, ici, comme élément caractéristique de la formation elle-même c'est-à-dire sa durée.

La question de la durée de la formation est réglée par l'art. L.931-5 du code du travail. Le congé est égal à la durée de l'action de formation. Cependant, elle ne peut être supérieure à un an, si le stage est à temps plein, ou 1200 heures si le stage se déroule à temps partiel, ou s'il s'agit de stages constituant un cycle pédagogique comportant des enseignements discontinus. Des accords de branche ou d'entreprise peuvent prévoir des durées plus longues. Ce repère détermine la durée de prise en charge financière par le FONGECIF (fonds de gestion du congé individuel de formation). La jurisprudence a été amenée à apporter les précisions suivantes. La durée d'un an prévue à l'art. L.931-5 du code du travail s'entend d'une année calendaire, et non du cumul de 365 jours ouvrables répartis sur plusieurs années. Ainsi, le salarié ayant débuté sa formation le 10 décembre d'une année doit reprendre son travail le 10 décembre de l'année suivante (CA de Dijon du 2-11-94, SARL Les Harmoniales c/Chaussade, 4/95 n°406)[386].

## II - LA MISE EN ŒUVRE DU DISPOSITIF

L'analyse de la mise en œuvre du dispositif comporte deux questions liées entre elles : quel est l'espace d'intervention de chaque acteur ? Quelles relations s'établissent entre les acteurs ?

### 1 - L'espace d'intervention des acteurs

#### *1.1 - Le salarié*

Le salarié est décideur de son entrée en formation. La notification de son projet et de sa décision va déclencher les réactions des autres acteurs. Dans ce sens, il est au centre de la configuration des acteurs.

Tout salarié qui désire bénéficier du congé individuel de formation doit en faire la demande. Il adresse à son employeur une autorisation d'absence, sous forme écrite. Elle indique : la date du début de la formation, la désignation de l'action et sa durée, le nom de l'organisme de formation (*art. R.931-1 du code du travail*).

Les règles du délai sont les suivantes : 120 jours avant le début de l'action si celle-ci dure 6 mois ou plus, et s'effectue en une seule fois, 60 jours avant le démarrage, si l'action dure moins de 6 mois, ou s'il s'agit d'une action effectuée en plusieurs périodes.

Complémentairement il s'adresse à l'organisme paritaire agréé au titre du CIF compétent dont dépend son entreprise pour obtenir la prise en charge financière totale ou partielle de son salaire et de ses frais de formation. Chaque FONGECIF a mis au point un formulaire de demande de prise en charge que remplit l'intéressé, l'organisme de formation et l'entreprise. Il n'existe pas de règles concernant le délai. Mais le salarié a intérêt à contacter l'organisme paritaire le plus tôt possible, muni de l'autorisation d'absence de l'employeur.

---

[386] Source : Centre Inffo, *Les fiches pratiques de la formation continue*, Edit. 2005, Fiche 5-4.

### *1.2 - L'employeur*

L'employeur a l'obligation de réagir. Il fait connaître sa réponse dans le délai de 30 jours après réception de la demande du salarié.

Il peut soit donner son accord, soit indiquer les raisons qui motivent le report ou le rejet de la demande (*Art. R.931-1 du code du travail*). D'une part il ne peut refuser l'autorisation qu'aux salariés qui ne remplissent pas les conditions d'ouverture. D'autre part, il peut reporter. Mais report n'est pas refus. L'employeur dispose de deux règles lui permettant de reporter dans le temps la satisfaction d'un congé de formation. L'une concerne les effectifs simultanément absents, l'autre est liée à des raisons de service.

La première est inspirée des exigences de "bonne gestion". Elle permet à l'employeur de limiter le nombre des absences dans une même entreprise. C'est une sorte de règle de "deux" susceptible de trois applications différentes.

Dans les entreprises de 200 salariés et plus, l'employeur peut reporter la demande du salarié si 2 % des effectifs de l'établissement ont déjà obtenu une autorisation au titre du congé individuel de formation pour la même période (*art. L.931-3 du code du travail*).

Dans les entreprises de moins de 200 salariés, la satisfaction à une demande de congé peut être différée si le nombre d'heures de congé déjà demandée dépasse 2 % du nombre total des heures annuelles de travail dans l'établissement (*Art. L.931-4 du code du travail*).

*Illustration : soit une entreprise de 90 salariés accomplissant 145 904 heures de travail dans l'année. 2 % des heures représentent 2918. Si 4 demandes de CIF 600 heures ont déjà été demandées dans l'années, ce qui correspond à 2400 heures, l'employeur pourra reporter toute nouvelle demande de CIF d'une durée supérieure à : 2918 - 2400 = 518 heures.*

En outre, dans les entreprises de moins de 10 salariés, l'employeur peut reporter l'autorisation d'absence, si elle aboutissait à l'absence simultanée d'au moins 2 salariés au titre du congé individuel de formation.

Dans tous les cas, l'employeur signifie le motif du report au salarié dans les 30 jours qui suivent la réception de la demande (*Art. R.931-1 du code du travail*).

L'application de cette règle fait surgir un nouveau problème pour l'employeur. Quel va être l'ordre de satisfaction des demandes reportées pour absences simultanées ? Les règles de priorités sont à la fois d'origine légale et conventionnelle. L'ordre est le suivant : Demandes pour passer un examen - Demandes ayant déjà fait l'objet d'un report - Demandes de salariés dont la formation a dû être interrompue pour raisons valables - Demandes des salariés ayant le plus d'ancienneté - Demandes de salariés n'ayant jamais bénéficié d'un congé (*art. R.931-2 et ANI du 3 juillet 1991, art. 31-9*).

Notons que pour qu'une demande reportée soit prise en compte, il est préférable que le salarié formule une nouvelle demande.

La seconde règle est liée aux raisons de service. Lorsque l'employeur estime que le départ du salarié pourrait avoir des conséquences préjudiciables à la marche de l'entreprise, il peut reporter la satisfaction de la demande du salarié (*Art. L.931-6 du code du travail*). Mais cette décision ne peut être prise qu'après l'avis du comité d'entreprise, ou à défaut des délégués du personnel. La non consultation préalable est constitutive d'un délit d'entrave[387]. La règle est floue en raison de la difficulté de définir d'un point de vue pratique, la notion de "préjudice à l'entreprise". Le législateur, du reste, a anticipé sur les risques de conflit, puisqu'il précise : *"En cas de différend, l'inspecteur du travail contrôlant l'entreprise peut être saisi par l'une des parties et peut être pris pour arbitre"*. Malgré cette précaution d'arbitrage, cette règle, dans son esprit, fait passer les intérêts de l'entreprise avant le droit personnel du salarié. Rien n'est plus clair : le bénéfice du congé est de droit sauf au cas où l'employeur estime qu'il y a un risque préjudiciable pour la marche de son entreprise. Dans ce cas, le report ne peut excéder le délai de 9 mois (*Art. R.931-3 du code du travail*)[388].

### *1.3 - Le FONGECIF*

Le FONGECIF, organisme paritaire, géré par les partenaires sociaux, et agréé par l'État, intervient dans le dispositif comme financeur de formation (Art. L.951-1 du code du travail). La saisine de cette instance est de la responsabilité du salarié.

#### a. Le pouvoir d'appréciation et de décision du FONGECIF

Le FONGECIF dispose d'un pouvoir d'appréciation et de décision dans le domaine financier. Il ne se prononce que sur la prise en charge financière du congé, au vu de l'autorisation d'absence accordée par l'employeur. Il ne peut revenir sur celle-ci qui reste irrévocable. Cela signifie que les acteurs se relayent dans le processus de prise de décision, mais chacun à sa place, dans son champ de compétences.

Que recouvre le financement de la formation ? Le maintien des salaires, certes, mais aussi le coût pédagogique de la formation, les frais de transport et d'hébergement. Mais chaque organisme collecteur agréé est libre de déterminer les règles selon lesquelles il prend en charge ces dépenses. Selon les cas et l'appréciation du FONGECIF, la prise en charge peut être totale, ou partielle

[387] Cass. Crim., du 4-01-93, de Brettes.

[388] Une aide au remplacement du salarié absent est prévue par le décret du 15-10-2004 relatif à l'aide de l'Etat au remplacement des salariés absents en formation. Elle concerne les entreprises de moins de 50 salariés. Sa durée est d'un an maximum et son montant est de 50 % du taux horaire du SMIC en vigueur.

(*Art. L.931-9 du code du travail*). La décision de cette instance peut aboutir à trois types de situation : le refus définitif, le refus momentané, l'acceptation.

Tout d'abord, le refus définitif se justifie par le caractère atypique de la demande du salarié. La formation envisagée ne répond pas aux critères juridiques de l'action de formation ou ne correspond pas à la typologie des actions présentée plus haut. Ensuite, le refus momentané se justifie par des raisons financières. L'organisme financeur peut refuser la prise en charge lorsqu'il n'est pas en état, pour des raisons financières, de satisfaire simultanément l'ensemble des demandes qui lui sont adressées. L'application de cette règle pose, ici, le problème de la détermination des priorités. Selon les termes de l'art. R.931-20 et 21 du code du travail, elle se fait sur la base des critères suivants : - la nature des actions de formation - la catégorie professionnelle des demandeurs ou la taille de l'entreprise. L'organisme affecte des crédits spécifiques pour chaque type d'actions dites "prioritaires", sans que le montant global des sommes affectées ne puisse être inférieures à 40 % du budget disponible (*art. R.931-20 du code du travail*). Il y a donc un plancher à respecter. Sous réserve de cette contrainte le FONGECIF a une grande liberté, soit pour prolonger une de ces priorités au-delà de 40 % soit pour leur substituer ses propres priorités. Mais les priorités ne peuvent consommer 100% des dépenses. Les choix sont faits selon l'application de ces critères. Mais cela suppose que les fonds aient été répartis, de façon prévisionnelle, entre actions prioritaires et non prioritaires. C'est une répartition annuelle. Certaines dispositions sont d'ordre public et leur non respect peut entraîner la nullité des décisions : telles la règle des 40 %, la définition annuelle des priorités. Face à ces priorités, le financeur est tenu de respecter une égalité de traitement des salariés demandeurs. La politique d'information des employeurs et des salariés sur les priorités est un élément fondamental pour maintenir l'égalité entre les salariés. Il y a donc obligation d'information : c'est une disposition d'ordre public.

Une décision modificatrice des priorités et sans information serait de nature à entraver cette liberté.

Le refus est motivé et notifié par écrit au salarié. Celui-ci est informé des possibilités de recours. Elles seront examinées plus loin.

Enfin le FONGECIF est tenu de prendre en charge le financement de la formation, en dehors des deux cas suivants : la formulation d'une demande "hors normes", et l'épuisement des ressources financières. L'acceptation de la prise en charge est la situation la plus courante.

Dans tous les cas de figure, la décision est notifiée par écrit au salarié. En général, les organismes paritaires répondent à l'intéressé, dans un délai minimum de 2 mois[389].

---

389 La diversité des modes d'organisation de la formation, la variété des "temps", des lieux d'apprentissage génère des "cas limites" posant des problèmes spécifiques pour les acteurs impliqués dans le processus de prise de décision. Ce sont les partenaires sociaux eux-mêmes, par l'intermédiaire du COPACIF qui ont proposé des solutions à ces situations problèmes. On

Le pouvoir d'appréciation et de décision de l'instance paritaire n'est donc pas sans limites. Il est lié par les priorités qu'il s'est lui-même donné. Celles-ci sont enserrées dans un ensemble de textes réglementaires.

### b. Le FONGECIF financeur habituel mais non exclusif

Le FONGECIF est désigné par la loi, comme le financeur habituel du congé individuel de formation. La même loi pose le principe de la non exclusivité c'est-à-dire le recours possible à d'autre financeurs : l'employeur, ou un OPCA agréé au titre du plan (art. L.951-1 du code du travail).

En effet, les entreprises de 10 salariés et plus n'ont pas d'autre obligation financière, en matière de CIF, que de verser leur cotisation au FONGECIF. Cependant elles ont la possibilité de participer directement au financement de ce congé indépendamment de leur versement. En conséquence, un salarié peut s'adresser à son employeur pour obtenir, soit un financement complémentaire à celui qui a été décidé par le FONGECIF, soit le financement total ou partiel de son congé, en cas de non prise en charge. Cette participation financière de

---

en a recensé 5. **Les enseignement à distance** : on a vu plus haut que l'action de formation visée par le CIF se déroule normalement en totalité ou en partie sur le temps de travail. Les enseignements à distance répondent-ils à ce critère ? Ils entrent dans le champ de la formation, défini par le droit, dès lors qu'ils font l'objet d'un suivi prenant la forme de "corrections de travaux" et que l'organisme procède à des regroupements réguliers des apprenants. En supposant que les regroupements se déroulent pendant le temps de travail, le salarié peut obtenir une autorisation d'absence et demander la prise en charge de ces périodes de regroupement. Décision du COPACIF n°6 du 30-06-83, modifiée le 9-2-96. **Formations en dehors du temps de travail** : On sait que le recours au CIF est exclu pour une formation se déroulement totalement en dehors du temps de travail. Y a-t-il une voie de contournement ? Un salarié peut suivre une formation en dehors du temps de travail et solliciter de son employeur l'octroi d'un repos compensateur. En supposant que cette demande est satisfaite, la période de formation da Décision du COPACIF n°9 du 30-6-83. **Formations prévoyant un stage pratique en entreprise** : dans le cadre du repos compensateur est considéré comme prise sur le temps de travail. Le salarié peut alors demander une prise en charge financière au FONGECIF (Accord national interprofessionnel du 3-07-91, modifié par l'avenant du 5-07-94 art. 31-20). Le temps du stage pratique peut être inclus dans la demande d'autorisation d'absence ; il peut faire l'objet d'une prise en charge financière dans la limite de 30 % de la durée globale de la formation dispensée par l'organisme (Décision du COPACIF n°8 du 12-07-84, actualisée le 1-10-99). **Formations à l'étranger** : S'il s'agit d'une formation se déroulant au sein de l'union européenne, les règles communes du CIF s'appliquent normalement. Dans le cas contraire, la solution est beaucoup plus restrictive. La prise en charge est accordée pour les actions de formation ne pouvant manifestement pas être organisées en France ou dans un pays de l'Union européenne (Décision du COPACIF du 20-06-02). **Complément de formation** : Le développement de la VAE peut renforcer le processus de certification, en cas de validation complète. Il peut aussi, en cas de validation partielle, développer une demande de formation, sous formes de compléments, d'unités, de modules complémentaires pour l'obtention d'un diplôme ou titre. Dans ce cas une demande d'autorisation d'absence et de prise en charge est recevable pourvu qu'elle soit déposée avant l'entrée en formation du salarié (Délibération Unedic n°27 du 21-06-01).

l'entreprise qui peut concerner aussi bien les salaires que les frais de formation, ou les frais de transport et d'hébergement, devient alors imputable au titre du plan de formation.

Par ailleurs, un organisme collecteur agréé au titre du plan des entreprises peut mobiliser ses ressources générales pour financer des congés de formation qui ne sont pas pris en charge par ailleurs. Cette participation financière peut concerner aussi bien les salaires que les frais de formation, ou les frais connexes[390].

### *1.4 - L'organisme de formation*

L'organisme de formation s'implique dans ce dispositif comme il le ferait dans toute autre modalité de formation. Qu'attend-on de lui ? D'abord qu'il distribue une information sincère aux différents acteurs : salarié, entreprise, et FONGECIF. Cette information nécessaire concerne la nature de la formation proposée, le niveau pré requis, la durée, son organisation, son mode de déroulement, le calendrier, et le coût. Ensuite qu'il exécute une prestation conforme à l'offre affichée et portée à la connaissance de ses partenaires.

## 2 - Le jeu relationnel des acteurs

Le tableau qui suit vient illustrer les différentes phases de la mise en œuvre du CIF et l'enchaînement des démarches. Les démarches des acteurs sont représentées à des moments précis par jeu de flèches ; leur ordre de déroulement est symbolisé par une numérotation.

Ce schéma est une représentation idéale, du processus. La mise en œuvre est plus complexe : elle comporte des risques et des conflits possibles entre les acteurs.

---

390 Voir chapitre III.

### *2.1 Schéma du processus*

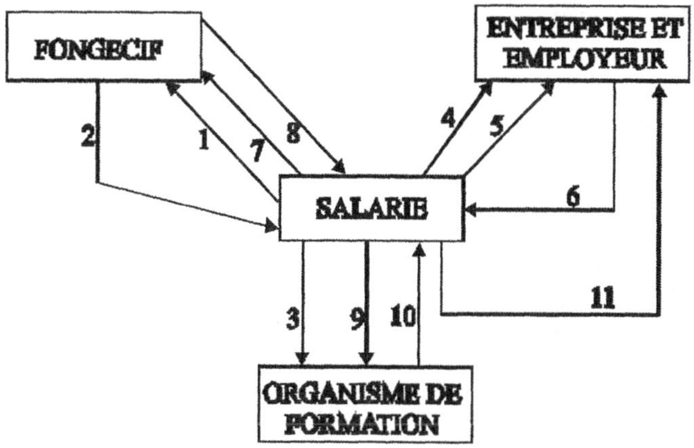


Quatre acteurs sont en présence. On a analysé plus haut leur espace d'intervention et leur rôle. Le processus de mise en œuvre s'organise autour du salarié, acteur central, mais non exclusif.

1. Le salarié prend contact avec le FONGECIF de son entreprise : il retire un dossier de demande de financement. Ce dossier comporte habituellement un "cadre réservé" au FONGECIF, une fiche de renseignements à compléter par le salarié, concernant son identité, son niveau d'études, l'intitulé de la formation demandée. Un cadre à remplir par l'organisme de formation : son identité, le descriptif de la formation demandée, le calendrier de la formation, et un devis financier. Un cadre à remplir par l'employeur concernant l'autorisation d'absence accordée au salarié.

2. Le salarié remplit la partie du dossier le concernant.

3. Il prend contact avec l'organisme de formation pour qu'il complète le renseignement du dossier.

4. Il communique toutes ses informations à l'entreprise qui a besoin de connaître le calendrier de la formation.

5. Il adresse à son employeur, dans les délais légaux, une demande d'autorisation d'absence.

6. L'employeur communique sa réponse écrite au salarié dans les délais prévus, et la consigne dans le dossier.

7. Le salarié adresse une demande de prise en charge financière au FONGECIF, sur la base du dossier rempli. Il a intérêt à tenir compte du calendrier des réunions des commissions, dont il peut avoir connaissance par l'administration du FONGECIF.

8. Le FONGECIF transmet sa réponse écrite au salarié dans les délais prévus.

9. Le salarié entre en formation pour la durée et selon le calendrier prévus.

10. L'organisme est tenu de transmettre au salarié qui en fait la demande, les attestations de présence.

11. Le salarié transmet régulièrement à l'entreprise ces attestations d'assiduité, et à la fin de la formation réintègre son emploi.

### *2.2 - La gestion des risques*

Les risques dont nous parlons ici, sont liés au déroulement et à la continuité de la formation.

Comment traiter juridiquement, toute interruption de la formation ? Cette interruption peut être le fait du salarié, comme aussi celle de l'employeur : quelles sont les solutions ?

#### a. Interruption de la formation du fait du salarié

Le principe de départ est connu : le salarié bénéficiaire d'un CIF, doit participer régulièrement à l'action de formation pour laquelle l'autorisation d'absence lui a été donnée.

Mais un second principe vient tempérer l'application du premier. Le salarié, peut toutefois, s'absenter de la formation pour les mêmes motifs que ceux qui suspendent habituellement le contrat de travail. Cela conduit à raisonner comme suit : quelles sont les absences autorisées et non autorisées ?

Pour les premières, 4 situations sont envisageables : l'absence pour cause de maladie, l'exercice d'un mandat électif et syndical, l'occurrence de jours fériés, ou de congés pour événements familiaux. Ces situations sont des situations - critères auxquelles on se réfère pour apprécier la légitimité du motif d'absence.

Quelles sont les conséquences pour l'organisme de formation ? En cas d'absence autorisée de longue durée, l'organisme de formation peut être conduit, pour des raisons pédagogiques, ou administratives, à ne pas réintégrer le stagiaire à son retour.

Quelles sont les conséquences pour le salarié ? S'il est contraint d'abandonner son stage pour une raison légitime, il ne perd pas son droit au congé individuel de formation mais devient prioritaire s'il formule une nouvelle demande à l'employeur. Celui-ci ne peut lui opposer un délai de franchise (art. R.931-2 du code du travail). Encore faut-il que le motif soit reconnu valable par l'employeur après consultation du comité d'entreprise, sur la base des critères énoncés plus haut.

Pour les secondes, elles peuvent exposer le salarié à des conséquences non négligeables.

Tout d'abord, l'organisme de formation, en fonction de son règlement intérieur, peut prononcer le renvoi du stagiaire. En conséquence, le FONGECIF peut être amené à suspendre sa prise en charge financière. Ensuite, le salarié qui désire bénéficier d'un nouveau congé de formation doit respecter le délai de franchise habituel calculé en fonction de la durée globale de la formation qu'il a abandonnée. Mais au delà de cette dualité "absences autorisées - absences non autorisées" surgit une question majeure du côté de l'employeur : celle de la réintégration anticipée du salarié. Est-elle un droit ? Les textes n'organisent pas expressément la réintégration du salarié dans l'entreprise en cas d'impossibilité de poursuivre la formation. On verra plus loin que la Cour de Cassation a considéré que l'employeur n'est pas tenu à une réintégration anticipée du salarié, pour des raisons de gestion pratique. Il peut donc refuser. A condition, toutefois, de justifier d'une impossibilité majeure. Par exemple, l'embauche d'un remplaçant pour la durée de l'absence.

**b. Interruption de la formation du fait de l'employeur**

Le congé individuel de formation suspend, on l'a vu, le contrat de travail. Il donne un caractère irrévocable à la décision de l'employeur concernant l'autorisation d'absence. Lorsque l'employeur accorde une autorisation d'absence au titre du CIF, il l'accorde pour la durée totale de la formation. En conséquence, il ne peut demander à un salarié d'interrompre le stage pour réintégrer l'entreprise. Les impératifs de production peuvent être invoqués, avant le début de l'action de formation, pour reporter le départ du salarié, mais ils ne peuvent plus être mis en avant, même temporairement, dès lors que le congé a été accordé.

En revanche, le congé de formation n'anéantit pas le pouvoir de l'employeur sur l'organisation des relations professionnelles du salarié pour l'avenir. Cela signifie que le bénéficiaire d'une formation peut être licencié en cours de stage pour motif économique ou personnel, à condition que le motif invoqué à l'appui du licenciement n'ait aucun lien avec le départ en formation. Ce licenciement interrompt définitivement le déroulement du CIF, puisque la personne ne fait plus partie de l'entreprise. Il met fin également à la prise en charge financière. Cependant une délibération de l'Unedic permet au salarié de poursuivre sa formation avec maintien de la prise en charge financière, au delà du licenciement[391].

---

391 Lettre circulaire COPACIF 50-2001 du 30.10.01 non publiée. Source : Centre Inffo, les fiches pratiques de la formation continue, Edit.2005 p.136

## III - DROITS ET OBLIGATIONS DES ACTEURS

Tout au cours du processus de mise en œuvre, les relations entre les acteurs sont régies par un faisceau de droits et d'obligations réciproques.

### 1 - Tableau récapitulatif

## Tableau récapitulatif

| | SALARIE | EMPLOYEUR | FONGECIF | ORGANISME DE FORMATION |
|---|---|---|---|---|
| **DROITS** | 1) Droit au congé individuel de formation<br><br>2) Droit au maintien du contrat de travail et de la protection sociale<br><br>3) Droits annexes :<br>. Prise en charge de la formation<br>. Maintien du salaire (art. L 931-8-2)<br>. Droit aux congés payés (art. 931-7)<br>. Droit lié à l'ancienneté (art. 931-7)<br>. Droit à l'exercice d'un mandat (1)<br>. Droit aux absences autorisées (2)<br>. Droit aux autres congés de formation (3)<br>. Droit à la réintégration dans l'entreprise<br><br>4) Droit à une reconnaissance de la qualification acquise, uniquement si la convention collective le prévoit Droit à la protection sociale | 1) Droit de reporter l'autorisation d'absence (art. 931-1)<br>2) Droit de licenciement du salarié pour motif économique durant le CIF | 1) Droit de refuser la prise en charge (art. 931-8-2)<br><br>2) Droit de contrôle sur le contenu, le déroulement de la formation du demandeur<br><br>3) Droit de suspendre la rémunération en cas d'absences injustifiées du stagiaire | 1) Droit aux informations utiles liées au stagiaire pour sa formation<br><br>2) Droits liés à l'exercice d'un pouvoir disciplinaire<br><br>3) Droit au paiement de sa prestation |

| | SALARIE | EMPLOYEUR | FONGECIF | ORGANISME DE FORMATION |
|---|---|---|---|---|
| OBLIGATIONS | 1) Obligation de formuler une demande d'autorisation d'absence à l'employeur en temps utile | 1) Obligation d'accorder l'autorisation d'absence si les conditions sont remplies | 1) Obligation de déterminer des priorités (art. 931-8-2, R.931-20-21) | 1) Obligation d'accueil du stagiaire |
| | 2) Obligation de faire une demande de prise en charge au FONGECIF | 2) Obligation de donner sa réponse au salariée dans les 30 jours (art. R 931-1) | 2) Obligation de notifier sa décision au salarié | 2) Obligation de remise de documents au stagiaire en début de formation : règlement, programme, conditions de validation, liste et qualité des formateurs, horaires (art. L.920-5-3 du code du travail) |
| | 3) Obligation d'assiduité en formation (remise d'une attestation à l'employeur) (art. R 931-4) | 3) Obligation de consulter le comité d'entreprise en cas de report | 3) Obligation de paiement si demande acceptée | 3) Obligation de réalisation de la formation aux conditions prévues et affichées |
| | 4) Respect du règlement intérieur de l'organisme (art. L 920-5-1) | 4) Obligation de respecter sa décision au caractère irrévocable | 4) Obligation de respecter la décision prise au caractère irrévocable | 4) Obligation de remise d'une attestation de fréquentation au stagiaire |

## 2 - La situation juridique du salarié en formation

On examine la situation juridique du salarié sous deux angles : le droit à rémunération, le droit à primes, congés annuels et protection sociale.

### *2.1 - La rémunération*

La rémunération du salarié en congé individuel de formation est maintenue par l'entreprise, et le FONGECIF reverse le montant à l'entreprise. Il le fait dans le délai maximum d'un mois, à compter de la réception d'une copie du bulletin de paie, de l'attestation d'assiduité du stagiaire[392]. Son montant est calculé à partir d'un salaire de référence. Il correspond à la rémunération brute qu'aurait perçu le salarié s'il avait continué à travailler (art. L.931-8-2 du code du travail). Quel est le mode de calcul ? - Lorsque le salaire de référence est inférieur à 2 fois le SMIC, le montant de la rémunération versée est égal à 100 % du salaire de référence pendant toute la durée du CIF. Lorsque le salaire de référence est égal ou supérieur à 2 fois le SMIC, le montant de la rémunération varie selon la durée du CIF.

Il est de 80 % du salaire de référence lorsque la durée de la formation ne dépasse pas un an ou 1200 heures à temps partiel[393].

Si le congé excède un an ou 1200 heures, le montant est égal à 80 % du salaire de référence pour la première année, ou les 1200 premières heures, et à 60 % pour le reste du temps (décret du 16-07-84 modifié par le décret du 3-09-92). Ces taux constituent des minima qui s'imposent aux FONGECIF.

Il reste que le salarié peut bénéficier d'une rémunération plus favorable, soit parce qu'il s'agit d'actions de formation dites "prioritaires"[394]. Dans tous ces cas, le montant de la rémunération est de 90 % du salaire de référence. Soit parce que l'OPACIF fixe des taux de rémunération plus élevé, soit parce que l'employeur complète lui-même la rémunération.

### *2.2 - Primes, congés et protection sociale*

Les éléments de la rémunération qui n'auraient pas un caractère mensuel (prime de fin d'année, 13$^{\text{ème}}$ mois par exemple), sont dus intégralement au salarié. En effet, le congé de formation est assimilé à une période de travail pour

---

[392] Accord national interprofessionnel du 3-7-91 art. 31-21 repris dans l'accord national du 5 décembre 2003.

[393] Est considérée à temps plein, une formation dont la durée hebdomadaire est au moins égale à 30 heures par semaine. Dans le cas contraire, elle est à temps partiel.

[394] Elles sont définies par le décret du 16-07-94 modifié : actions de qualification sanctionnées par un diplôme, action de reconversion, actions dont l'objet est de permettre l'exercice d'une responsabilité sociale. S'y ajoutent les actions définies comme prioritaires par le COPACIF (décision n°16 du 27-11-91, art. 31-20).

tous les droits que le salarié tient de son ancienneté dans l'entreprise (art. L.931-7 du code du travail). Il en est de même pour le droit aux congés payés.

Le salarié continue à bénéficier d'une couverture sociale pendant le déroulement du congé. Toutes les cotisations salariales et patronales, doivent être payées normalement pendant le congé. En contrepartie, le salarié reste couvert contre tous les risques du régime légal (maladie, maternité, invalidité, décès, assurance vieillesse) et du régime conventionnel (mutuelles, retraites complémentaires). Il reste donc affilié au régime dont il relevait pendant le stage. Aucune formalité d'affiliation n'est à accomplir[395]. Par ailleurs, si le salarié n'est pas rémunéré pendant un congé individuel de formation, les cotisations de sécurité sociale sont intégralement prises en charge par l'Etat (Art. L.962-1 et 962-3 du Code du travail).

### 3 - Situation des salariés en CDD et intérimaires

Jusqu'à 1990, le bénéfice du congé formation était réservé aux salariés titulaires d'un contrat à durée indéterminée. Il en résultait une exclusion choquante : celle des titulaires de contrat à durée déterminée et celle des intérimaires. Pour les premiers, l'accord interprofessionnel du 24 mars 1990 repris dans la loi du 18 juillet 1990 est venu combler ce vide. Complémentairement, l'accord national du 15 octobre 1991 relatif à la formation professionnelle des salariés des entreprises de travail temporaire, étendu par l'arrêté du 23 novembre1992, détermine les conditions d'accès au CIF pour les salariés temporaires. Un nouvel accord (20-10-00) met à jour ces dispositions.

[395] Pour le risque accident de travail, l'employeur continue à cotiser mais à un taux unique et forfaitaire ; Ce taux se substitue au taux accident de travail habituel à l'entreprise. Par ailleurs, si le salarié n'est pas rémunéré pendant un congé individuel de formation, les cotisations de sécurité sociale sont intégralement prises en charge par l'Etat (Art. L.962-1 et 962-3 du code du travail).

### La formation professionnelle, des salariés en CDD et intérimaires

| | |
|---|---|
| **Dispositions communes** | Ces salariés bénéficient de l'ensemble des droits à la Formation Professionnelle : accès au plan de Formation, accès au congé individuel de formation et au congé de bilan de compétences. |
| **Dispositions propres aux CDD** | υ **Conditions d'ancienneté** requises pour l'ouverture du droit au CIF :<br>- 24 mois, consécutifs ou non, comme salarié au cours des 5 dernières années.<br>- dont 4 mois, consécutif ou non, sous CDD au cours des 12 derniers mois.<br>NB : pour l'appréciation de ces 4 mois, il n'est pas tenu compte de l'ancienneté acquise -sous CDD- au titre des contrats d'adaptation, de qualification et d'orientation, des contrats d'apprentissage, des contrats emploi - solidarité ou des contrats conclu avec des jeunes au cours de leur cursus scolaire ou universitaire, ainsi que des CDD qui se poursuivent par des CDI<br>La durée de la formation et du congé est normalement d'un an (de 1200 heures). Mais le dépassement est possible.<br><br>υ **Procédure spécifique** d'accès au CIF :<br>- lors de la conclusion du CDD, le salarié reçoit un bordereau individuel d'accès à la formation (BIAF) de son employeur. Ce bordereau a pour rôle d'informer le salarié sur ses droits et d'en permettre la prise en compte éventuelle par l'OPACIF<br>- pour être admis, le CIF doit débuter au plus tard 12 mois après la fin du CDD<br>- en principe, la formation est suivie en dehors de la période d'exécution du contrat de travail mais peut débuter (avec accord de l'employeur) avant la fin du CDD<br>- le salarié justifie de son ancienneté par la production de ses bulletins de salaire.<br><br>**STATUT : STAGIAIRE DE LA FORMATION, MAIS TITULAIRE DES MEMES DROITS QUE LES AUTRES BENEFICIAIRES DU CIF (SALAIRES, PROTECTION SOCIALE, PRISE EN CHARGE FINANCIERE DE LA FORMATION).**<br><br>υ **Financement** des formations par les OPACIF : En effet, la cotisation, à la charge de l'employeur, est égal à *1% de la rémunération totale brute versée aux salariés titulaires d'un CDD pendant l'année en cours (en sus du 1,5% ou 0,15%) et due quelle que soit la taille de l'entreprise.* Elle n'est pas due lorsque le CDD se poursuit par un CDI ou lorsqu'il ne donne pas lieu à la prise en compte de l'ancienneté pour l'ouverture du droit au CIF. |

## IV - LES DECISIONS DES JUGES

Les sources de conflits sont multiples. Ils peuvent concerner tout aussi bien la procédure, que le contenu de la décision de l'employeur ou du FONGECIF, ou encore le respect des droits du salarié et de ses obligations durant la formation, sa réintégration dans l'entreprise après l'action de formation. Ils peuvent mettre en présence le salarié et l'employeur, le salarié et le FONGECIF, le salarié et l'organisme de formation. Dans le premier cas, c'est le conseil de prud'hommes qui est compétent, avec, éventuellement, possibilité de recours en appel ou/et en cassation. Dans le second cas, lorsqu'une demande de prise en charge est rejetée en tout ou partie, le salarié peut déposer un recours gracieux au FONGECIF, dans le délai de 2 mois à compter de la date d'envoi de la notification du rejet gracieux, puis un recours en contentieux au tribunal administratif. Dans le troisième cas, le salarié s'adressera au tribunal administratif, ou au tribunaux d'instance ou de grande instance selon que l'organisme de formation est de droit public ou de droit privé. Complémentairement, l'entreprise peut entrer en conflit avec le FONGECIF, par exemple pour le remboursement de la prise en charge financière avancée par l'employeur : ce sont les tribunaux de l'ordre judiciaire qui sont alors compétents (TI ou TGI) : Cour d'appel de Nîmes, 18-06-86, SARL Fabre /Armand).

On rassemble, ici, quelques données de la jurisprudence autour de six axes :

L'autorisation d'absence venant de l'employeur - la prise en charge financière par le FONGECIF - le départ "en force" du salarié - le statut du salarié pendant la formation - sa réintégration dans l'entreprise - son licenciement éventuel pendant la formation.

Au-delà du contenu des décisions, l'intérêt global de cette jurisprudence est de montrer que les conflits sont non seulement une possibilité mais une réalité constitutive de contentieux et de décisions, et que cette réalité couvre finalement toutes les phases du processus de mise en œuvre du congé individuel de formation[396].

## 1 - Autorisation d'absence

***Le salarié a un délai à respecter pour faire sa demande d'autorisation d'absence à l'employeur. Quelles sont les conséquences du non-respect ?***

La jurisprudence confirme, que faute pour le salarié de ne pas avoir respecté le délai de prévenance, l'employeur était fondé à s'opposer au congé de formation *(CA de Toulouse du 18-03-94, Cristante/SARL Ambulances Grand Sud FP). (CA de Montpellier, Ch. Soc. du 25-4-95 Smesaert/Eurl Sté Equipement paramédical).*

Inversement, l'employeur a un délai pour répondre au salarié. Il a été statué par la cour de Cassation, qu'à défaut de réponse de l'employeur dans le

[396] Sources utilisées : Centre INFFO, *Jurisprudence en matière de formation professionnelle. Résumés de décisions.* 1990. O. JACQUET, Tendances de la jurisprudence en matière de formation professionnelle continue, *AFP*, n° 63, mars/avril 1983, p. 66 suiv. J-M. LUTTRINGER, La jurisprudence en matière de formation professionnelle continue. *AFP*, n° 34, mai/juin 1978. CENTRE INFFO, *Les fiches pratiques de la formation continue*, édit. 2005.

délai de 30 jours, l'autorisation de prendre le congé est acquise de plein droit. L'employeur ne saurait considérer le salarié parti en congé comme démissionnaire ni sanctionner l'intéressé pour abandon de poste *(Cass. Soc., du 22-01-1992, Ebion/MAIF)*[397].

**L'inspecteur du travail peut être saisi pour arbitre en cas de conflit ; mais peut-il donner l'autorisation d'absence au lieu et place de l'employeur ?**

Une salariée demande à son employeur l'autorisation d'absence. L'employeur refuse, en raison des nécessités de la bonne marche de son cabinet. Le salarié saisit l'inspecteur du travail qui lui accorde le bénéfice du congé. L'employeur adresse un recours hiérarchique au ministre du travail ; il est rejeté. Il saisit le conseil d'Etat lequel annule la décision. Il ressort que l'inspecteur du travail ne peut en lieu et place de l'employeur autoriser un salarié à partir en congé de formation puisqu'il n'a qu'un rôle de conciliation en cas de différend *(Conseil d'Etat, 20-12-1985, Dalloz 1986, IR. 387. Droit social, 1986, p. 471).*

Dans une autre espèce, l'entreprise reporte l'autorisation d'absence. Le salarié demande l'arbitrage. L'inspection du travail lui est favorable. Le salarié part en formation, l'employeur le licencie. Licenciement bien fondé pour le juge d'appel. En effet ce type d'arbitrage ne s'impose pas aux parties ; il appartenait donc au salarié d'user de voies de droit pour faire constater et exécuter l'obligation de l'employeur (Conseil de prud'hommes). En se faisant justice lui-même, le salarié a commis une faute grave justifiant le licenciement *(CA. Paris. 28 juin 1987. Société IBSI C /Satrat).*

**Le refus de l'employeur peut-il être abusif ?**

La possibilité légale d'un report n'est pas synonyme de refus. En effet, une salariée demande un congé de formation. Son employeur refuse. L'inspecteur considère la décision illégale. Le conseil de prud'hommes déboute la salariée de sa demande. La cour d'appel dit, au contraire, que l'employeur ne pouvait refuser le congé de formation. Seul le report dans un délai d'un an était possible *(CA. d'Angers, 30 avril 1985. Desgré/Sté Sorogec).*

En aucun cas l'employeur ne peut refuser à un salarié le bénéfice du CIF qui est de droit. Tout juste peut-il reporter *(Cass. Crim, 4 janvier 1983, n°82-91-400).*

**L'employeur fait-il un usage abusif de son droit de report ?**

L'employeur peut invoquer la nécessité du service pour retarder un départ en formation, mais il ne peut le faire que pour une durée limitée, une seule fois, et pour un motif dont la validité est soumise à l'appréciation du comité d'entreprise. Dans un cas d'espèce, le licenciement d'un salarié parti en formation malgré le report de l'employeur est reconnu abusif par la Cour

---

[397] Voir également, CA de Colmar du 19-03-87, SARL Liehnardt et fils sc/Quessir, CA de Paris du 28-01-87, Sté Ibis /Satra, CA de Dijon, du 2-11-94, SARL Les Harmonides c/Chaussade (RJS 4/95 n°406, CA de Douai du 3-06-86, Visieux c/SOA).

d'Appel, car l'employeur lui-même avait commis une faute par l'usage qu'il a fait de la faculté de report, c'est à dire sans consultation du comité d'entreprise *(Cour d'appel de Paris, 19 juin 1974, SA Transport Beaunier/Bordonne).*

Inversement, si le comité d'entreprise a donné un avis favorable pour le report, le départ en formation du salarié constitue une faute grave. En l'espèce, la salariée n'a pas soumis le différend à l'inspection du travail ni au juge avant de s'absenter *(Cass. Soc., du 11-10-00 n°98-45-611, Aklf Degardin/UAP).*

Par ailleurs, après le report d'une première demande d'autorisation, pour raison de service et le délai de 9 mois écoulé, l'employeur doit accéder à la deuxième demande de CIF du salarié *(CA. de Metz du 18-01-1994, SARL Hass/Philippi).*

Les juges se réservent également le droit de contrôler la légitimité du motif du report. Le licenciement d'un salarié ayant quitté l'entreprise pour suivre sa formation, malgré le refus des l'employeur, a été considéré comme une rupture abusive du contrat. Son absence n'était pas préjudiciable à la production *(Cass. Soc., 7 nov.1989, Satrat/Ibsi).*

**L'employeur peut-il revenir sur sa décision ?**

Non, la décision est irrévocable. En effet, un licenciement prononcé par l'employeur en raison d'une absence pour formation qui avait été, au préalable, autorisée par lui est déclaré abusif par la cour d'appel *(CA. Agen ,25 janvier 1977, Vignals/Antigo).*

### 2 - Refus de prise en charge financière

Quel est le tribunal compétent ? Le litige consécutif à un refus de prise en charge de la rémunération et frais de formation par le FONGECIF relève de la juridiction administrative. En revanche les tribunaux de l'ordre judiciaire sont compétents pour connaître des problèmes relatifs au paiement *(CA. de Nîmes, 18-06-1986, SARL Fabre/Armand).*

L'entreprise a-t-elle une quelconque obligation dans ce domaine ?

Aucune disposition légale ni conventionnelle n'oblige l'employeur à prendre en charge les frais de stages de formation d'un salarié en CIF *(CA. de Douai, Ch. Soc. du 25-2-94, DORDAIN/sté Cyanamid Agri Production).* Selon un arrêt récent, un salarié bénéficiaire d'un CIF ne peut pas demander à son employeur le remboursement de ses frais de déplacement ou d'hébergement, sauf si la convention collective ou un accord d'entreprise le stipule *(Cour de Cass., 14 janvier 2003, n°00.43.879 ; Bull. Civ., V n°7 ; Dalloz, 2003, 1661. RJS, 2003, 246 n°372).*

### 3 - Départ "en force" du salarié

La jurisprudence montre que les cas de départ "en force" voire frauduleux du salarié en formation ne sont pas une fiction. Selon la cour de Cassation, un salarié commet des fautes graves privatives des indemnités de rupture, en signant une demande de stage à la place de son employeur sans en avoir délégation, en s'abstenant d'avertir son supérieur hiérarchique, et en partant suivre la formation malgré l'opposition de son employeur *(Cass. Soc., 16 juin 1977, SARL. Air Pérgord/Chaton)*[398].

Les départs du salarié en formation, sans autorisation de l'employeur sont toujours considérés par les juges comme une cause réelle et sérieuse de licenciement *(CA Besançon, 26 janvier 1982, Levan et Doan/S.A.Bouhelier, C.A de Pau, 25 octobre 1982, Moncoucy/Lassabe).*

## 4 - Statut du salarié pendant la formation

Simple suspension du contrat et non rupture un congé de formation est assimilé à une période de travail pour la détermination des droits de l'intéressé. Aussi l'employeur est tenu de lui délivrer un certificat de travail mentionnant la période du CIF comme période d'emploi *(CA. Paris, 11 juin 1985, Farjallah/Miguel).*

Le non-respect de l'obligation d'assiduité du salarié à la formation peut-il être motif de licenciement ?

Un salarié qui interrompt son stage, omet de prévenir l'employeur, reste absent de l'entreprise pendant l'écoulement du reste de son congé s'expose à un licenciement pour cause réelle et sérieuse *(CA. de Paris, 13 juillet 1976, Bitton/TEKELEC).*

La période de CIF rémunéré ou non ouvre droit aux congés payés. En cas de non réintégration, une indemnité est due *(Cass. Soc. du 10-04-86, Gustin/Desavenelle).* Par ailleurs le retard dans le paiement du salaire d'un salarié en cours de CIF constitue un manquement de l'employeur à une obligation essentielle qui lui rend imputable la rupture du contrat dont le salarié était en droit de prendre l'initiative *(C.A. de Reims, Ch. soc., du 9-06-93, Martinez/SNC H 2O Industrie).* Une prime qui normalement n'est pas distribuée en cas d'absence, telle la prime d'assiduité, n'est logiquement pas due à un salarié en CIF *(Cass. Soc., 2 juillet 1987, SA Flers Distribution/Provost).*

Un tribunal d'instance a décidé à bon droit, estime la Cour de Cassation, qu'un salarié en congé de formation, était éligible aux fonctions de délégué du personnel *(Cass. soc. du 22-02-94 Société Elisol/Syndicat CFDT de l'Aube et autre).* Auparavant la cour avait statué qu'un salarié en CIF reste électeur. Mais il est éligible que s'il peut remplir effectivement ses fonctions (CIF à proximité de l'entreprise ou à temps partiel) *(Cass. Soc., du 14-1-82, Sté nouvelle aux métiers du bâtiment).*

## 5 - La réintégration du salarié

Ce qui fait problème c'est la réintégration anticipée du salarié.

---

[398] Auparavant : C.A. Rennes, 5 janvier 1972, Sté Braff/LeGuen, L.B.).

La Cour de Cassation a considéré que l'employeur n'est pas tenu de réintégrer un salarié dont le CIF serait interrompu. L'embauche d'un remplaçant est un motif pouvant légitimer le fait que le salarié ne retrouve pas immédiatement son emploi *(Cass. Soc., 5-06-86, Bouchard/Sofrance)*.

### 6 - CIF et licenciement

Le bénéficiaire d'un CIF est-il à l'abri de tout licenciement ? Pas nécessairement. L'absence pour formation, lorsqu'elle s'exerce selon les procédures légales, ne peut être un motif valable de licenciement. Un licenciement fondé sur ce motif est déclaré abusif *(C.A. Agen chambre soc., 25 janvier 1977, Vignals Michel/Antigo Michel)*. Auparavant la Cour de cassation s'était déjà prononcé dans ce sens mais pour une formation syndicale *(Cass. Soc., 11 mars 1964, société CIRCEX)*.

En revanche, il peut être licencié en cours de stage pour motif économique ou personnel, à condition que le motif invoqué à l'appui n'ait aucun lien avec le départ en formation *(CA. de Bourges, Ch. Soc., du 2-7-1993, M. Dufrost/SA SGT Balsan. C.A. de Chambéry, 25 novembre 1986, Caussanel/Clinique du Léman. Dans le même sens, C.A. de Paris, 18-02-1975, S.A. des Produits Industriels ITT/Loupy)*.

| POUR ALLER PLUS LOIN : AUTRES FORMES DE CONGES OU AUTORISATION D'ABSENCE POUR CAUSE DE FORMATION |
|---|
| **En dehors du CIF, il existe d'autres possibilités pour un salarié de s'absenter de son temps de travail pour suivre une formation. Les mesures se sont multipliées au fil des décennies depuis 1971. Elles se justifient soit par le désir de jeunes salariés de suivre une formation de leur choix, pour leur développement personnel, ou le perfectionnement professionnel, soit par l'exercice de certaines responsabilités sociales dans l'entreprise ou hors l'entreprise nécessitant des compétences spécifiques, soit par le développement du militantisme syndical.** |
| **Quel est l'objet ? Quel est le public ? Quelle est la durée de la formation ? Quel est le statut du bénéficiaire ? Quelles démarches faire ?**<br><br>**Les tableaux qui suivent apportent des réponses synthétiques à toutes ces questions.** |

| | OBJET | PUBLIC | DURÉE | STATUT | DÉMARCHES |
|---|---|---|---|---|---|
| Congé examen<br>*Art. L.931-1 du Code du Travail* | Permettre aux salariés de préparer ou de passer certains examens sur le temps de travail | Mêmes conditions que les salariés voulant bénéficier d'un congé individuel de formation | Préparation des examens : 24 heures par an<br>Passage des examens : durée de l'examen | Salaire maintenu<br>Travail effectif pour la détermination des droits | Demande : 60 jours à l'avance<br>Réponse : dans les 30 jours<br>Possibilité de report |
| Congé enseignement ou de recherche<br>*Art. L.931-28 du Code du Travail* | Permettre aux salariés de dispenser, sur leur temps de travail, un enseignement professionnel ou bien d'exercer une activité de recherche | Tous les salariés cadres ou non cadres ayant un an d'ancienneté dans l'entreprise | Maximum :<br>• à temps plein : 1 an<br>• à temps partiel : 8 h par semaine ou 40 h par mois | • Salaire non maintenu sauf dispositions conventionnelles<br>• suspension du contrat | |
| Congé de formation des jeunes salariés<br>*Art. L.931-29 du Code du Travail* | Permettre aux jeunes salariés de suivre à leur initiative, sur leur temps de travail, un ou plusieurs stages de formation de leur choix | Jeunes salariés de moins de 26 ans, sans diplôme professionnel et non lié par un contrat de qualification, d'apprentissage ou d'adaptation<br>3 mois d'ancienneté | 200 heures par an | Salaire maintenu.<br>Travail effectif pour Ancienneté, congés payés | Demande du salarié : 30 jours à l'avance<br>Réponse de l'employeur dans les 10 jours<br>Possibilité de report |
| Congé de formation économique, sociale et syndicale<br>*Art. L.451-1 du Code du Travail* | Permettre à tous les salariés de participer à des stages ou sessions de formation économique, sociale ou syndicale | Tous les salariés<br>Les demandeurs d'emploi peuvent également participer à ces stages | Maximum :<br>12 jours par an (ou 18 jours pour les animateurs de stages et sessions, et les salariés appelés à exercer des responsabilités syndicales) en 1 ou plusieurs fois (2 jours minimum à chaque fois) | Salaire maintenu dans certaines limites (1)<br>Travail effectif | Demande du salarié : 30 jours à l'avance<br>Possibilité de refus ou de report (2) |
| Congé de formation cadres et d'animateurs de jeunesse<br>*Art. L.225-1 du Code du Travail* | Permettre aux jeunes salariés de suivre sur leur temps de travail des stages de formation à l'animation sportive, culturelle ou sociale | Salariés de moins de 25 ans, y compris apprentis | 6 jours maximum par an.<br>Ils se décomptent des 12 jours du congé de formation économique, sociale et syndicale | Absence de rémunération<br>Travail effectif | Demande du salarié : 30 jours à l'avance<br>Possibilité de refus motivé et notifié (à 8 jours) |
| Congé de formation mutualiste<br>*Art. L.225-7 du Code du Travail* | Permettre aux salariés administrateurs d'une mutuelle de suivre une formation utile à l'exercice de leur mandat | Salariés administrateurs d'une mutuelle | 9 jours ouvrables par an.<br>Ils se décomptent des 12 jours du congé de formation économique, sociale et syndicale | Absence de rémunération<br>Travail effectif | Demande du salarié : 30 jours à l'avance<br>Possibilité de refus motivé et notifié (à 8 jours) |

| | OBJET | PUBLIC | DURÉE | STATUT | DÉMARCHE |
|---|---|---|---|---|---|
| Formation des membres du comité d'entreprise<br>***Art. L.434-10 du Code du Travail*** | Permettre aux titulaires des comités d'entreprise de suivre une formation économique | Membres titulaires du comité d'entreprise | 5 jours à prendre une seule fois dans la même entreprise. Ils se décomptent des 12 jours du congé de formation économique, sociale et syndicale | Rémunération maintenue<br>Temps de travail effectif | Demande écrite du salarié : 30 jours à l'avance<br>Refus motivé et notifié (8 jours) (1)<br>Report possible |
| Formation des représentants du personnel au comité d'hygiène, de sécurité et des conditions de travail<br>***Art. L.236-10 du Code du Travail*** | Permettre aux membres titulaires des CHSCT de suivre sur leur temps de travail une formation nécessaire à l'exercice de leurs missions | Membres titulaires du comité d'hygiène, de sécurité et des conditions de travail | • établissements de 300 salariés et plus : 5 jours maximum en prendre en une fois<br>• établissements de moins de 300 salariés : 3 jours. Ils se décomposent des 12 jours de congé de formation économique, sociale et syndicale | Rémunération maintenue<br>Temps de travail effectif | Demande écrite du salarié : 30 jours à l'avance<br>Refus motivé et notifié (8 jours) (1)<br>Report possible |
| Formation des représentants des salariés actionnaires au conseil de surveillance<br>***Art. L.444-1 du Code du Travail*** | Permettre aux administrateurs et membres des conseils de surveillance de suivre une formation économique | Administrateurs et membres de ces conseils représentants les salariés actionnaires ou élus par les salariés | 5 jours maximum.<br>Ils se décomptent des 12 jours du congé de formation économique, sociale et syndicale | Rémunération maintenue<br>Temps de travail effectif | Demande écrite du salarié : 30 jours à l'avance<br>Refus motivé et notifié (8 jours) (1)<br>Report possible |

| | | | | | |
|---|---|---|---|---|---|
| Formation des conseillers prud'hommes<br>***Art. L.5143 du Code du Travail*** | Permettre aux salariés conseillers prud'hommes de suivre des formations utiles à l'exercice de leur mandat | Salariés titulaires d'un mandat de conseillers prud'hommes | 6 semaines maximum par mandat | Rémunération maintenue<br>Temps de travail effectif | Demande écrite du salarié : 30 jours à l'avance |
| Formation des élus locaux<br>***Art. L.121-48 du Code des Communes*** | Permettre aux membres des conseils municipaux, conseils généraux et conseils régionaux de suivre une formation adaptée à leurs fonctions | Élus locaux | 6 jours<br>Congé renouvelable en cas de réélection | Salaire non maintenu | Demande écrite du salarié : 30 jours à l'avance<br>Réponse : 15 jours avant le stage au plus tard<br>Possibilité de refus |
| Formation des sapeurs pompiers volontaires<br>***Art. L.96-370 du 03.05.96*** | Permettre aux sapeurs pompiers volontaires de se former pendant leur temps de travail | Toute personne ayant la qualité de sapeur pompier volontaire | • initiale : 30 jours minimum les 3 premières années, dont 10 jours la première année<br>• perfectionnement : 5 jours minimum par an | Salaire éventuellement maintenu<br>Travail effectif | Demande : 2 mois à l'avance<br>Possibilité de refus motivé et notifié |
| Formation du conseiller du salarié<br>***Art. L.122-14-17 du Code du Travail*** | Permettre aux conseillers du salarié de suivre une formation utile à l'exercice de leurs fonctions | Conseillers du salarié inscrits sur la liste arrêtée par le préfet de département | 2 semaines par période de 3 ans<br>Ils se décomptent des 12 jours du congé de formation économique, sociale et syndicale | Salaire maintenu<br>Travail effectif | Demande écrite du salarié : 30 jours à l'avance<br>Possibilité de report<br>Possibilité de refus motivé et notifié |
| Membre d'instances administratives ou paritaires traitant des problèmes D'emploi et de formation<br>***Art. L.992-8, al.1 du Code du Travail*** | Permettre aux salariés siégeant dans des comités, commissions ou conseils administratifs ou paritaires de participer aux réunions de ces instances | Salariés appelés à siéger dans ces instances | En fonction des réunions auxquelles est convoqué l'intéressé | Salaire maintenu<br>Travail effectif | Demande écrite du salarié<br>Possibilité de refus motivé et notifié |

**MOTS CLES : congé individuel de formation, autorisation d'absence, report, demande de prise en charge financière, droits et obligations des acteurs, réintégration dans l'emploi, maintien des droits.**

## TRAVAUX RECHERCHES REPERES

On recense dans la revue "droit social" un ensemble de 9 travaux principaux consacrés au congé individuel de formation. Ils se situent durant la période 1973-1984. La production suit rigoureusement le développement des régulations juridiques en ce domaine : accord de 1970 - loi de 1971 - loi de 1975 - loi de 1978 - loi de 1984. L'axe fédérateur de l'ensemble pourrait s'intituler : l'émancipation du CIF de la politique de formation de l'entreprise, ou le congé individuel à la conquête de son autonomie juridique et financière. Si l'on prend comme repère la loi de 1978 dont les apports ont été déterminants pour la construction du dispositif, on dégage, dans l'histoire du CIF une période de lourde incertitude juridique (avant 1978) puis une période de consolidation du CIF, débouchant sur son autonomie juridique (1978) et financière (1984).

### I - LE CIF ET SES INCERTITUDES JURIDIQUES
(Dupeyroux 1973, Luttringer 1975,1976, Montalescot 1977)

### 1 - La difficile naissance du CIF

Le questionnement (Dupeyroux) concerne le recensement et l'analyse des difficultés soulevées par les dispositions applicables au CIF dans le contexte des années 1973. Difficultés techniques liées à la complexité des textes et à leur articulation, difficultés liées à des hésitations entre des conceptions divergentes du droit à la formation. Est-il droit à un congé pour suivre la formation de son choix (loi de 1971) ou droit à un congé pour suivre une formation choisie éventuellement par un autre. Si une telle confusion règne à l'époque c'est qu'un décret pervers (décret du 10-12-1971), objet de vives contestations syndicales, a introduit une assimilation entre formation choisie par le salarié, et formation décidée par l'employeur pour le mode de calcul des autorisations d'absence au titre du CIF. Il est montré que ce décret prolonge certaines dispositions de l'accord de 1970 sur ce point, mais se met en porte à faux avec la loi d e1971. Il en résulte une dénaturation du CIF : compromis entre deux modes d'accès à la formation dit Dupeyroux, compromis qui, explique Luttringer (1975), conduit à une conception mixte du CIF : droit pour le salarié qui prend l'initiative de la demande, pouvoir de direction de l'employeur qui envoie un salarié en formation.

De son côté, Luttringer J-M. (1975) caractérise cette période comme étant "la difficile naissance du CIF". Juridiquement elle consiste dans le dépassement de la contradiction qui traverse ce dispositif : droit du salarié ? Ou pouvoir de l'employeur ? L'auteur montre comment ce dépassement s'est fait en partie par une lutte judiciaire. Suite à un recours en annulation du décret introduit par la CFDT, le Conseil d'Etat annule les dispositions contestées (arrêt du 28-06-74). L'argument est simple : le gouvernement a restreint l'étendue des droits des salariés accordés par la loi de 1971 en matière de CIF. L'effet immédiat est de créer une situation claire et de sortir le CIF de son ambiguïté originelle. Pour peu de temps. En effet, sans perdre de temps le Parlement adopte une nouvelle loi (31 décembre 1974) qui fait marche arrière et réintroduit les dispositions annulées. Texte transactionnel puisqu'il est pris "à titre transitoire et jusqu'au 1er juillet 1975", le gouvernement s'engageant à déposer un nouveau projet de loi. Pour le 1er juin 1975, précisant les droits des salariés en CIF, c'est le retour à l'incertitude initiale : quels salariés comptabiliser dans le CIF ? Comment faire la sélection entre les deux voies (CIF et plan) lorsque, le taux autorisé d'absences simultanées est atteint ? Quel financement ? Recul momentané puisque le gouvernement n'a pas déposé le projet de loi annoncé. Ce qui signifie qu'en 1975 on revient à la situation juridique créée par le conseil d'Etat : l'envoi en formation par l'employeur est sans incidence sur l'exercice du droit au congé. Dans l'analyse de cette difficile naissance, on peut lire trois prises de position de l'auteur qui dévoilent bien l'ampleur des enjeux du moment : le caractère régressif du droit français par rapport aux normes internationales (conventions du CIT) en matière de congé - éducation - la spécificité du CIF dans l'esprit de la loi de 1971. Sa caractéristique de base est le "droit d'initiative" du salarié. Il s'agit d'une liberté dont disposent les travailleurs. Que cette liberté soit organisée ne transforme pas sa nature. Le congé de formation libère temporairement le travailleur de la situation de subordination dans laquelle il est placé pour l'exécution de son travail. Il l'affranchit partiellement du pouvoir de direction et du pouvoir disciplinaire de l'employeur. De cette manière là, congé et plan de formation sont deux logiques indépendantes. - La traduction du droit d'initiative dans la réalité sociale. Le projet individuel du salarié n'a de chances que s'il s'inscrit dans un cadre politique et collectif. Six fonctions doivent être remplies : la détermination des besoins et objectifs de formation, l'information et l'orientation du salarié, le financement, l'offre de formation, le contrôle pédagogique et financier de la formation. En dehors de cadre qui articule l'individuel et le collectif, le CIF reste un trompe-l'œil. Du reste la réalité sociale du CIF est une des questions vives de l'époque.

## 2 - Les questions vives

Exploitant divers rapports ou enquêtes concernant le développement de la formation Luttringer J-M. (1976) dégage certaines questions vives. Nous reprenons les plus importantes.

- La première concerne l'inexistence du CIF dans la réalité sociale (1976 et 1979). Le constat qui s'impose est celui d'un échec. Le dispositif est tombé "en catalepsie" juge l'auteur qui met en avant 4 raisons principales : la faible motivation des salariés (éléments finement analysé par ailleurs par Pasquier 1978), la réticence des employeurs aux autorisations d'absence, le coût de la formation qui pèse sur le salarié, et enfin l'inadaptation de l'offre.
- La seconde concerne la place du "culturel" dans la formation et particulièrement dans le CIF. Au dire du patronat, il y aurait des pressions à tous les niveaux et par tous les canaux pour évacuer au profit du culturel le professionnel qui est dénoncé comme étroitement utilitaire. En réaction le patronat resitue le culturel à travers le prisme d'une rationalité économique. Cela signifie pour lui que l'on ne peut confondre les deux. Il y a évidente nécessité de combiner les apports professionnels et culturels ; mais on ne peut faire la confusion entre une politique visant l'amélioration des conditions de travail et une politique visant le mieux être des citoyens, dans le cadre des loisirs. La place du "culturel" à cette époque est au cœur des préoccupations de l'OCDE (Organisation de coopération et de développement économiques). Des études comparatives montre des législations avancées en matière de droit à la formation et où la formation générale ou culturelle entre dans le champ du congé au nom de l'objectif d'égalisation des chances ou de redressement des inégalités. En France l'éducation permanente est une idée généreuse mais non une réalité sociale.
- La troisième question vive est celle de la liaison entre formation qualifiante et promotion.

La pratique dominante est celle de stages courts d'adaptation. L'absence de relation automatique entre formation et qualification et promotion est inscrite dans les faits. Le patronat s'en explique sur la base d'arguments techniques et politiques. Le fonctionnement technique de l'entreprise serait mis en cause. Les besoins en poste à pourvoir conditionnent les promotions et non les résultats seuls de la formation. De plus dans les faits le processus de promotion ne passe pas nécessairement par la formation, mais par mutations. Donc le principe est rejeté. Existe-t-il une position de repli ? Oui, dans l'examen des situations individuelles au cas par cas, dans la mobilité externe, et de façon plus collective, dans la révision du système de classification professionnelle, la négociation collective en matière de reconnaissance des qualifications acquises.

### 3 - Les questions politiques et techniques

Le processus de prise de décision est au cœur du rapport du salarié à la formation. Sa nature sert à différencier normalement plan de formation et congé individuel. Ce point retient l'attention de Montalescot (1977). Pour l'auteur, responsable juridique dans un service de formation en entreprise, quatre situations sont à envisager : les stages suivis du seul fait de la décision de l'employeur - les stages organisés à l'initiative de l'employeur, et pour lesquels celui-ci accepte l'inscription du salarié à la formation demandée - les stages mis en place à la suite d'une demande collective des salariés ; enfin les demandes du salarié pour suivre une formation géré par un organisme extérieur à l'entreprise. Dans tous les cas de figure, comment s'organise le processus de décision ?

On comprend alors l'intérêt de creuser sur un plan théorique les notions de "initiative" et de "décision". Pour différencier les types d'action, le code du travail énonce les formations à l'initiative du salarié, et celles qui relève de l'initiative de l'employeur. Pour l'auteur, initiative et décision ne sont pas synonymes. D'une part la décision est la mise en œuvre d'un projet élaboré grâce à un ensemble d'initiatives reliées le unes aux autres et fédérées autour d'un objectif commun. L'initiative évoque à la fois l'idée d'antériorité et de proposition. D'autre part, dans une même situation, l'initiative et la décision peuvent provenir de deux acteurs différents ; c'est le cas dans l'exemple d'un stage demandé par les salariés et organisé et décidé par l'employeur. Les deux notions demanderaient plus d'investigation. Quoi qu'il en soit l'auteur joue sur cette distinction pour repérer ce qu'il appelle le caractère contractuel de la décision dans le champ de la formation. Qu'elle émane du salarié ou de l'employeur la décision n'est qu'exceptionnellement unilatérale et toujours imparfaitement. *"L'opposition entre stages résultant d'une demande individuelle et stages décidés par l'entreprise symbolise la polarisation de l'intérêt vers les situations extrêmes qui, si elles existent ne sont pas les seules à exister".* Les situations les plus nombreuses sont les situations intermédiaires dans lesquelles le caractère contractuel de la décision domine.

De notre point de vue. Reconnaissons que l'histoire a donné raison à l'auteur. En effet, à partir de 1990, le droit dans sa double source étatique et conventionnelle a créé divers outils de codécision, ou de "contractualisation" de la formation pour gérer ces intermédiaires : co-investissement, puis droit individuel à la formation (DIF) et développement des compétences professionnelles dans le hors temps de travail (2003). Par ailleurs en faisant une distinction entre "initiative et décision" l'auteur ouvre une piste de recherche que les juristes pourraient explorer en mobilisant entre autres les apports éventuels de la sociologie l'action. (Voir Achille Weinberg, L'acteur et ses logiques, *Sciences humaines*, H.S. n°09, Mai/Juin 1995, pp. 6-11). Ceci est d'autant plus urgent qu'un troisième terme apparaît dans la sémantique juridique lié à l'établissement de parcours de formation : la "codécision" ou "décision conjointe", voire la "co-construction".

## II - LE CIF : SON AUTONOMIE JURIDIQUE ET FINANCIERE
(Bellenger 1978, 1979 ; Montalescot 1979 ; Luttringer 1979, 1984)

### 1 - La différenciation du CIF

Un des apports essentiels de la loi du 17-07-78 est la différenciation du CIF par rapport au plan. Il y a convergence des auteurs sur ce point. La nouvelle définition est celle qui figure actuellement dans le code du travail. Montalescot analyse cette différenciation à partir de trois repères : - la définition légale du CIF dont la nouveauté historique est d'exclure de son champ toute inscription volontaire à une formation organisée par l'entreprise - le nouveau régime de rémunération des bénéficiaires (les frais de formation restent le grand absent de la loi) - et le contenu du CIF. La loi de 78 en a donné un contenu beaucoup plus vaste en l'ouvrant sur la culture et la vie sociale, alors qu'initialement il était centré sur le "professionnel". Cet élargissement se nourrit, à l'époque, de recommandations européennes d'une certaine audace, puisqu'elles faisaient référence à l'instauration d'un congé payé de formation dans les domaines suivants : formation à tous les niveaux, éducation générale, sociale ou civique, formation syndicale. Cet élargissement s'inscrit dans une nouvelle typologie des "actions de formation", définie par la loi et analysée par chacun des trois auteurs. C'est Luttringer (1979) qui cerne au mieux la notion nouvelle et importante "d'accès à la culture" inscrite dans la loi. Cette notion englobe toutes les initiation à un domaine nouveau "permettant de développer le sens critique, le goût et le jugement" (petit robert), qu'il soit du domaine des arts des sciences ou des techniques, qu'il présente ou non un lien avec la profession exercée. En reliant éducation permanente et culture, la loi, estime l'auteur, met fin à l'interprétation selon laquelle la loi n'accorderait pas de place autonome à la formation culturelle, celle-ci n'étant légale que liée à une formation professionnelle. La formation culturelle, selon cette interprétation, était réduite à une formation générale indispensable à une formation professionnelle. Le nouveau texte affirme l'autonomie du culturel avec plus de netteté que l'ancien. Par ailleurs la préoccupation de l'auteur rejoint celle de Montalescot : quelle est désormais la spécificité du CIF ? Pour la préciser Luttringer se place du côté de l'acteur, principal intéressé. Le CIF est droit d'initiative : droit individuel attaché à la personne du salarié, d'un droit qui l'affranchit de la situation de subordination qui est la sienne, d'un droit qui le protège contre les risques d'une mainmise trop pesante de l'entreprise sur sa propre formation. Inséparablement le CIF est libre choix de la formation. Choix libre sans que l'employeur n'y trouve à redire. Les difficultés d'ordre matériel se dresseront sur le chemin de la liberté, financement, places disponibles, mais elles ne mettent pas en cause au moins formellement le principe du libre choix. La différenciation avec le plan devient irréversible : le CIF s'émancipe de la politique de l'entreprise.

## 2 - Les dépenses du CIF

La préoccupation de Bellenger (1978) est celle d'un responsable de service de contrôle de la formation, et elle s'inscrit dans un contexte juridique particulier : celui du CIF pour lequel il n'existe pas encore un financement directement affecté, comme c'est le cas aujourd'hui depuis la loi de 1984.

Les dépenses relatives au congé individuel de formation supportées par l'entreprise, s'imputent-elles sur l'obligation financière des entreprises ? L'auteur répond clairement non, avant la loi de 1978. La première raison est que le plan de formation dont le coût peut être déduit de l'obligation de financement et le congé individuel de formation sont deux mécanismes autonomes ; on ne peut raisonner par assimilation. De plus le droit en son état, ne prévoit que deux modes d'exécution d'actions de formation : la formation interne organisée dans et par l'entreprise, l'autre dite externe, mis en place par recours à un organisme extérieur à l'entreprise et faisant l'objet d'une convention. Ces deux modalités supposent l'accord explicite de l'employeur. Le droit n'évoque aucune situation intermédiaire à laquelle le congé individuel pourrait peut être se rattacher. Enfin, le service de contrôle a toujours marqué son opposition à une imputation de plein droit des dépenses du congé. Cependant, il existe une voie de contournement, estime l'auteur. Ces dépenses peuvent être déductibles à la condition que l'employeur établisse une convention de formation. Ce faisant l'auteur fait valoir une logique institutionnelle plus que juridique. Selon cette logique, l'essentiel du contrôle repose sur le repérage de "conventions de formation".

L'auteur (1979) reprend cette même question après la loi de 1978. A la question posée, la loi répond en autorisant formellement l'imputation des dépenses du conté sur la participation de l'employeur, à condition qu'il y ait signature d'une convention de formation. Ce faisant, le législateur confirme la position de l'administration en ce domaine. Désormais il y a le même traitement pour le congé et le plan (actions externes). Les actions doivent se rattacher à une même typologie que la loi vient de rénover, et à l'exécution d'une convention de formation, ce qui implique l'intervention d'un acteur extérieur dans les deux cas. Il y a donc unification des règles d'imputation. Au-delà de cette avancée, l'intérêt de l'étude est de montrer la position paradoxale de la loi de 1978. Elle est en tension dialectique entre deux types d'exigences opposées : la différenciation entre CIF et plan et le rapprochement des deux dispositifs au niveau du financement. Si l'autonomie juridique est acquise, l'indépendance financière du CIF par une contribution spécifiquement affectée reste à venir. Ce sera l'apport de la loi de 1984.

## 3 - Autonomie financière du CIF

La loi de 1984, reprise partielle des accords du 21 septembre 1982 et du 26 octobre 1983 est un point fort de réforme. Avec les accords, les lois Auroux, les lois de décentralisation, l'ordonnance de mars 1982 sur l'insertion sociale et professionnelle des jeunes elle a contribué à façonner le nouveau droit de la formation. En même temps qu'elle crée de nouveaux dispositifs de formation en alternance, cette loi redéfinit les conditions de financement du CIF, analysées par Luttringer (1984). Quel est le changement majeur ? Le financement n'est plus à charge de l'employeur et de l'Etat, comme auparavant. Il est assuré par un système de financement mutuel géré par des organismes paritaires agréés par l'Etat à cet effet (FONGECIF). En même temps qu'il est externalisé, le financement est pourvu d'une cotisation spécifique concernant les entreprises de 10 salariés et plus. L'Etat ou les régions contribueront également au financement en signant des conventions avec les organismes paritaires.

En ce qui concerne le droit à rémunération, il est assuré dans tous les cas dès lors qu'il y a accord du FONGECIF. Tantôt il s'agit d'une rémunération intégrale (action de qualification, de reconversion individuelle, de responsabilité dans la vie sociale ; tantôt la rémunération est limitée à 80 %. Les salariés des entreprises de moins de 10 salariés ont les mêmes droits, même s'il n'y a pas de cotisations versées (C'est la loi du 31-12-91 qui instaurera une cotisation obligatoire pour les entreprises de moins de 10 salariés). Les travailleurs intérimaires peuvent bénéficier du CIF entre deux missions.

En même temps qu'il atteint son autonomie, le système de financement devient plus simple. En effet le salarié ne connaît plus que deux interlocuteurs : le FONGECIF et l'employeur.

Mais de quelle autonomie s'agit-il ? C'est la partie la plus critique de l'analyse. Les partenaires sociaux ont défendu l'autonomie du régime du CIF ; mais les pouvoirs publics ont fixé un cadre à cette autonomie. Celle-ci est donc encadrée et sous contrôle. On peut relever pas moins de 6 points de contrôle qui affaiblissent le système dans son autonomie. Le plus important est la nature de la cotisation financière, problème récurrent qui est revenu lors de la négociation de 2003. Il ne s'agit pas d'une cotisation contractuelle dont les partenaires sociaux auraient la totale maîtrise. Mais d'une cotisation légale, ou mieux d'une fraction d'une cotisation légale déjà à leur charge. Il en résulte une dépendance de la bonne volonté du législateur, qui seul peut modifie l'affectation d'une taxe parafiscale. Les pouvoirs publics ont joué le jeu, en donnant une base légale aux dispositions de l'accord. Il reste que le paritarisme est "bridé" par le législatif. Inventifs dans la phase de création, les partenaires sociaux cèdent la place aux pouvoirs publics dans la phase de fonctionnement et de contrôle des institutions qu'ils créent. Autant dire qu'ils s'enferment dans un système de tutelle.

BELLENGER (P.), 1978, Congé formation et participation des employeurs à la formation professionnelle continue, *Droit social*, n° 6, juin, p. 239-241.

BELLENGER (P.), 1979, Participation des employeurs et congé formation, *Droit social*, n°2, février, p. 32-35.

BOUMENDIL (M.), 1990, Congé de formation ou plan de formation : une difficile délimitation, *Actualité de la formation permanente*, n° 108, Septembre/Octobre, p. 113-118.

CASEL (G.), 1991, Le CIF des CDD : quelle spécificité ? *Actualité de la formation permanente*, n° 113, p. 20-22.

CEPEDE (J-P.), 1991, L'accès des salariés à la formation : état du droit, *Actualité de la formation permanente,* n° 113, Juillet/Août, p. 16-17.

DUPEYROUX (J-J.), 1973, Le droit à la formation, le congé de formation. *Droit social*, n° 9-10, Septembre/Octobre, p. 7-27.

GUILLOUX (P.), 1996, *Le congé individuel de formation, genèse et évolution d'un droit, 1966-1996*. L'harmattan, 233 pages.

LEGENDRE (J.), 1978, Le congé individuel de formation : une nouvelle perspective, *Actualité de la formation permanente,* n° 35, Juillet/Août, p. 35-36.

LUTTRINGER (J-M.), 1991, L'accord national interprofessionnel du juillet 1991 relatif à la formation et au perfectionnement professionnels, *Droit social*, n°11, Novembre, p. 800-806.

LUTTRINGER (J-M.), 1975, La difficile naissance du droit au congé de formation. *Droit social*, n° 1, Janvier, p. 34.

LUTTRINGER (J-M.), 1978, La loi du 17 juillet 1978 relative à a promotion individuelles, au congé de formation et à la rémunération des stagiaires de la formation professionnelle, *Actualité de la formation permanente*, n° 35, p. 37-54.

LUTTRINGER (J-M.), 1982, Une nouvelle relance du congé de formation : l'avenant du 21 septembre 1982 à l'accord interprofessionnel sur la formation et le perfectionnement professionnels, *Actualité de la formation permanente*, n° 60, Septembre/Octobre, p. 33-36.

LUTTRINGER (J-M.), 1984, la réforme du droit de la formation professionnelle continue mai 1981-mai 1984, *Droit social*, n° 6, Juin, p. 355-365.

LUTTRINGER (J-M.), 1976, L'avenant du 9 juillet 1976 à l'accord national interprofessionnel du 9 juillet 1970 sur la formation et le perfectionnement professionnel. *Droit social*, n° 12, Décembre, p. 507-515.

LUTTRINGER (J-M.), 1974, Formation à l'initiative du salarié et envoi en formation par l'employeur. *Actualité de la formation permanente*, n° 12,

p. 41-48.
MONTALESCOT (M-J.), 1979, Congé de formation, plan de formation, *Droit social*, n° 2, Février, p. 36-42.
MONTALESCOT (M-J.), 1979, La place du congé de formation dans le contrat de travail. *Droit social*, n° 2, Février, p. 14-21.
NALLET (J-L.), 1983, Le nouveau congé de formation et sa mise en place, *Actualité de la formation permanente*, n° 64, Mai/Juin, p. 83-85.
PASQUIER (B.), 1979, Les droits au congé individuel de formation et l'évolution du système français de formation professionnelle continue, *Droit social*, Février, p. 23-31.
VINCENT (F.), 1979, Le congé de formation et l'offre de formation, *Actualité de la formation permanente*, n° 41, Juillet/Août, p. 17-36.

# CHAPITRE IX :
# LE DROIT INDIVIDUEL A LA FORMATION (DIF)

Le DIF est une création nouvelle de l'ANI du 20 septembre 2003 et de la loi du 4 mai 2004. Cette mesure a focalisé l'attention des médias tout au long de sa négociation par les partenaires sociaux. Elle a été mise en avant par le MEDEF et par les pouvoirs publics comme le "dispositif phare" marquant une avancée majeure en matière de formation des salariés. Aujourd'hui, les acteurs de la formation la présentent volontiers comme "la grande nouveauté"[399], "une avancée sociale incontournable et une innovation majeure"[400].

Le dispositif serait encore peu connu des salariés à l'heure actuelle, surtout, dans les petites entreprises[401]. Il n'empêche qu'on attend beaucoup de sa mise en œuvre. Au-delà des bienfaits qu'il apportera aux salariés déjà engagés dans la formation, pourquoi ne serait-il pas le déclencheur d'une "appétence", ou d'une mise en route pour ceux qui ne vont jamais en formation ?

Comparé au CIF ou au plan de formation, le DIF a ses traits d'originalité. Il repose sur l'idée d'un crédit d'heures de formation mis à la disposition de chaque salarié. D'entrée de jeu il pose le principe de la formation hors temps de travail. L'accord nécessaire du salarié ne se pose plus. Ce qui était l'exception devient ainsi la règle. Au croisement des intérêts du salarié et de ceux de l'entreprise le dispositif est ouvert dans sa construction. En effet la loi pose le socle de base sur lequel viennent s'adosser les apports spécifiques de la négociation de branche pour la mise en œuvre. Les négociateurs de l'ANI tout comme le législateur, dans un souci de souplesse, et d'ouverture, ont retenu cette méthode du double niveau de construction. Il en résulte un dispositif prêt à l'emploi qui vient s'intercaler entre le CIF et le plan de formation. En même temps ces premières caractéristiques convergent sur un paradoxe de taille : le DIF est un droit pour tout salarié, et en même temps un objet de négociation individuelle avec l'employeur, laquelle peut aboutir à un blocage. Ce paradoxe conduit à s'interroger sur la nature du DIF Au-delà d'une appellation clinquante, s'agit-il d'un droit réel du salarié ou seulement d'un instrument particulièrement souple, mis à la disposition de chaque salarié et de chaque employeur et dont la mise en œuvre pourrait entraîner des réajustements.

---

399 C. AHUMADA, Formation professionnelle, Principes généraux, *Revue pratique de droit social,* n°712-713, août/septembre 2004, p. 279.

400 *Inffo flash*, n° 624 supplément, 1er au 15 Novembre 2003, p. V.

401 *"Du côté des salariés, nous observons un niveau de connaissance très faible sur la Réforme (13 % seulement on lu la loi ou en connaissent quelques lignes) y compris chez les cadres (22 %)... Il existe un déficit très fort de communication des entreprises, des représentants du personnel et des pouvoirs publics sur la Réforme de la Formation et le DIF"*. Enquête de la Cegos, septembre 2004. Source : AGES ; Actualité. Vendredi 22 octobre 2004. http://www.droitdelaformation.com/actualités

# LE SAVOIR JURIDIQUE DE BASE

Le dispositif fait l'objet du chapitre 3 du Livre IX du code du travail[402]. Les acteurs de chaque branche professionnelle interviennent pour compléter le cadre législatif par la négociation d'un accord de mise en application. A la date du 1er janvier 2005 une trentaine d'accords ont été signés. Pour l'analyse de ce dispositif on a examiné un corpus de 12 accords auquel il sera fait référence régulièrement[403]. La structure juridique du DIF (I) et sa mise en œuvre (II) sont alimentés par une double source : la loi et l'accord négocié. Après avoir fait cette double présentation on pourra analyser les diverses questions ou problèmes que pose ce nouveau dispositif (III).

## I - LA STRUCTURE JURIDIQUE DU DIF

### 1 - Le public visé

Le DIF concerne tous les salariés de l'entreprise. Il est ouvert aux titulaires de contrat à durée indéterminée (CDI) ayant au minimum un an d'ancienneté dans l'entreprise qui les emploie. Les salariés en contrat à durée déterminée (CDD) peuvent bénéficier également du DIF pendant la durée de leur contrat à compter du 4ème mois de travail consécutif ou non au cours des douze derniers mois.

### 2 - Les principes

– Le DIF est un nouveau droit reconnu par la loi du 4 mai 2004 relative à la formation professionnelle tout au long de la vie et au dialogue

---

402 Art. L.933-1 à L.933-6. Décret du 15 octobre 2004 (JO du 19-10-04) : Art. R.964-1-7 modifié.

403 Source : site Internet "droitdelaformation.com". Par ordre chronologique : avenant du 9 juin 2004 commerce de détail et de gros à prédominance alimentaire ; accord du 13 juillet 2004 sur la formation professionnelle, l'apprentissage...) ; accord interbranches carrières et matériaux de construction du 21 juin dans le BTP, Liaisons sociales C2 n°307 du 19 août 2004 ; accord national du 20 juillet 2004 relatif à la formation professionnelle dans la métallurgie,Liaisons sociales, C2 du 14 septembre 2004 ; accord du 13 septembre 2004 relatif aux objectifs, priorités et moyens de la formation dans l'industrie textile, Liaisons sociales,C2 n°314 du 25 octobre 2004 ; Accord de branche dans l'industrie pharmaceutique du 24 septembre 2004 (source : site Internet droitdelaformation.com) ; accord sur la formation professionnelle dans les télécommunications (24 septembre 2004, ibid.), accord du 14 octobre 2004 dans la branche des assurances (ibid.) ; accord relatif à la formation professionnelle tout au long de la vie du 25 octobre 2004 dans la branche propreté (ibid.) ; accord de branche du 27 octobre 2004 relatif à la formation professionnelle tout au long de la vie conclu dans le champ du négoce des matériaux de construction (ibid.) ; accord cadre du 29 octobre 2004 sur le développement des compétences et la formation professionnelle tout au long de la vie au sein du groupe AXA en France, *Liaisons sociales*, C2, n°318 du 25 novembre 2004 ; accord relatif à la formation professionnelle tout au long de la vie dans les industries chimiques, 8 novembre 2004 source : site Internet droitdelaformation.com

social inspiré par l'ANI du 20 septembre 2003. Il permet à tout salarié d'acquérir, année après année, un crédit d'heures de formation qu'il peut ensuite utiliser.

- Ce crédit est de 20 heures de formation par an, cumulables sur 6 ans. Les accords s'en remettent à la loi, et très exceptionnellement, prévoient un crédit d'heures plus important[404]. Pour les salariés à temps partiel et les salariés en CDD, cette durée est calculée au "prorata temporis", c'est-à-dire proportionnellement au temps écoulé, sauf dispositions conventionnelles plus favorables[405]. De fait certains accords de branches prévoient que les temps partiels à 80 % sont assimilés à des temps plein pour le calcul du DIF[406]. Au terme des 6 ans, et à défaut de son utilisation en tout ou partie, le DIF reste plafonné à 120 heures. Ce plafond s'applique également aux salariés à temps partiel sur la base des droits annuels acquis "prorata temporis", quel que soit le nombre d'années cumulées. Ainsi, le salarié à mi-temps pourra cumuler ses droits sur douze ans.
- Le salarié utilise le DIF de sa propre initiative en accord avec l'employeur pour le choix de la formation. Plusieurs accords prévoient également que l'employeur peut proposer une utilisation du DIF à ses salariés[407].
- Le DIF se déroule par principe en dehors du temps de travail, sauf accord de branche ou d'entreprise prévoyant une réalisation partielle ou totale pendant le temps de travail. En fait les accords envisagent cette modalité pratique dans deux situations : lorsque la proposition de l'utilisation du DIF vient de l'employeur, ou lorsque le DIF dans son contenu s'articule aux formations retenues dans le plan de formation ou aux périodes de professionnalisation[408].
- Si des actions de formation prioritaires ont été fixées par un accord de branche (ou d'entreprise), ce qui est fréquemment le cas, le choix de la formation tient compte de ces priorités même si elles n'ont pas une

---

404 21 heures, avec un plafond de 126 heures, art. 4 de l'accord Propreté. Dans l'agriculture, le DIF voit sa durée portée à 24 heures cumulables dans la limite de 124 heures pour les salariés ayant 20 ans d'ancienneté dans l'entreprise ou âgés de plus de 45 ans. Elle est aussi de 24 heures pour les salariés n'ayant pas de diplôme au moins égal au niveau V de l'Education ou de certificat de qualification professionnelle. Accords nationaux du 2 juin 2004 sur la formation professionnelle et son financement dans l'agriculture. Source : site droitdelaformation.com

405 Pour les titulaires de CDI à temps partiel : nombre d'heures contractuelles x 20/1600. Un salarié à mi-temps aura droit à dix heures de formation par an. Pour les salariés sous CDD la durée du DIF est calculée ainsi : durée du contrat en semaines x 20/52 ?

406 Art. 12-1 de l'accord Assurances, Art. 4.5.2.3 de l'accord Axa.

407 Art. 11 de l'accord Textile, art. 4-6 de l'accord Axa.

408 Art. 11 de l'accord Textile, art. 4.5.2.1 de l'accord Axa.

force contraignante. Le jeu reste donc ouvert, du moins pour le salarié. En l'absence de dispositions conventionnelles, le DIF doit permettre aux salariés de participer à des actions de qualification, de promotion, ou de perfectionnement. Les actions d'adaptation sont exclues des possibilités de formation au titre du DIF car elles relèvent de la responsabilité de l'employeur.

– Accomplissant sa formation en dehors du temps de travail, le salarié, le salarié bénéficie du versement par l'employeur d'une allocation de formation égale à 50 % de sa rémunération nette de référence[409]. Au cas où les heures d'apprentissage se dérouleraient sur le temps de travail, elles ouvrent droit au maintien intégral de la rémunération. Elles sont considérées alors comme du temps de travail effectif. Dans tous les cas, le salarié bénéficie du régime de protection de la Sécurité sociale, en matière d'accidents de travail ou de maladies professionnelles.

## II - La mise en œuvre du DIF

La mise en œuvre est régie par la loi mais surtout par des dispositions conventionnelles de branche.

### 1 - Entrée en vigueur

Il est nécessaire de distinguer l'acquisition des heures de DIF de l'utilisation du crédit d'heures pour une formation.

#### *1.1 - L'acquisition des heures de formation*

A quelle date débute l'acquisition des heures de DIF ?

Le déclenchement du crédit se fait logiquement à la date d'entrée en application de la loi, c'est-à-dire un jour franc après la publication au Journal officiel, soit le 7 mai 2004.

Le décompte des heures se fait au 31 décembre ou au 1er janvier de chaque année. C'est une précision apportée par tous les accords. Dans le silence de la loi, certains accords, très favorables aux salariés, prévoient que les périodes de suspension du contrat de travail (maladie, maternité, accident de

[409] Le décret du 25 août 2004 (JO du 27-08-04) détermine le salaire horaire de référence pour le calcul du montant d e l'allocation de formation. Il s'agit du rapport constaté entre le total des rémunérations nettes versées au salarié au cours des douze derniers mois précédant le début de la formation et le nombre d'heures rémunérées au cours de cette même période.

Pour les salariés dont la durée de travail est fixée par une convention de forfait en jours (cadres), le salaire horaire de référence est déterminé par le rapport entre la rémunération nette annuelle versée au salarié et la formule suivante : 151,67 x nombre de jours de la convention de forfait x 12 mois/217 jours.

travail) sont pris en compte pour le calcul du crédit d'heures de formation[410] ; de même la période de congé parental d'éducation peut être prise en compte soit en totalité[411], soit intégralement la première année et à 50 % la seconde année[412]. Ces deux principes étant posés, un problème pratique reste à régler. Comment calculer les droits acquis par le salarié au cours de l'année 2004, la loi ayant été publié le 5 mai 2004 ?

Les négociateurs d'accord de branche ont dû résoudre cette question.

La loi ayant été publiée le 5 mai 2004 le calcul devrait normalement partir de cette date et couvrir en conséquence les 8 derniers mois de l'année 2004. C'est le système retenu par certains accords. Les salariés disposent d'un crédit de 13 ou 14 heures au titre du DIF au 1er janvier 2005, à condition qu'ils aient un an d'ancienneté soit au 6 mai 2004, soit encore au 1er janvier 2005[413]. Dans les deux cas on calcule le crédit à partir de mai 2004. Les deux formules retiennent la condition d'ancienneté d'un an, mais son mode d'appréciation est différent : au 6 mai 2004 dans un cas, au 1er janvier 2005 dans l'autre cas.

D'autres accords se réfèrent à un autre système qui fait produire des effets rétroactifs à la loi. Selon ce système, plus favorable aux salariés que le précédent, les salariés, à temps plein, ont un crédit de 20 heures de formation au 1er janvier 2005 si à cette date ils ont un an d'ancienneté dans l'entreprise qui les emploie[414]. La règle du "prorata temporis" exposée plus haut va s'appliquer, aux salariés à temps partiel, et aux titulaires d'un CDD.

On regrette que la négociation de branches ait généré des traitements aussi disparates. Une plus large concertation interprofessionnelle aurait conduit sans doute à une harmonisation des normes en ce domaine.

### *1.2 - L'utilisation du crédit d'heures*

A quelle date le salarié peut-il commencer à bénéficier des heures de DIF ? La capitalisation dans le cadre du DIF s'effectue "à terme échu". Logiquement les salariés ne pourraient bénéficier de ce nouveau droit pour la première fois un an après la publication de la loi, soit à partir du mois de mai 2005. Les négociateurs n'ont pas toujours suivi cette ligne de conduite. C'est l'année civile qui a été retenue comme critère de l'annualité. Cela signifie que les salariés pourront utiliser leurs droits acquis en 2004 dès le 1er janvier 2005. C'est la position commune des accords. On a noté cependant qu'un accord,

---

410 Art. 2 de l'accord Télécommunications.

411 Art. 12-1 de l'accord Assurances.

412 Art. 4.5.2.3 de l'accord Axa.

413 Art. 4.2.1. de l'accord Négoce des matériaux de construction ; art. 12.3.2.3 de l'accord Commerce de détail.
Le nombre de 13 ou 14 est le résultat arrondi (à l'unité inférieure ou supérieure) de l'opération suivante : 20heures/12mois x 8 mois.

414 Art. 17 de l'accord Métallurgie, art. 12-1 de l'accord Chimie.

contrairement à tous les autres, fait un renvoi au 1er juin 2005, soit 12 mois après le mois de la publication du texte de loi[415].

La situation particulière de certains salariés peut générer des besoins immédiats de formation. Dès lors va se pose la question d'une exploitation anticipée du DIF. Certains accords l'ont prévue explicitement. *"La situation démographique de certaines entreprises... rend nécessaire la mise en oeuvre d'actions prioritaire plus particulièrement tournées vers les collaborateurs situés en deuxième partie de carrière. Dans ce cadre, mais également pour tenir compte de certaines situations individuelles, les signataires conviennent d'ouvrir, notamment aux collaborateurs âgés de plus de 45 ans ou ayant 20 ans d'ancienneté la possibilité d'anticiper en tout ou partie l'utilisation d'un DIF à hauteur de 120 heures dès le 1er janvier 2005"*[416]. Cette utilisation anticipée pose le problème de la fidélisation du salarié à son employeur. L'employeur peut-il exiger une compensation du salarié concerné qui quitterait l'entreprise avant d'avoir acquis l'ancienneté couvrant l'anticipation ainsi effectuée ? Un seul accord aborde cette question et apporte une réponse modulée. Selon ses dispositions, l'employeur ne peut exiger une compensation du salarié, sauf dans le cas d'une démission intervenant dans les douze mois suivant le dernier jour de la formation et si l'excédent de DIF égale ou excède 40 heures[417].

### 2 - Le principe des actions éligibles

L'utilisation réfléchie du DIF exige que le salarié dispose de repères efficaces pour orienter sa demande de formation. C'est le problématique des "actions éligibles au titre du DIF". Le dispositif légal fournit 3 orientations très générales : promotion ou acquisition entretien et perfectionnement des connaissances ou actions de qualification. Ces indications sont données par défaut. Il revient à chaque branche professionnelle de concrétiser ces orientations en une échelle de priorités contextualisées. En cette matière les accords analysés développent trois logiques : dans le cadre des orientations légales ils énoncent une liste d'actions de formation retenues comme prioritaires en tenant du contexte économique et du type de salariés[418] ; ils établissent une connexion du DIF avec le contenu du plan de formation[419]. Ils établissent une double relation du DIF avec les actions de bilan de compétence et de VAE : soit le DIF sert à réaliser des actions de bilan et de VAE[420], soit, de façon plus

---

415 Art. 2.1 de l'accord Carrières et Matériaux de construction.

416 Art. 4.5.2.5. de l'accord AXA.

417 Art. 2 de l'accord des Télécommunications.

418 Art. 12-2 de l'accord Chimie, Art. 12-3.2.3 de l'accord Commerce de détail, art. 11 de l'accord Textile, art. 7-1.de l'accord BTP, art. 7.3 de l'accord Négoce de matériaux de construction, art. 2.3 de l'accord Carrières et Matériaux de construction.

419 Art. 12.1 de l'accord Assurances (les actions de type 2 et 3 du plan) art. 4.5.2.1. Axa (les actions de type 1, 2 et 3) art. 2 Télécoms (actions de type 3).

420 Art. 12-2 de l'accord Chimie, art. 18 de l'accord Métallurgie, art. 10 de l'accord Industries pharmaceutiques.

stratégique, les résultats du Bilan de compétences et de la VAE servent à orienter l'utilisation du DIF[421]. Parfois le DIF est articulé aux "périodes de professionnalisation"[422]. En procédant de la sorte, les négociateurs font du DIF un "droit-carrefour" ; il est au croisement des politiques de formation définies au niveau de la branche, de la décision de l'employeur formalisé dans son plan de formation, des actions de bilan et de VAE que l'employeur peut proposer avec l'accord du salarié, des "actions de professionnalisation" prévues pour certains salariés, et du projet individuel du principal intéressé, le salarié.

Il ressort que ce montage de priorités repose sur une hypothèse implicite : celle de la compatibilité et de la possibilité d'un point de rencontre entre les différents niveaux de projet.

C'est l'enjeu majeur de la négociation individuelle entre chaque salarié et l'employeur.

## 3 - Le financement

### *3.1 - Les principes de base*

Les principes de la prise en charge financière du DIF font l'objet des articles L.933-4, L.951-1, L.952-1 du Code du travail.

- De façon générale le financement du DIF est à la charge de l'employeur et il est imputable sur sa participation à la formation professionnelle continue.
- L'employeur peut faire une demande de prise en charge financière auprès de l'OPCA dont il relève. Selon les dispositions applicables par l'OPCA, le DIF peut être pris en charge totalement, partiellement, ou non.
- L' OPCA peut prendre en charge le coût du DIF (hors allocation de formation) sur la collecte du 0,5 %, dans le cas des entreprises de 10 salariés et plus (0,15 % dans le cas des entreprises de moins de 10 salariés). Il peut également prendre en charge la totalité du coût du DIF (allocation formation comprise) sur la collecte du 0,90 % concernant les entreprises de 10 salariés et plus (0,25 % pour les entreprises de moins de 10 salariés)[423].

---

[421] Art. 7.3 de l'accord BTP.

[422] Art. 23 de l'accord Carrières et Matériaux de construction.

[423] Un décret pris en Conseil d'Etat du 15 octobre 2004 (JO du 19 octobre) précise les possibilités d'affectation des ressources des OPCA collectées au titre du DIF : dépenses liées aux actions de formation (tout ou partie des frais pédagogiques), frais de transport et d'hébergement. Se reporter au chapitre II.

Certains accords de branche prévoient une mutualisation d'une fraction du 0,90% pour le financement du DIF[424].

- En cas de refus de prise en charge financière par l'OPCA ou de prise en charge partielle, l'entreprise de 10 salariés et plus peut financer les actions menées au titre du DIF sur le solde de sa participation (0,90 %).

## 4 - La procédure

L'information du salarié conditionne son appropriation du dispositif. La loi précise que chaque salarié doit être informé par écrit annuellement du total des droits acquis au titre du dispositif[425]. Les accords rappellent cette obligation à la charge de l'employeur et précisent que cette information peut figurer sur un document spécifique ou sur le dernier bulletin de salaire[426]. Il est prévu parfois un dispositif d'information sur l'existence du DIF, et les modalités de mise en oeuvre[427].

### *4.1 - Le pouvoir d'initiative du salarié*

Selon le dispositif légal, la mise en œuvre du DIF intervient à l'initiative du salarié. Il lui appartient donc d'en faire la demande. Celle-ci, précisent certains accords, peut intervenir lors de l'entretien professionnel ou faire l'objet d'une démarche individuelle. Dans tous les cas elle prend une forme écrite. Des accords explicitent le contenu de la demande : elle doit préciser notamment l'intitulé de la formation, ses dates, son coût prévisionnel, l'organisme susceptible de la dispenser, ainsi que les modalités d'exercice du droit (pendant ou hors temps de travail)[428]. Elle doit être adressée à l'employeur deux ou trois mois, selon les accords, avant le début de la formation.

Par ailleurs, l'utilisation du DIF peut faire l'objet d'une proposition de l'employeur nécessitant l'accord du salarié[429]. La loi réservait le pouvoir d'initiative au salarié, certaines dispositions conventionnelles l'étendent à l'employeur. Cela signifie que ce dernier dispose tout à la fois d'un pouvoir d'opposition lorsque l'initiative provient du salarié, et d'un pouvoir d'initiative directe. Ses prérogatives en sont renforcées et peuvent restreindre la marge de manœuvre du salarié.

---

424 Art. 27 de l'accord Métallurgie. La fraction prélevée sur le 0,90 % est de 0,1 %.

425 Art. L.933-2 du Code du travail.

426 Art. 1.2.2 de l'accord Assurances, art. 4.5.2.6 de l'accord Axa, art. 12/4 de l'accord Chimie, art. 4.2.1 de l'accord Négoce de matériaux de construction, art. 2.1 de l'accord Carrières et matériaux de construction, art. 4 de l'accord Propreté.

427 Art. 4.5.2.6 de l'accord Axa, art. 1.2.2 de l'accord Assurances.

428 Art. 12-3 de l'accord Chimie, voir également Métallurgie.

429 Art. 4.5.1 de l'accord Axa, art. 11 de l'accord Textile.

### *4.2 - La nécessité d'un accord écrit*

Selon le dispositif légal, le choix de l'action de formation envisagée nécessite dans tous les cas un accord écrit entre le salarié et l'employeur. Le délai de réponse accordé à l'employeur pour se prononcer est fixé à un mois. L'employeur est ainsi tenu de notifier son refus éventuel au salarié dans le mois suivant sa demande de formation, son silence vaut acceptation. Le refus doit être notifié par écrit et motivé[430].

### *4.3 - La situation de désaccord*

Cette situation est régie entièrement par le dispositif légal.

En cas de désaccord sur le choix de l'action de formation, durant deux années consécutives, la transition du mécanisme du DIF vers celui du CIF est automatique. Il en résulte deux conséquences. D'une part le salarié bénéficie alors d'une priorité de prise en charge financière d'un CIF de la part du FONGECIF, sous réserve que sa demande corresponde aux priorités définies par ce dernier. D'autre part l'employeur verse à cet organisme le montant de l'allocation de formation correspondant aux droits acquis par l'intéressé au titre du DIF, majoré du coût de la formation.

## 5 - Le transfert du DIF

La question du devenir des droits acquis au titre du DIF se pose lorsque le salarié quitte son entreprise : c'est le problème dit du "transfert du DIF". Le salarié emporte-t-il avec lui le montant de ses droits ? Sous quelle forme ?

Au cœur de la négociation interprofessionnelle, la question a été l'objet de tensions vives, et d'âpres discussions. La solution retenue finalement par l'ANI et la loi, consiste dans une position moyenne entre deux extrêmes : aucun transfert, un transfert total et sans conditions. Le dispositif légal avance trois solutions différentes correspondant à trois situations de rupture.

### *5.1 - En cas de licenciement*

Il s'agit de licenciement pour motif économique ou pour un motif personnel, à l'exclusion du licenciement pour faute grave ou faute lourde. Dans cette situation, le DIF est transférable. Encore faut-il bien s'entendre sur l'expression. Il ne s'agit pas pour le salarié de transférer ses droits acquis d'une entreprise vers une autre, mais d'une modalité destinée à lui permettre, pendant sa période de chômage, d'utiliser son crédit d'heures pour mener une action de formation. Dans ce cas, il y a conversion du montant de l'allocation formation

---

[430] Art. 20 de l'accord Métallurgie.

correspondant aux heures de formation créditées mais non consommées, en un capital financier. Celui-ci pourra servir à financer soit une action de bilan de compétences, soit une action de Validation des acquis de l'expérience, soit une action de formation. Plutôt que transférable le DIF est "consommable sur place" en quelque sorte. Cette consommation sur place n'est possible que si le salarié en fait la demande avant le terme du préavis. A défaut, le montant correspondant au DIF n'est pas dû par l'employeur. L'information du salarié en temps et en heure est essentielle dans ce dispositif. Aussi le droit a-t-il créé une seconde obligation d'information à la charge de l'employeur. Dans la lettre de licenciement, il est tenu d'informer le salarié de ses droits en matière de DIF, de la possibilité de demander pendant le préavis à bénéficier d'une action de formation[431].

Il ressort que la solution légale a une portée très limitée. Les accords de branche négociés en application de ce dispositif peuvent aller plus loin, et prévoir un réel transfert du DIF d'une entreprise à l'autre au sein d'un même groupe. Tel est le cas de l'accord dans la métallurgie : le DIF est transférable en cas de mutation d'un salarié dans une entreprise appartenant au même groupe[432]. Il en est de même dans le bâtiment et les travaux publics : l'employeur fournit une attestation indiquant le crédit d'heures acquis ; l'attestation du crédit devra être présentée par le salarié préalablement à la signature du contrat avec son nouvel employeur ; le DIF ne pourra se mettre en œuvre avant un an d'ancienneté dans la nouvelle entreprise[433]. On retrouve des dispositions voisines dans le secteur des Assurances[434] et dans l'accord AXA[435]. Il ressort que ce que les partenaires sociaux n'ont pas osé décider au niveau interprofessionnel par la négociation centrale, ils l'établissent sans problèmes au niveau de la branche professionnelle par la négociation éclatée.

### *5.2 - En cas de démission*

Dans cette situation, le DIF n'est pas transférable à proprement parler, mais le dispositif légal prévoit une autre forme de "consommation sur place". Le salarié peut demander à bénéficier de son DIF comme dans le cas précédent, mais la formation doit alors être "engagée" et non pas nécessairement entièrement réalisée, avant le terme du préavis[436].

---

431 Art. L.933-6 du Code du travail.

432 Art. 17 de l'accord national du 20 juillet 2004.

433 Art. 7.3 de l'accord national du 13 juillet 2004.

434 Art. 1.2.1 de l'accord national du 14 octobre 2004.

435 Art. 4.5.2.2 de l'accord national du 29 octobre 2004.

436 Les dispositions légales sont plus souples que celles issues de l'ANI du 20 septembre 2003, lesquelles exigent que l'action en cause soit réalisée pendant la durée du préavis. Par ailleurs le DIF fait peser des charges sur les entreprises, notamment le versement de l'allocation de formation correspondant aux droits acquis au titre du DIF. L'entreprise peut elle provisionner ces dépenses ? Le MEDEF et le président de la section des finances du Conseil économique et

### *5.3 - En cas de départ à la retraite*

Qu'il s'agisse d'un départ volontaire ou d'une mise à la retraite effectuée par l'employeur, le DIF n'est ni transférable ni valorisable sur le plan financier. Le montant de l'allocation de formation correspondant aux heures acquises au titre du DIF et non utilisées est définitivement perdu.

## III - ELEMENTS CRITIQUES

Les éléments critiques ont quatre objets : l'utilisation du DIF, son originalité apparente, son rapport avec les inégalités d'accès à la formation, sa nature juridique.

### 1 - L'utilisation

Laissons de côté provisoirement l'appellation DROIT INDIVIDUEL A LA FORMATION, et fixons notre attention sur les manifestations du dispositif. Sa logique est d'attribuer à chaque salarié, sans distinction, un crédit annuel d'heures de formation, selon une répartition strictement égalitaire, d'un point de vue mathématique. Ce faisant, il se révèle être d'abord un outil pragmatique, un instrument de gestion d'un capital formation que chaque entreprise est amené à mettre à la disposition de ses salariés en le partageant : A chacun sa part. C'est la philosophie d'une justice distributive conforme sinon aux exigences de l'équité, du moins aux exigences de la raison. Qu'est-ce qui est distribué ? A la lecture des accords de branche, les actions éligibles ou prioritaires ont comme point d'ancrage principal mais non exclusif le contenu même du plan de formation (actions de type 2 et 3). Le salarié peut orienter différemment sa demande, certes, en sachant que le choix du contenu de la formation fait l'objet d'un accord avec l'employeur artisan du plan de formation. En sens inverse, l'employeur peut, selon certaines dispositions conventionnelles, prendre lui-même l'initiative de la mise en œuvre du DIF. Dans ce contexte juridique, le DIF risque d'être instrumentalisé par l'entreprise, puisqu'au départ il est orienté naturellement sur les besoins directs de l'entreprise au fil de son évolution. C'est une application individualisée du contenu du plan de formation, qui

---

social pour les organisations syndicales ont pris l'initiative de saisir le Conseil national de la comptabilité sur cette question. Cette instance a émis un avis négatif en date du 22 octobre 2004. Les dépenses liées au DIF ne sont pas provisionnables. Les dépenses engagées au titre du DIF doivent être comptabilisées en charge au cours de l'exerce pendant lequel la dépense est constatée. Il y a cependant deux exceptions où les dépenses constitue un passif pouvant faire l'objet d'une provision : la situation de désaccord entre l'employeur et le salarié sur deux exercices ; la situation du salarié licencié ou démissionnaire demandant à bénéficier de son DIF avant la fin de son délai de congé. Source : http://www.droitdelaformaiton.com/actualités (8-11-2004).

hypothétiquement peut rejoindre l'individualisation du projet même du salarié[437].

## 2 - Quelle originalité ?

Au-delà de la focalisation médiatique et des panégyriques dont il a été l'objet ce dispositif a-t-il une réelle originalité ?

Il est nécessaire de rappeler, ici, que son apparition a entraîné la disparition de la mesure dite "capital temps formation" initialisée par la loi quinquennale du 20 décembre 1993 relayé par des accords interprofessionnel et professionnels. Le souci a été, sans doute d'éviter le risque de "doublon" avec un dispositif qui, du reste, n'a jamais réussi à s'imposer. Rappelons que cette mesure permettait aux salariés de suivre au cours de leur vie professionnelle, à leur demande, pendant le temps de travail, des actions de formation comprises dans le plan de formation. Les accords de branche fixaient le nombre d'heures acquises, éventuellement capitalisables année par année, ainsi que les modalités de transfert du capital temps d'une entreprise à l'autre.

Entre les deux dispositifs il y a un lien de cousinage, à tel point qu'il est téméraire de parler d'innovation totale. Sur nombre de points, le DIF apparaît comme une reproduction de l'existant avec certaines régressions pour le salarié, tel le recours au "hors temps de travail". En revanche une de ses originalités est d'ouvrir systématiquement un compte personnel d'heures de formation pour chaque salarié, alimenté annuellement, et plafonné, et de prévoir une négociation individuelle sur le contenu de formation. Il en est d'autres que l'on verra plus loin.

## 3 - Le rapport avec les inégalités

Le dispositif pose question au regard de la lutte contre les inégalités d'accès à la formation. Peut-il être un instrument efficace ? Une égalité mathématique sert souvent à cacher des inégalités de fait. "A chacun sa part de formation, et la même part pour tous", ne constitue pas une ligne offensive. Il y avait un autre choix progressiste à faire : à chacun selon ses besoins. Dans cette posture la problématique du crédit d'heures de formation prend une toute autre tournure. Son calcul et son attribution devient inversement proportionnel au niveau de formation de chaque salarié. Cette position répond aux exigences de l'équité. Il serait souhaitable de prévoir un bilan du fonctionnement du DIF avant la fin 2006, par exemple, pour opérer les réajustements utiles, notamment en matière du compte d'heures et des modalités d'attribution. A l'expérience il est possible de faire évoluer le DIF dans le sens de l'équité.

---

437 Sur les risques de détournement du DIF vers les actions d'adaptation, voir N. MAGGI GERMAIN, La formation professionnelle continue entre individualisation et personnalisation des droits des salariés, *Droit social*, n°5, mai 2004, p. 486 et V. MERLE, Un accord historique ? Ibid., p. 459.

Les accords nationaux de l'Agriculture, mentionnés plus haut, en accordant une majoration d'heures (24 h au lieu de 20) aux salariés n'ayant aucune qualification professionnelle reconnue sont précurseurs dans ce domaine. Dans le cadre d'un partenariat entre les branches professionnelles et la Région, formalisé dans la formule dite des "contrats d'objectifs", le DIF pourrait être un outil d'égalisation des chances, orienté par priorité vers ceux qui ont arrêté de façon prématurée leur formation initiale (par exemple après 10 ans, de 6 à 16 ans) par rapport à ceux qui ont bénéficié d'une aide de la collectivité nationale durant 17 ans, par exemple (de 6 à 23 ans). Financé par l'entreprise, il serait surabondé par les collectivités territoriales, et pourquoi pas par l'Etat[438].

### 4 - L'intitulé

Reste l'appellation "Droit individuel de formation".

Le DIF est attaché au statut de salarié. Sa nature fait problème du fait que sa mise en œuvre est soumise au pouvoir de décision de l'employeur. Aussi certains juristes l'ont qualifié de "droit virtuel" ou de droit potentiel, de droit conditionné ou de droit conditionnel[439]. Quoi qu'il en soit et contrairement au droit au congé individuel de formation, il n'a pas les caractéristiques d'un droit personnel opposable à l'employeur et générateur d'une obligation pour ce dernier. Paradoxalement c'est l'employeur qui a le pouvoir d'opposition à l'exercice de ce droit par le contrôle qu'il exerce sur le choix de la formation, contrôle qui peut aller jusqu'à un blocage de la demande.

Il y a un deuxième paradoxe. Normalement, l'impossibilité de faire valoir un droit individuel se résoud par la voie contentieuse et le recours au juge compétent. Dans la situation présente, en cas de conflit entre le salarié et l'employeur, le salarié est amené pratiquement à renoncer à son droit puisque sa demande est dérivée vers le congé individuel de formation, dispositif d'une toute autre nature. Il y a un effet de substitution : on remplace un droit par un autre. Or l'exercice d'un nouveau droit est une prérogative nouvelle qui s'additionne aux prérogatives existantes. Il s'insère normalement dans l'état des droits existants, sans perturber l'ensemble.

---

438 Voir à ce sujet le rapport Bébéar "Etablir l'égalité en matière de formation tout au long de la vie" (22 novembre 2004). Source : site Internet droitdelaformation.com /Actualité du droit de la formation.

439 Voir N. MAGGI GERMAIN, art. citat, loc. citat., p. 485-486.

**TABLEAU RÉCAPITULATIF DU DIF**

| PUBLIC | DURÉE | OBJET | RAPPORT TEMPS/FORMATION | STATUT ET ROLE DU SALARIE |
|---|---|---|---|---|
| 1. Tout salarié à temps plein sous contrat à durée indéterminée Ancienneté minimum d'un an dans l'entreprise<br>2. Salarié titulaire d'un CDD après 4 mois d'ancienneté.<br>3. Tous les salariés à "temps partiel" | 1. 20h par an sauf dispositions plus favorables des accords de branches<br>2. durée au "prorata temporis" pour les salariés à temps partiel et les titulaires d'un CDD<br>3. cumul possible sur 6 ans avec un plafond de 120 heures pour les salariés à temps plein.<br>Le plafond de 120 heures s'applique également aux salariés à temps partiel ou en CDD | 1. action de promotion<br>2. acquisition perfectionnement des connaissances<br>3. acquisition d'un diplôme ou titre ou certification.<br>Voir également les priorités définies dans l'accord de branche à laquelle appartient l'entreprise | Principe : hors temps de travail, sauf si prévisions contraires d'un accord de branche ou d'entreprise | 1. A l'initiative du salarié<br>2. Choix de l'action exige l'accord écrit de l'employeur et du salarié<br>3. Droit à une allocation formation (50 % de son salaire)<br>4 Maintien du salaire si la formation a lieu sur le temps de travail |
| REMARQUES | 1. Le financement est à la charge de l'entreprise (imputable sur la participation<br>2. Le DIF est utilisable immédiatement en cas de licenciement (sauf pour faute grave ou lourde), à condition d'en faire la demande avant la fin du préavis<br>3. En cas de démission, il est possible d'utiliser le DIF pour un bilan de compétences, une VAE, ou une formation, pourvu que ces actions aient un commencement d'exécution pendant la durée du préavis<br>4. Suite à deux désaccords consécutifs avec l'employeur concernant le choix du contenu de formation : le salarié est prioritaire pour l'obtention d'un CIF Dans ce cas le coût est cofinancé par le FONGECIF et par l'entreprise qui verse le montant de l'allocation de formation<br>5. Le DIF peut être utilisé aussi pour la mise en œuvre de "périodes de professionnalisation" prévues pour des publics prioritaires, notamment les salariés "seniors" engagés dans la dernière étape de leur carrière. | | | |

**MOTS CLES : DIF, crédit d'heures de formation, cumul, initiative du salarié, accord de l'employeur, contenu de formation, actions éligibles, hors temps de travail, allocation formation, transfert.**

## BIBLIOGRAPHIE

MERLE (V.), 2004, Un accord historique ? *Droit social*, n°5, Mai, p. 455-463.

MAGGI GERMAIN (N.), 2004, La formation professionnelle continue entre individualisation et personnalisation des droits des salariés. *Droit social*, n°5, Mai, p. 482-493.

FAVENNEC-HERY (F.), 2004, Temps de formation, temps de travail : quelques observations. *Droit social,* n°5, Mai, p. 494-498.

# CINQUIEME PARTIE : LA PROFESSIONNALISATION ET SES OUTILS JURIDIQUES

L'ANI du 20 septembre 2003 consacre un chapitre entier au "développement de la professionnalisation des jeunes, des demandeurs d'emploi et de certains publics salariés". Sans s'arrêter pour l'instant sur le contenu de cette notion, on fera remarquer de suite que la "professionnalisation", dans l'esprit des négociateurs est tout à la fois une préoccupation politique, une démarche socio pédagogique à mettre en œuvre dans le cadre de constructions juridiques bien déterminées.

Alors que 20 % des jeunes sont actuellement au chômage, les entreprises seront confrontées, dès 2006, selon les prévisions, à une pénurie de qualifications par suite du ralentissement du renouvellement des générations, et des départs massifs de salariés en retraite. Les contrats d'insertion en alternance ont constitué jusqu'alors une des voies principales d'accès à l'emploi. L'organisation et le fonctionnement de ce système ont fait l'objet de nombreuses études juridiques présentées plus loin. Les critiques concernant la complexité, l'inefficacité relative, le dysfonctionnement du système se sont multipliées au cours de ces dernières années. L'alternance, sous cette forme, n'a pas complètement répondu aux espérances qui avaient présidé à sa mise en place. Les dispositifs d'alternance sont devenus, aux yeux d'un nombre croissant d'experts, les prolongations de parcours scolaires. Ils seraient trop axés sur l'obtention de diplômes. De plus, il y aurait une dérive au niveau des publics visés par le dispositif initial. "Les publics les plus demandeurs de qualification seraient de facto exclus du bénéfice des formations en alternance"[440].

Comment dépasser cette double contradiction entre insertion et exclusion, chômage des jeunes et pénurie prévisible de qualifications ? C'est l'ambition inscrite dans la recherche d'un développement de la professionnalisation des jeunes. C'est l'effet attendu de la mise en œuvre du nouveau **contrat de professionnalisation**. Sa philosophie générale est celle de la réalisation d'un "parcours personnalisé" qui prend appui sur le "déjà là', c'est-à-dire les compétences acquises et leur validation et qui conduit à une qualification professionnelle reconnue (X).

Mais la démarche de "professionnalisation" va plus loin. Son originalité est d'étendre le principe des formations en alternance, réservées jusque là aux jeunes et adultes demandeurs d'emploi[441], à certains salariés eux-mêmes

---

440 Rapport Anciaux, au nom de la commission des affaires culturelles, n°1273, assemblée nationale, p. 5. Sur l'état des formations en alternance et la poursuite du recul des entrées en 2002, voir R. SANCHEZ, Formation en alternance : le recul des entrées se poursuit en 2002, Dares, *Premières Synthèses Informations*, février 2004, n° 07.2, p. 1-6.

441 Le contrat de qualification a été étendu aux demandeurs d'emploi de 26 ans et plus par la loi du 29-07-1998.

titulaires d'un contrat à durée indéterminée. Ces salariés ont un point commun : ils sont confrontés à une problématique de consolidation ou de développement des compétences en vue d'un maintien dans l'emploi. Les situations professionnelles peuvent être extrêmement diverses et évolutives : retour à l'emploi après un congé parental, salariés futurs créateurs ou repreneurs d'entreprise, handicapés, salariés dits "seniors", âgés de 45 ans et plus ou qui ont 25 ans d'activité dans l'entreprise. En s'adressant à ce dernier type de public, le droit vient s'inscrire dans une sorte de rupture culturelle. La rupture consiste dans le passage d'une logique d'éviction anticipée des "seniors" à la rétention active, dans un contexte de ralentissement du renouvellement des générations. "Après le temps de l'éviction, le temps de la rétention des seniors s'annonce"[442]. C'est une forme de revalorisation du "vieillissement » qui n'est pas sans lien avec l'enjeu désigné par la formule : "la transmission trans-générationnelle". L'enjeu est donc le maintien dans l'emploi dans un contexte d'évolution économique et d'un ralentissement du renouvellement des générations. Face à cet enjeu s'ouvre une nouvelle voie d'accès à la formation qui devra faire ses preuves. Elle s'appuie sur une construction juridique originale : "les périodes de professionnalisation" (CHAPITRE XI)

---

[442] J-M. PERETTI, Comment passer d'une logique d'éviction à la rétention active ? *Le Monde Initiatives*, décembre 2003, p. 25. E. MARBOT, Seniors en entreprise : victimes de valeurs dominantes obsolètes. *Le Monde Initiatives*, Juillet/Août 2004, p. 30.

# CHAPITRE X :
# LE CONTRAT DE PROFESSIONNALISATION

Le contrat de professionnalisation est une création nouvelle des partenaires sociaux. Il est issu de l'ANI du 20 septembre 2003 et la loi du 4 avril 2004 lui a donné une base légale. Ce contrat vient remplacer, en une formule unique les trois contrats d'insertion d'alternance préexistants : le contrat d'orientation, le contrat de qualification et le contrat d'adaptation. Le nouveau visage de l'alternance reposera désormais sur deux axes et deux types de contrats : d'un côté le contrat d'apprentissage concernant la formation initiale ; de l'autre le contrat de professionnalisation dans le champ de la formation continue. La simplification se retrouve au niveau des démarches administratives nécessaires pour la conclusion de ce type de contrat. De plus, loin d'être un cadre rigide, le nouveau dispositif se présente comme une construction très ouverte. La loi pose un socle de base, sur lequel viennent s'appuyer les dispositions complémentaires des acteurs sociaux concernant la mise en œuvre de ce nouvel outil au niveau de chaque branche professionnelle. Comme le précise la circulaire du 18 octobre 2004, il s'agit d'un *"outil adaptable par voie d'accord, conclu en particulier au niveau des branches professionnelles pour développer les qualifications et les emplois"*[443]. Sans doute, la simplicité, la souplesse, les avantages offerts aux entreprises comme aux salariés vont conditionner l'attractivité de ce type de contrat dont l'ambition est de répondre aux attentes des demandeurs d'emploi, et des entreprises dans un contexte particulièrement tendu. Aussi le projet de loi de finances pour 2005 prévoit-il 180 000 entrées dans ce dispositif assorties d'une aide financière de 279,2 M EUROS[444]. Fin février 2005, la Dares recensait 6 500 personnes en contrat de professionnalisation[445]. Désormais les jeunes demandeurs d'emploi ont le choix entre deux formules d'alternance (et non plus quatre). Ils peuvent signer soit un contrat d'apprentissage, soit un contrat de professionnalisation ouvert également aux adultes demandeurs d'emploi.

## LE SAVOIR JURIDIQUE DE BASE

Les dispositions de base sont contenues dans les articles L.981-1 à L.981-8 du Code du travail complétés par un ensemble de textes réglementaires : le décret du 13 septembre 2004 relatif aux conditions de mise en œuvre du contrat et de la période de professionnalisation ; le décret du 15 octobre relatif aux contrats de professionnalisation (art. D.981-1 à 981-14 ; R.981-1 à R ; 981-5 du

---

443 Circulaire DGEFP n°2004/025 du 18 octobre 2004 relative à la mise en œuvre du contrat de professionnalisation.

444 Projet de loi de finances 2005, minefi.gouv.fr (avril 2005).

445 Source : site droitdelaformation (actualités, 21 avril 205).

Code du travail) ; enfin les circulaires de la DGEFP du 18 octobre 2004 (n° 2004/025) et du 13 décembre 2004.

L'ANI du 20 septembre 2003 et la loi du 4 mai 2004 incitent les branches professionnelles à mobiliser les contrats de professionnalisation au service de leur politique d'emploi. Ils offrent de larges marges d'initiative pour définir les priorités, les publics, les conditions de mise en œuvre de contrat au sein de la branche concernée. Les branches professionnelles se sont emparées de ces espaces ouverts à la négociation. Les accords se sont multipliés. Au 1er janvier 2005 on en dénombrait une trentaine. On continuera, ici, d'exploiter le "corpus" des 12 accords déjà utilisés plus haut pour l'étude du DIF.

La présentation du régime juridique du contrat de professionnalisation sera l'objet d'une première section (I) ; la mise en œuvre du contrat sera analysée dans une deuxième section (II).

## I - LE REGIME JURIDIQUE DU CONTRAT DE PROFESSIONNALISATION

### 1 - Caractères généraux

Le contrat de professionnalisation repose sur un "triangle de base" dont les sommets sont constitués par les "objectifs visés", la "nature du contrat", "la professionnalisation".

#### *1.1 - Objectifs visés*

L'objectif est de favoriser l'insertion ou la réinsertion professionnelles des jeunes de moins de 26 ans et des adultes (plus de 26 ans) par l'acquisition d'une qualification professionnelle. Les qualifications visées sont les suivantes : un diplôme ou un titre à finalité professionnelle enregistré dans le répertoire national des certifications professionnelles[446] ou une qualification professionnelle établie par la commission paritaire nationale de l'emploi d'une branche professionnelle ; une qualification professionnelle reconnue dans les classifications d'une convention collective.

#### *1.2 - Nature du contrat*

Tout comme les anciens contrats d'insertion en alternance, le contrat de professionnalisation est un contrat de travail de type particulier dans la mesure où il lie accès à un emploi et réalisation d'une formation pour une même personne, selon le principe de l'alternance. Il peut être à durée indéterminée, ou déterminée selon les limites exposées plus bas.

---

[446] Voir supra chapitre VII.

### *1.3 - Action de professionnalisation*

Nous avons ici l'élément le plus novateur du régime juridique du nouveau contrat. Le contrat comporte une "action de professionnalisation". Elle est l'objet même du contrat si celui-ci est à durée déterminée. Elle doit se situer en début de contrat s'il s'agit d'un contrat à durée indéterminée. Si la notion de "professionnalisation" n'est jamais définie, ce qui est regrettable, on connaît son organisation de base. L'ANI du 20 septembre 2003 précise que la professionnalisation repose sur trois principes interdépendants :

- une "personnalisation" des parcours de formation, en fonction des acquis de chacun, liés à sa formation antérieure ou à son expérience ;
- une alternance réunissant de façon dialectique des séquences de formation, dans ou hors de l'entreprise, et l'exercice d'une ou plusieurs activités professionnelles, en lien avec la qualification recherchée. Il ressort donc que l'acquisition des savoirs peut provenir de deux sources : le formation et le travail. Loin d'être juxtaposés, les savoirs s'articulent les uns aux autres dans une logique de construction de compétences.
- Une certification des compétences nouvellement acquises.

On remarquera que la professionnalisation repose sur les trois pôles : projet - alternance - certification. Autrement dit elle est un "parcours" finalisé. Celui-ci prend appui sur le "déjà là", ce qui est acquis, et s'oriente vers l'acquisition de nouveaux savoirs. Pour cette raison le processus comporte plusieurs étapes. Elles sont soigneusement distinguées dans l'ANI[447] : les actions d'évaluation, de définition ou de personnalisation du parcours de formation, les actions d'accompagnement externe, et de formation proprement dite, formelle ou informelle. La notion déborde donc le cadre de la "formation" proprement dite et s'inscrit dans une philosophie de "parcours personnalisé".

La durée du contrat de professionnalisation à durée déterminée ou de l'action de professionnalisation contenu dans le contrat à durée indéterminée est comprise entre 6 et 12 mois. Cette durée est fonction du niveau de formation du salarié et des exigences inhérentes à la qualification visée. Par ailleurs, les accords de branche peuvent, sur la base de critères à définir, prévoir un allongement de cette durée au-delà de 12 mois et dans la limite de 24 mois. Cela peut se justifier, pour les personnes sorties du système éducatif sans qualification professionnelle reconnue, ou lorsque la nature des qualifications visées l'exige[448]. Dans les faits bon nombre d'accords prévoient cet allongement de durée dans la limite de 24 mois et pour les motifs qui viennent d'être

---

[447] Art. 10-2.

[448] Art. L.981-2 du Code du travail.

évoqués[449]. On retrouve ici, un trait de la philosophie du parcours personnalisé. Il en est d'autres.

La durée des actions de formation, c'est-à-dire actions d'évaluation, accompagnement, enseignements est fonction de la durée totale du contrat à durée déterminée, ou de l'action de professionnalisation d'un contrat à durée indéterminée[450]. Le principe est que cette durée est comprise entre 15 % et 25 % de la durée du contrat (CDD) ou de l'action de professionnalisation (CDI). Elle ne peut être inférieure à 150 heures. Là encore un accord de branche peut prévoir une extension de ces actions, au-delà de 25 %[451].

| DUREE GLOBALE DES ACTIONS DE FORMATION | | |
|---|---|---|
| | CDI | CDD |
| Durée Normale | • 15 % à 25% de l'action de professionnalisation<br>• Minimum = 150 heures | • 15 % à 25% de la durée du contrat<br>• Minimum = 150 heures |
| Durée allongée | Possible sans limites prévues. | Possible, sans limites prévues. |
| Remarques | La durée allongée fait l'objet d'une négociation de branche ou interprofessionnelle. Elle concerne certains publics, par exemple des jeunes n'ayant pas achevé un second cycle de l'enseignement secondaire et non titulaire d'un diplôme de l'enseignement technologique ou professionnel | |

Fidèles à la notion de "parcours personnalisé", les négociateurs suivis par le législateur ont refusé un schéma rigide, uniforme applicable à toutes les situations. Ils ont opté pour un cadre général, référence commune de tous les secteurs. Les branches peuvent l'adapter, le compléter en fonction de leurs besoins. Cette possibilité d'adaptation était déjà prévue par la loi, pour l'ancien contrat de qualification. De cette manière l'employeur peut utiliser ce cadre, pour y inscrire une diversité de parcours personnalisés correspondant à la variété des situations. Dans les faits, bon nombre d'accords de branche adaptent la durée des actions et la portent au-delà de 25 % pour des cas bien déterminés[452].

---

449 Accord Télécommunications art. 3 ; accord Propreté, art. 22 ; accord des Industries de carrière et matériaux de construction, art. 3-2 ; accord négoce des matériaux de construction, art. 3-1, 3 ; accord commerce de détail à prédominance alimentaire art. 12-5 ; accord Assurances, art. 13 ; accord BTP art. 3-2.

450 Il ne faut donc pas confondre durée des actions de formation et durée du contrat ou durée de l'action de professionnalisation. Celle-ci, outre les actions de formation (évaluation, accompagnement, apprentissages formels) comprend l'exercice d'une activité professionnelle source d'apprentissage informel en lien avec la qualification visée.

451 Art. L.981-3 du Code du travail.

452 Accord Chimie art. 13-2 : dépassement de 25 % sans pouvoir dépasser 50 % dans la limite de 1500 heures ; accord Textile, art. 4 : la durée minimum peut être portée jusqu'à 50 % ; accord BTP, art. 3-2 : extension jusqu'à 40 % maximum, ou même dans certains cas 50 % ; accord Télécommunications art. 3 : extension jusqu'à 35 % ; accord Propreté art. 23 : extension au-delà de 25 %. Les motifs invoqués la plupart du temps sont la préparation d'un diplôme, titre, certificat de qualification professionnelle et la consolidation des pré requis.

Afin de faciliter la transition avec le contrat de professionnalisation et pour ne pas pénaliser l'insertion des jeunes, une période de prolongation a été accordée à titre dérogatoire pour les contrats d'insertion en alternance jeunes. Ces contrats pouvaient être signés jusqu'au 15 novembre 2004 et menés à leur terme normal. Depuis le 16 novembre 2004 seuls les nouveaux contrats de professionnalisation peuvent être conclus.

## 2 - Conclusion du contrat

### *2.1 - Les parties au contrat*

- Le contrat de professionnalisation est ouvert aux personnes âgées de 16 à 25 ans révolus sans qualification professionnelle, ou souhaitant compléter leur formation initiale.
  Il concerne également les demandeurs d'emploi âgés de 26 ans et plus. Les salariés intérimaires pouvaient jusqu'alors bénéficier de l'ancien contrat de qualification ; à présent, ils peuvent accéder au contrat de professionnalisation dans les même conditions[453].
- Tous les employeurs assujettis au financement de la formation professionnelle continue peuvent recruter un salarié en contrat de professionnalisation. Sont donc concernées toutes les entreprises quels que soient l'activité exercée, la forme juridique de l'exploitation, la taille, et le régime d'imposition. Par voie de conséquence, sont donc exclus l'Etat, les collectivités locales et leurs établissements publics à caractère administratif[454].

### *2.2 - Le contenu du contrat*

Le contrat est établi par écrit sur un formulaire spécial composé de 5 volets : volet employeur, volet salarié, volet DDTEFP, volet DARES et volet OPCA[455].

Il comporte obligatoirement les mentions suivantes :

- le type de contrat (contrat initial, nouveau contrat, avenant

---

[453] Art. L.981-4 du Code du travail.

[454] Les caisses d'allocations familiales peuvent conclure ce genre de contrat ; en revanche les CCI sont exclues. Précisions de la circulaire du 13 décembre 2004, art. 3.3 et 3.5.

[455] Ce formulaire CERFA EJ20 est disponible dans les DDTEFP, auprès des OPCA et dans les agences locales pour l'emploi. Il est également en ligne sur le site Internet du ministère (www.travail.gouv.fr/infos pratiques/pdf). La circulaire du 18 octobre 2004 précise que le CERFA imprimé à partir d'Internet a la même valeur juridique que le CERFA édité part un imprimeur et en saurait être un motif d'enregistrement d'un contrat.

- l'identification de l'employeur ainsi que celle de la convention collective appliquée
- l'identification du salarié avec son niveau de formation et sa situation avant emploi
- la désignation du tuteur
- la nature du contrat (CDI, CDD, travail temporaire)
- la date du début du contrat ;
- la date de fin du CDD ou de l'action de professionnalisation si CDI
- durée totale de la professionnalisation dont la durée des enseignements généraux professionnels et technologiques
- l'emploi occupé
- la classification dans la convention collective
- la durée hebdomadaire de travail
- le salaire brut mensuel à l'embauche
- l'intitulé de la qualification préparée et les modalités de validation
- la période de l'examen
- le lieu de déroulement de la formation principale
- la signature des parties.

Un document précisant les objectifs, le programme et les modalités d'organisation, d'évaluation et de sanction de la formation est remis au salarié, annexé au contrat.

### *2.3 - Le circuit de validation du contrat*

La circulaire du 18 octobre 2004 fournit un cadre relativement précis pour l'examen de conformité, la validation et le suivi du contrat.

Une fois que le contrat est rempli et signé,le salarié conserve un volet, l'employeur en garde un autre et envoie les 3 autres volets à l'OPCA dont l'entreprise dépend au plus tard dans les cinq jours ouvrables suivant le début du contrat.

#### a. Intervention de l'OPCA et des branches professionnelles

Le rôle de l'OPCA est de garantir la conformité des contrats de professionnalisation aux priorités retenus par les partenaires sociaux et traduites dans les accords de branche. Aussi donne-t-il un avis de conformité. Mais leur rôle va beaucoup plus loin. Il décide de la prise en charge financière de actions de formation au regard des orientations fixées par la branche professionnelle et de leurs ressources financières. Cette appréciation critique présuppose que les partenaires sociaux, au niveau de la branche aient établi la liste des qualifications pouvant être préparées en contrat de professionnalisation, les critères justifiant une dure de contrat supérieure à 12 mois et limitée à 24 mois ; les critères justifiant l'allongement de la durée des actions de formation au delà de 25 % de la durée totale du contrat ; le forfait horaire de la prise en charge des actions d'évaluation, d'accompagnement et de formation.

Dans le délai d'un mois à compter de la réception, l'OPCA transmet les volets DDTEFP et DARES du CERFA à la DDTEFP avec son avis et sa décision de financement. Les avenants aux contrats sont transmis dans les mêmes conditions.

**b. Intervention de la DDTEFP**

La DDTEFP procède à l'enregistrement du contrat. Pour ce faire, elle examine le contenu au regard des dispositions législatives, réglementaires et conventionnelles qui régissent le dispositif et de l'avis émis par l'OPCA. Le contrat est considéré comme enregistré dès lors que la DDTEFP n'aura pas fait connaître ses observations dans le délai d'un mois à compter de la date du dépôt. En cas de refus d'enregistrement, elle notifie sa décision motive, à l'employeur et à l'OPCA dans le délai d'un mois[456]. L'intéressé qui entend contester la décision de refus d'enregistrement doit, préalablement à tout recours contentieux, former un recours devant le directeur régional du travail, dans un délai d'un mois à compter de la notification. Selon nous, le non enregistrement a pour conséquence de disqualifier le contrat de professionnalisation ; celui-ci va s'analyser comme un contrat de travail ordinaire dont il produira les effets juridiques habituels.

Les DDTEFP transmettent chaque mois à la DARES un volet du contrat pour exploitation statistique et études qualitatives[457].

**c. Intervention de la DARES**

La DARES est chargée de réaliser un suivi statistique de entrées en professionnalisation. Deux types d'opérations seront mis en œuvre : un suivi statistique rapide destiné à comptabiliser mensuellement les entrées dans le dispositif ; une analyse en structure des publics et des entreprises bénéficiaires[458].

Ce processus d'examen, de validation et de suivi du contrat de professionnalisation où interviennent acteurs sociaux et acteurs publics

---

[456] Les directeurs départementaux du travail peuvent refuser l'enregistrement du contrat de professionnalisation qui lui est soumis dès lors qu'il y a non respect des règles concernant par exemple l'alternance, ou la durée de la formation. Cette position a été confirmée par le Conseil d'Etat en matière de contrat de qualification. Voir arrêt du Conseil d'Etat, M. Prinet c/DDTRE Maine et Loire du 19-01-1998. Source : Centre Inffo, *Les fiches pratiques de la formation continue*, 2003, fiche 2-13.

[457] Il est prévu que la transmission des CERFA papier sera supprimée dès lors que la dématérialisation des échanges entre OPCA et ministère sera effective.

[458] Pour plus d'informations, se reporter à la circulaire du 18 octobre 2004.

s'explique par la spécificité de ce type de contrat. Il se justifie par la nécessité d'établir des protections contre les risques de dérive, et de gérer une double adéquation : d'une part la conformité politique au regard des priorités définies par la branche professionnelle en ce domaine, d'autre part la conformité juridique au regard du cadre législatif et conventionnel.

### *2.4 - Consultation des représentants du personnel*

On a vu que la consultation du comité d'entreprise sur la formation s'effectue au cours de deux réunions annuelles. La seconde réunion comporte la délibération relative aux conditions d'accueil, d'insertion et de formation des jeunes, pour l'année à venir. Aussi l'employeur doit il remettre aux membres élus, le bilan pour l'année antérieure et l'année en cours, en matière d'accueil, d'insertion et de formation des jeunes dans l'entreprise.

Théoriquement, cette consultation peut conduire au conflit, si les acteurs ont des positions divergentes. Mais dans les faits, la politique de formation en alternance, et l'accueil de jeunes en insertion dans l'entreprise ne fait elle pas l'objet d'un consensus ?

## 3 - L'exécution du contrat

### *3.1 - L'obligation de formation et de professionnalisation à la charge de l'entreprise*

L'employeur s'engage pour la durée du contrat à assurer au salarié une "professionnalisation" au sens indiqué plus haut, lui permettant d'acquérir une qualification professionnelle. La formation, composante de la "professionnalisation" doit se dérouler selon les principes de l'alternance en associant "enseignements généraux, professionnels et technologiques" à l'exercice d'une ou plusieurs activités professionnelles en relation avec la formation et la qualification recherchée.

La formation alternée, tout comme l'ensemble du processus de "professionnalisation" se déroule pendant le temps de travail en respectant la durée définie dans le contrat[459].

Le programme des actions de formation (évaluation, accompagnement, et enseignements) est défini entre l'employeur et le salarié au moment de la signature du contrat auquel il est, du reste, annexé. Ces actions, précisent la loi, sont mises en œuvre par un organisme de formation. Dans ce cas elles donnent lieu à la signature entre l'entreprise et l'organisme de formation, d'une convention précisant les objectifs, le programme, les modalités d'organisation, d'évaluation et de sanction de la formation[460]. Elles peuvent également être

---

[459] Les conditions de déroulement de la formation font l'objet de la circulaire qui repend, en grande partie, le texte de l'accord interprofessionnel du 20 septembre 2003.

[460] Se reporter au chapitre 12.

réalisées par l'entreprise elle-même lorsqu'elle dispose d'un service de formation interne[461]. Que faut-il entendre par là ? Il y a service de formation interne lorsque *"l'entreprise dispose de locaux identifiés pur délivrer des actions d'évaluation, d'accompagnement et des enseignements généraux, professionnels et technologiques ; elle dispose aussi de moyens pédagogiques et d'un ou plusieurs formateurs qui consacrent tout ou partie de leur temps à la formation"*[462].

Dans un délai de deux mois, à compter de la signature du contrat, l'employeur examine avec le salarié l'adéquation du programme de formation, et peut, en cas d'inadéquation, opérer des réajustements. Ceux-ci prennent la forme d'avenant au contrat de travail, sous réserve de l'accord de l'organisme financeur, et dans la limite de la durée du contrat. Cette disposition réaliste, soucieuse d'une personnalisation du parcours, est le corollaire de la variabilité de la durée des actions de formation examinée plus haut.

La formation est obligatoirement sanctionnée par une des qualifications prévues par la loi dans le cadre de ce dispositif[463].

### *3.2 - Le tutorat*

L'expérience montre que l'existence d'un tutorat favorise la qualité et l'efficacité des formations en alternance. Aussi les partenaires sociaux, dans l'ANI du 20 septembre 2003 ont-ils exprimé leur attachement au développement de cette formule. La loi ne rend pas obligatoire la présence d'un tuteur dans l'exécution du contrat de professionnalisation ; mais des accords de branche peuvent l'inclure dans leurs priorités et en faire un préalable à la signature du contrat. Dans les faits tous les accords de branches analysés abordent largement la question du tutorat ; cependant une minorité d'entre eux rend obligatoire la fonction tutorale dans le cadre du contrat de professionnalisation[464]. Ailleurs il s'agit de simples préconisations ou de recommandations ardentes pour la désignation d'un tuteur au sein de l'entreprise.

Les conditions d'exercice, les missions du tutorat et son mode de financement, sont régis par les dispositions du décret du 15 septembre 2004[465].

- Le tuteur désigné par l'employeur est un salarié volontaire, qualifié, justifiant d'une expérience professionnelle de deux ans minimum dans un secteur d'activité en rapport avec l'objectif de professionnalisation. Il ne peut exercer ses fonctions que pour trois salariés simultanément.

---

[461] Art. L.981-3. L'ANI utilisait une formule plus stricte : les entreprises ne peuvent intervenir en ce domaine que "si elles disposent d'un service de formation identifié, structuré", art. 10-2.

[462] Précision apportée par la circulaire du 13 décembre 2004.

[463] Voir supra : les objectifs du contrat de professionnalisation.

[464] Accord Chimie, art. 13 ; accord des Télécommunications, art. 3.

[465] Décret relatif aux conditions de mise en œuvre du contrat et de la période de professionnalisation art. D.981-8 et D.981-9.

L'employeur peut lui-même être tuteur, pour deux salariés simultanément.

– Les missions sont rigoureusement définies. Il est chargé : d'accueillir, d'informer et de guider les salariés en cours de professionnalisation ; d'organiser l'activité des salariés afin de faciliter l'acquisition des savoir-faire professionnels ; d'assurer la liaison avec les organismes chargés des actions de formation à l'extérieur de l'entreprise. L'ANI du 20 septembre 2003 apporte deux précisions nouvelles non reprises dans le décret. Le tuteur participe à l'entretien au cours duquel l'employeur détermine avec le titulaire du contrat et en liaison avec l'organisme de formation, les objectifs, le programme, ainsi que les conditions d'évaluation et de validation. De même il intervient pour vérifier l'adéquation du programme de formation à la situation professionnelle, et propose éventuellement un avenant au contrat de travail[466].
– Les accords de branche apportent, ici, trois enrichissements. Le premier concerne l'explicitation des missions : le tuteur, en plus des fonctions énoncées plus haut, veille au respect de l'emploi du temps du salarié[467], il participe à l'évaluation de la qualification acquise[468]. C'est l'accord "Commerce de détail en produits à prédominance alimentaire" qui va le plus loin dans la lecture des missions. Elles sont au nombre de quinze, et chacune d'entre elles est corrélée à une des étapes du parcours du jeune, ces étapes étant au nombre de 5 : **réussir l'accueil, organiser les activités, suivre les progrès et les évolutions dans le travail, faciliter l'acquisition des compétences, évaluer**[469]. Le deuxième apport concerne les moyens offerts au tuteur pour exercer sa mission. La très grande majorité des accords exigent un aménagement du temps de travail du salarié désigné comme tuteur, et surtout la mise en place d'une préparation à l'exercice de cette fonction, et si nécessaire une formation adéquate[470]. *"Les formations proposées s'inspireront des modèles de développement des comportements personnels, d'écoute, d'accompagnement et de valorisation, d'organisation du travail, le tout resitué dans le contexte professionnel de l'entreprise et de la profession"*[471]. Là encore l'accord "Commerce

---

466 Art. 10-2.

467 Accord Métallurgie art. 15.

468 Accord Textile art. 5.2 ; accord Télécommunications, art. 5 ; accord Industrie des carrières, art. 5 ; accord Négoce de matériaux de construction, art. 4.3 ; accord Entreprises du médicament, art. 12.

469 Annexe 3 : mission du tuteur.

470 Accord Métallurgie art. 15; accord Chimie art. 3 ; accord Textile, art. 5.2 ; accord BTP art. 5 ; accord Industries des carriers art. 5 ; accord Négoce des matériaux de construction, art. 4.3 art. Commerce de détail à prédominance alimentaire, art. 12.1.6 ; accord Assurances, art. 18 ; accord des Entreprises du médicament, art. 12.

471 Accord BTP, Art. 5.2.

de détail en produits à prédominance alimentaire" est exemplaire dans sa structuration : il définit un projet de formation du tuteur construit sur la base d'objectifs pédagogiques et de contenus appropriés[472]. De plus le tutorat fait l'objet d'un engagement mutuel écrit définissant les responsabilités de l'employeur, celles du "jeune" et enfin celle du tuteur. L'engagement est signé par les trois acteurs concernés[473]. Le troisième apport des accords concerne la valorisation de la fonction tutorale : les dispositifs insistent pour une prise en considération des nouvelles compétences acquises soit par le passeport formation, soit par la VAE, soit dans la perspective d'une évolution de carrière[474].

- L'employeur qui désigne un tuteur bénéficie de la prise en charge par l'OPCA de deux types de dépenses : la formation du tuteur dans la limite de 15 euros par heure de formation et pour une durée maximale de 40 heures ; les dépenses occasionnées par l'exercice du tutorat dans la limite de 230 euros par mois et par salarié bénéficiaire, pour une durée maximale de six mois[475].

### *3.3 - La situation juridique du salarié*

#### a. Repères généraux

Pendant le contrat à durée déterminée ou la période de professionnalisation (CDI) le titulaire bénéficie de l'ensemble des dispositions légales ou conventionnelles applicables aux salariés des entreprises. Cela signifie qu'il dispose des mêmes droits, et qu'il est soumis aux mêmes conditions de travail que les autres salariés, dans la mesure où elles ne sont pas incompatibles avec les exigences de sa formation. Les heures de formation font partie des heures de travail. Le titulaire du contrat est donc soumis à la durée légale du travail : il bénéficie donc des mêmes modalités de RTT que les autres salariés. Les excédents d'heures en centre de formation doivent être considérées comme heures supplémentaires et rémunérées comme telles. Au niveau collectif les bénéficiaires d'un contrat de professionnalisation ne sont pas pris en compte dans le calcul des effectifs de l'entreprise. Cette règle, qui préexistait déjà avant la réforme, a une incidence directe sur l'établissement des "seuils d'effectifs" prévus par le droit, aussi bien pour l'organisation des élections des représentants

---

472 Accord, Annexe 4. Par ailleurs l'accord Axa prévoit un engagement qualité alternance, art. 4.2.2.

473 Accord, Annexe 5.

474 Accord Métallurgie art. 15 ; accord Chimie art. 3 ; accord Textile art. 5.2 ; accord Propreté art. 25; accord Assurances art. 18.

475 Art. D.981-9 et D.981-10 du Code du travail.

du personnel, que pour la participation obligatoire des entreprises au financement de la formation.

En revanche, les salariés en contrat de professionnalisation participent aux élections professionnelles dans les conditions prévues par le Code du travail[476].

**b. Rémunération**

Les personnes âgées de 16 à 25 ans révolus reçoivent une rémunération fixée en pourcentage du SMIC et en fonction de leur âge et de leur niveau de formation. Ces pourcentages, sauf dispositions conventionnelles plus favorables, sont les suivants :

| | Qualification inférieure au bac professionnel ou titre ou diplôme professionnel de même niveau | Qualification égale ou supérieure au bac professionnel ou titre ou diplôme professionnel de même niveau |
|---|---|---|
| De 16 à 20 ans révolus | 55 % du SMIC | 65 % du SMIC |
| De 21 à 25 ans révolus | 70 % du SMIC | 80 % du SMIC |

Il convient de remarquer, à la lecture du tableau, que tous les diplômes supérieurs au niveau IV donnent lieu à une augmentation de 10 points quel que soit l'âge. En cas de passage de 20 à 21 ans en cours de contrat, les montants sont réévalués à compter du premier jour du mois suivant. Les demandeurs d'emploi âgés de 26 ans et plus perçoivent, une rémunération qui ne peut être inférieure ni au SMIC ni à 85 % du salaire minimum prévu par la convention collective de référence. Le passage de 25 à 26 ans en cours de contrat n'a aucune incidence sur la rémunération[477]. Dans les faits quelques accords prévoient des dispositions plus favorables pour les salariés[478].

L'employeur bénéficie de l'exonération des cotisations patronales de sécurité sociale, dans tous les cas. Cette exonération s'applique dans la limite du SMIC, et de la durée légale du travail. Ce bénéfice de l'exonération peut faire l'objet d'un retrait par décision de la DDTEFP[479].

De plus il est prévu une aide de l'Etat pour le développement des contrats de professionnalisation. Cumulable avec les exonérations, elle concerne les groupements d'employeurs qui organisent, dans le cadre du contrat de professionnalisation, de parcours d'insertion et de qualification au profit de

---

476 Art. L.433-4.

477 Les avantages en nature dont bénéficie le salarié peuvent être déduits du montant du salaire, dans certaines limites. Se reporter à la circulaire du 18 Octobre 2004.

478 Accord BTP art. 3-6 : accord Télécommunications art. 3 ; accord Industrie des carrières art. 3-4 ; accord Négoce de matériaux de construction art. 3-1.3.

479 Voir plus bas.

jeunes de 16-25 ans sortis du système scolaire sans qualification, ou demandeurs d'emploi de 45 ans et plus[480].

### *3.4 - Le financement de l'action de professionnalisation*

Les actions d'évaluation, d'accompagnement et la formation proprement dite sont financés par les OPCA sur la base des fonds collectés au titre de la "professionnalisation"[481]. Ils peuvent également être financés par l'employeur sur le solde de l'obligation de financement de la formation (contribution "plan de formation"). Le financement s'effectue sur la base de forfaits horaires fixés par les accords de branche[482]. Ce forfait couvre les dépenses liées aux différentes phases de l'action (frais pédagogiques, rémunérations, cotisations sociales, frais de transport et d'hébergement...).

Les actions de tutorat (formation des tuteurs et interventions tutorales) sont également prises en charge par l'OPCA sur la base des forfaits mentionnés plus haut, les accords pouvant prévoir des dispositions plus favorables.

En ce qui concerne les demandeurs d'emploi bénéficiaires de ce type de contrat, les ASSEDIC peuvent prendre en charge ce financement, sur la base des forfaits fixés par accord des partenaires sociaux.

Comme c'était déjà le cas avant la réforme, lorsque les dépenses exposées par les employeurs sont supérieures aux forfaits horaires déterminés, les excédents peuvent être imputés sur le plan de formation de l'entreprise (art. D.981-7 du Code du travail).

### *3.5 - Le contrôle de l'exécution du contrat*

En plus du droit de regard du comité d'entreprise, un double contrôle va s'appliquer sur l'exécution du contrat.

D'une part les services de l'Etat (Cellule régionale de contrôle) exercent un contrôle administratif et financier sur les dépenses de formation exposées par les employeurs et sur les actions de formation financées par les OPCA. Ce

---

480 Art. D.981-11 modifié. Le bénéfice de cette aide est accordé sur la base de la signature d'une convention avec le Préfet du département. Le montant (jeunes de 16 à 26 ans et demandeurs d'emploi âgés de 45 ans et plus) a été fixé pour l'année 2005 à 686 EUR par accompagnement et en année pleine (arrêté du 9 mars 2005, JO du 31-03-2005).

481 Se reporter au chapitre III.

482 A défaut le forfait est calculé actuellement sur la base de neuf euros quinze de l'heure (Art. D.981-5).
Quelques accords fixent des forfaits plus avantageux : accord Textile, art. 4 : 10 euros ; accord Propreté art. 24 : 10 euros pour les formations transversales, 15 euros pour les formations techniques, 20 euros pour les formations se déroulant dans des petits bassins d'emploi ; accord entreprises du médicament, art. 11-2 : 9 euros pour les "formations théoriques",17 euros pour les autres formations et la préparation des diplômes.

contrôle est assuré par les agents commissionnés pour la vérification du financement de la formation[483].

D'autre part, les inspecteurs et contrôleurs du travail s'assurent du bon déroulement du contrat. S'ils constatent, que les dispositions légales ou conventionnelles n'ont pas été respectées et que le salarié n'a pu de ce fait, acquérir la qualification visée ils établissent un constat. Sur la base de ce constat la DDTEFP pourra prendre une décision motivée de retrait du bénéfice des exonérations financières attribuées à l'entreprise au titre du contrat de professionnalisation. Dans ce cas, le Directeur départemental du travail notifie la décision à l'employeur, à l'organisme de recouvrement des cotisations sociales et à l'organisme paritaire collecteur agréé. L'employeur, de son côté, communique la décision de retrait de l'exonération au comité d'entreprise ou, à défaut, aux délégués du personnel, et verse à l'organisme de recouvrement comptent, au plus tard à la première date d'exigibilité des cotisations sociales les cotisations dont il a été indûment exonéré.

### 4 - La cessation du contrat

- S'il s'agit d'un CDI, le contrat se poursuit au-delà de la période de professionnalisation dans des conditions habituelles d'un contrat de travail ordinaire : le salarié bénéfice alors du salaire intégral prévu par la convention collective pour le type d'emploi pour lequel il a été recruté ; la période de professionnalisation est comptabilisée dans le calcul de l'ancienneté et les avantages qui en découlent (salaires, primes, indemnité de licenciement).
- S'il s'agit d'un CDD, le contrat expire normalement à l'arrivée du terme prévu. Le renouvellement du contrat de professionnalisation est possible une seule fois, si le bénéficiaire n'a pu obtenir la qualification envisagée. Les raisons peuvent être multiples : échec aux épreuves d'évaluation, maternité, maladie, accident de travail ou encore en cas de défaillance de l'organisme de formation.
- S'il y a maintien dans l'entreprise, le salarié bénéficie des mêmes avantages exposés plus haut à propos du contrat à durée indéterminée. Mais la poursuite du contrat ne s'impose pas à l'employeur. Sur ce point l'accord du 20 septembre 2003 ne donne que des orientations incitatives. Il est demandé simplement que *"soient mis en œuvre les moyens propres à favoriser l'embauche, dans les entreprises de la branche professionnelle ou du bassin d'emploi concerné, des titulaires d'un contrat de professionnalisation, lorsque la relation contractuelle ne se poursuit pas à l'issue de leur contrat de travail à durée déterminée"* art. 10-4.

---

[483] Se reporter au chapitre XIII.

D'un point de vue critique, l'accord aurait été progressiste si, au niveau régional, il avait créé une forme d'obligation d'embauche à l'intérieur de la branche concernée. En même temps qu'un lien de solidarité entre les entreprises d'une même branche, cette obligation aurait été l'expression d'une responsabilité collective en matière d'emploi, contrepartie de l'exonération de charges sociales dont bénéficient les employeurs, dans le cadre du contrat de professionnalisation. De cette manière là, les rapports entre les intérêts des acteurs en présence, entreprises, État, jeunes salariés, seraient moins déséquilibrés.

## Récapitulatif : droit et obligations des différents acteurs

| | SALARIE | EMPLOYEUR | COMITÉ D'ENTREPRISE | ORGANISME DE FORMATION |
|---|---|---|---|---|
| **DROITS** | 1. Droits liés au contrat : salaire, congés payés, formation<br>2. Droit à une protection sociale | 1. Exercice de son pouvoir disciplinaire<br>2. Exonération des charges sociales et éventuellement aide de l'État cumulable.<br>3. Évaluation du candidat à l'embauche<br>4. Modification du contrat si inadéquation<br>5. Pouvoir d'embauche à l'issue du contrat de professionnalisation (si CDD) | Consultation préalable sur les conditions de mise en œuvre des contrats de professionnalisation. | 1. Droits liés à l'exercice d'un pouvoir disciplinaire<br>2. Droit au paiement de la prestation conformément aux termes de la convention |
| **OBLIGATIONS** | 1. Exécution du contrat, suivi de la formation<br>2. Présentation aux épreuves de certification | 1. Dépôt obligatoire du contrat à la DDTEFP<br>2. Exécution loyale du contrat<br>3. Obligation de formation<br>4. Obligation de présentation du candidat aux épreuves de certification | | 1. Obligation d'information du stagiaire : remise du règlement, programme, conditions de validation<br>2. Obligation de réalisation de la formation aux conditions prévues<br>3. Obligation de mettre en œuvre la certification |

| | TUTEUR | DDTEFP | OPCA |
|---|---|---|---|
| DROITS | 1. Crédit de temps nécessaire pour ses missions<br>2. Formation nécessaire pour remplir ses missions | 1.Examen du contrat<br>2.Pouvoir d'enregistrement ou non du contrat<br>3.Suivi et contrôle du déroulement du contrat | 1.Pouvoir de financement<br>2.Droit de suspendre ou d'exiger le remboursement du paiement des frais de formation si violation des engagements contractuels |
| OBLIGATIONS | 1. Accueillir, guider le salarié sous contrat de professionnalisation<br>2. Assurer la liaison avec l'organisme de formation<br>3 Vérifier l'adéquation de la formation | 1.Contrôle le bon déroulement du contrat | 1.Obligation de financer la formation, si la prise en charge a été accordée |

**MOTS CLES : Contrat de professionnalisation, projet professionnel, tuteur, alternance, CDI, CDD, représentants du personnel, financement, contrôle.**

## TRAVAUX RECHERCHES REPERES

De l'ensemble des travaux juridiques relatifs à l'alternance on peut dégager trois axes : le contentieux de l'alternance, sa juridicisation, l'alternance dans le nouveau droit de la formation.

## LE CONTENTIEUX DE L'ALTERNANCE

Nous avons repéré une série de 4 travaux. Ils s'étalent de 1990 à 1998. ENCLOS P. (1990), DEL SOL Marion (1994), LUTTRINGER J-M. (1994) ETIENNOT P. (1998).

### I - LE CONTENTIEUX DE L'INSUFFISANCE PROFESSIONNELLE

### 1 - L'objet d'étude de ENCLOS P. est le contrôle par le juge du motif d'insuffisance professionnelle invoquée comme motif de licenciement

Qui est juge des l'insuffisance professionnelle dans les contrats de droit commun ? Le motif de l'insuffisance professionnelle est il recevable dans le cadre des contrats d'alternance, et à quelles conditions ? L'insuffisance professionnelle est elle une cause réelle et sérieuse de licenciement ? Constitue-t-elle une faute grave ? Tel est le questionnement de l'auteur. A travers ce prisme, il dégage les solutions apportées par les juges pour les contrats de droit commun mais surtout pour les contrats de formation alternée. Le corpus est extrait de 156 arrêts émanant de 23 cours (cour de cassation et cours d'appel). Les décisions relèvent de la fin de la décennie des années 1980. Les contrats en question sont le contrat emploi - formation (créé en 1976 et supprimé en 1987) l'ancien contrat de réinsertion en alternance créé en 1987 et supprimé en 1987, les contrats de qualification, d'adaptation fusionnés récemment dans le contrat de professionnalisation (accord du 20 septembre 2003).

L'analyse aboutit à quatre séries de résultats :

- La cour de cassation a changé de position sur le contrôle de l'insuffisance professionnelle. Après avoir développé la "théorie de l'employeur seul juge" ou "de l'apparence" ce qui limitait singulièrement le pouvoir d'appréciation du juge du fond, la Cour a reconnu à celui-ci un pouvoir d'investigation non seulement sur la réalité objective du motif d'insuffisance, mais aussi sons caractère sérieux. A la théorie de l'apparence, se substitue la théorie du contrôle du juge et de la règle du doute, selon laquelle le doute du juge sur le caractère réel et sérieux du motif de licenciement profite au salarié. Ce changement est intervenu, selon l'auteur, à partir de 1987. Il fait éclater l'immunité quasi-absolue qui entourait le licenciement pour incapacité professionnelle, dans les contrats de droit commun.

- Dans les contrats de formation en alternance, le motif de l'insuffisance professionnelle, n'est pas recevable lorsque le salarié peut opposer l'inexécution par l'employeur de son obligation de formation ; c'est le préalable que doivent vérifier les juges (Cass. soc., 25 janvier 1989). Mais l'employeur qui a conservé un salarié à son service au-delà de la période de formation est recevable à justifier un congédiement ultérieur au motif d'inaptitude professionnelle constatée et prouvée. Le licenciement peut intervenir dans le cadre du contrat, s'il s'agit d'un CDI pour "motif d'inaptitude à acquérir une qualification", l'employeur "n'étant pas tenu de supporter indéfiniment une telle inaptitude" (Cass. Soc., 24 septembre 1987, Mannes c/Coureauj). Le licenciement peut intervenir après l'expiration du contrat (s'il s'agit d'un CDD), et si l'employeur a gardé le salarié. Le fait pour une entreprise de conserver un salarié à l'issue d'un contrat de formation en alternance n'implique pas qu'elle lui reconnaît l'aptitude professionnelle requise. (Cass. Soc., 31 octobre 1989, Cunisse c/Melin). - Dans le cadre de contrats de formation alternée à durée indéterminée, l'insuffisance professionnelle est cause réelle et sérieuse de licenciement, si la formation n'as pas été satisfaisante, du fait du salarié (incapacité à suivre, mauvaise volonté, manque d'intérêt...),ou si le salarié manifeste des carences inadmissibles dans son travail. Plusieurs décisions de cour d'appel vont dans ce sens. En revanche l'insuffisance professionnelle n'est pas cause réelle et sérieuse dans deux cas : s'il y défaut de réalité du grief (allégations floues et non fondées de la part de l'employeur), s'il y a absence de caractère sérieux du grief. A supposer que les allégations de l'employeur soient objectivement établies, la totalité des arrêts qui rejettent la qualification de cause sérieuse se fondent sur le fait que le salarié se trouvait en formation, ce qui lui donne un droit à "l'erreur, à l'expérimentation". Pour cette raison on ne peut lui opposer "l'insuffisance des résultats", les erreurs compréhensibles de la part d'un jeune qui apprend un métier. Enfin le caractère prématuré du licenciement détruit la cause réelle et sérieuse de licenciement au motif qu'il met le salarié dans l'impossibilité de faire ses preuves.
- L'inaptitude échappe par principe à la qualification de faute grave (cass. soc., 19 mars 1987, Caof c/ Duvet.). C'est la position de la Cour de cassation dès 1987, et des cours d'appel. Celles-ci, du reste,

transposent la solution apportée aux contrats de droit commun aux contrats de formation alternée. Si par principe, l'inaptitude professionnelle n'est pas une faute grave, il est inutile d'examiner si l'employeur prouve la gravité de l'inaptitude. Paradoxalement c'est ce que font certaines cours d'appel, sans pour autant admettre la faute grave. Au contraire elles établissent que les employeurs se révèlent, chaque fois, incapables d'en démontrer seulement la matérialité.

**2 - Des travaux plus récents (LUTTRINGER J. M. 1994, et ETIENNOT P. 1998) reprennent et enrichissent ce type d'analyse et en confortent les résultats**

Le constat est le même : les juges interdisent pratiquement la possibilité de rupture pour insuffisance professionnelle dans le cadre des contrats de formation en alternance. Mais l'intérêt porte sur la manière avec laquelle ils opèrent le verrouillage. Ils assignent à l'employeur des fonctions pédagogiques authentiques, et donnent ainsi les contours d'une définition juridique du travail formateur (guider le jeune dans l'accomplissement de ses tâches, surveiller les travaux effectués, vérifier le travail réalisé, rectifier les maladresses et les corriger). Cette mission de formation part du postulat d'incompétence du jeune au moment de son recrutement, incompétence non rédhibitoire. Quelles sont les composantes de cette mission de formation ?

J-M. LUTTRINGER y répond sur la base de la jurisprudence des années 1986-1992. La mission inclut l'acquisition d'un savoir faire ; c'est l'objet même du contrat. Elle implique de la part de l'employeur une tolérance en matière de rendement, la reconnaissance d'un droit à l'erreur. Seule la mauvaise volonté notoire du salarié cumulant insuffisance professionnelle et insubordination exonère l'employeur d'aller jusqu'au bout de l'obligation de formation. La mission inclut également l'acquisition d'un savoir être, ou "qualification sociale" ou "socialisation professionnelle". Dans cette pédagogie de l'alternance, le tuteur occupe une place centrale, il en est le pivot. Le juge s'appuie sur l'absence ou la carence du tuteur pour apprécier le respect ou non par l'employeur de l'obligation de formation pratique. L'intérêt de cette jurisprudence est de façonner, au coup par coup, une conception "du travail formateur", au sein du travail productif et d'affirmer un droit à l'erreur et à l'expérimentation pour le salarié. Mais elle va plus loin encore par la manière de traiter le contentieux de la faute du salarié en formation. Ce que développe P. ETIENNOT, en analysant la jurisprudence des années 1990-1995. S'agit-il d'erreurs commises dans le travail, d'infractions aux règles de l'art concernant l'activité professionnelle ? Le comportement professionnel est apprécié avec indulgence par les juges. S'agit-t-il de faute disciplinaire ? La position des juges devient plus subtile. Rejoignant l'analyse précédente l'auteur explique que l'apprentissage d'un métier ne se résume pas à l'acquisition d'un savoir faire professionnel ; il inclut un apprentissage du comportement en milieu de travail, des règles de vie, l'intégration dans le milieu du travail, bref une socialisation. La discipline de l'activité professionnelle s'inscrit dans le processus de formation. A défaut, l'employeur est mal fondé à rompre le contrat. Est-ce à dire que cette logique soit à étendre à tout manquement à la discipline ? Nullement ; ce serait enfermer le salarié dans une sorte d'immunité, comme l'était autrefois l'employeur seul juge de la compétence professionnelle. Le raisonnement ne vaut que pour les fautes en lien direct avec l'exercice de l'activité professionnelle. L'application des règles de la discipline générale retrouve ses droits pour les manquements aux obligations contractuelles (suivi régulier de la formation, absences non justifiées, accumulation des retards et négligences, insubordination).

### II - LE CONTENTIEUX DE L'OBLIGATION D'UNE FORMATION QUALIFIANTE

L'analyse de M. DEL SOL élargit l'analyse au contentieux de l'obligation de formation qualifiante inscrite dans les contrats de qualification. Explicitant un ensemble de décisions des années 1990 -1993, l'auteur dégage la sévérité des juges pour qu'une véritable obligation de dispenser une formation qualifiante soit mise à la charge de l'employeur. C'est la reconnaissance d'un droit à une formation qualifiante pour les jeunes concernés afin d'endiguer les abus engendrés par l'existence d'incitations financières et fiscales. Le non-respect de la finalité des contrats de qualification donne lieu à un contentieux aboutissant à une requalification du contrat d'alternance en un contrat de droit commun avec toutes les conséquences qui en découlent.

Toutes ces analyses gardent leur intérêt aujourd'hui, même si le cadre juridique de l'alternance vient de changer. D'une part elles clarifient le statut du salarié titulaire d'un contrat de formation en alternance : lié à une entreprise par rapport à laquelle il a des obligations, dont celle de se former, il est indissociablement une personne qu'il apprend, et qui a droit à l'erreur, aux tâtonnements, à une forme provisoire d'insuffisance professionnelle. Complémentairement elles attirent l'attention sur la problématique de la responsabilité de l'employeur. Certes il est juge de l'aptitude du salarié à acquérir une compétence professionnelle, mais surtout responsable de l'organisation, de la réalisation du suivi de la formation du salarié, en lien avec la qualification recherchée. Enfin elles donnent les contours d'une définition du travail formateur.

## LA JURIDICISATION DE L ' ALTERNANCE

Par "juridicisation" on entend la montée à la vie juridique de l'alternance, son institutionnalisation, et ses utilisations pratiques dans le cadre de dispositifs.

On regroupe sur cet axe, trois études, l'une émanant d'un conseiller à la chambre sociale de la Cour de cassation, les deux autres d'un chef de service de contrôle de la formation, et d'un directeur départemental de l'emploi. Elles se situent dans la décennie 1982-1993 : BOUBLI B. (1982), THERY M. (1992), LENOIR C. (1993).

## I - INSTITUTIONNALISATION DE L'ALTERNANCE

La démarche de B. BOUBLI est essentiellement synchronique : elle saisit l'état du droit à un moment donné, la loi de 1980, centrée sur l'alternance et son institutionnalisation. Cette loi distinguait en son temps trois formules : le contrat d'apprentissage, le contrat emploi- formation qui lui est antérieur, et le contrat de formation alternée. Le contenu de ces formules que l'auteur soumet à une analyse purement technique, est devenu partiellement caduc aujourd'hui puisque les cadres juridiques ont changé. L'analyse garde un intérêt sur le plan historique, mais aussi méthodologique. En effet elle met en oeuvre une grille d'analyse clairement formalisée, et certainement transposable sur le dispositif actuel dit "contrat de professionnalisation". Cette grille prend en compte le droit dans sa positivité et sa technicité. Elle est construite sur la logique du système et de l'acteur :

- Le régime juridique du contrat comportant une formation en alternance : conclusion du contrat, objet du contrat ;
- le statut primaire du salarié en formation : les droit individuels du salarié en formation, les droits collectifs du salarié en formation.

## II - APPROCHE DIACHRONIQUE DE L'ALTERNANCE. SES UTILISATIONS

L'objet de la seconde étude est centré sur les formations professionnelles en alternance, considérées à la fois dans leur émergence historique et juridique, comme composantes d'une problématique d'insertion sociale et professionnelle, et d'une diversification juridique des formes de mises au travail. Contrairement à la précédente, la démarche est diachronique. Quelles sont les modalités de consécration juridique de l'alternance ? Au-delà des formules juridiques, quels sont les enjeux des situations d'alternance qui sont à la périphérie des contrats de travail de droit commun et à mi chemin entre formation et emploi ? Quelles sont les répercussions de la mise en place de ces dispositifs d'insertion au regard contrat de travail et de l'accès à l'emploi ?

La démarche de l'auteur repose sur une analyse d'une douzaine de textes juridiques qui s'échelonnent de 1971 à 1984. Elle mobilise des travaux juridiques consacrés à la problématique de la diversification des contrats de travail, aux nouvelles formes d'emploi, aux politiques de mises au travail. L'originalité consiste à confronter l'approche juridique aux apports de la sociologie et de la socio pédagogie en matière de formation des adultes et d'alternance.

Après avoir construit ses repères de départ, définition de l'alternance, prise en compte des typologies déjà construites dans ce domaine notamment par

G. Malglaive, l'auteur développe son investigation selon ses axes de questionnement. Une synthèse plus construite aurait rendus plus lisibles les principaux résultats. Néanmoins on peut dégager trois points saillants.

- La consécration juridique de l'alternance est relativement récente dans la mesure où l'on ne considère que les textes où figure expressément le terme "alternance". Elle est faite par la loi du 12 juillet 1980 relative aux formations professionnelles alternées organisées en concertation avec les milieux professionnels et dont J-M. Luttringer a fait en son temps une analyse (1981). Le premier intérêt de la loi de 1980 est d'en donner une définition. *"Les formations professionnelles alternées associent selon une progressions méthodique et une pédagogie particulière des enseignements généraux et technologiques... et des connaissances et des savoir-faire acquis par l'exercice d'une activité sur les lieux de travail"*. Mais le point le plus intéressant que dégage l'auteur est l'émergence de deux conceptions différentes de l'alternance. La première est dominée par le rôle central de l'entreprise. Celle-ci est au centre du dispositif ; non seulement elle est support logistique, mais lieu de formation à part entière. Elle peut dispenser à la fois les enseignements généraux et technologiques dans la mesure où elle a mis en place un service formation ou qu'un responsable formation existe. Les stages sont sous la responsabilité de l'entreprise, et se déroulent presque totalement dans cette dernière. La formation est réduite au minimum. Le rôle de l'organisme de formation externe apparaît ainsi secondaire. Cette configuration est lisible dans le contrat emploi formation, dès 1975, dans les pactes nationaux pour l'emploi des jeunes mis en place en 1977 ; et c'est elle que l'on retrouve ans la loi 12 juillet 1980. On la repère également dans la loi du 24 février 1984 reprise de l'accord national du 26 octobre 1983. Celui-ci proposait- trois formules d'insertion : le "stage d'initiation à la vie professionnelle" (SIVP) devenu contrat d'orientation, le contrat de qualification et d'adaptation. Cette conception favorise donc l'entreprise. Ce modèle est remis en cause, par l'ordonnance du 26 mars 1982 relatives aux jeunes de seize à dix huit ans, et à leur insertion sociale. A la suite du rapport Schwarz qui inspire ces mesures, le rôle central sera restitué à l'organisme de formation responsable du projet pédagogique. De ce fait le passage en entreprise occupe une place seconde. La responsabilité du processus de formation n'était plus partagée entre un organisme de formation et l'entreprise d'accueil, elle était dorénavant donnée à l'organisme de formation lui-même, sous le contrôle de l'Etat puisque la convention de formation alternée était signée entre ces deux parties. Les stages de formations alternés mis en place par la suite, ont été les héritiers de ce nouveau modèle, alors que les formations alternées sous forme de contrat de travail continuent à se recommander du premier modèle.

– Ces diverses formules d'alternance créent des situations juridiques à la périphérie des contrats de travail et du droit commun. Elles s'inscrivent dans une double problématique. D'un côté elles sont un élément central de la flexibilité revendiqué par le patronat : horaires réduits ou flexibles, salaires inférieurs, coût d'embauche réduit ; elles confortent en les institutionnalisant les pratiques discriminatoires des entreprises en matière d'embauche, conduisant à utiliser les jeunes comme un instrument de flexibilité, celle-ci constituant l'enjeu principal. D'un autre côté elles peuvent être considérées comme un moyen d'insertion de catégories en difficultés ; outil de traitement social du chômage, elles permettent de soustraire du marché du travail de la main d'œuvre susceptible d'être marginalisée. Vu de ce côté, l'enjeu principal est l'organisation de véritables parcours d'insertion, sur la base d'étapes interdépendantes et d'un suivi individualisé.

Enfin cette diversification des situations juridiques a ses effets sur le contrat et le droit du travail : un effet d'éclatement et de dualisation. L'élargissement de la palette des emplois atypiques tourne le dos à l'objectif de réunification juridique du salariat. Il contribue à un droit du travail du deuxième type prospère à l'ombre de l'ancien centré sur le contrat à durée indéterminée, modèle de référence. Ce sont les cadres juridiques de l'emploi plural et le statut de la transition qui se met en place. Se pose alors le problème de la cohérence de ces nouveaux cadres juridiques mais surtout de leur efficacité d'ensemble. La juridicisation des formations en alternance portent ses contradictions ; elle tout autant facteur d'insertion que d'exclusion. En effet, estime l'auteur, elle produit des effets propres. *"Le premier a été de renforcer les inégalités sociales entre jeunes : les plus qualifiés ont pu entrer dans les dispositifs mis en place, alors que les plus marginalisés n'y ont eu que peu ou pas accès. Le résultat a donc été de renforcer l'exclusion de ceux que l'on voulait prioritairement aider à s'intégrer".*

Cette étude pose au moins une question non abordée par l'auteur : derrière les deux modèles d'alternance qui ont été repérés, quel est l'enjeu juridique majeur ? Pour nous, le problème majeur est celui de la combinaison entre le régime juridique d'un travail fondé sur le contrat de travail et le régime juridique de la formation lorsque celui-ci puise sa substance dans l'exercice d'une activité sur les lieux de travail. Il reste que l'intérêt principal de cette étude, est la méthode utilisée et la conception du droit sous-jacente. Celle-ci consiste dans une mise à distance d'une approche purement positiviste, et une ouverture sur une analyse de type dialectique, qui au-delà du droit institué, questionne tout le processus juridique dans ces différentes phases : les conditions d'émergence du fait juridique en formation, son institutionnalisation à un moment donné dans des constructions datées, et sa mise en œuvre, ou son utilisation dans les pratiques sociales où s'affirment, les contradictions liées à des enjeux différents selon la position des acteurs concernés. Quels sont ces enjeux ? Une étude plus récente centrée sur le contenu de la loi quinquennale relative au travail, à l'emploi et à la formation professionnelle, distingue 3 types d'enjeux inscrits dans l'alternance : des enjeux de société (moyen de lutte contre les inégalités et l'exclusion, mais aussi la reconnaissance du travail productif comme lieu de formation), des enjeux financiers, des enjeux pédagogiques (J-M. LUTTRINGER 1994).

En se situant tour ou tour au plan historique, juridique, et empirique, l'étude de LENOIR rejoint la précédente dans son orientation globale. Si les deux auteurs repèrent au sein de l'évolution du droit, deux modèles d'alternance, ils divergent sur l'analyse de la loi du 24 février 1984. Pour le premier, ce texte véhicule un modèle d'alternance centrée sur l'entreprise, pour le second, il s'agit au contraire, d'une reprise du paradigme au sein duquel l'acteur dominant est l'organisme de formation. L'auteur s'appuie sur le rôle confié à celui-ci, à travers le texte, et le traitement de l'entreprise qui est "associée", et donc titulaire d'un rôle complémentaire sous tutelle des offreurs de formation. Mais ce débat serait dépourvu d'intérêt si, de façon dialectique, C. Lenoir ne cherchait pas à dépasser l'opposition des deux termes "entreprise" et "organismes de formation" dans la construction d'un troisième pôle. Il le fait en avançant le concept, fortement mobilisé aujourd'hui de partenariat. Selon lui cette thématique fait jour à partir de 1992. On entend par "partenariat" *"un centre de gravité bien réparti, en coresponsabilité entre les entreprises, l'offre de formation et les institutions concernées"* ; il s'agit d'un partage des responsabilités non selon une logique hégémonique mais en complémentarité dans un projet commun. Un partenariat pour quoi faire, dans le champ de l'alternance ? Pour la construction d'une "ingénierie" de l'alternance, répond l'auteur. Une ingénierie en amont, pour *"aboutir au patient regroupement de divers intérêts dont justement la satisfaction n'a pu être acquise isolément"*, et la construction d'un projet commun ; une ingénierie en aval pour s'assurer de la régulation en continu de la conduite du projet. Un partenariat comment ? L'auteur introduit ici la nécessaire fonction de coordination. *"Entre la variété des acteurs du système de l'alternance, les échanges sont fréquents, exigeants et multidimensionnels ; ils ne peuvent bien fonctionner que par une fonction organisée de coordination, reposant explicitement sur une personne connue de tous. Le coordonnateur met en œuvre dans sa durée et ses étapes successives le projet commun et gère l'alternance au quotidien dans cette fameuse relation triangulaire : apprenants/entreprises/prestataires de formation"*. De cette manière là cette étude enrichit la précédente. Son intérêt réside dans son actualité : la thématique du partenariat, du projet et de l'ingénierie constitue aujourd'hui, comme hier, une question vive dans le champ de l'alternance. La pièce manquante, dans l'approche de Lenoir, est peut être la place et le rôle du principal intéressé de l'alternance, le sujet apprenant et son projet personnel. Par ailleurs, on regrette que l'auteur ne cherche pas davantage les ancrages juridiques du "partenariat", une notion très peu étudiée par les juristes. Néanmoins, pour des éléments socio juridiques liés au champ de la formation, on pourra se reporter au rapport de G. LINDEPERG, *Rapport au premier ministre. Les acteurs de la formation professionnelle. Pour une nouvelle donne* (Septembre 1999).

De ces deux études consacrées à l'évolution juridique de l'alternance, on peut rapprocher l'analyse introductive de J-M. LUTTRINGER envisageant l'alternance "aux frontières de la production et de la formation" (1982).

## L'ALTERNANCE DANS LE NOUVEAU DROIT DE LA FORMATION

Cette question a fait l'objet d'une étude de J-P. WILLEMS (2004).

Quels sont les enjeux liés à l'émergence du concept de "professionnalisation" substitué à celui de formation en alternance ? N'est-ce pas la voie ouverte au développement d'un droit de la compétence professionnelle, et la fin du droit de la formation vieux de 30 ans ? A la lumière de ces interrogations incisives l'auteur entreprend une relecture du nouveau "contrat de professionnalisation" sur la base de l'ANI du 20 septembre 2003.

- Selon l'auteur, ce contrat se propose de passer d'une "alternance juxtaposée" à une "alternance intégrée". Dans la logique de l'ancienne alternance la formation est première, même si elle est articulée à des activités professionnelles. La logique de la formation s'impose à celle du travail. Cela est lisible dans le régime juridique qui impose la signature d'une convention avec un organisme de formation, le contrôle de celui-ci sur l'entreprise. Cette même logique est repérable dans la jurisprudence qui considère la formation comme un élément essentiel du contrat : la qualification est le produit de la formation dont le contrat permet le suivi. Il en résulte un modèle d'alternance juxtaposée qui associe formation et emploi sans les faire concourir à un objectif commun ; l'activité est un complément et non un moyen autonome d'acquisition des compétences. C'est avec ce principe de qualification exclusive par la formation que rompt le nouveau contrat de professionnalisation.
- Au contraire le contrat de professionnalisation propose une alternance intégrée. L'objet du contrat n'est plus la formation, mais la "professionnalisation" ou la qualification que l'on peut construire par deux chemins, deux moyens considérés comme équivalents : la formation et le travail source d'acquisition des compétences.
- L'auteur rappelle les critiques dirigées contre ce nouveau contrat : diminution du volume minimum de formation, risques d'assujettissement de la formation à la production au détriment d'une formation générale, de l'ouverture à la culture (*Le monde diplomatique*, avril 2004). Certain ont vu la fin de l'alternance et

l'émergence d'un contrat d'ajustement de la main d'œuvre à des postes de travail. La source de ces critiques selon l'auteur repose sur un postulat ancien : celui de l'inégalité fondamentale entre "formation" et "travail". Le premier pôle serait synonyme de savoirs, développement, épanouissement, le second renverrait à une forme d'utilitarisme étroit, ou d'épuisement. C'est une vieille querelle entre deux systèmes qui tendent à se nier, chacun trouvant avantage à dénier toute légitimité à l'autre.

- La qualification se construit par l'emploi et la formation. Le contenu des emplois devient primordiale et objet de négociation. En réhabilitant "le travail formateur" derrière le concept de "professionnalisation" les partenaires sociaux, selon l'auteur, auraient fait basculer le droit de la formation vers un droit plus large, le droit de la compétence.
- Il y aurait donc passage du droit de la formation au droit de la compétence pour lequel l'auteur relève quelques indicateurs : le bilan, la réglementation du recrutement et de l'évaluation, la jurisprudence sur l'obligation d'adaptation, et la VAE, élément décisif. A compter de cette date, la compétence constitue le pivot de nos systèmes d'éducation, de formation, d'emploi et de gestion des ressources humaines. Quel est l'objet du droit de la compétence ? Déterminer les responsabilités respectives de l'entreprise et du salarié en matière de compétences utilisables par l'entreprise, de maintien du niveau de compétences, d'appréciation des compétences et de leur reconnaissance.

Quels en sont les principes ? Il y en a trois (élaborés en dehors de la sphère du droit). - La compétence est toujours contextualisée. Elle dépend de la qualification reconnue au salarié, et du cadre institutionnel. La performance, indicateur de la compétence, dépend des moyens fournis, et de la conjoncture économique. Il sera toujours nécessaire d'établir que l'insuffisance est imputable au salarié, pour justifier un licenciement. - La compétence est évaluable à tout moment par l'employeur en respectant transparence, pertinence et non discrimination. La jurisprudence va dans ce sens... - L'entreprise a une responsabilité première dans le maintien des compétences des salariés : toute la jurisprudence sur l'obligation d'adaptation va dans ce sens.

Comment articuler désormais logique de compétence et professionnalisation ?

La compétence consiste à tirer profit de s es expériences, à se les approprier, à en tirer des manières d'agir réutilisables dans des contextes différents. La notion de compétence, exclut l'assujettissement au travail, mais domination par prise de recul, et mise en question. La logique des compétences engage une nouvelle manière de redéfinir les emplois et donc les classifications et les qualifications professionnelles. Il s'agit de partir non des tâches, non des activités mais des divers savoirs requis. Si on définit la qualification par la compétence, celle-ci devient l'objet même du contrat. Voilà le point de jonction la jonction entre professionnalisation et compétence.

En conclusion : le contrat de professionnalisation serait une rupture au regard de l'évolution du droit depuis trente ans. Il faut désormais le lire à travers des grilles nouvelles. Il invite à reconsidérer nos pratiques de construction de la compétence, à poser la question politique du contenu des emplois au non d'une véritable alternance. Il trace la voie à une redéfinition de l'objet du contrat de travail à partir de la notion de compétence.

De notre point de vue, nous posons une seule question.

L'emploi juridique du terme compétences, rarement défini, la valorisation de l'activité professionnelle comme voie d'acquisition des savoirs, la validation des acquis de l'expérience, le recours à des principes doctrinaux bien connus mais élaborés non dans la sphère juridique, mais dans celle de la gestion des ressources humaines, le nouvel équilibrage introduit dans le contrat de professionnalisation, au profit de l'entreprise, et du travail formateur, tous ces éléments, additionnés les uns aux autres permettent-ils de parler de rupture au sein de l'évolution du droit de la formation ?

## BIBLIOGRAPHIE


BOUBLI (B.), 1982, Les contrats permettant une formation en alternance. Analyse comparative. *Droit social*, n° 2, Février, p. 141-154.

DEL SOL (M.), 1994, Le droit des salariés à une formation professionnelle qualifiante : des aspects juridiques classiques, des interrogations renouvelées. *Droit social*, n°4, avril, p. 412-421.

ENCLOS (P.), 1990, Le contentieux de l'insuffisance professionnelle dans les contrats de formation en alternance. *Droit social*, n° 12, décembre, p. 896-903.

ETIENNOT (P.), 1998, Formation professionnelle et contrat de travail, *Droit social*, n° 2, février, p. 149-158.

LENOIR (C.), 1993, A propos des formations par l'alternance. *Droit social*, n° 5, mai, p. 411-428.

LUTTRINGER (J-M.), 1994, La formation professionnelle : nouveaux chantiers. *Droit social*, n° 2 février, p. 192-199.

LUTTRINGER (J-M.), 1994, "L'entreprise formatrice" sous le regard des juges. *Droit social*, n° 3, p. 283-290.

LUTTRINGER (J-M.), 1982, Aux frontières de la production et de la formation. *Droit social*, n° 2, février, introduction, p. 96-100.

LUTTRINGER (J-M.), 1981, La formation professionnelle continue, l'insertion professionnelle des jeunes, l'information et l'orientation professionnelle.

*Droit social*, n° 5, mai, p. 425-433.
THERY (M.), 1992, Les formations professionnelles en alternance. *Droit social*, n° 4, avril, p. 391-398.
WILLEMS (J-P.), 2004, De la professionnalisation au droit de la compétence. *Droit social*, n° 5, mai, p. 509-514.

# CHAPITRE XI :
# PROFESSIONNALISATION DES SALARIES

Le dispositif appelé "périodes de professionnalisation" est une création nouvelle, issue de l'ANI et de la loi. Une des caractéristiques du dispositif est son extrême souplesse. Comme pour le DIF, ou le contrat de professionnalisation, la loi pose le socle de base, à charge pour les partenaires sociaux de réguler la mise en œuvre au niveau de chaque branche. Cette plasticité concerne, certes, le contenu des formations, leur durée, les modalités de réalisation, mais surtout les articulations envisageables de ce dispositif avec les autres mesures existantes : les synergies sont multiples, soit avec le DIF, soit avec le bilan de compétences, la VAE ou avec le plan de formation. C'est la "personnalisation du parcours" en vue d'un maintien dans l'emploi par le renforcement de la qualification qui constitue la philosophie générale de ce dispositif dont l'ambition a suscité des premiers élans d'enthousiasme[484].

## LE SAVOIR JURIDIQUE DE BASE

Les dispositions concernant cette nouvelle voie d'accès à la formation ont une double origine : la loi du 4 mai 2004 reprise de l'ANI, le dispositif réglementaire (décret du 15-09-04), et les accords professionnels d'application négociés au niveau de chaque branche[485]. La question des objectifs visés et du public concerné sera l'objet d'une première analyse (I). Sur ce fondement, on établira les modalités de mise en œuvre du dispositif (II).

### I - QUELS OBJECTIFS POUR QUELS SALARIES ?

### 1 - Les bénéficiaires

D'après la loi (Art. L.982-1 du Code du travail), la période de professionnalisation est ouverte :

- aux salariés dont la qualification est insuffisante au regard des évolutions de l'environnement de travail,
- aux salariés qui, après 20 ans d'activités, ou âgés d'au moins 45 ans et disposant d'une ancienneté minimale d'un an dans l'entreprise, veulent consolider la seconde partie de leur vie professionnelle,
- aux salariés qui envisagent la création ou reprise d'une entreprise,

---

484 V. Leblanc, Périodes de professionnalisation : du temps pour accompagner les salariés vers un nouveau métier, *Inffo Flash*, n° 636, 1er au 15 mai 2004, p. 19.

485 Art. L.982-1 à L.982-4 ; art. D.981-8 suiv. du Code du travail. Au cours de ce chapitre on continuera de faire référence au "corpus" d'accords de branches utilisé dans le chapitre VIII consacré au DIF, et dans le chapitre X concernant le contrat de professionnalisation.

- aux femmes qui reprennent leur activité professionnelle après un congé de maternité et à ceux qui sortent d'un congé parental d'éducation (hommes ou femmes),
- aux bénéficiaires de l'obligation d'emploi prévue par l'article L.323-3 du Code du travail[486].

Les accords de branche reproduisent cet énoncé en apportant parfois des compléments. L'accord Axa apporte une note d'originalité en mentionnant les salariés dont la situation professionnelle relève de situations définies comme prioritaires : par exemple, salariés évoluant vers un autre métier, vers un rôle d'encadrement, vers les fonctions de formateur ou de tutorat[487]. Il est rare que les critères de choix de publics bénéficiaires fassent référence aux inégalités existantes. Parfois les salariés ayant les premiers niveaux de qualification quel que soit leur âge sont désignés comme publics prioritaires[488], ou encore les salariés qui n'auraient pas bénéficié du plan de formation au cours des 4 dernières années[489]. De façon plus pragmatique, un accord fixe en outre deux conditions pour accéder aux "périodes de professionnalisation" et qui concernent l'ensemble des bénéficiaires : justifier d'une ancienneté dans l'entreprise au moins égale à 12 mois ; ne pas avoir bénéficié de la professionnalisation depuis moins au de 2 ans[490].

## 2 - Les objectifs

La période de professionnalisation poursuit deux objectifs : - l'acquisition d'un diplôme, d'un titre à finalité professionnelle, d'une qualification qui soit enregistrée dans le Répertoire national des certifications, ou qui soit reconnue dans les classification d'une convention collective, ou qui soit mentionnée sur une liste établie par la commission nationale de l'emploi d'une branche professionnelle (CPNE)[491] ; - la participation à une action de formation dont l'objectif de professionnalisation est défini par la CPNE de la branche dont relève l'entreprise. On constate que les orientations sont très larges, mais c'est toujours le maintien dans l'emploi par une qualification professionnelle à acquérir ou à renforcer qui reste le pôle de référence. Il revient du reste aux partenaires sociaux de traiter cette problématique de la qualification au niveau de chaque branche par la définition de priorités articulées aux évolutions prévisibles des emplois.

Les accords de branche reprennent cette même logique : il s'agit de maintenir les salariés en activité, grâce à l'acquisition d'une nouvelle qualification reconnue, ou grâce à l'élargissement des compétences autour de la

---

486 Il s'agit des handicapés, veuves de guerre non remariées, victimes d'accidents de travail ou de maladies professionnelles.

487 Art. 4.3. de l'accord Axa.

488 Art. 4.2. de l'accord BTP.

489 Art. 3.2.1 de l'accord Négoce de matériaux de construction.

490 Art. 4 de l'Accord Carrières et Matériaux de construction.

491 Art. L.982-2 du Code du travail.

qualification de base dans un contexte en évolution[492]. Ce développement de la qualification est parfois justifié par la mobilité nécessaire d'un métier ou d'une fonction à une autre. Sont concernés, par exemple, les *"salariés évoluant d'une famille de métiers dite fonctionnelle" vers une famille de métiers "opérationnelle", ou les salariés "appelés à évoluer vers des fonctions de formateur ou faisant appel à la transmission d'expérience (tutorat)", salariés "en évolution vers un rôle d'encadrement"*[493]. Rares sont les dispositions qui s'écartent de cet objectif fédérateur. La période de professionnalisation est parfois orientée vers une problématique "d'adaptation" des salariés aux évolutions des emplois[494] ou aux évolutions des métiers, à l'évolution des technologies et aux mutations d'activité[495]. Cette modalité d'application pose un problème : celui du statut du temps de formation : va-t-il s'inscrire dans le temps de travail, ou est-il reporté sur le "hors temps de travail" du salarié ? L'accord BTP rappelle que *"les actions de formation ayant pour objet d'adapter le salarié à son poste de travail sont réalisées pendant le temps de travail"*[496]. C'est la reprise même de la disposition légale concernant le problème de l'adaptation des compétences des salariés[497].

## II - LA MISE EN ŒUVRE DES PERIODES DE PROFESSIONNALISATION

Les principales questions sont les suivantes : quelles sont les actions de formation retenues comme prioritaires dans chaque branche ? Quelles sont les modalités de déroulement de l'action et le statut du salarié ? Quelles sont les orientations pédagogiques ? Quelles sont les modalités de financement ? Quelles sont les articulations possibles avec les autres dispositifs ?

Pour répondre à ces questions il est nécessaire d'interroger d'abord le droit étatique[498] (loi et règlements) et, complémentairement, le droit conventionnel issu des accords de branche.

---

492 Art. 12 de l'accord Métallurgie, art. 14-14 de l'accord Chimie, art. 9 de l'accord Textiles, art. 4.3 de l'accord BTP, art. 4. Accord Télécommunications, art. 5 de l'accord Propreté, art. 4.2 de l'accord Carrières et Matériaux, art. 3.2.2 de l'accord Négoce de matériaux de construction, art.12.3.2.2 de l'accord Commerce de détail et de gros en produits alimentaires, art. 1.3.-2 de l'accord Assurances, art. 4.3 de l'accord Axa, art. 11.1.de l'accord industries pharmaceutiques.

493 Art. 4.3. de l'accord Axa.

494 Art. 4.3. de l'accord BTP.

495 Art. 4.2. de l'accord Carrières et Matériaux de construction.

496 Art. 4.3.

497 Voir supra chapitre IV.

498 Art. L.982-1 à L.982-4 du Code du travail.

## 1 - Les actions prioritaires

Le législateur laisse aux partenaires sociaux la responsabilité de définir les priorités en matière de formation, au niveau de chaque branche. C'est l'objet de la négociation triennale obligatoire. Il est normal qu'ils interviennent spécifiquement pour définir les actions prioritaires et éligibles au titre de la professionnalisation. Les employeurs ont besoin de ce repère pour orienter leur politique, tout comme les salariés pour définir leur projet. On a vu que les objectifs de la professionnalisation ont un ancrage fort dans le développement de la qualification professionnelle du salarié. Dans cette logique, les accords définissent habituellement leurs priorités en faisant une référence forte, mais non exclusive, aux qualifications, diplômes et certifications figurant dans la liste établie par chaque commission nationale pour l'emploi et la formation. Tantôt c'est l'ensemble des qualifications ou diplômes ou certifications qui est visé, sans distinction[499], tantôt c'est un type de qualification, de diplôme ou de certification particulière qui est privilégié de façon volontariste[500]. Un accord s'écarte de ce cadre diplômant ou qualifiant des formations pour privilégier la construction ou le renforcement des savoirs et compétences de base, point d'appui de toute évolution vers une qualification professionnelle. Ce dispositif, contrairement aux précédents, définit un double niveau de priorités en prenant comme critère les inégalités d'accès à la formation : un public prioritaire pour lequel on détermine des actions prioritaires. En voici l'illustration :

*"Afin de réduire les inégalités d'accès à la formation et à la qualification, les partenaires sociaux désignent comme publics prioritaires majeurs de la branche : les agents de service, les femmes et les jeunes, et cela quelle que soit la taille de l'entreprise"*[501]. Pour ces publics prioritaires, les priorités sont les objectifs suivants : *"Faciliter l'accès de ces salariés à la formation professionnelle continue en développant la démarche d'alphabétisation, la lutte contre l'illettrisme, l'initiation et le perfectionnement à la langue française structurée par la branche, pour les entreprises de toute taille... Faciliter l'accès à certains niveaux de qualification notamment par l'acquisition de certificats de qualification professionnelle construits par la branche"*[502].

---

499 Art. 14-3 de l'accord Chimie, art. 4 de l'accord Télécommunications.

500 Art. 14-3 de l'accord Télécommunications. Sont prioritaires *"les périodes de professionnalisation visant à l'acquisition d'un titre professionnel dans les domaines réseaux ou informatiques ou de services clients"*. Voir également art. 13.2.3 de l'accord Assurances. Sont retenues comme actions prioritaires les *"actions permettant l'acquisition de qualifications dans le domaine des techniques d'assurances ou de la relation-client, à des salariés occupant des fonctions de gestion spécifiques du secteur..."*.

501 Art. 2 de l'accord Propreté et Services associés.

502 Art. 3. Il est précisé que les niveaux de priorités définis pour les agents de service, mais aussi pour l'encadrement intermédiaire et les autres salariés valent pour la mise en œuvre des différents dispositifs : non seulement la période de professionnalisation mais aussi le plan de formation et le Droit individuel à la formation.

## 2 - Déroulement de l'action et statut du salarié

Les actions de professionnalisation sont mises en œuvre pendant le temps de travail. Dans ce cas la rémunération du salarié est maintenue.

Elles peuvent également se dérouler en tout ou en partie hors temps de travail selon deux modalités : soit à l'initiative du salarié, en application du droit individuel à la formation (DIF), soit à l'initiative de l'employeur dans le cadre de l'exécution du plan de formation, après accord écrit du salarié. L'employeur ne peut donc imposer au salarié une action de professionnalisation hors temps de travail. C'est la même position juridique que pour les actions liées au développement des compétences (actions de type 3 du plan de formation)[503].

Si elles se déroulent hors temps de travail à l'initiative de l'employeur, l'accord écrit du salarié est nécessaire également.

Dans les deux cas, l'employeur a l'obligation de définir, avec le salarié, avant son départ en formation, la nature des engagements auxquels il souscrit si l'intéressé suit avec assiduité la formation et satisfait aux évaluations prévues. Le contenu des engagements n'est pas précisé par la loi. Ceux-ci pourraient être, par exemple, une augmentation de salaire, l'attribution d'une prime ou une promotion. La mise par écrit de ces engagements est nécessaire pour la sécurisation de l'exécution du contrat.

Rappelons que le dispositif concernant les actions de développement des compétences limite à 80 le volume d'heures de formation réalisables hors temps de travail par salarié et par année civile. Qu'en est-il ici ? Les dispositions sont plus larges. En effet elles permettent de cumuler sur une année les heures acquises par le salarié au titre du DIF (20 h par avec un plafond de 120 heures) et le volume de 80 heures mentionné plus haut. Autrement dit, chaque année un salarié pourrait suivre une action de professionnalisation hors temps de travail d'une durée de 100 heures, sous réserve du respect du seuil du nombre de salariés simultanément absents pour cause de "professionnalisation"[504] et de la prise en charge financière par l'OPCA.

La mise en œuvre de ces dispositions originales est encadrée juridiquement de deux manières. D'une part elle contractualisée, et nécessite donc un accord écrit entre le salarié et l'employeur. D'autre part, comme dans le cas des actions de développement des compétences, le contenu des engagements de l'employeur consécutifs à la formation suivie est précisé :

*"Ces engagements portent sur les conditions dans lesquelles le salarié accède en priorité dans un délai d'un an à l'issue de la formation aux fonctions disponibles correspondant aux connaissances ainsi acquises et sur l'attribution de la classification correspondant à l'emploi occupé"*[505].

---

503 Voir plus haut chapitre IV.

504 Voir plus bas.

505 Art. L.932-1 IV du Code du travail.

La formation hors du temps de travail donne lieu au versement d'une allocation de formation égale à 50 % du salaire nette de référence. Pendant la durée de ces formations, le salarié bénéficie de la protection légale en matière d'accidents de travail et des maladies professionnelles.

Un principe de plafonnement conduit à limiter à 2 % de l'effectif salarié de l'entreprise ou de l'établissement, le pourcentage de salariés simultanément absents au titre de la période de professionnalisation. Par ailleurs dans les entreprises de moins de 50 salariés, le bénéfice de la période de professionnalisation peut être différé lorsqu'il aboutit à l'absence simultanée d'au moins deux salariés.

### 3 - Les orientations pédagogiques

D'un point de vue pédagogique, les principes de base sont comparables à ceux régissant le contrat de professionnalisation : alternance de périodes de formation et de périodes en entreprise, personnalisation des parcours de formation, évaluation des connaissances, compétences et aptitudes professionnelles acquises, intervention d'un tuteur dans les mêmes conditions que pour le contrat de professionnalisation présenté dans le chapitre précédent.

La plupart des accords se limitent à reprendre les dispositions légales présentées plus haut. Certaines préoccupations originales interrogent l'offre de formation. Il est demandé aux OPCA *"d'intervenir sur l'offre de formation pour que celle-ci propose des modules cohérents, professionnels, relativement courts et construits dans une logique de capitalisation progressive"*[506]. Cette injonction qui s'inscrit visiblement dans une logique de "parcours" est au croisement d'un souci de réalisme et d'une recherche d'efficacité. Par ailleurs on insiste non seulement sur la modularisation mais également sur la différenciation des modes de travail pédagogique[507]. La durée de la formation est précisée en lien avec la question de la prise en charge financière. *"Durée minimum : 20 heures hors formations qualifiantes"*[508], *"70 heures minimum sur une période de 12 mois maximum"*[509], *"au moins 70 heures, au maximum 400 heures"*[510], ou *"500 heures"*[511], *"1800 heures maximum pour les formations diplômantes"*[512]. Il s'agit donc de fourchettes qui permettent à l'employeur de déterminer, au cas par cas, la durée effective de la formation.

---

506 Art. 4.1. de l'accord BTP.

507 La durée de la formation *"peut inclure plusieurs modules ou séquences successives de formation proprement dite, qu'elles soient suivies en présentiel ou à distance avec utilisation éventuelle des technologies de l'information et de la communication..."* art. 13 -2-3 de l'accord Assurances.

508 Art. 9 de l'accord Textiles.

509 Art. 4.3 de l'accord Carrières et matériaux de construction.

510 Art. 13.2.3 de l'accord Assurances.

511 Art. 14-4 de l'accord Chimie.

512 Art. 11-1 de l'accord des Industries pharmaceutiques.

## 4 - Le financement

Le régime de financement est le même que celui du contrat de professionnalisation.

Compte tenu de la suppression des contrats en alternance, les organismes collecteurs agréés au titre de l'alternance (OPCA) sont amenés à prendre en charge les actions d'évaluation, d'accompagnement et de formation engagée dans le cadre des périodes de professionnalisation. Le montant est fixé par un accord collectif, ou par défaut par les dispositions du décret du 15-09-04[513]. Les OPCA prennent également en charge les actions de formation des tuteurs. Le montant de la prise en charge est soumis à un plafond horaire et à une dure maximale[514]. Ils financent également les coûts liés à l'exercice de la fonction tutorale engagée par l'entreprise[515].

Pratiquement tous les accords analysés traitent la question de la prise en charge financière des actions de professionnalisation par les OPCA. Dans le prolongement du décret du qui fixe un plancher, ils établissent des forfaits modulés selon le type de formation et révisables périodiquement[516].

## 5 - Les articulations avec les autres dispositifs

L'apport le plus riche, et le plus original des accords de branche concerne les modalités d'articulation de la période de professionnalisation avec les autres dispositifs : évaluation individuelle, entretien professionnel, bilan de compétences, VAE, plan de formation et DIF.

L'accord des BTP est particulièrement explicite : *"Les parcours de formation doivent répondre aux besoins réels des bénéficiaires et être déterminés en tenant compte des conclusions, soit de l'entretien professionnel... soit d'une évaluation individuelle réalisée conjointement par le salarié et l'employeur, soit d'un bilan de compétences, soit d'une action de validation des*

---

513 Celui-ci prévoit une prise en charge sur la base de 9,15 euros, art. D.981-5.

514 Le décret du 15 septembre 2004 prévoit un plafond horaire de 15 EUR, et une durée maximale fixée à 40 heures. Art. D.981-9.

515 Dans la limite de 230 euros par mois et par bénéficiaire pour une durée maximale de 6 mois. Art. D.981-10.

516 Art. 13 de l'accord Métallurgie : formations diplômantes 300 à 500 euros ; évaluation : entre 200 et 400 euros ; autres formations : 32 euros de l'heure/stagiaire. - Art. 9 de l'accord Textile : 15 euros de l'heure /stagiaire.- Art 5 de l'accord Propreté : 10 à 30 euros heure/stagiaire. 300 euros/jour pour bilan de positionnement. - Annexe 1 de l'accord Négoce en matériaux : 16 euros heure/stagiaire. – Art. 12.5.5 de l'accord Commerce de détail et de gros en produits alimentaires : 9,15 euros heure/stagiaire pour les actions qualifiantes, 7 euros pour les autres actions – Art. 11.1 de l'accord des Industries pharmaceutiques : formation théorique : 9 euros heure/stagiaire, 17 euros formation pratique en ateliers.

*acquis de l'expérience"*[517]. La connexion de la VAE avec la professionnalisation se retrouve dans la majorité des accords analysés. Il est vrai, la voie était déjà tracée par l'ANI du 20 septembre 2003[518]. Ce qui est remarquable c'est la multiplicité des cas de figure. On en relève au moins quatre. Tantôt l'action de VAE est en amont de l'action de professionnalisation dont elle est le prélude au même titre que le bilan de compétences[519] ; Tantôt la VAE est le contenu possible de la période de professionnalisation[520] au même titre que le bilan de compétences[521] . Parfois, dans un même accord, la VAE peut être tout à la fois la préparation ou le contenu même de la professionnalisation[522]. Enfin, en sens inverse la professionnalisation peut être utilisée pour préparer une action de VAE[523]. Un accord encourage les entreprises à établir des synergies entre périodes de professionnalisation, plan de formation et DIF[524]. A travers ces propositions de synergies, c'est un objectif de "personnalisation des parcours" qui est recherché. Certains accords l'énoncent clairement[525]. On ne peut s'empêcher d'y lire également une rationalisation des coûts de formation de la part des entreprises. En faisant coïncider professionnalisation et VAE, professionnalisation plan de formation et DIF, l'entreprise fait des économies d'échelle, et réduit ses coûts de formation.

Comme pour le DIF, une des originalités de ce nouveau dispositif est sa souplesse d'utilisation en lien avec d'autres dispositifs de manière à garantir à la fois une personnalisation et une continuité des parcours professionnels pour un certain type de publics. A partir de là plusieurs scenarii sont envisageables : une utilisation ponctuelle, indépendante, autonome, pour consolider à un moment donné la qualification d'un salarié ; une utilisation stratégique ou articulée, d'un dispositif perçu comme une composante d'un carrefour où viennent converger pas moins de 6 voies d'accès à la formation : l'entretien professionnel, le bilan de compétences, la VAE, le plan de formation, le DIF et la professionnalisation. Il est possible que ce positionnement de la professionnalisation nuise finalement à sa lisibilité : à trop articuler, ou même à faire coïncider des éléments distincts à l'origine, on risque de diluer la spécificité de chaque élément.

La traduction de ce dispositif dans la réalité ne manquera pas de rencontrer des difficultés matérielles et financières que devront résoudre les

---

517 Art. 4.4. Voir aussi l'art. 13.2 de l'accord Assurances : "l'articulation de cette mesure avec les autres dispositifs destinés à promouvoir l'évolution professionnelle des salariés - plan de formation et DIF - est encouragée".

518 L'ANI (art. 11.1) prévoit la possibilité d'une action de VAE réalisée pendant le temps de travail préalablement à l'action de professionnalisation.

519 Art. 4.4. de l'accord BTP, art. 4 de l'Accord Télécommunications, art. 4.2 de l'accord Carrières et Matériaux, Art. 4.3 de l'accord Axa.

520 Art. 4.3 de l'accord BTP, Art. 13.2.3 de l'accord Assurances.

521 Art. 14.3 de l'accord Chimie.

522 Art. 4.3 et 4.4 de l'accord BTP.

523 Art. 14.3 de l'accord Chimie.

524 Art. 13-2 de l'accord Assurances.

525 Art 3.2.2 de l'accord Assurances, art. de l'accord Carrières et Matériaux, art. accord Métallurgie.

entreprises en concertation avec les représentants du personnel. Surtout elle soulèvera des questions stratégiques nouvelles. De façon générale, la diversité des types de salariés concernés exigera une mise en œuvre différenciée et adaptée à chaque situation, tenant compte des inégalités d'accès à la formation. De façon particulière, la désignation des "seniors" bénéficiaires du dispositif posera à l'employeur la question de la gestion des âges dans l'entreprise en articulation avec les besoins de compétences et la transmission intergénérationnelle des savoirs capitalisés. Du côté du salarié, la professionnalisation est une garantie, une sécurisation supplémentaire, certes. Mais la qualité de l'information sur le dispositif, l'orientation, le conseil, l'accompagnement va conditionner la fluidité de cette voie d'accès à la formation. L'élément déterminant sera la liaison faite, ou non, par les salariés entre les compétences acquises, l'accès à une professionnalisation, et leurs intérêts stratégiques dans l'entreprise : le maintien dans l'emploi mais aussi la compréhension de leur fonction et l'espérance d'une progression professionnelle et salariale, ou la perspective de réaliser un projet personnel, telle la création ou la reprise d'une entreprise. Autrement dit, c'est la question de la "traçabilité" de la formation comme action durable qui est posée. Elle concerne aussi bien l'employeur que le salarié.

**MOTS CLES : salariés, maintien dans l'emploi, qualification, professionnalisation, formation, hors temps de travail.**

## BIBLIOGRAPHIE


AESCHLIMANN (R-D.), 2004, La gestion des âges en entreprise, une urgence en attente. *Inffo flash*, n° 637, 16-31 mai, p. 5.

GAUTIER MOULIN (P.), 2004, Les entreprises prêtes à former les "seniors" mais réticentes à les recruter, *Inffo flash*, n° 634, 1er au 15 avril, p. 4.

INFFO FLASH, 2004, *Gestion des âges : le rôle de la formation*, n° 629, 15-31 janvier, p. VIII.

LEBLANC (V.), 2004, Périodes de professionnalisation : du temps pour accompagner les salariés vers un nouveau métier, supplément *Inffo flash,* n° 636, 1er au 15 mai.

MERLE (V.), 2004, Un accord historique ? *Droit social*, n° 5, mai, p. 455-463.

# SIXIEME PARTIE :
# LA GESTION JURIDIQUE ET LE CONTROLE ADMINISTRATIF DE LA FORMATION DES SALARIES

La formation des salariés et son financement par l'entreprise a ses règles juridiques de gestion et de contrôle administratif. La "gestion" s'entend ici comme l'organisation des relations d'échanges entre l'entreprise et l'organisme dispensateur de formation. L'enjeu est double : il s'agit de la transparence, de la clarté concernant les prestations attendues, leur contenu, leur mise en œuvre, et surtout leurs modalités de financement. De plus, ce qui est recherché, c'est la définition des droits et obligations contractuelles des deux acteurs en présence, et leur exécution loyale. L'outil juridique qui vient sécuriser ces relations d'échanges est la "convention de formation". Celle-ci est le contrat de base où se rencontrent une demande et une offre de formation (CHAPITRE XII).

Au-delà de l'autocontrôle par les lois du marché de la formation, le contrôle de la formation financée par les entreprises est une fonction large et partagée entre plusieurs acteurs. Les partenaires sociaux par la négociation d'accords de branche, par les instances paritaires telles que les commissions paritaires de l'emploi ou les instances de concertation, par la gestion et la mobilisation des fonds orientée vers des objectifs préalablement définis participent à l'exercice de cette fonction. Les représentants du personnel, au sein de l'entreprise, sont également partie prenante, puisqu'ils sont obligatoirement consultés sur le plan de formation, son exécution : ils peuvent faire des propositions. Les salariés eux-mêmes exercent une certaine forme de contrôle dans la mesure où ils s'expriment sur l'organisation et la "qualité" pédagogique des formations auxquelles ils participent. Enfin l'Etat intervient lui-même : il s'agit alors d'un contrôle strictement juridique et financier. C'est l'objet qui nous retient ici. Le dispositif de contrôle s'est mis en place à partir de la loi du 16 juillet 1971. A décret n° 71-979 du 10 décembre 1971 avait étendu aux organismes de l'origine les agents commissionnés par les préfets n'avaient, au sens de la loi, vocation qu'à exercer leur contrôle sur les employeurs redevables de l'obligation de participation à la formation, leur pouvoir d'investigation et de contrôle. La loi du 31 décembre 1975 donne une base légale à ces dispositions. Ce pouvoir s'est renforce par la suite, au cours des décennies. Désormais il s'étend aux entreprises, aux organismes de formation, mais également aux institutions paritaires de financement (FONGECIF ET OPCA)[526], et aux centres

[526] Se reporter au chapitre II.

de bilan de compétences[527]. L'analyse présente ne porte que sur le contrôle juridique et administratif de entreprises et de leur financement de la formation (CHAPITRE XIII).

---

[527] Se reporter au chapitre VI.

# CHAPITRE XII :
# LES CONVENTIONS DE FORMATION

D'un point de vue historique, la convention a été conçue initialement (loi du 3 décembre 1966) comme l'instrument permettant d'organiser les relations entre l'Etat et ses partenaires publics ou privés. Suite à la loi de 1971 la convention est devenue "le contrat fondamental où se rencontrent une offre de formation et une demande de formation dont l'Etat doit s'efforcer de contrôler l'adaptation aux besoins réels des travailleurs et de l'économie[528]. Il y a eu donc extension de l'usage et de la notion. La convention concerne désormais aussi bien les relations des Pouvoirs publics que celles des entreprises avec les organismes de formation. De 1971 à 1975, le développement des conventions a été considérable, puis s'est stabilisé. Aujourd'hui son usage est parfaitement intégré dans les politiques de formation des entreprises. Il ne sera question, ici, que des conventions concernant les entreprises. L'utilisation de cet outil est fait à la fois de contraintes, et de libertés de choix. Comment en tirer profit pour sécuriser les relations d'échanges dans le champ de la formation ?

## LE SAVOIR JURIDIQUE DE BASE

Le statut juridique du demandeur ou du financeur de formation vient déterminer le type de convention. La convention est de type public si le financeur est "public", l'Etat, les Régions ; dans ce cas les litiges sont portés devant le tribunal administratif. La convention est de type privé si le financeur est "privé", l'entreprise ou une institution financière privée (OPCA). Les tribunaux de l'ordre judiciaire (instance ou grande instance) sont alors compétents pour trancher les conflits éventuels[529]. En raisonnant par symétrie, peut-on dire qu'une convention signée par un Etablissement public de formation, quel que soit le financeur, est "publique" ? Certains auteurs l'ont soutenu. La convention conclue entre une entreprise privée et un établissement public d'enseignement agissant dans le cadre de la formation continue (Université, GRETA) aurait un caractère public[530]. Il reste que les juges exercent un contrôle rigoureux sur cette qualification. Une convention passée entre un chef d'entreprise et un Etablissement public en l'occurrence une chambre de commerce, n'est pas, ipso facto une convention publique : encore

---

528 M. RAYNAL, La convention de formation : conclusion et effets entre les parties. *Droit social*, n°2, février 1977.

529 Voir D. BROUSSOLE, La formation continue ne serait pas un service public. *Droit social*, n° 1, janvier 1987, p. 51-54. P. DELVOVE, Jurisprudence. Litige entre une entreprise privée et un établissement public d'enseignement. *AFP*, n° 39, 1979, p. 96-97.

530 P. DELVOVE, ID. ibid., J-M. LUTTRINGER, *Le droit de la formation continue*, Dalloz, 1986, p. 114.

faut-il que l'action de formation soit exécution de service public, et que la convention contienne des clauses exorbitantes du droit commun. Le litige né de son exécution relève de la compétence des tribunaux de l'ordre judiciaire. Ainsi en a décidé le Tribunal des Conflits[531]. Nous limitons notre objet aux conventions financées par les entreprises, ou par un organisme paritaire collecteur agréé[532].

La convention est conclue dans un climat de liberté contractuelle. Elle s'insère d'abord dans la théorie générale des obligations (droit civil). Ensuite, ayant pour objet la formation, elle soumises à quelques règles spécifiques (art. L.920-1 à L.920-11). Enfin destinée à produire un effet libératoire d'une obligation, d'une dette, elle doit être exécutée conformément aux règles concernant le financement de la formation par les entreprises (art. L.950-1).

Le régime juridique de la convention (I), sa conclusion (II), son exécution (III) sont les questions essentielles analysées ici.

## I - Le regime juridique de la convention de formation

Par "régime juridique" nous entendons le statut de la convention et ses différentes formes.

### 1 - Statut juridique

L'entreprise qui entend mettre en œuvre une action de formation au bénéfice de ses salariés pour, soit organiser une action avec ses propres moyens (formation interne), soit recourir au service d'un organisme de formation (formation externe). Dans ce cas, l'action donne lieu à une prestation de service. En contrepartie, l'entreprise verse à l'organisme une somme correspondant au prix de cette prestation. Pour que cette somme puisse être imputée par l'entreprise sur sa participation financière obligatoire, il faut que l'échange entre les deux acteurs fasse l'objet d'une "convention de formation". Il y a donc convention à partir du moment où la formation est organisée en dehors de l'entreprise.

La convention est un acte bilatéral entre deux cocontractants concernant l'achat-vente de formation. Il s'agit véritablement d'une forme de contrat entre un organisme de formation, quelle qu'en soit la forme juridique, et un financeur : les entreprises, les organismes paritaires agréés (OPCA). Il s'agit d'un contrat de droit privé ; il est générateur de deux obligations (la fourniture d'une prestation, et son paiement). Pour cette raison, il est dit "synallagmatique" par opposition à unilatéral. Les acteurs s'obligent contractuellement l'un envers l'autre. Ce contrat est à exécution successive, par opposition à une exécution instantanée : les deux parties sont tenues à des prestations continues, répétées à

---

531 Tribunal des Conflits, 20 janvier 1986. Buennec Jean. Source : *Droit social,* n° 1, janvier 1987, p. 54.

532 Source juridique : Code du travail, articles L.920-1 et suiv. Art. L.951-1 suiv. et R.950-1 suiv.

intervalles convenus. La convention, avec ses spécificités, occupe une place déterminante dans la mise en œuvre du droit de la formation Elle sécurise et matérialise les relations d'échange entre les partenaires, en formalisant le contenu de leurs droits et obligations réciproques. La prestation de service est de caractère pédagogique. Ceci permet de rapprocher la convention du contrat d'entreprise dont le domaine s'étend au travail intellectuel, à l'activité de conseil, d'information[533]. De plus elle constitue pour l'employeur l'instrument lui permettant de se libérer de son obligation de financement. En effet, le contrôle juridique et financier des pouvoirs publics sur l'entreprise appréhende la formation a posteriori, à travers des critères juridiques : la convention constitue la pièce justificative essentielle de l'exécution de l'obligation de l'employeur[534].

## 2 - Les différentes formes de convention

Est "bilatérale" la convention passée entre un dispensateur de formation et une entreprise. Est "multilatérale" la convention conclue entre un organisme de formation et un groupement professionnel d'entreprise pour l'ensemble des personnels des entreprises adhérentes[535].

La convention est annuelle lorsque sa durée d'exécution ne s'étend pas au-delà du 31 décembre de l'année au titre de laquelle elle a été conclue. Elle est pluriannuelle lorsque l'exécution s'échelonne sur plusieurs exercices, avec emploi de la participation financière de l'entreprise soit d'une année (cas 1) soit de plusieurs années (cas 2).

**Illustration**

| | CAS 1 | CAS 2 |
|---|---|---|
| Période de réalisation de la formation | 2005-2006-2007 | 2005-2006-2007 |
| Année(s) de participation concernées | 2005 | 2005-2006-2007 |

[533] M. RAYNAL, La convention de formation : conclusion et effets entre les parties. *Droit social*, n° 2, Février 1977, p. 56-72.

[534] Si l'employeur demande au préalable une étude spécifique et lie les résultats à une opération de formation, la prestation n'est pas un examen isolé des problèmes de l'entreprise. Elle se rattache à une formation véritable qui, dispensée, prolonge l'étude. Les dépenses de l'expertise ont alors un caractère libératoire. Il n'en serait pas de même s'il n'y avait aucun lien entre les opérations.

[535] Dans le contexte actuel le recours aux conventions multilatérales est de plus en plus rare. Pour plus de détails techniques sur ce type de convention on se reportera à : CENTRE INFFO, *Fiches pratiques de la formation continue*, édit. 2005, Fiche 22-14.

La convention est donc un outil souple, adaptable à la diversité des situations. Par cette souplesse, le législateur entend encadrer la liberté des partenaires tout en tenant compte des contextes politiques et institutionnels. De cette manière les partenaires ont la possibilité de choisir leur forme d'engagement. Dans la pratique actuelle, c'est la convention bilatérale annuelle qui est d'usage courant. Elle correspond à une politique de formation dont les prévisions privilégient tout à la fois la souplesse et le court terme. Le recours aux autres formes de conventions est plus rare.

## II - La conclusion de la convention

### 1 - Identité des acteurs

Qui peut être partie à la convention ?

La convention est conclue entre un demandeur, ou financeur, et un dispensateur de formation. L'article L.920-2 du code du travail donne une liste indicative des personnes pouvant intervenir à la convention en qualité de demandeur : *"Les entreprises, groupes d'entreprises, associations, établissements privés, organisations professionnelles, syndicales ou familiales, les collectivités locales, les établissements publics, notamment les chambres de commerce et d'industrie, les chambres des métiers et les chambres d'agriculture, ainsi que les établissements qui en dépendent..."*. La capacité s'apprécie selon les règles du droit commun des contrats. En ce qui concerne le dispensateur de formation il est nécessaire qu'il ait une personnalité juridique distincte de celle du demandeur. Non défini par les textes, le dispensateur recouvre aussi bien les personnes physiques dites "formateurs indépendants" que les personnes morales exerçant une activité de formation à titre principal ou accessoire, et quelle que soit leur forme juridique. Le champ est donc très ouvert. Toute personne physique ou morale peut être "dispensateur de formation" dès lors qu'elle a souscrit une "déclaration d'activité" transmise à l'administration (Préfet de Région) (art. L.920-4 code du travail)[536]. La capacité s'apprécie selon le droit commun des contrats.

La convention comme tout contrat, suppose l'accord des volontés des parties tendant au même but juridique. Elle implique donc deux manifestations

---

[536] La déclaration d'activité doit être adressée en 3 exemplaires par le prestataire de formation au préfet de Région pour enregistrement au plus tard dans les 3 mois qui suivent la conclusion de la première convention ou du premiers contrat de formation. La déclaration comprend les informations d'identification de la personne physique ou morale, ainsi que les éléments descriptifs de son activité. L'objectif est de permettre aux pouvoirs publics de mieux connaître l'activité des dispensateurs de formation (Loi de modernisation sociale du 17-01-02, art. 156 ; décret du 17-09-02. Art. L.920-4 code du travail). Remplie, la déclaration d'activité est accompagnée de 3 pièces : un exemplaire de la première convention ou contrat de formation, le certificat d'identification au Répertoire National des Entreprises (RNE) faisant apparaître le numéro SIRET et le code APE ; la liste des formateurs, leurs titres et qualité au moment de la déclaration. La déclaration d'activité a remplacé la "déclaration d'existence".

de volonté concordante. En pratique l'une des parties prend l'initiative et propose à l'autre de contracter. Cet autre déclare consentir et accepter.

### 2 - Les conditions de fond et de forme

Sur le fond, la convention doit correspondre à une "action de formation" telle que le droit la définit[537]. Cette action concerne des salariés et non des stagiaires sans contrat de travail, et elle rentre dans la typologie des actions définies par le Code du travail, art. L.900-2[538].

En ce qui concerne la forme, la convention est obligatoirement écrite. De façon générale, elle précise son objet, les droits et obligations des parties, matérialise leur décision de s'engager contractuellement. Pour sécuriser les relations des acteurs, le code du travail (Art. L.920-1) détermine les mentions obligatoires.

Si l'on prend une convention bilatérale et annuelle, elle contiendra les informations suivantes : la raison sociale de l'organisme, le numéro de déclaration d'activité (organisme privé), la désignation des parties à la convention, l'objet général de la convention (organisation d'une action de formation), l'expression de la volonté de s'engager par voie de convention, la nature de l'action de formation, les caractéristiques de l'action : objectifs, programmes, durée, dates, effectifs concernés, lieu de déroulement, moyens pédagogiques et techniques mis en oeuvre, modalité d'évaluation éventuelle, la nature de la sanction dispensée ; les dispositions financières : montant net de la formation, l'année de participation sur la quelle l'employeur fera son imputation financière[539], clause de dédit (facultatif), date d'effet et durée de la convention, les modalités de règlement amiable des difficultés éventuelles éventuels, signatures des partenaires. Les informations financières et pédagogiques peuvent prendre la forme d'annexes, joints à la convention proprement dite[540].

La convention est obligatoirement écrite. Comment est sanctionnée l'absence d'écrit ou le non-respect des mentions obligatoires ? Le contrat ayant pour objet la mise en place et l'exécution d'une action de formation sera juridiquement valable entre les acteurs ; mais il ne produira aucun effet libératoire pour l'entreprise concernée. Autrement dit, l'acte aura une valeur contractuelle, mais ne produira pas tous les effets attendus d'une convention : le non-respect des conditions de forme entraîne le rejet des dépenses hors du périmètre des sommes "imputables" au titre de la participation financière. La

---

[537] Se reporter au chapitre III.

[538] Idem.

[539] La convention pluriannuelle prévoit un échéancier pour les versements financiers de l'entreprise à l'organisme de formation.

[540] Concernant la facturation, on se reportera à CENTRE INFFO, *Les fiches pratiques de la formation continue*, 2005, Fiche 22-107.

jurisprudence va dans ce sens *(Tribunal administratif de Rennes, 29 avril 1981)*[541].

Qu'en est-il du non-respect des conditions de fonds ? Si par exemple, une entreprise signe et exécute une action portant sur des non salariés, ou impliquant sous couvert de formation une action de restructuration de l'entreprise, nous sommes en présence d'un contrat de droit civil valide, quant au fond ; il produira tous ses effets au regard du droit commun ; mais il sera non productif au regard de l'obligation légale de financement. On arrive donc au même résultat que dans la situation précédente. Il résulte donc que le non respect des conditions de forme et de fonds produit des effets limités, puisqu'il ne ruine pas la validité du contrat, mais restreint ses effets.

### 3 - Les effets de la convention

L'effet général d'une convention est de créer un ensemble de droits et d'obligations réciproques entre les parties signataires[542].

#### *3.1 - Les obligations de l'organisme de formation*

L'obligation principale de l'organisme est de fournir la prestation convenue. Celui-ci peut recourir à des sous-traitants sous sa responsabilité. Dans ce cas il passe une convention de prestation de service avec les sous traitants. Mais il reste personnellement tenu à l'égard de l'entreprise et demeure de ce fait responsable pour le tout. Aucun lien juridique ne s'établit entre l'employeur demandeur et le dispensateur substitué. Il en résulte qu'en cas de sous-traitance, l'organisme se trouve dans la même situation que s'il dispense lui-même la formation. On peut noter cependant que la convention pourrait prévoir l'exécution directe par l'organisme, une telle clause interdisant alors le recours au système de sous-traitance. Les autres obligations consistent à assurer la sécurité de stagiaires, le devoir de conseil, la communication à l'employeur le justificatif des dépenses.

Le dispensateur est-il tenu par une obligation de résultats ou de moyens ? Etant donné la diversité des individus et la spécificité de l'acte de l'apprentissage qui fait appel à la motivation personnelle et à l'engagement de l'apprenant seule une obligation de moyens s'applique dans le domaine de la formation. L'organisme s'engage à assurer la formation en y apportant soin et diligence normale, quels que soient les résultats. Il sera donc difficile de soutenir que l'organisme n'a pas exécuté son obligation au motif que la formation n'a pas été profitable aux participants.

---

541 Société des Crêperies de Loc-Maria. Les juges ont constaté que la convention litigieuse ne comportait ni durée, ni objet précis du stage, ni coût, ni prix unitaire. La prise en compte de toutes ces omissions les a conduit au rejet des dépenses faites. Source : *Actualité de la formation permanente*, n° 54, septembre/octobre 1984, note Boumendil.

542 Voir M. RAYNAL, La convention de formation : conclusion et effets entre les parties ; *droit social*, n°2, Février 1977, p. 56-72.

### *3.2 - Les obligations de l'entreprise*

Les obligations de l'entreprise sont le paiement du prix, le devoir de collaboration avec l'organisme pour permettre une exécution correcte de la convention et le déroulement normal des actions de formation.

## III - L'EXECUTION DE LA CONVENTION DE FORMATION

Dans tout contrat, le débiteur est tenu d'exécuter la prestation qu'il a promise. L'organisme est donc tenu de dispenser la formation aux conditions fixées, l'entreprise de verser le prix convenu. L'inexécution par l'une des parties constitue une faute engageant la responsabilité contractuelle de son auteur. Quels sont les effets de l'inexécution ? Pour faire cette analyse, il est nécessaire de se situer sur deux registres de lecture : celui du droit commun des contrats, et celui du droit de la formation qui comporte des règles spécifiques en la matière et quelque peu dérogatoire du régime de l'inexécution de droit commun.

Dans l'hypothèse où l'organisme ne remplit pas ses obligations de formation, l'entreprise dispose éventuellement d'un moyen de pression sur le débiteur : "l'exception d'inexécution". Celle-ci permet à l'employeur de suspendre ses versements tant que l'organisme ne remplira pas ses obligations. D'autres fois il pourra demander l'exécution par équivalent consistant en l'octroi de dommages et intérêts destinés à réparer le préjudice causé.

Symétriquement, l'organisme, en cas de non paiement, peut suspendre ses prestations, et opposer l'exception d'inexécution, ou réclamer l'exécution forcée de la somme d'argent due. Ces outils relèvent du droit commun des contrats. Complémentairement, le droit de la formation apporte une solution originale concernant la sanction de l'inexécution de la convention.

Partons d'une situation- problème.

### 1 Situation problème

Un organisme de formation a signé bon nombre de conventions annuelles au cours de l'année 2005 avec diverses entreprises. La plupart ont été exécutées sans difficultés ; néanmoins la mise en œuvre de cinq d'entre elles s'est heurtée à des incidents de parcours.

- La convention n°1 a fait l'objet d'une inexécution totale. L'entreprise est revenue sur ces engagements avant le démarrage de la formation tout en ayant versée 50 % des sommes à l'organisme.
- La convention n°2 a été exécutée, mais partiellement. A mi-parcours l'entreprise dit avoir constaté que la formation était inadaptée à ses besoins. Elle a versé la totalité du prix à l'organisme.

- La convention n°3 a été exécutée, mais partiellement. Elle concernait 25 salariés de la même entreprise. A mi-parcours, 8 salariés ont abandonné le stage. L'entreprise a versé la totalité du prix pour 25 stagiaires.
- La convention n°4 a fait l'objet d'une inexécution partielle du fait de l'organisme. Celui-ci, a annulé le stage en cours de déroulement, suite à la défaillance de plusieurs formateurs. L'entreprise a versé l'intégralité du prix prévu dans la convention.

L'organisme peut-il conserver les sommes reçues ? Si oui dans quelle proportion ? Si non quelle est la destination de cet argent ? Quel est le sort de la convention ?

## 2 - Les clés juridiques

La non exécution d'une convention entraîne sa résiliation automatique, c'est-à-dire son anéantissement pour l'avenir. Dans ce cas les partenaires doivent procéder à un ajustement financier que l'on désigne sous le terme "résorption de la convention".

### *2.1 - La "résorption"*

La résorption consiste à comparer et à ajuster les sommes versées par l'employeur, et les sommes effectivement dépensées (paiement des formateurs, achat de matériel...) ou engagées (location de salle...) par l'organisme de formation pour la réalisation d'actions de formation. S'il y a excédent, ce dernier ne peut le conserver, mais doit le reverser intégralement à l'employeur.

Le fondement de cette opération est contenu dans l'article L.920-9 du code du travail :

*"En cas d'inexécution totale ou partielle d'une convention de formation professionnelle, le dispensateur de formation doit rembourser à son cocontractant les sommes qui, du fait de cette inexécution, n'ont pas été effectivement dépensées ou engagées..."*

Quelles sont les implications majeures de cet article ?

Tout d'abord, cette disposition vise à éviter que les fonds qui devraient être utilisés pour la formation des salariés ne restent acquis au dispensateur de formation en cas d'inexécution. Celui-ci est tenu de rembourser l'entreprise quel que soit l'auteur de l'inexécution ou le motif.

Ensuite, par cet article, la loi précède les acteurs du contrat. Elle institue une sorte de résiliation automatique. La sanction légale vient consacrer une règle facultative du droit général des contrats et lui donne une force impérative.

Lorsque le dispensateur est l'auteur de l'inexécution, il est normal qu'il restitue les sommes non dépensées ni engagées. Tout se passe alors comme si l'entreprise avait demandé et obtenu la résiliation de la convention assortie du reversement des sommes versées. Lorsque l'inexécution est le fait du demandeur, le remboursement intervient également.

Toutefois en prévoyant que le remboursement est limité non seulement aux sommes "non dépensées" mais également "non engagées", la loi permet d'éviter que les dispensateurs ne soient pénalisés du fait de la défaillance de leur cocontractant. Par ailleurs ceux-ci peuvent se protéger contre le risque d'une "inexécution totale" en insérant dans la convention une clause spéciale dite "clause de dédit".

### *2.2 - La clause de dédit*

Les clauses de dédit ou de résiliation ne sont pas spécifiques au champ de la formation. Les organismes peuvent les insérer, dans la convention de formation sous certaines réserves propres au droit de la formation. Dans sa clause l'organisme de formation ne peut fixer a priori le paiement d'un forfait ou d'un % du coût total pour se dédommager. Là encore c'est l'application du principe selon lequel les fonds de la formation sont affectés exclusivement à la réalisation de la formation. Par contre l'organisme de formation pourra écrire une clause formulée de la manière suivante : *"en cas de résiliation par l'entreprise, l'organisme de formation sera fondé à retenir les sommes qu'il a effectivement dépensées ou engagées pour l'exécution de la formation : réservation de salle, location de matériel, travail de préparation de formateurs"*. Il revient à l'organisme de justifier et d'évaluer le montant des sommes dépenses ou du moins engagées. La réparation du préjudice subi n'entre pas ici en ligne de compte. Elle relève d'une autre procédure de droit commun, c'est-à-dire une action en dommages et intérêts. Dans un souci de clarté et d'efficacité, l'organisme de formation peut fixer un délai d'annulation (15 jours avant le début du stage, par exemple) à partir duquel s'appliquera le dédit. En revanche, l'employeur contraint de payer un dédit ne pourra en imputer le montant correspondant sur sa participation au financement de la formation.

### *2.3 - Absentéisme ou abandon d'une formation par les stagiaires : position de la jurisprudence*

L'absentéisme ou l'abandon de la formation par un stagiaire pose la question du paiement de la formation restante. L'entreprise employant ces stagiaires doit payer à l'organisme les sommes que ce dernier a réellement dépensées ou engagées pour l'organisation et le déroulement du stage. A moins qu'elle ne puisse prouver que les dépenses ont été moindres du fait de l'absence de quelques stagiaires. A défaut de cette preuve, l'organisme est fondé à garder la totalité des sommes prévues, même si la formation n'a pas été conduite jusqu'au bout, du fait des stagiaires. La cour de cassation s'est prononcée en ce sens (Cass. Soc., 9-3-94) : il s'avère que les frais de formation effectivement engagés par l'organisme de formation, lui restent dus quand bien même une partie du stage n'a pas été suivie par certains stagiaires.

Le fondement de cette décision est une interprétation stricte de l'article L.920-9 centrée sur la notion de "sommes effectivement dépensées ou engagées pour l'organisation et le déroulement du stage", ce que n'avaient pas fait les juges d'appel[543]. Il résulte donc que le manque d'assiduité des stagiaires n'autorise pas pour autant le demandeur de formation à réduire "prorata temporis" le prix à payer.

### 3 - Les solutions

En ce qui concerne la convention n°1 l'organisme de formation reverse la totalité des sommes non dépensées ni engagées. Il peut donc conserver la fraction financière correspondant aux dépenses réalisées (paiement des formateurs ayant préparé le stage) ou engagées (location de salle). L'employeur ne peut imputer sur sa participation les sommes reversées.

Dans le cadre de la convention 2 et 4 l'organisme conserve les sommes correspondant au coût de la formation réalisée, mais reverse le reliquat à l'entreprise. Celle-ci ne peut imputer ce reliquat sur sa participation.

Dans le cadre le a convention n°3, l'entreprise doit payer à l'organisme les frais effectivement réalisés et engagés pour l'organisation et le déroulement du stage, quand bien même une partie du stage n'a pas été suivie par certains stagiaires. A moins qu'elle puisse prouver que les dépenses ont été moindres du fait de l'absence de ces stagiaires. Sous réserve de cette disposition, l'organisme conserve donc normalement la totalité des sommes. Mais une partie des sommes, seulement, calculée au prorata du nombre d'heures/stagiaires réalisées est imputable sur la participation de l'entreprise. Le tribunal de Clermont-Ferrand a eu à connaître de ce cas. Il a précisé que l'employeur devait tenir compte de la défaillance des salariés, du degré d'inexécution de l'action de formation pour son imputation financière. Dans le contexte de cours par correspondance pour salariés, et suite à des défections, le tribunal a reconnu le caractère libératoire des dépenses uniquement pour les sommes effectivement dépensées soit pour ceux qui ont suivi une partie des cours et au prorata des heures de suivi, soit pour ceux qui ont suivi le cours jusqu'au bout. Le fait que l'entreprise ait payé intégralement les sommes prévues et que l'organisme de formation ait exécuté exactement la convention *"n'ont pas, par eux-mêmes, pour effet de conférer à ce versement un caractère libératoire, puisque ce*

---

[543] Cass. Soc., du 9-03-1994 SARL Cours Joseph Micoud c/Fonds d'assurance formation de la coopérative agricole du sud-est. Source : Centre Inffo, *Les fiches pratiques de la formation continue*, 2004, 21-124 et 125 p. 717. Cour d'appel d'Aix en Provence, 15 mars 1991.Source : *Actualité de la formation permanente*, n° 115, 1991, Note J. Davezies, p. 73 suiv.

*caractère ne peut être reconnu qu'aux seules dépenses effectivement consacrées à des actions de formation appropriées"*[544].

Par ailleurs le législateur vient sanctionner le cas de "manoeuvre frauduleuse", c'est-à-dire d'agissements destinés à tromper, (en l'occurrence le service de contrôle) qu'elle provienne d'un seul des contractants, en l'occurrence le dispensateur de formation, ou qu'elle soit le fait d'une entente entre les deux parties. La sanction consiste en un versement au Trésor d'une somme d'argent égale au montant des dépenses de formation non exécutées[545]. Cette pénalisation vient s'ajouter au versement dit de "régularisation" au Trésor auquel peut être assujettie une entreprise jusqu'à concurrence du montant de son obligation légale de financement.

Toute manœuvre frauduleuse fait l'objet d'une sanction financière : elle consiste dans le versement au Trésor Public d'une somme égale au montant de dépenses de formation non exécutées. Ceci concerne tout aussi bien l'entreprise que l'organisme de formation. Cette pénalisation vient s'ajouter au versement dit de "régularisation" au Trésor Public auquel peut être assujettie une entreprise jusqu'à concurrence du montant de son obligation légale de financement. De plus la manœuvre frauduleuse conduisant l'employeur a éludé les obligations qui lui incombent en matière de financement de la formation est sanctionnée pénalement en vertu de l'article L.993-3 du Code du travail[546].

**MOTS CLES : convention, contrat individuel de formation, obligations, financement, imputabilité,clauses de dédit, dépenses engagées ou réalisées.**

## ETUDES - RECHERCHES - REPERES

Les conventions de formation proprement dites ont fait l'objet de trois études dans Droit social : Luttringer J-M. (1977), Mazaud C. (1977), Raynal M. (1977). La loi du 31 décembre 1975 instaurant le contrôle par l'administration publique des établissements de formation recevant les fonds des employeurs a, sans doute, été le déclencheur de ces travaux sur une même année. Ceux-ci ont un point commun : ils sont une analyse technique du système de convention, dans sa logique, et ses difficultés d'application, mais aussi dans son originalité

544 Tribunal administratif de Clermont-Ferrand, 7 juillet 1978, *Actualité de la formation permanente*, n° 37, Novembre/Décembre 1978, p. 44-47.

545 Art. L.920-9 du Code du travail.

546 Emprisonnement de cinq ans et amende de 37 500 euros ou l'une de ces deux peines. La même peine s'applique aux responsables des organismes collecteurs agréés qui auraient frauduleusement utilisé les fonds collectés.

par rapport au droit commun des contrats. Nous les avons, du reste, utilisés pour la présentation qui vient d'être faite. De l'analyse de Mazaud, on dégage un point saillant non évoqué jusqu'à présent : les effets de la convention à l'égard des salariés.

## I - LES EFFETS DE LA CONVENTION A L'EGARD DU SALARIE

La question est originale. Les salariés ne sont pas "partie" au contrat. Normalement les contrats ne produisent d'effets qu'à l'égard des contractants ; aucun effet concernant les tiers étrangers au contrat, ce qui est le cas des salariés. Or la convention de formation a ceci de particulier : elle met en présence trois acteurs : les co-contractants et les salariés bénéficiaires de formation. Trois personnes participent donc à l'exécution de la convention. Prenant cette posture, l'auteur pose la question : la convention peut elle finalement produire des effets sur le salarié ? Mais la convention peut produire des effets sur le salarié ? Oui estime l'auteur. Dans l'hypothèse d'un licenciement, logiquement la formation se termine, l'employeur ne la prend plus en charge. Mais estime l'auteur, il y a une solution pour couvrir ce genre de risque : la "stipulation pour autrui" est un palliatif juridique acceptable.

Rappelons que la "stipulation pour autrui", est un contrat par lequel l'une des parties (le stipulant) fait promettre à l'autre (le promettant) l'accomplissement d'une prestation au profit d'un tiers (le bénéficiaire). A travers ce mécanisme, l'auteur repère la survivance d'un lien juridique entre organisme de formation et le salarié : celui-ci serait titulaire d'un droit de créance contre l'organisme de formation. Ce droit lui appartient en propre, naît en sa personne et entre dans son patrimoine. De ce fait il peut exiger la suite de la formation (pourvu que l'entreprise ait acquitté sa dette s'entend). Il dispose des moyens de contrainte dont pourrait user l'entreprise, à l'exception toutefois de l'action en résiliation, puisqu'il n'est pas "partie". Il y aurait même une deuxième application possible : en cas de cession d'entreprise le salarié conserverait son droit à la formation. C'est donc une autre originalité du droit de la formation qui diverge du droit commun des contrats.

## II - LA NATURE DES CONVENTIONS SIGNEES PAR UN ETABLISSEMENT PUBLIC DE FORMATION

Cette question difficile, est venue, on le sait, devant le Tribunal des Conflits. De manière réactive, Broussole D. (1987) entend faire une analyse critique de l'arrêt du Tribunal des Conflits (M. Boénnec Jean, 20 janvier 1986) mentionné plus haut.

Un organisme public de formation, une chambre de commerce, était lié par convention à une entreprise. Le litige portait sur son objet. L'employeur soutenait que l'action de formation de perfectionnement professionnel, était imputable sur sa participation. Ces dépenses sont rejetées par l'administration ; le fisc lui réclama sa participation à la formation continue pour les exercices

1977 à 1979, et réclament de pénalités. L'entreprise se retourne contre le dispensateur de formation, et l'assigne devant le tribunal administratif ; la chambre de commerce décline sa responsabilité, en disant qu'elle n'avait été qu'un simple prestataire de service, nullement responsable du programme de formation. Le juge administratif tranche au fond et donne raison à la chambre de commerce, sans souci apparent du bien fondé de sa compétence. Ne s'agissait-il pas d'un litige entre un établissement public et un usager ? En appel, le conseil d'Etat estima prudent que le tribunal des conflits tranche le problème de compétences. La réponse de celui-ci est lapidaire : Considérant que cette convention, conclue dans les conditions prévues par l'articler L .920-1 du code du travail qui n'a pas pour objet l'exécution même du service public, et ne contient aucune clause exorbitante du droit commun présente le caractère d'un contrat de droit privé, que dès lors le litige né de son exécution ressortit à la compétence des tribunaux de l'ordre judiciaire.

Quel est le point de vue l'auteur ?

Il interroge d'abord la nature de l'activité de formation.

Les arguments ne manquent pas pour soutenir que l'objet même de la formation répond à une tâche de service public. L'enseignement traditionnel est service public. Or les textes placent sur le même pied enseignement traditionnel et formation professionnelle. De plus il ne faut pas opposer un enseignement général, culturel, noble à une formation technique, utilitaire, qui serait digne du service public.

Les arguments contre sont ceux du Commissaire du gouvernement. Selon cette position, ériger une activité d'intérêt général, la formation des travailleurs, en "obligation nationale" n'est pas automatiquement la constituer en service public. Laissant aux entreprises l'initiative, l'organisation, le choix et le moment des stages, le législateur de 1971 marque qu'il n'entend pas les assujettir à un gigantesque service public éducatif. Le plan de formation dont les conventions litigieuses découlent, est établi au sein de l'entreprise et en dernière instance par l'employeur. Celui-ci affecte librement le 1,1 % de sa masse salariale. L'employeur n'est pas assujetti à un impôt qui se perd dans le financement de l'ensemble des services publics administratifs. De la sorte, le service public éducatif est délimité non plus par son objet, mais ses modalités d'organisation et de financement.

Ensuite l'auteur s'arrête à la nature des clauses contractuelles.

Les conventions ne contiennent en elles-mêmes rien d'exorbitant. Mais le législateur ne place-t-il pas ces conventions dans un environnement juridique lui-même exorbitant ? En effet, il contraint l'entreprise à dépenser pour des formations soigneusement définies par lui - le code du travail, en cas d'inexécution de la convention, prévoit le remboursement de l'entreprise. Ceci est une dérogation au droit commun. Enfin les organismes de formation doivent reverser aux entreprises les ressources encaissées dépassant les dépenses effectives, et au Trésor, le montant des dépenses non imputables sur la participation. Ces dispositions sont des garanties édictées dans l'intérêt public, contre le détournement de l'argent lors de son affectation à la formation. Mais ce régime, il est vrai, ne contient pas de dispositions aussi exorbitantes que celles que l'on peut relever ailleurs. Il en résulte que l'analyse de la juridiction suprême peut convaincre lorsque l'organisme de formation est privé. Il en va tout autrement lorsque l'organisme est public.

Quelle est la nature de l'organe ? La question est éludée par la juridiction. Pourquoi un enseignement dispensé par un établissement public, cesserait-il d'être service public administratif ? Les arguments pour la thèse du service publique ne manquent pas. La loi Savary (26 janvier 1984) édicte que le service public de l'enseignement supérieur comprend la formation initiale et continue. Les adultes en formation dans les universités sont qualifiés "d'usagers du service public" au même titre que les étudiants. Pourquoi ne pas faire une extension aux chambres de commerce ?

Il conviendrait alors de distinguer, selon la nature de l'organe, les conventions privées et conventions publiques. C'est ce que fait exactement le juge dans le domaine de l'apprentissage. Cependant le parallèle n'est pas parfait. En matière d'apprentissage, le responsable est le centre. En matière de formation continue, le maître d'œuvre est l'employeur. Le dispensateur est un prestataire de service subalterne. Une telle situation est contraire à la logique du service public traditionnel où la puissance publique détermine les besoins collectifs, organise unilatéralement son service et le fournit aux usagers aux conditions qu'elle fixe. Peut être faut-il quitter une conception rigide du service publique, en tenant compte du fait que le service public peut s'accommoder d'un relâchement de l'autorité publique pour épouser certaines demandes privées : c'est le cas des Etablissements publics à caractère industriel et commercial (EPIC) qui s'adaptent aux exigences du marché, c'est aussi le cas des universités menant des recherches à la demande et aux frais d'industriels. Finalement que propose l'auteur ? La distinction entre service public administratif et service EPIC. Un service public qui fournit des prestations analogues à celles d'établissements privés, qui fait supporter le coût aux usagers, entretient avec eux des relations contractuelles, est normalement EPIC. Les conventions sont alors privées. L'enseignement est un service public, industriel et commercial lorsqu'elles sont commandées et payées par les usagers. De la sorte les conventions passées avec les établissements publics seraient privées et soumises au juge judiciaire, comme celles signées avec des organismes privés. Il y a donc unité du contentieux. Le juge, conclut l'auteur, aurait pu parvenir au même résultat, en épargnant l'unité de la mission de service public et nous épargnant bien des contradictions.

Il convient de reconnaître que ce genre de débat circonscrit au cas d'Etablissements publics signant des conventions avec un financeur privé a été peu nourri par la suite : manque d'intérêt ? Peu de prise sur la réalité ? La position du tribunal laisse perplexe : si on prend comme critère la présence de "clauses exorbitantes" pour qualifier une convention en convention publique, il est nécessaire d'examiner la situation cas, par cas, en dehors de toute position a priori. Mais dans les faits, une convention financée par une entreprise, et signée un organisme public de formation, est-elle si différente d'une convention signée avec un organisme privé ? Non. Il est difficile de trouver des clauses exorbitantes ; massivement elles seraient donc de droit privé, quelle que soit la nature de la structure de formation.

**BIBLIOGRAPHIE**


BROUSSOLE (D.), 1987, La formation continue ne serait pas un service public. *Droit social*, n° 1, Janvier, p. 51-54.

DAVEZIES (J.), 1991, Convention de formation : quel équilibre contractuel ? *Actualité de la formation permanente*, n° 115, 1991, p. 73-74.

DELVOVE (P.), 1979, Jurisprudence. Litige entre une entreprise privée et un établissement public d'enseignement. *Actualité de la formation permanente*, n° 39, p. 96-97.

LUTTRINGER (J-M.), 1976, Commentaire de la loi relative au contrôle du financement des actions de formation. *Droit social*, n°7-8, Juillet-Août, p. 298-307.

MAZAUD (C.), 1977, La convention de formation et ses effets. *Droit social*, n° 2, Février, p. 84-93.

RAYNAL (M.), 1977, La convention de formation : conclusion et effets entre les parties. *Droit social*, n° 2, Février, p. 56-72.

# CHAPITRE XIII : LE CONTROLE DES DEPENSES DE FORMATION DES ENTREPRISES

La participation relève d'une obligation légale et que cette obligation, comme toutes celles qu'instaure le législateur, doit faire l'objet d'un contrôle. Ce contrôle d'une part présuppose que les entreprises déclarent formellement leurs dépenses en matière de formation. D'autre part il ne peut être exercé que par l'Etat, par le jeu de structures adaptées.

Le processus comprend plusieurs phases : la déclaration des dépenses par l'entreprise, le double contrôle de l'administration et des services fiscaux, l'application éventuelle de sanctions en cas de non respect de la réglementation, le recours possible de l'employeur qui conteste une décision des services de contrôle. Les acteurs du contrôle administratif sont les inspecteurs et contrôleurs de la formation professionnelle. Ils sont commissionnés par le s préfets de région ou par le ministre en charge de la formation, selon qu'ils ont vocation à intervenir au niveau de la région administrative ou sur l'ensemble du territoire[547]. Leur mission concerne non seulement les entreprises, mais aussi les dispensateurs de formation, les structures paritaires de fonds de la formation, le réseau d'accueil des jeunes demandeurs d'emploi (Missions locales...), les CARIF. En 2002, le nombre de contrôles exercés au sein des entreprises de 10 salariés et plus a été de 1294. Ces opérations ont abouti à des rejets de dépenses et redressement pour une somme de 10 millions et demi d'euros. Les actions les plus régulièrement rejetées sont les journées d'information et de sensibilisation du personnel, les actions d'installations et de prises en main d'un matériel, les actions de conseil, les actions obligatoires de développement de la sécurité des salariés[548].

## LE SAVOIR JURIDIQUE DE BASE

Les sources juridiques sont le Code du travail (art. L.951-12, art. L.991-1 suiv. Art. R.991-1) et le code général des impôts (art. 235 ter J., art. 1727.). La déclaration des dépenses par les entreprises sera l'objet d'une première section (I). Dans une deuxième section on examinera le processus de contrôle par l'Administration, et les voies de recours ouverts aux entreprises (II). Enfin l'exploitation statistique des déclarations de dépenses faites par les entreprises sera examinée dans une dernière section (III).

---

[547] En 2003 les effectifs affectés aux contrôles s'élèvent à 145 (équivalents à temps pleins) ; le nombre est en progression depuis 2001. Source : Ministère de l'emploi, du travail et de la cohésion sociale, Le contrôle de la formation professionnelle en 2001 et 2002.

[548] Source : idem.

## I LA DECLARATION DES DEPENSES PAR LES ENTREPRISES

### 1 - Les principes

- Les entreprises sont tenues de souscrire chaque année une déclaration spéciale retraçant leur action en matière de formation. Celle-ci fournit des indications sur l'entreprise et son personnel, elle indique le montant de la participation à laquelle elle était tenue et les dépenses effectivement consenties ; enfin elle rassemble des renseignements statistiques sur la nature des stages et les stagiaires. C'est ce "corpus" d'information qui va faire l'objet du contrôle.
- A cette fin,l'administration fiscale met à disposition des imprimés spéciaux ; la "déclaration 2483" pour les entreprises de 10 salariés et plus, la "déclaration 2486" pour les entreprises de moins de 10 salariés et la "déclaration 2068" concernant l'option du "crédit impôt" dont il a été question plus haut[549]. Ces déclarations permettent aux entreprises de justifier de la conformité de l'utilisation de leur participation financière à la formation[550].

### 2 - La mise en œuvre

Le formulaire de la déclaration 2483 à renseigner en 2005 a été rénové, compte tenu des modifications importantes introduites par la réforme[551].

- Les imprimés de déclaration sont envoyés en triple exemplaire aux employeurs par la recette des impôts[552]. La déclaration concerne la participation au titre d'une année civile. Elle doit être produite au plus tard le 30 avril de l'année qui suit l'année d'imposition[553].

---

549 Se reporter au chapitre III. L'administration fiscale a publié (février 2005) sur son site internet les nouveaux formulaires concernant ces trois types de déclaration fiscale

550 Cas spéciaux : Les Groupes de sociétés. Sont considérées comme entreprises soumises à la déclaration 2483 chacune des sociétés ayant une personnalité juridique distincte, et occupant au moins 10 salariés. Atteinte du seuil de 10 salariés : durant les trois premières années d'atteinte du seuil de 10 salariés ou plus, l'entreprise remplit la déclaration 2486 propre à ces entreprises. Crédit d'impôt : les entreprises ayant fait cette option remplissent obligatoirement une déclaration spécifique : la déclaration 2068. La contribution des travailleurs indépendants, des membres de professions libérales et des professions non salariés au développement de la formation est recouvrée et contrôlée par les Urssaf (loi du 4 février 1995 art. 79).

551 On trouve le formulaire en ligne et un guide méthodologique sur le site : www.agefospme.

552 La déclaration peut être éditée au moyen de procédés informatiques à l'aide de logiciels agréés par la direction des services fiscaux du chef lieu d'imposition. de la formation continue, 2004, 21-292. (Instruction DGI du 18 janvier 2001, BOI 51 1-01 n°20 du 29 janvier 2001). Pour plus de détails, Centre INFFO, *Les fiches pratiques de la formation continue*, 2005, Fiche 22-282.

553 Pour 2005 la date de dépôt des déclarations a été reportée au 31 mai 2005.
Le code général des impôts (art. 235 ter J) prévoit des dispositions particulières concernant la date du dépôt dans les 5 cas suivants : cession ou cessation d'entreprise, fusion avec création d'une société nouvelle, fusion - absorption, scission d'entreprise, décès de l'employeur.

- La déclaration 2483, ou 2486, doit être déposée en double exemplaire à la recette des impôts dont dépend l'entreprise[554].
- Jusqu'à décembre 2003, des dispositions particulières exigeaient la production de documents d'accompagnement relatifs à la consultation du comité d'entreprise. En effet, dans le cas de l'entreprise occupant au moins 50 salariés, la déclaration devait être accompagnée des procès verbaux de consultation du comité d'entreprise sur le plan de formation, ou le cas échéant un procès verbal de carence de comité d'entreprise. Les employeurs qui ne justifient pas avoir procédé à cette consultation sont redevables auprès du Trésor public d'une majoration spéciale de 50% der l'obligation annuelle qui leur incombait.

Depuis le 26 décembre 2003, il n'est plus nécessaire d'adresser à l'administration fiscale, les procès-verbaux. L'employeur doit attester sur l'honneur avoir satisfait à l'obligation de consultation du comité sur les orientations de la formation professionnelle pour l'année suivante et les actions de formation réalisées l'année précédente. C'est seulement à la demande expresse de l'administration qu'il devra produire les procès-verbaux. Par ailleurs la loi portant réforme de la formation professionnelle confirme que l'employeur qui ne rapport e pas la preuve d'avoir consulté le comité d'entreprise doit verser le montant de la participation due au titre de la formation professionnelle majorée de 50 %.

- La déclaration est accompagnée éventuellement d'un versement financier dans 3 cas.

1$^{er}$ cas : pour insuffisance de dépenses. Lorsque le montant des dépenses justifiées par l'employeur est inférieur à la participation qui lui incombe, l'employeur est tenu d'effectuer au Trésor un versement égal à la différence constatée. Cette différence peut être atténuée par les excédents reportables des 3 années antérieures.

2$^{ème}$ cas : pour régularisation. L'hypothèse est celle d'une inexécution partielle d'une convention. Le montant des dépenses correspondant aux actions réalisées est inférieur aux versements de l'entreprise. Dans ce cas, l'organisme de formation reverse à l'employeur l'excédent : c'est l'opération dite de résorption. L'employeur, à son tour, reverse éventuellement au Trésor, une somme financière jusqu'à concurrence du montant de son obligation.

3$^{ème}$ cas : pour défaut de consultation du comité d'entreprise en matière de formation[555].

---

[554] Dépôt de la déclaration 2483 à la recette des impôts du lieu : de souscription de la déclaration des résultats (sociétés, entreprises industrielles, commerciales ou artisanales, employeurs exerçant une activité non commerciale) ; de l'exploitation ou du siège de la direction (entreprises agricoles). Dépôt de la déclaration 2486 à la recette des impôts du lieu : du siège de la direction ou du principal établissement ; de l'exploitation ou du siège de la direction (exploitations agricoles). Code du travail, art. R.950-24.

## II - LE CONTROLE ET LES VOIES DE RECOURS

Des structures particulières assurent l'opération de contrôle qui peut aboutir à des sanctions définies face auxquelles l'employeur dispose, s'il le veut, de recours.

### 1 - Les structures de contrôle

- Au niveau national, un "groupe de contrôle" est rattaché à la Délégation à la formation professionnelle[556]. Aux termes du décret du 18-03-1997, sa mission est double : il oriente et anime le contrôle de la formation tel qu'il est prévu dans le livre IX du code du travail. Pour cela il élabore des instructions destinées aux services déconcentrés (DRTEFP) chargés localement de la mise en œuvre de ce contrôle ; il veille à l'harmonisation des décisions au niveau régional, pour éviter les effets de dérive et d'incohérence. De plus, il a pour mission d'harmoniser les décisions prises à l'échelon régional, pour éviter les effets de dérive ou d'incohérence.
- Au niveau régional, des cellules de contrôle sont placées auprès de chaque Préfet de région et au sein des directions régionales de l'emploi et de la formation. Par l'intermédiaire d'agents commissionnés et tenus au secret professionnel dans les conditions fixées par l'article 378 du code pénal, elles assurent le respect des obligations des entreprises de leur territoire.

### 2 - L'opération de contrôle

Les agents contrôlent la "réalité" et la "validité" des dépenses déclarées par les entreprises. Par "réalité" on entend l'existence prouvée des dépenses formellement déclarées par l'employeur. Le contraire s'appellerait fausse déclaration. Par "validité" on entend l'acceptation par l'Administration, des dépenses comme ayant été affectées à des opérations de formation au sens

---

[555] Voir plus bas.

[556] L'administration nationale de la formation est placée sous la responsabilité d'une délégation à la formation. Celle-ci a été créée en 1997. Elle est le résultat d'une fusion de l'ancienne délégation à l'emploi et de l'ancienne délégation à la formation. La délégation est placée sous l'autorité du ministre chargé de l'emploi et de la formation. A sa tête, le délégué est nommé par décret en conseil des ministres. D'une part, elle prépare, anime et coordonne, d'un point de vue administratif, la politique de l'emploi et de la formation. D'autre part, elle en suit la mise en œuvre juridique, financière et technique, et l'évalue. Au niveau organisationnel, la DGEFP comprend cinq sous directions dont 3 concernent la formation (la sous direction de la formation tout au long de la vie) ; la sous direction des formations en alternance ; la sous direction des marchés de l'emploi et de la formation. De plus elle comporte 5 départements qui tous concernent la formation : la communication, les synthèses et études, le financement, le fonds social européen, le suivi de l'action territoriale. Enfin le groupe national de contrôle (GNC) est placé sous l'autorité de la délégation.

juridique du terme. Le contraire serait la non- conformité des dépenses aux critères juridiques de l'imputabilité. Il s'agit donc d'un contrôle a² posteriori effectué sur place ou sur pièces. Les contrôleurs disposent du double de la déclaration fiscale souscrite par l'employeur et qui leur a été envoyé par les services de l'impôt. A cette fin les agents de contrôle ont un large pouvoir d'investigation et "d'injonction"[557]. Ils ont un pouvoir de rejet des dépenses estimées non conformes. C'est à l'employeur de rapporter la preuve de ce qu'il a satisfait à l'obligation légale. Aussi sont-ils tenus de présenter tous documents ou pièces de nature à établir al réalité et la validité des dépenses (conventions, factures, feuilles de présence...). A défaut, ces dépenses seront regardées comme non justifiées et donc non libératoires au regard de l'obligation de financement. Les agents pourront adresser aux employeurs des "observations" et demander à l'autorité administrative (Préfets de Région) de leur adresser des "injonctions".

Il ressort que la question de l'imputabilité des dépenses déclarées par l'employeur est au cœur de la problématique du contrôle ; on comprend dès lors qu'elle puisse générer des conflits et nourrir du contentieux. En voici une illustration.

Une entreprise entre en conflit avec un service de contrôle et une délégation régionale à la formation, suite à une décision de rejet de dépenses indûment imputées par l'entreprise. Un premier recours est exercé devant le tribunal administratif de Clermont-Ferrand qui confirme la position de l'administration. L'entreprise saisit en appel le Conseil d'Etat[558].

Dans son arrêt, le Conseil d'Etat rappelle deux principes concernant le caractère libératoire des dépenses de l'entreprise en matière de formation. Le premier concerne les modalités d'acquittement de l'entreprise. Il y en a trois : financement d'actions de formation, actions internes ou externes avec une convention ; versements au Fonds d'assurance formation ; versements à des organisme agréés par l'Etat pour réaliser des études et recherches dans le champ de la formation. Le deuxième principe concerne le financement des conventions de formation. Les dépenses liées à une convention de formation ne sont définitivement libératoires que si ces versements *"correspondent à des dépenses dont la réalité et la validité est justifiée par l'employeur ou l'organisme dispensateur de formation, soit au cours d'opération de contrôle... soit devant le juge de l'impôt"*. La reine des preuves est alors la justification, par tous les

557 L'injonction est un ordre donné d'accomplir une action ou de la faire cesser, d'élaborer un acte. L'administration dispose d'un pouvoir d'injonction à l'égard des administrés qui se traduira le plus souvent par l'édiction d'une mise en demeure. (Van Lang A. et alii., Dictionnaire de droit administratif, 2ème édition, Armand Colin, 1999).

558 Arrêt du conseil d'Etat du 23 mars 1988, avec les conclusions du commissaire du gouvernement Olivier Fouquet. Société anonyme AFER. *Droit social*, n°6 juin 1988, pp. 620-622. A l'époque les Cours administratives d'appel n'existaient pas (créées par la loi du 31 décembre 1987 portant réforme du contentieux) ; l'appel était porté devant le Conseil d'Etat.

moyens, de la mise en œuvre d'une action de formation correspondant au contenu de la convention. La simple signature d'une convention même accompagnée de versements d'argent à l'organisme de formation ne suffit pas. Faisant application de ce principe, le Conseil d'Etat rejette deux types de dépenses imputées abusivement par une entreprise sur sa participation. Les premières correspondent à une convention de formation non suivie d'action de formation. En l'espèce, l'employeur ne peut se dérober en argumentant de l'absentéisme des stagiaires. Les secondes concernent l'achat de matériels pédagogiques qui devaient servir à la formation. Comme les premières elles sont rejetées parce que l'employeur n'apporte pas la preuve de la mise en œuvre d'une action de formation impliquant de fait l'utilisation de ce matériel, dans le cadre de l'exécution d'une convention. L'intérêt de cet arrêt est de rappeler la distinction fondamentale entre "imputabilité provisoire" et "imputabilité définitive", et d'en tirer, dans le cas d'espèce, toutes les conséquences juridiques.

Complémentairement, les services fiscaux (direction générale des impôts) interviennent à deux niveaux : celui du contrôle proprement dit et celui du recouvrement. En effet d'un côté ils réceptionnent les déclarations remplies chaque année par les employeurs, vérifient la liquidation du montant de la participation, recherchent les employeurs ayant omis de souscrire la déclaration. D'un autre côté ils procèdent au recouvrement du montant des dépenses effectuées par les employeurs mais non admises par les cellules régionales de contrôle au titre de la participation.

Ainsi ce contrôle financier est-il une compétence partagée entre une administration spécialisée et le service général des impôts.

### 3 - Les sanctions

Les sanctions applicables relèvent à la fois du Code général des impôts (CGI) et du code du travail.

Trois situations sont envisagées d'un point de vue fiscal :

- En cas de versement tardif, il est prévu une indemnité de retard (CGI art. 1727).
- En cas de défaut de déclaration ou de déclaration tardive, des amendes sont applicables (CGI, art. 1725 et 1726).

En cas d'insuffisance de déclaration, il est prévu des majorations (CGI art. 1728).

Nous avons vu comment le service régional de contrôle vérifie la réalité et le bien-fondé des dépenses déclarées. Lorsqu'elles ne correspondent pas aux conditions légales pour être admises comme valides, ou lorsque les pièces justificatives ne peuvent être présentées, les employeurs sont considérés comme ne s'étant pas acquitté de leur obligation. Dans ce cas, ils devront effectuer un versement au Trésor Public égal au montant des dépenses non valides ou non justifiées (Code du travail, art. L.950-8).

De plus l'entreprise peut également être tenue de verser au Trésor une somme égale à 50 % de sa participation si elle n'a pas respecté l'obligation de consultation du comité d'entreprise en matière de plan de formation.

Enfin, l'employeur auteur de manœuvres frauduleuses pour se soustraire à son obligation légale, est passible de sanctions pénales (Code du travail art. L.993-3)[559].

### 4 - Les recours

Il existe des voies de recours pour l'employeur qui a fait l'objet d'un contrôle et d'une mesure de redressement. Le recours s'effectue en deux temps : une réclamation préalable auprès de l'autorité administrative (Préfet) : c'est le recours gracieux. Un recours pour excès de pouvoir auprès du tribunal administratif. Si l'employeur conteste la décision du service de contrôle, il dispose de deux mois pour saisir d'une réclamation le Préfet de région. Celui-ci doit statuer dans un délai de quatre mois. Passé ce délai et en l'absence de réponse le requérant peut saisir le tribunal administratif.

La personne qui a déposé une réclamation peut saisir le tribunal administratif pour excès de pouvoir : dans les deux mois qui suivent la réponse de l'administration ; à tout moment après le silence de quatre mois de l'administration.

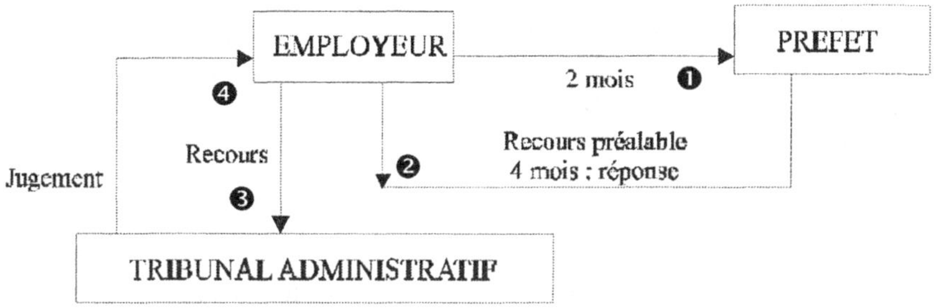


## III - Exploitation statistiques des declarations

Nous avons vu plus haut, quel type de données permettent de rassembler les déclarations des entreprises, correctement remplies. Au niveau national, elles constituent un riche matériau pour appréhender les évolutions des politiques de formations aussi bien sous l'angle des entreprises que celui des "usagers" ou "bénéficiaires" ou des types de formation. Aussi l'ensemble des déclarations 2483 sont elles exploitées annuellement par une équipe spécialisée du Centre

---

[559] Emprisonnement de cinq ans et amende de 37 500 euros ou l'une de ces peines seulement.

des études et de recherches sur les emplois et les qualifications (CEREQ). L'exploitation sert trois objectifs :

- La production de statistiques à destination des partenaires institutionnels du ministère de l'emploi, dans le cadre de l'élaboration de la loi de finances et des comptes économiques de la formation professionnelle.
- La production de données à destination des utilisateurs nationaux, professionnels et régionaux.
- L'alimentation du secteur de la recherche et la production d'études spécifiques.

Par ailleurs, chaque année le Ministère de l'Emploi et de la Solidarité publie les résultats du contrôle de l'État sur les activités de formation professionnelle continue en France[560].

**MOTS CLES : Obligation de financement, contrôle, déclaration, dépenses imputées, sanctions, recours.**

## ETUDES - RECHERCHES - REPERES

L'étude de Philippe BELLENGER (1977) mérite a priori une attention particulière parce qu'elle émane du chef de groupe national de contrôle de la formation.

L'auteur pose trois questions. Quelles sont les structures administratives du contrôle ? Quel est le champ du contrôle ? Quelle est la sanction du contrôle ? Ces questions techniques entraînent des réponses techniques que l'on connaît à présent. Il n'est pas nécessaire d'y revenir. Celles-ci permettent de comprendre d'une part l'origine historique des mesures actuelles qui composent le système de contrôle, et d'autre part l'évolution relative du système au cours de trois décennies.

En prolongement de la présentation qui est faite du système et de son fonctionnement, on relève deux prises de positions, ou types d'interprétation, particulièrement utiles pour une lecture distanciée.

La première concerne la philosophie du système de contrôle. Faut-il opposer confiance ou concertation et contrôle ? Non, si on délimite les terrains. Le système de formation est ouvert. Son fonctionnement repose sur la concertation, la négociation entre les acteurs politiques. Cela signifie, d'un point de vue philosophique et politique une forme de confiance accordée à la valeur du consensus ou de l'accord intervenu entre les partenaires sociaux, par exemple. Or l'Etat met en place un système de contrôle administratif. Cela signifie-t-il que la confiance est accordée de manière très parcimonieuse ?

---

[560] Ministère de l'Emploi, du travail et la cohésion sociale, Le contrôle de la formation professionnelle. Coll. Bilans et rapports.

Nullement. Cette "aporie" estime l'auteur, trouve une solution si l'on considère que le législateur a entendu partager les responsabilités entre les partenaires sociaux et les Pouvoirs publics. Aux premiers incombe le soin de définir des politiques de formation. Il existe en leur faveur une présomption de bonne foi sans laquelle l'équilibre du système serait rompu, aux seconds celui de procéder au contrôle de l'obligation financière des employeurs. Philosophiquement parlant : *"le contrôle des Pouvoirs publics ne procède donc pas d'une réaction de méfiance à l'égard des décisions prises par les partenaire sociaux, mais du fait que la participation relève d'une obligation légale et que cette obligation comme toutes celles qu'instaure le législateur doit faire l'objet d'un contrôle qui ne peut être exercé que par la puissance publique".*

La seconde interprétation concerne l'exclusion du "pédagogique" du champ de contrôle.

Dès l'origine il a été décidé de ne pas étendre le contrôle à la valeur pédagogique des actions. Au plan des principes, le libre choix par les intéressés implique qu'ils soient eux-mêmes juges de l'adaptation ou non des formations à leurs besoins. Un contrôle exercé par les pouvoirs publics conduirait à la mise en place d'un système éducatif avec ses programmes, ses qualifications, ses diplômes, ce qui est contraire à l'ouverture de la loi fondatrice. Au plan technique, un contrôle supposerait que soient définies sinon des normes formelles de qualité, du moins des références pouvant servir de base à une appréciation aussi objective que possible de la qualité. Or, souligne l'auteur, dans le contexte des années 1977, le point de savoir ce qu'est une formation de qualité, est dans les milieux spécialisés source de controverses exacerbées. C'est donc à travers des critères essentiellement juridiques que le contrôle apprécie la réalité et la validité des dépenses exposées, soit directement par les employeurs, soit par l'intermédiaire de organismes de formations auxquels ils peuvent avoir recours.

On note que l'auteur, dans le contexte des années 1977, évoque de façon très pertinente, ce qui deviendra plus tard, c'est-à-dire à la fin de la décennie 1980, la problématique de la "qualité" en formation. Problématique bien connue sous l'appellation "la démarche qualité". Une production luxuriante de travaux a régulièrement accompagné ce type de questionnement. L'approche juridique y est très peu développée. Voir cependant André TARBY (1994), et Frédérique COLLARD (1994).

BELLENGER (P.), 1977, Le contrôle de la formation professionnelle continue. *Droit social*, n° 2, Février, p. 91-94.

COLLARD (F.), 1994, Le droit : source de la qualité en formation ? *AFP*, n° 133, Novembre/Décembre, p. 71-76.

LUTTRINGER (J-M.), 1976, Commentaire de la loi relative au contrôle du financement des actions de formation continue, *Droit social,* n° 7-8, Juillet/Août, p. 298-310.

MINISTERE DE L'EMPLOI ET DE LA SOLIDARITE, *Le contrôle de la formation professionnelle en 1997*. La documentation française. Coll. Bilans et rapports, 110 p.

TARBY (A.), 1994, La démarche "qualité" appliquée à la formation : où en est le droit ? *Droit social*, n°6, Juin, p. 570-577.

# BIBLIOGRAPHIE GENERALE

A la fin de chaque chapitre on a proposé de nombreuses références bibliographiques relatives au thème traité. Ces références ne sont pas reprises ici. Cette bibliographie propose uniquement des ouvrages de portée générale portant sur le droit de la formation.


CENTRE INFFO, 2005, *Les fiches pratiques de la formation continue*, Edition 2005, Paris, 1180 p.

LEFEBVRE (Editions Francis), 2004, Coll. Dossiers pratiques. Formation professionnelle, DIF, congés, plan de formation, participation, 493 p.

KOECHLIN (H-F.), 1978, *Le droit de la formation continue*, LGDJ Paris, 421 p.

LAMY SOCIAL, Editions Lamy, Edition 2005.

LIAISONS SOCIALES, 2004, *Formation professionnelle : organiser le départ en formation des salariés*. Supplément au n°14187 du 30 juillet, 118 p.

LIAISONS SOCIALES, 2004, *Formation professionnelle : participation financière de employeurs*. Supplément au n°14246 du 29 octobre, 105 p.

LUTTRINGER (J-M.), 1986, *Le droit de la formation continue*, Dalloz, Paris, 379 p.

TARBY (A.), 1990, *L'incontournable relation formation et droit*, Coédition L'harmattan/Contradictions, Paris, 384 p.

TARBY (A.), 1996, *Lectures et Pratiques du droit de la formation continue. Sa place dans les Sciences de l'Education*. Coédition L'harmattan/Contradictions, Paris, 305 p.


## SITES INTERNET

http://www.assemblee-nationale.fr
http://www.caraxo.fr
http://www.centre-inffo.fr
http://www.cfdt.fr
http://www.cfe.cgc.org
http://www.cftc.fr
http://www.cgpme.org
http://www.cgt.fr
http://www.droitdelaformation.fr
http://www.force-ouvriere.fr
http://www.Legifrance.gouv.fr

http://www.medef.com
http://www.senat.fr
http://www.travail.gouv.fr
http://www.upa.fr

# ANNEXE 1 : PRINCIPALES LOIS

Les dispositions des différentes lois sur la formation et toujours en vigueur sont contenues dans le livre IX du code du travail.

- Loi du 16 juillet 1971. Cette loi, reprenant en les élargissant les dispositions de l'accord national interprofessionnel du 9 juillet 1970 sur la formation et le perfectionnement professionnel contient les principes de base sur lesquels est fondé le droit de la formation.
- Loi du 31 décembre 1975. Contrôle du financement des actions de formation professionnelle continue.
- Loi du 17 juillet 1978. Cette loi introduit une distinction fondamentale entre les formations à l'initiative du salarié dans le cadre du congé individuel de formation et celles qui dépendent de l'employeur dans le cadre du plan de formation.
- Ordonnance du 26 mars 1982. Elle met en place le dispositif d'information et d'orientation des jeunes de 16-18 ans étendu plus tard aux 16-25 ans.
- Loi du 7 janvier 1983. Cette loi organise la répartition des compétences entre l'État et les régions en matière de formation.
- Loi du 24 janvier 1984. Elle réforme l'ensemble du dispositif dans l'esprit de la loi de 1971 en créant un système de financement spécifique du CIF, en faisant de la formation un objet de négociation obligatoire au niveau des branches professionnelles. Elle reprend également les formations en alternance créées par les partenaires sociaux en 1993.
- Loi du 4 juillet 1990. Crédit formation, qualité et contrôle de la formation professionnelle continue. Elle renforce le contrôle des organismes de formation.
- Loi du 12 juillet 1990. Contrats précaires. Cette loi organise l'accès au congé individuel de formation pour les personnes qui ont été titulaires d'un contrat à durée déterminée.
- Loi du 31 décembre 1991. Formation professionnelle et emploi. Elle étend l'obligation de financement de la formation aux entreprises de moins de 10 salariés et aux ETT. Elle crée le bilan de compétences pour les salariés, et la mesure de co-investissement.
- Loi quinquennale du 20 décembre 1993. Restructuration des organismes collecteurs de l'argent des entreprises, création du capital temps formation.
- Loi du 19 janvier 2000 sur la réduction du temps de travail. Cette loi donne une nouvelle orientation au co-investissement en l'assouplissant.

- Loi du 17 janvier 20O2, loi dite de modernisation sociale. Elle crée le dispositif de validation des acquis de l'expérience (VAE).
- Loi du 4 mai 2004. Formation professionnelle tout au long de la vie et dialogue social. Réforme le système juridique de formation en reprenant, pour l'essentiel, les dispositions d'un accord national interprofessionnel en date du 20 septembre 2003, et renouvelle le régime juridique de la négociation collective des accords interprofessionnels, de branches et d'entreprises.

## PRINCIPAUX ACCORDS INTERPROFESSIONNELS

- Accord national interprofessionnel du 9 juillet 1970 sur la formation et le perfectionnement professionnel. Il prévoit des dispositions concernant la formation des jeunes travailleurs et des apprentis ; le droit, pour les salariés menacés de licenciement collectif à une formation rémunérée par l'employeur ; l'autorisation pour tous les salariés de s'absenter pendant le temps de travail poursuivre une formation de leur choix : c'est le congé individuel de formation dont le principe était déjà posé par la loi du 3 décembre 1966. Enfin il définit le rôle des représentants du personnel dans le champ de la formation des salariés.
- Avenant du 9 juillet 1976. Il prévoit des règles de financement du congé individuel de formation et renforce le rôle du comité d'entreprise en matière de formation.
- Avenant du 21 septembre 1982. Cet accord organise un système de financement du CIF extérieur à l'entreprise.
- Avenant du 26 octobre 1983. Crée des formations alternées (stage d'initiation à la vie professionnelle devenu par la suite le contrat d'orientation, contrat de qualification et contrat d'adaptation).
- Avenant du 24 mars 1990. Il pose les bases de l'accès au congé individuel de formation pour les salariés titulaires d'un contrat à durée déterminée.
- Accord du 3 juillet 1991. Cet accord reprend l'ensemble des textes conventionnels. Il traite, tout en modifiant l'économie des textes précédents, du congé individuel de formation, du financement de la formation, de la gestion paritaire des sommes venues des entreprises, des droits des salariés. Il crée la mesure dite du "co-investissement".
- Accord national interprofessionnel du 15-10-1991. Cet accord organise l'accès des intérimaires au congé individuel de formation.
- Avenant du 5 juillet 1994. Fixe les principes de mise en œuvre du capital temps formation et des OPCA (organismes paritaires collecteurs agréés).
- Avenants des 17 et 21 novembre concernant les OPCA.
- Accord national interprofessionnel du 23 juin 1995 relatifs aux OPCA professionnels et interprofessionnels.
- Accord national interprofessionnel du 20 septembre 2003 relatif à l'accès des salariés à la formation tout au long de la vie professionnelle. Le texte de cet accord a été réuni avec celui du 3 juillet 1991 dans un document unique : l'accord national interprofessionnel du 5 décembre 2003.

# ANNEXE 2 : LISTE DES DECRETS, ARRETES ET CIRCULAIRES D'APPLICATION DE LA LOI DU 4 MAI 2004

- Décret n° 2004-870 du 25 août 2004 modifiant les articles du Code du travail relatifs à la consultation du comité d'entreprise en matière de formation professionnelle.
- Décret n° 2004-871 du 25 août 2004 déterminant le salaire horaire de référence pour le calcul du montant de l'allocation de formation.
- Décret n° 2004-968 du 13 septembre 2004 relatif aux conditions de mise en œuvre du contrat et de la période de professionnalisation.
- Décret n° 2004-1094 du 15 octobre 2004 relatif aux contrats de professionnalisation.
- Décret n° 2004-1094 du 15 octobre 2004 relatif à l'aide de l'Etat au remplacement des salariés en formation.
- Décret n° 2004-1096 du 15 octobre 2004 relatif au financement de la formation professionnelle continue et à la gestion des Organismes paritaires collecteurs agréés.
- Décret n° 2004-1443 du 23 décembre 2004 relatif aux modalités de transmission par les organismes collecteurs paritaires à l'Etat des informations sur les bénéficiaires des actions de formation et à la déclaration prévue à l'article L.951-12 du code du travail.
- Décret n° 2005-180 du 24 février 2005 relatif au Conseil national de la formation professionnelle tout au long de la vie.

- Arrêté du 21 février 2005 relatif au plafonnement des frais de fonctionnement des observatoires prospectifs des métiers et des qualifications.
- Arrêté du 21 février 2005 relatif au plafonnement des frais d'études et de recherches mentionnés à l'article R.964-4 du code du travail.
- Arrêté du 9 mars 2005 fixant le montant pour l'année 2004 de l'aide de l'Etat pour la mise en œuvre du contrat et de la période de professionnalisation.

- Circulaire DGEFP n° 2004-025 du 18 octobre 2004 relative à la mise en œuvre du contrat de professionnalisation.
- Circulaire DGEFP n° 2004/033 du 13 décembre 2004 relative à la mise en œuvre du contrat de professionnalisation.

# INDEX THEMATIQUE

## INDEX DES AUTEURS CITES

# TABLE DES MATIERES

592126 - Décembre 2014
Achevé d'imprimer par

1livre.com
du rêve à la réalité !

Made in the USA
Coppell, TX
05 November 2026

11307511R00227